Das unausweichliche Erbe

Dean Hamer/Peter Copeland

Das unausweichliche Erbe

Wie unser Verhalten von unseren Genen bestimmt ist

Übersetzt aus dem Englischen
von Matthias Reiss

Scherz

Die Originalausgabe erschien unter dem Titel
«Living with Our Genes» bei Doubleday, New York.

1. Auflage 1998

Für unsere Kinder Addie, Isabella und Lucas

Inhalt

Einführung

Instinktives Gefühl

Die genetischen Wurzeln der Persönlichkeit

Die Einladung zu ihrem 25jährigen Jubiläum des Schulabschlusses kam völlig unerwartet, und Janice war erstaunt, daß irgend jemand bei all ihren Umzügen über die Jahre hinweg mit ihren Adressen auf dem laufenden geblieben war. Die 43jährige Janice hatte ihren Schulabschluß an einer großen High School im Mittleren Westen gemacht. Ihre Eltern waren nicht wohlhabend; deshalb hatte sie während ihrer Schulzeit gejobbt, um sich die Kleidung und die Annehmlichkeiten leisten zu können, auf die sie nicht verzichten wollte. So blieb nicht viel Zeit für die Hausaufgaben übrig, aber sie schaffte es, gute Noten zu bekommen. Janice hatte viele Freundinnen in der High School und noch mehr Freunde, aber sie kümmerte sich nie darum, Beziehungen am Leben zu erhalten, und hatte nie an Klassentreffen teilgenommen. Sie sah einfach keinen Sinn darin; das war Vergangenheit, und sie hatte sich seit dieser Zeit ziemlich weiterentwickelt. Als sie die Einladung bekam, war der erste Gedanke, der ihr durch den Kopf ging: wie langweilig.

Nach der High School hatte Janice einen älteren Geschäftsmann geheiratet. Er war kein großartiger Liebhaber, aber er finanzierte ihr Studium, brachte ihr viel über die Welt der

Finanzen bei und erweiterte ihren Horizont. Am Ende ging ihre Beziehung auseinander, und es kam zur Scheidung; er war ein netter Kerl, aber er war einfach nicht mehr so interessant für sie. Nach der Scheidung zog Janice in den Süden von Kalifornien und verwendete die beträchtliche Summe Geldes, die sie durch die Scheidung bekommen hatte, dazu, ins Immobiliengeschäft einzusteigen. Beruflich ging es ihr einmal gut, ein andermal schlecht; während der letzten Rezession jedoch machte sie gewagte Geschäfte mit großen Grundstükken und war ausgesprochen erfolgreich dabei. Kürzlich kaufte sie sich ein weißes BMW-Kabrio mit beigen Ledersitzen.

Nach ihrer Scheidung hatte Janice einen Liebhaber nach dem anderen gehabt, aber sie heiratete nicht wieder. Sie scheute die Belastung durch Kinder und sah Hausarbeit als Zeitverschwendung an. Vor kurzem entwickelte sich zwischen ihr und einem Jogalehrer eine leidenschaftliche Beziehung. Janice schickt ihm Blumen (gewöhnlich eine einzelne Orchidee oder eine andere exotische Pflanze) in den Aschram und verbrachte ihren Urlaub mit ihm gemeinsam auf Sri Lanka, wo sie sich auf einer Palmmatte am Strand liebten. Sie glaubt, sie muß einiges nachholen, in der Liebe und in spirituellen Dingen.

Janice ist stolz auf ihre gute Figur und hat nach der Schule hart daran gearbeitet, ihr Gewicht zu halten. Über viele Jahre hinweg war sie von Schlankheitspillen abhängig; doch kürzlich ist sie einer Selbsthilfegruppe beigetreten und nimmt jetzt weder Tabletten noch Alkohol zu sich. Wegen ihrer Angst vor einer Gewichtszunahme war es viel schwieriger für sie, mit dem Rauchen aufzuhören. Die Einladung zum Klassentreffen hat sie ins Grübeln darüber gebracht, wie weit es mit ihr nach der High School gekommen ist. Am nächsten Tag faßte sie einen Beschluß: «Verdammt noch mal; es wird lustig werden.» Ihr Plan war es, nachmittags abzufliegen und frühmorgens am nächsten Tag zurückzukommen.

Ralf ist 43. In der High School nahm er die Schule ernst, und er hatte immer einen Notendurchschnitt von 2. Er gehörte nie zum «inneren Zirkel» und war auch kein guter Sportler; aber er blieb immer in Kontakt mit einigen engen Freunden und hat nie ein Klassentreffen ausgelassen. Die Jahrbücher der Schule sind auf einem Regal über seinem Bett der Reihe nach geordnet. Ralf ging auf die staatliche Universität und machte seinen Abschluß in Umweltwissenschaft. Er wollte an eine Privatuniversität in einem östlichen Bundesstaat, aber seine Noten reichten nicht aus, um ein Stipendium zu bekommen (schuld daran war für ihn das mangelnde Interesse seines Lehrers), und seine Familie konnte sich die Studiengebühren nicht leisten (schuld daran war für ihn die mangelnde Zielstrebigkeit seiner Eltern).

Ralf bekam seine erste Stelle bei der State Wildlife Commission, und er ist seit dieser Zeit dort; dabei ist er vom Forschungsassistenten zum mittleren Management aufgestiegen. Er wird schlecht bezahlt, aber er mag seine Arbeit und liebt die Natur. Sein Hobby ist es, am Ufer eines der Seen entlangzulaufen, er sammelt Muscheln und poliertes Glas. Die immer größere Anzahl mehrstöckiger Häuser am See ist ihm ein Greuel, und er hat viele wütende Briefe an den Chefredakteur der Tageszeitung geschrieben. Manchmal regt er sich so auf, daß er weder schlafen noch sich richtig auf seine Arbeit konzentrieren kann.

Ralf ist seit 25 Jahren verheiratet und hat drei Kinder. Die Beziehung zwischen ihm und seiner Frau ist harmonisch, wenn auch nicht mehr leidenschaftlich. Ralf suchte sich ein Haus in einem Vorort aus, der nah an der Buslinie lag. Er mag nicht gerne mit dem Auto fahren, und seine Frau chauffiert die Kinder in einem Ford-Kombi in der Gegend herum. Im Laufe der Jahre hat Ralf einen Großteil seiner Haare eingebüßt und um den Bauch herum mehr als nur ein paar Pfund zugelegt. Er hat nie geraucht und trinkt nur selten.

Als Ralf die Einladung zum 25. Jubiläum seines Schulabschlusses bekam, ließ er sich seine Reise am selben Tag per Fax reservieren. «Es wird schön werden, zu sehen, wie es allen geht», dachte er und schwelgte richtig in den Erinnerungen an die gute alte Zeit.

Am Abend des Klassentreffens warf Janice einen Blick auf Ralf, konnte sich aber nicht recht darauf besinnen, wer er war. Sie brauchte eine gewisse Zeit, um ihn zu erkennen – er gehörte nicht zu den Jungs, mit denen sie sich verabredet hatte –, aber schließlich erinnerte sie sich an den Typen, der immer außerhalb der Gruppe stand, genauso wie jetzt. Es gab Zeiten, da hatte es Ralf auf Janice abgesehen, doch sie hatte ihm nie viel Aufmerksamkeit entgegengebracht. «Hoffentlich bleibe ich beim Essen nicht neben ihm sitzen», denkt sie. «Was für ein Trottel!»

Auch Ralf hatte Janice entdeckt, und sein Magen zog sich nervös zusammen. Janice stand einmal im Zentrum seiner leidenschaftlichen Phantasien, die bedauerlicherweise allesamt nicht erwidert wurden. Ihre Haarfarbe und die Form ihrer Nase hatten sich verändert, aber nicht die selbstbewußte Art, wie sie sich gab. Selbstbewußt ist eine nette Art, es zu beschreiben. Hochnäsig wäre genauer: «Junge, Junge», denkt Ralf. «Hoffentlich lande ich beim Essen nicht neben ihr.»

Natürlich setzt man sie am Ende nebeneinander.

Ralf sagt: «Janice, es ist aber wirklich großartig, dich zu sehen!»

Janice erwidert: «Mensch, Ralf, ich freu mich auch. Es muß Jahre hersein!»

Es gibt Wein. Janice möchte nicht, aber zwischen den Gängen des Essens verschwindet sie auf die Toilette, um eine Zigarette zu rauchen. Ralf trinkt ein halbes Glas Chablis und merkt, wie die Entspannung bei ihm einsetzt. Er ißt noch ein Brötchen und reicht Janice den Brotkorb, die ihn weitergibt, ohne etwas herauszunehmen. Sie flüstert Ralf zu: «Guck doch mal zu Nancy Abramms rüber. Unglaublich, wie fett sie ist. Und dabei war sie doch immer so stolz darauf, zierlich zu sein. Jetzt wohl nicht mehr.»

«Nun, du weißt, wie es ihr ergangen ist», vertraut ihr Ralf an, während er sich weit zu Janice hinüberbeugt und ihm ihr Parfüm in die Nase steigt. «Geschieden. Ihr Mann verließ sie wegen einer anderen Frau. Ziemlich vertrackte Sache.»

Janice wendet sich wieder ihrem Teller zu; Ralf möchte das Gespräch in Gang halten und fragt sie nach ihrer Ehe.

«Ehe kannst du vergessen», sagt Janice abwinkend. «Ich fahre jetzt auf romantische Erfahrungen ab.»

Ralf merkt, wie er rot im Gesicht wird, aber er ist auch ein bißchen erregt. Er nimmt einen großen Schluck Wein. «Romantische Erfahrungen?»

«Ja, ich treffe mich mit einem phantastischen Mann. In dem Club, in den ich immer gehe, ist er Jogalehrer; und als wir uns das erste Mal sahen, war es irgendwie so, als hätten wir uns schon gekannt. Wir fühlten uns unglaublich voneinander angezogen.»

Ralf versucht, eine Speckfalte in seine Hosen zu stopfen. Es ist zu unbequem, deshalb zieht er sein Hemd ganz aus dem Bund heraus, um seinen Bauch zu kaschieren. Er lehnt sich auf dem Stuhl zurück und ist geistig darauf vorbereitet, sich die Reden nach dem Essen anzuhören. Er fragt sich, was es noch zum Nachtisch geben wird. Er sucht nach Worten, um etwas Kluges dazu zu sagen, daß Nancy Abramms keinen Nachtisch mehr braucht, doch dann steht Janice mit einer lockeren Bewegung auf, legt ihre Serviette auf den halbleeren Teller und schickt sich an zu gehen. Ralf schaut zu ihr hoch, bis sie sich zu ihm herunterbeugt, um sich mit einem Kuß von ihm zu verabschieden; das dauert nicht viel länger als das Picken eines Vogels, doch es war lange genug, um ihm ein Prickeln über den Nacken laufen zu lassen, wie er es schon eine ganze Zeit nicht mehr gespürt hatte.

«Der gute alte Ralf», sagt sie und meint es nett. «Du bist genau derselbe wie früher.»

«Ich glaube, das bin ich», sagt Ralf und findet sich mit der Wahrheit dieser Worte ab. «Du läßt ein Gefühl in mir aufkommen, als wäre ich wieder in der Schule. Du hast dich kein bißchen verändert.»

Wie kann Janice behaupten, daß Ralf noch «genau derselbe» wie vor 25 Jahren sei, obwohl er 40 Pfund zugenommen hat, obwohl er eine Frau, drei Kinder und einen Beruf hat? Wie kann Ralf der Meinung sein, Janice hätte sich nicht verändert, wo sie doch auf ein so bewegtes Leben zurückblicken konnte – angefangen von ihrem Umzug nach Kalifornien bis zu ihrer wirtschaftlichen und sozialen Lage? Was Ralf und Janice beim anderen wiedererkannt haben, war nicht ihre äußere Erscheinung, ihre Besitztümer oder Aktivitäten. Es war der Kern ihrer Persönlichkeit – ein Großteil davon ist von Geburt an fest in ihnen verdrahtet, ein genetisches Vermächtnis ihrer Eltern, so eindeutig wie ihre Augenfarbe.

Die Definition der Persönlichkeit im Lexikon lautet: «Die Gesamtsumme der geistigen, emotionalen, sozialen und körperlichen Eigenschaften eines Individuums.» Es ist die Persönlichkeit, die über die Art und Weise bestimmt, wie wir auf andere reagieren, wie wir kommunizieren, wie wir denken und Gefühle ausdrücken. All unsere Gedanken, Ängste, Hoffnungen, Reaktionen, Verhaltensweisen und Träume gehen auf diesen Persönlichkeitskern zurück.

Die Persönlichkeit bestimmt nicht nur, wie wir sind, sondern auch, wie wir uns verhalten. Sie beeinflußt, wieviel wir essen, trinken, rauchen und schlafen. Durch die Persönlichkeit wird festgelegt, ob wir aggressiv oder schüchtern sind, aktiv oder passiv, zu wem wir uns hingezogen fühlen und wie wir uns diesen Menschen nähern. Sie hat Einfluß darauf, wie stark unser Leben von Streß geprägt ist, ob wir körperlich gesund sind, zur Schwermütigkeit oder Lebensfreude neigen und ob wir in einem ruhigen Fahrwasser vor uns hin dümpeln oder ständig unter Strom stehen. Die Persönlichkeit ist etwas so Vielschichtiges, daß, obwohl Milliarden von Menschen auf die Welt gekommen sind, nie zwei Menschen haargenau dieselben waren. Ebenso wie der physische Körper von scheinbar unbegrenzter Vielfalt ist, trifft dies auch auf die Persönlichkeit zu, die den Körper dazu veranlaßt, aufzustehen und loszugehen. Die Persönlichkeit ist es, die jeden Menschen zu etwas Einzigartigem macht.

Die neueste Forschung auf dem Gebiet der Genetik, der Molekularbiologie und der Neurowissenschaft zeigt, daß viele der persönlichkeitsbildenden Eigenschaften von Geburt an vererbt sind. Das heißt, daß viele der Unterschiede zwischen individuellen Persönlichkeiten auf Unterschiede in den Genen zurückgehen. Im Augenblick der Zeugung werden Sie aus den Genen zweier Menschen geschaffen. Sie sind das Produkt von Generationen der Evolution – das Ergebnis zahlloser Bits von Informationen, die über Millionen Jahre hinweg gesammelt, komprimiert und verfeinert wurden. Sie sehen aus wie die Leute in Ihrer Familie, und in mancher Hinsicht empfinden und agieren Sie auch wie sie. Bezogen auf einige Aspekte Ihrer Persönlichkeit haben Sie so viele Wahlmöglichkeiten wie im Hinblick auf die Form Ihrer Nase oder auf Ihre Schuhgröße, nämlich keine. Psychologen bezeichnen diese biologische, angeborene Dimension der Persönlichkeit als «Temperament».

Aber nur weil eine Person mit einem bestimmten Temperament auf die Welt kommt, so heißt das noch lange nicht, daß dieses Temperament durch ein paar wenige Instruktionen oder einen simplen Bauplan festgelegt ist. Auch heißt Temperament nicht, daß die Menschen zu ihrer von Geburt an bestehenden Persönlichkeit «verdammt» sind. Im Gegenteil, eine der wunderbarsten Eigenschaften des Temperaments ist eine von Anfang an bestehende Flexibilität, die es uns gestattet, uns an die Hindernisse und Herausforderungen des Lebens anzupassen. Aufwachsen bedeutet nicht nur, zu lernen, wie die Welt ist, sondern auch, wie man mit sich selbst umgehen muß. Psychologen nennen diesen flexibleren Aspekt der Persönlichkeit «Charakter».

Jeder besitzt die Fähigkeit, zu wachsen und sich in jedem Stadium des Lebens zu verändern. Menschen können aus den Erfahrungen von Eltern und von Freunden lernen. Der einzelne hat die Möglichkeit, sich in seine Temperamentsschwächen zu fügen oder gegen sie anzugehen. Er kann seine Temperamentsbegabungen zu seinem Vorteil nutzen oder sie verbergen. Menschen können ihrem Bedürfnis, zu rauchen, zu trinken oder zuviel zu essen, nachgeben, oder sie können ihm widerstehen. Manchmal werden sie im Laufe ihres Lebens beides machen.

Es war Ralfs Temperament, das ihn zur Vorsicht mahnte und ihm in der Bauchgegend Gefahr signalisierte, als er Janice sah. Aber als er sie fröhlich begrüßte, war es sein Charakter, der ihn dazu anhielt, höflich zu sein. Als Janice Ralf entdeckte und ein fast körperliches Gefühl des Widerwillens empfand, war es ebenfalls ihr Temperament. Doch als sie den Versuch machte, mit ihm ins Gespräch zu kommen, betrat ihr Charakter die Szene. Beide Personen haben es gelernt, ihre Gefühle im Bauch beiseite zu schieben, um mit anderen Menschen auszukommen.

Temperament und Charakter bilden zusammen die Persönlichkeit. Temperament und Charakter sind in unterschiedlichen Bereichen des Gehirns angesiedelt und kommen unterschiedlich zum Ausdruck. Wenn man tief bis zur Persönlichkeit vordringt, jenseits des Wirrwarrs der Mythen, der gelernten Reaktionen und der Stereotype, dann kann jeder sein zugrundeliegendes Temperament entdecken und positive Charakterzüge entwikkeln, damit er zu der Art von Person wird, die er sein möchte.

Temperament ist das zentrale Thema dieses Buchs: was es ist, wie man es erkennt und woher es kommt. Psychologen verwenden den Begriff «Temperament» gewöhnlich, um auf eine Einstellung oder einen Affekt (die Art und Weise, wie wir die Welt sehen) Bezug zu nehmen; wir dagegen bedienen uns der umfassenderen Definition, um in ihr alle Eigenschaften einschließlich des Verhaltens (was wir tun) unterzubringen. Viele Menschen möchten in Abrede stellen, daß es ein angeborenes Temperament gibt, und ziehen den Mythos vor, daß wir als unbeschriebene Blätter zur Welt kommen und ausschließlich das Produkt unserer Umwelt sind. Wir möchten gerne daran glauben, daß wir uns in alles verwandeln können, was wir wollen, auch wenn unsere Versuche zum wiederholten Male fehlschlagen. Doch gleichgültig, wie sehr Ralf es auch versucht, er wird nie so gut aus sich herausgehen können wie Janice, und Janice wird nie so treu sein können wie Ralf. Sie sind beide auf ihre Weise glücklich, doch sie werden sich nie ähnlich sein. Das trifft auf jeden zu: Es gibt Persönlichkeitszüge, die veränderbar sind, und andere, bei denen man nur versuchen kann, sie zu steuern oder sie zu modifizieren. Wir können nicht alles sein, was wir sein möchten, aber wir können all das werden, was uns möglich ist.

Natürlich spielt die «Umwelt» eine gewisse Rolle, doch im Gegensatz zu einer weitverbreiteten Auffassung sind die wichtigsten Umweltfaktoren nicht Erziehung, Ausbildung und sozialer Status. Es geht hier vielmehr um zufällige und nicht steuerbare Erfahrungen wie die genaue Konzentration eines bestimmten chemischen Stoffes im Gehirn oder etwas anscheinend so Geringfügiges wie Masern in der Kindheit. Obwohl wir uns gerne als sorgsam geschaffene Produkte von Erziehung und Ausbildung betrachten, werden wir durch dieselbe Art chaotischer Ereignisse geformt, die aus jeder Schneeflocke etwas Einzigartiges machen.

Ebenso wie eine Schneeflocke wenig zu ihrer äußeren Form sagen kann, sind unserer Körperform, unserer Hautfarbe und der Art unserer Haare von Geburt an Grenzen gesetzt. Wir scheuen weder Kosten noch Stunden schweißtreibender Höllenqualen für den Versuch, unseren Körper mit dem momentanen Kulturideal in Übereinstimmung zu bringen, und dennoch können wir nur ohnmächtig dabei zusehen, wie er in seine natürliche Form zurücksackt. Wir können versuchen, was wir wollen, um unsere Körperform zu verändern, die meisten von uns werden keinen Erfolg damit haben. Wir werden so weiteressen, wie wir immer gegessen haben, und wir werden auf demselben Aktivitätsniveau bleiben, das wir als Kinder oder gar zuvor im Mutterleib schon hatten. Wissenschaftler haben nämlich in Erfahrung gebracht, daß das Körpergewicht stärker als irgendein anderer Faktor durch Vererbung bestimmt wird. Mit Hilfe von Experimenten konnte man zeigen, daß Mäuse mit einem bestimmten Gentyp fett werden, selbst wenn sie fast keine Nahrung bekommen. Menschen haben ein Übergewichts-Gen, das mit dem der Mäuse nahezu identisch ist. Von daher fällt es manchen Menschen schwerer, ihr Gewicht zu kontrollieren, nicht etwa weil sie schwach sind oder zuviel essen, sondern weil die genetische Latte sehr viel höher liegt. Wie rasch der Körper im Alter verfällt, wird auch von Genen gesteuert; Wissenschaftler waren kürzlich in der Lage, auf gentechnischem Wege einfache Tiere zu erzeugen, deren Lebensspanne doppelt beziehungsweise fünfmal so lang war wie die normale Lebensspanne.

Eine in ähnlicher Weise steuernde Rolle spielt die Genetik der Geschlechtszugehörigkeit – die Genetik der biologischen Unterschiede zwischen Männern und Frauen. Jeder Fötus entwickelt sich zunächst geschlechtslos, bis ein einzelnes Gen angeschaltet wird und eine Kaskade chemischer Reaktionen vor sich geht, die aus der einen Hälfte der Menschen Männer und aus der anderen Frauen werden läßt. Die Veränderungen haben nicht nur einen Einfluß auf die körperlichen Eigenschaften, sondern auch auf die seelischen: Männern ist es einprogrammiert, nach mehreren Partnern Ausschau zu halten und im sexuellen Bereich den Reiz des Neuartigen zu suchen; Frauen sind «seriell monogam» und suchen einen Partner, der lange genug bleibt, damit sie gemeinsam den Nachwuchs großziehen können. Frauen möchten gerne emotionale Bindungen und finanzielle Sicherheit haben – nicht weil man ihnen genau das beigebracht hat, sondern weil es dazu beiträgt, daß die Art überlebt.

Zu weiteren Verhaltensweisen, die zu einem Großteil durch Vererbung bestimmt sind, gehören Abhängigkeiten von Alkohol, Tabak und gefährlichen Drogen. Wissenschaftler glauben inzwischen, daß es nicht so wichtig ist, von welchem Stoff man abhängig ist, sondern warum und wie man in die Falle geraten ist. Zu verstehen, daß Abhängigkeit ein körperlicher Zustand ist, ein Zustand, der die Funktionsweise des Gehirns tatsächlich verändert, ist für die Heilung von entscheidender Bedeutung. Auch Gewalt und Aggression haben ihren Ursprung in den Genen. Manche Menschen werden damit geboren, daß bei ihnen schneller eine Sicherung durchgeht, und sie neigen eher dazu, nach anderen auszuschlagen. Zahlreiche Untersuchungen zeigen, daß man das Aggressionsniveau eines Tieres stark beeinflussen kann, wenn man den Spiegel einer einzelnen chemischen Substanz im Gehirn verändert. Eine simple Manipulation an einem einzelnen Gen kann eine Ratte, die sich alles gefallen läßt, in eine besessene Killerin verwandeln. Beim Menschen finden sich dieselben chemischen Substanzen im Gehirn, und bestimmte Personen werden durch eine Kraft in ihnen zur Gewalt «getrieben». Sie werden einen lebenslangen Kampf mit sich ausfechten, um bewußt die Handlungen zu verhindern, zu denen sie programmiert sind.

Auch unsere Art zu denken ist ein Produkt der Gene. Die Belege dafür, daß der IQ weitgehend etwas Vererbtes ist, sind überwältigend. Einige Gene legen fest, wie schnell das Gehirn Informationen verarbeiten kann. Andere steuern möglicherweise besondere Schaltkreise, wie etwa jene für mathematische Berechnungen oder für die perfekte Tonhöhe. Die Eigenschaften, die wir immer schon als «gottgegebene Begabungen» bezeichnet haben, kennt man in den Labors als genetisch bedingte Persönlichkeitszüge. Die ermutigende Nachricht ist, daß Gene bis zum Jugendalter meist nicht die wichtigste Rolle spielen. Intelligenz bei Kindern läßt sich recht stark durch Erwachsene beeinflussen, weil Säuglinge und Kleinkinder nicht dazu fähig sind, sich selbst geistig anzuregen – ihnen muß etwas beigebracht, sie müssen stimuliert werden. Die angeborene Fähigkeit beispielsweise, mehr als eine Sprache zu lernen, kann vielen Menschen gemeinsam sein, doch nur diejenigen, die schon früh eine Chance dazu haben, werden zweisprachig werden. Generationen von Menschen, die vor der achten Klasse keine Fremdsprache erlernten, sind ein lebendiger Beweis dafür, wieviel schwerer es für das reife Gehirn ist, zu lernen.

Mein eigenes Labor am National Cancer Institute stand weltweit in den Schlagzeilen, als wir entdeckten, daß Homosexualität teilweise genetisch bedingt ist. Diese Forschung wurde auf die Frage der sexuellen Orientierung von Frauen hin ausgeweitet, und die erstaunlichen Ergebnisse wollen wir hier erörtern. Seit der Entdeckung des «Homosexuellen-Gens» ist die Arbeit in meinem Laboratorium einen Schritt weitergegangen, und wir fanden Gene, die die Entwicklung von zwei anderen Persönlichkeitsmerkmalen beeinflussen, nämlich die «Suche nach Neuartigem» und «Ängstlichkeit». Zur Suche nach Neuartigem gehört das Bedürfnis, auf neue Erfahrungen oder auf Nervenkitzel aus zu sein; und unsere Arbeit zeigt, daß dies vorwiegend eine vererbte Prädisposition ist. Das andere Gen dient der Abwendung von Schaden und führt dazu, daß Menschen ängstlich, furchtsam und schüchtern sind. Spannende Untersuchungen zeigen, daß Schüchternheit oder Extravertiertheit von Geburt an vererbt sind und lebenslang erhalten bleiben. In meinem Labor wurde die Entdeckung gemacht, daß die Abwendung von Schaden durch ein «genetisches Fluctin» beeinflußt wird, durch einen natürlichen Mechanismus im Gehirn, der das Angstniveau steuert und die großartige Fähigkeit hat, eine Depression leichter verlaufen zu lassen.

Die neu entstehende Wissenschaft der Molekularbiologie machte erstaunliche Entdeckungen, die zweifelsfrei belegen, daß Gene der wichtigste Faktor sind, durch den sich eine Person von einer anderen unterscheidet. Wir kommen größtenteils vorgefertigt aus der Fabrik. Wir akzeptieren, daß wir wie unsere Eltern und wie andere Blutsverwandte *aussehen*; es fällt uns jedoch wesentlich schwerer, mit der Vorstellung zurechtzukommen, daß wir auch so wie sie *handeln*. Bezogen auf andere Arten stehen genetische Unterschiede im Hinblick auf die «Persönlichkeit» bei uns hoch im Kurs, und wir fördern sie sogar durch gezielte Züchtungen. Denken Sie einmal an den Unterschied zwischen einer Milchkuh aus Wisconsin und einem Stier aus Pamplona oder zwischen einem Golden Retriever und einem Pitbull. Auch wenn die Fortpflanzung bei Menschen weniger planvoll verläuft als bei Nutztieren, so haben doch alle Kinder Persönlichkeitszüge mit ihren Eltern gemeinsam. Jeder Erwachsene hat an sich schon einmal die Beobachtung gemacht, daß er eine Handlung genau so ausführte wie zuvor sein Vater. Jede Mutter macht eine ähnliche Erfahrung, wenn sie sich im Verhalten ihres Kindes wiederentdeckt. Das ist nicht schlimm; es ist schön. Das heißt ja nicht, daß wir dazu verurteilt sind, so zu werden wie unsere Eltern; es heißt nur, daß wir mit unserer Reise dort beginnen, wo unsere Eltern aufhörten.

Diejenigen, die am meisten geschafft haben – im Hinblick auf Geld, Intelligenz, Fähigkeit, Glück oder Liebe –, sind auch diejenigen, die am meisten aus ihrem genetischen Erbe gemacht haben. Wenn eineiige Zwillinge, die genau dieselben Gene haben, sich als unterschiedlich herausstellen, so heißt das, daß Gene keine starren Instruktionen sind. Die Gene sind eher die Musikinstrumente, auf denen wir spielen, als eine

Partitur. Die Gene bestimmen nicht genau, welche Musik oder wie gut sie gespielt wird, sondern sie legen die Spannbreite dessen fest, was möglich ist. Stellen Sie sich einmal vor, daß jede Person als Samen oder Eichel geboren wird; ihr gesamtes Potential ist in diese winzige Form gepreßt. Ob sie ihrem Potential als kräftige Eiche gerecht wird, hängt von vielen Faktoren ab, doch sie kommt als einzigartiges Individuum mit den ihr eigenen unverwechselbaren Eigenschaften auf die Welt.

Temperament: Von der Wiege bis zum Grab

- Waren Sie ein aktives Kind, das durch die Wand wollte, verschlossene Türen öffnete und Sachen aus den Schubladen holte? Oder waren Sie zufrieden damit, bei Ihrer Mutter auf dem Schoß zu sitzen, ihre Haare um den Finger zu wickeln und zuzuschauen, was auf der Welt vor sich ging?

- Gehörten Sie zu der Art von Kindern, die durcheinandergerieten, wenn sich etwas veränderte? Weinten Sie und stampften Sie mit den Füßen, wenn ein neuer Babysitter kam, oder waren Sie neugierig und hatten das Bedürfnis, Ihr hübsches neues Kleid zu zeigen? Empfanden Sie eine neuartige Situation als Bedrohung oder als Abenteuer?

- Waren Sie in einer Minute traurig und glücklich in der nächsten? Kam Ihnen ein Tag ohne wirklichen Grund wesentlich schöner vor als andere? Schwankte Ihre Stimmungslage, oder waren Sie im allgemeinen ruhig und ausgeglichen?

Durch diese Fragen werden drei meßbare Aspekte des Temperaments veranschaulicht: Aktivitätsniveau, Reagibilität und Stimmungslage. Wie die Beispiele nahelegen, kommen sie während eines frühen Zeitpunkts im Leben zum Ausdruck. Man lernt sie nicht von den Eltern oder aus Büchern; und man kann sie auch nicht so leicht mit Willenskraft steuern. Ein Baby entscheidet nicht darüber, ob ihm ein Gesicht furchterregend vorkommt; es empfindet es einfach als furchterregend. Ein kleines Kind ist nicht aktiv und wißbegierig, weil es dies sein möchte, es kommt schlicht so auf die Welt. Ein Kleinkind fühlt sich nicht wirklich und unerklärlich traurig, weil es ihm nicht gelingt, die Aufmerksamkeit der Mutter zu bekommen. Es handelt sich hier eher um eine konstitutionell bedingte Art und Weise, wie man sein kann, als um gelernte Reaktionen; es geht ebensosehr um Biologie wie um Psychologie. Temperament gibt es auf der Ebene des Instinkts, was soviel heißt wie natürliche und angeborene Fähigkeit, Antrieb oder Begabung.

Ein Temperament läßt sich nicht so leicht ändern; es tendiert zur Beständigkeit, auch wenn ein Mensch heranreift. Waren Sie ein schüchterner Säugling, sind Sie wahrscheinlich auch ein schüchterner Erwachsener. Waren Sie ein abenteuerlustiges Kind, dann werden Sie wahrscheinlich Spaß daran haben, etwas Neues zu machen. Waren Sie ein trauriges Kind, dann gibt es vermutlich immer noch Tage, an denen Sie gar nicht aus dem Bett herauswollen.

Individuelle Unterschiede im Hinblick auf das Temperament gehen teils auf die Biologie zurück, wie etwa die Form der Nase oder die Hautfarbe. Die Instruktionen für die Entwicklung von Menschen – und dazu gehören auch Aspekte des Temperaments – sind in den Genen enthalten, die von Eltern an ihre Kinder weitergegeben werden. Obwohl es bedeutsame nichtgenetische Faktoren gibt, wie etwa den Erziehungsstil und die Ausbildung, übt die genetische Veranlagung den größten Einfluß aus. Das ist auch der Grund dafür, daß jedem einzelnen sein persönliches Temperament – so wie es schon sehr früh zum Ausdruck kam – das ganze Leben über erhalten bleibt. Wir werden mit denselben Genen geboren, mit denen wir sterben. Die Gene jedoch führen beim Baby nicht dazu, daß es schreit oder kichert, und sie erklären auch nicht den Unterschied zwischen einem Autoverkäufer, der zielsicher und selbstbewußt auf andere Menschen zugeht, und einem eher kontaktscheuen und schüchternen Mitarbeiter in der Datenverarbeitung. Die Gene steuern vielmehr bestimmte chemische Aspekte im Gehirn, die ihrerseits einen Einfluß darauf haben, wie wir die Welt wahrnehmen und auf sie reagieren.

Das Temperament ist auch bei einem neugeborenen Baby noch nicht voll ausgeprägt. Dafür wird das Baby mit dem Potential geboren, in Reaktion auf die Umwelt ein Temperament zu entwickeln. Gene prädisponieren Menschen nicht nur für eine bestimmte Lebensweise, sie scheinen auch eine Rolle dabei zu spielen, welche Erfahrungen wir aktiv suchen, sie ziehen uns zu bestimmten Umwelterfahrungen hin, die unser Verhalten formen werden. Ganz offensichtlich kommen Babys nicht mit der gesamten Variationsbreite vollentwickelter menschlicher Emotionen auf die Welt; nur diejenigen unter uns, die Glück haben, werden dies irgendwann während ihres Lebens schaffen. Deshalb wird Temperament gelernt, jedoch nicht so, wie wir uns eine Telefonnummer einprägen. Menschen lernen Temperament vielmehr durch *emotionale* Erinnerung; das ist etwas, was die meisten Menschen unter der Bezeichnung Gewohnheit kennen.

Wenn ein Baby Angst vor einem neuen Gesicht hat, führen die chemischen Reaktionen im Gehirn dazu, daß das Baby Angst empfindet und sich fürchtet. Aufmerksame Eltern können versuchen, dafür zu sorgen, daß der Anblick eines neuen Gesichts zu einer angenehmen Erfahrung wird, doch die Reaktion des Gehirns wird im emotionalen Gedächtnis des Babys abgespeichert. Hier handelt es sich nicht um ein einmal auftretendes Ereignis, sondern um ein Muster, das sich selbst verstärkt. Eine einzelne furchterregende Halloween-Maske wird einem Kind nicht auf Dauer schaden; es sind vielmehr zahlreiche Reaktionen, über die die emotionalen Pfade im Gehirn aufgebaut werden. In einem späteren Stadium des Lebens wäre es nicht verwunderlich, wenn ein ausgesprochen schüchternes Baby sich zu einer Person entwickelt, die Angst davor hat, auf unbekannte Menschen zuzugehen. Gleiches gilt für ein Baby, das lernt, daß es im Gehirn zu einer guten Empfindung kommt, wenn es aufs Sofa klettert, aus dem Fenster guckt und den vorüberziehenden Gesichtern fröhlich zuwinkt; diese Empfindung wird dann im emotionalen Gedächtnis gespeichert. Das extravertierte Baby könnte sich dann zu einer Person entwickeln, die Menschen mit Neugier begegnet und Freude daran hat, neue Bekanntschaften zu machen.

Doch warum sind manche Babys schüchtern und andere extravertiert? Das schüchterne und das extravertierte Baby reagieren auf dieselben neuen Gesichter; aber warum reagiert das Gehirn des ersten Babys negativ auf einen Fremden und das zweite positiv? Der Ursprung dieser Reaktionen ist in der genetisch festgelegten Chemie des Gehirns begründet, insbesondere im primitiven Teil des Gehirns, den man als das limbische System bezeichnet. Das limbische System ist für das emotionale Empfinden und Verhalten verantwortlich, indem es «Reaktionen im Bauch» erzeugt. Dazu gehören die heftigsten Triebe, aber auch andere Verhaltensweisen und Gefühle, und zwar häufig diejenigen, die außerhalb der Kontrolle des Bewußtseins zu liegen scheinen. Tief verborgen im limbischen System finden sich die Ursprünge von Furcht, Aggression, Lust und Vergnügen.

Hätte jeder Mensch dieselben Gene, durch die dasselbe limbische System aufgebaut wird, und hätte er dieselben Lebenserfahrungen, dann wären alle Persönlichkeiten gleich. Die Erfahrungen sind unterschiedlich, weil wir in einer Welt mit so vielen Möglichkeiten leben. Zwei Menschen, selbst eineiige Zwillinge, die im selben Elternhaus aufwachsen, können nicht *exakt* dieselben Erfahrungen machen; das ist auch ein Grund für die unbegrenzte Vielfalt in bezug auf die zweite Dimension der Persönlichkeit – den Charakter.

Charakter: leben und lernen

- Sind Sie bereit, um die Welt zu verbessern, ständig persönliche Opfer zu bringen? Oder sind Sie der Auffassung, jeder sei sich selbst der Nächste?

- Nehmen Sie gewöhnlich Menschen so, wie sie sind, auch wenn sie ganz anders sind als Sie selbst? Oder möchten Sie, daß jeder genauso handelt wie Sie?

Hier handelt es sich um Aspekte des Charakters. Die Menschen kommen nicht mit diesen Auffassungen auf die Welt, sie eignen sie sich an; sie übernehmen sie von Eltern, Freunden, Lehrern und religiösen Leitfiguren. Sie erlernen sie auch, und zwar indem sie sich an das Gefühl erinnern, das sich bei ihnen einstellte, wenn sie etwas richtig gemacht haben und dafür gelobt wurden oder wenn sie für ein falsches Verhalten bestraft wurden.

Die Erinnerungen, die den Charakter formen, werden über die Großhirnrinde vermittelt. Sie ist nicht nur Sitz der Erinnerungen für Menschen, Orte und Begebenheiten, sondern sie versetzt uns auch in die Lage, zu rechnen, zu vergleichen, zu urteilen und zu planen. Der Grund dafür, daß der Charakter eindeutig der menschlichste Aspekt der Persönlichkeit ist, liegt darin, daß die Großhirnrinde in der neueren Evolutionsgeschichte im Hinblick auf Größe und Komplexität eine dramatisch sprunghafte Entwicklung durchgemacht hat. Dadurch ist sie bei Menschen viel größer und weiter entwickelt als bei Primaten und bei unseren niederen Urahnen. Die Großhirnrinde ist der Manager für das restliche Gehirn, sie analysiert die Welt und entscheidet, wie man reagieren soll.

Obwohl Temperament und Charakter voneinander unabhängige Bestandteile der Persönlichkeit zu sein scheinen, sind sie miteinander verwoben. Das Wunderbare am Charakter ist seine Fähigkeit, das Temperament abzuwandeln, es Menschen zu ermöglichen, aus den nützlichen Teilen des Temperaments einen Vorteil zu ziehen und die Bedeutung der weniger wünschenswerten biologischen Neigungen oder Instinkte zu verringern.

Den Kern des Charakters bildet der Begriff des *Selbst*. Betrachten wir uns als für unsere eigenen Taten selbst verantwortlich, oder sind wir äußeren Kräften auf Gedeih und Verderb ausgeliefert? Sind wir wie Ralf ein integraler Bestandteil der Gesellschaft oder ein «freischwebender Akteur» wie Janice? Von all den Dingen, die wir im Leben lernen und erinnern können, ist die Erkenntnis unser selbst am wichtigsten.

Obwohl also die ursprünglichen Reaktionen auf Reize vom größtenteils angeborenen Temperament bestimmt werden, so hängt doch die Art und Weise, wie Menschen diese Reaktionen interpretieren und auf sie agieren, vom erworbenen Charakter ab. Für eine Frau, die wir Alexandra nennen wollen, war es eine Qual, zu einer Party zu gehen. Sie war ein schüchternes Kind, das sich zu einer schüchternen erwachsenen Frau entwickelte, aber ihr Beruf brachte häufig soziale Verpflichtungen mit sich. Um beruflich aufzusteigen, mußte sie ihre natürliche Angst vor sozialen Situationen überwinden. Zunächst war schon der bloße Gedanke daran eine Belastung für sie, doch bald entdeckte sie, daß es immer leichter wurde, je öfter sie sich dazu zwang. Durch die lobende Anerkennung ihres Chefs in ihrer Verhaltensweise bestärkt, hatte sie bald sogar Spaß daran, «gegen ihre Natur» anzukämpfen. Schließlich war es Alexandra gelungen, ihr Temperament derart umzuprogrammieren, daß sie sozialen Kontakten mit freudiger Erwartung entgegensah und sie nicht mehr als Schrecken empfand.

Wozu sind Gene da?

Alexandra war, vor allem wegen ihrer Gene, von Natur her schüchtern, doch Gene sind keine Schalter, auf denen «schüchtern» oder «extravertiert» beziehungsweise «glücklich» oder «traurig» steht. Gene sind einfach chemische Substanzen, die die Verbindungen anderer chemischer Stoffe steuern. Die chemische Substanz, auf der sich die Gene befinden, wird als Desoxyribonukleinsäure oder DNS (engl. *DNA*) bezeichnet. Sie besteht aus lediglich vier unterschiedlichen Varianten: A, G, C und T. Die Basen formen lange Ketten, und jedes DNS-Molekül besteht aus zwei dieser Ketten, die Paare bilden nach der Regel: «A paßt zu T» und «G paßt zu C». In der DNS wird die Information über die Reihenfolge der Basen abgespeichert. Die DNS-Sequenz «AGCT» bedeutet etwas anderes als die Sequenz «TCGA» – die Bedeutung ist so unterschiedlich wie die von «OTTO» und «TOTO».

Die in der DNS enthaltene Information wird in Eiweiße umgewandelt, die ihrerseits aus Aminosäuren bestehen. Die Eiweiße sind immer da, wo etwas los ist. Die wichtigste Funktion der Eiweiße ist es, als Enzyme zu wirken, die einen chemischen Stoff in einen anderen umwandeln. So wird zum Beispiel Tyrosin – eine in vielen Nahrungsmitteln vorkommende Aminosäure – durch ein Enzym in Dopamin umgewandelt. Und Dopamin ist ein chemischer Stoff im Gehirn, der dazu beitragen kann, daß man sich aktiv und erregt fühlt. Ein weiteres Enzym zerlegt das Dopamin in kleinere Moleküle und ruft dadurch in Ihnen das Gefühl hervor, Sie seien entspannter oder gar träger. Unterschiedliche Enzyme sind für den Auf- und Abbau von mehr als 300 chemischen Substanzen im Gehirn verantwortlich, die das Denken, Handeln und Fühlen beeinflussen.

Das Gehirn und der Körper werden durch die DNS entwikkelt, und die DNS ist bei allen Menschen in hohem Grade ähnlich. Sie haben zu 99,9 Prozent dieselbe DNS wie Michael Jordan, Albert Einstein, Elizabeth Taylor, Charles Manson, Julius Cäsar, Julia Childs und Jules Vernes. All diese Leute und jeder, der jemals gelebt hat, besitzen dieselben 100 000 oder mehr Gene, die sich auf dieselben 23 Chromosome verteilen.

Aber «in hohem Maße ähnlich» heißt nicht «ganz genauso». Es gibt Unterschiede in bezug auf die DNS – ungefähr zu 0,1 Prozent oder bei einem von 1000 Genen. Bedenkt man, daß wir es hier mit 3 Milliarden chemischer Basen zu tun haben, macht dieser Unterschied doch etwas aus. Wo bei Michael Jordans DNS «G» steht, könnte bei Michael Jackson ein «C» stehen und bei Andrew Jackson ein «T», während bei Jack the Ripper ein «A» stand. Es gibt grob geschätzt 3 Millionen solcher Unterschiede zwischen einzelnen Personen, und auf diese Unterschiede gehen all die vererbten Aspekte der Vielfalt unter den Menschen zurück, von der Augenfarbe über die Körpergröße bis hin zur Persönlichkeit oder zur Intelligenz. Es ist kaum zu glauben, daß ein so winziger Unterschied – ein Zehntel eines Prozents – einen so großen Einfluß darauf haben soll, in welche Richtung Menschen sich entwickeln. Dabei ist dieser Prozentsatz in Wirklichkeit etwas übertrieben. Viele der 3 Millionen Variationen sind, soweit wir wissen, bedeutungslos, deshalb sind es sogar noch weniger Unterschiede, auf die es ankommt.

Sollten Sie immer noch nicht davon überzeugt sein, daß so viele der Unterschiede auf 0,1 Prozent der DNS zurückgehen, dann denken Sie einmal über die Tatsache nach, daß die DNS des Menschen sich von der des Schimpansen nur zu 1 bis 2 Prozent unterscheidet; Ihre DNS und die des Schimpansen sind zu mindestens 98 Prozent gleich. Doch dies anscheinend

«Kleingedruckte» in den DNS-Instruktionen ist der Grund dafür, daß Menschen Berechnungen durchführen, Gedichte schreiben und Kathedralen bauen können, während Schimpansen sich gegenseitig die Flöhe aus dem Fell holen und sie fressen. Menschen haben so ziemlich dieselbe DNS wie ein Schimpanse, weil wir eben von ihm abstammen; und der Schimpanse ist dem Gorilla ähnlich, weil er von ihm abstammt; und so geht es dann die Verwandtschaftslinie hinunter bis zum Fisch und zu den Reptilien, ja sogar bis zu Einzellern wie der Hefe. Diese Bewahrung des Erbguts in der Evolution hat einen positiven Nebeneffekt: Oft können wir herausfinden, was ein Gen bewirkt, indem wir uns ein ähnliches Gen bei einem einfacheren Organismus ansehen.

Eines der verbreitetsten Mißverständnisse im Zusammenhang mit der Genetik ist die Vorstellung, daß es Gene «für» etwas gibt. Immer wieder ist die Rede von Genen «für» Brustkrebs, Schüchternheit oder blaue Augen, die angeblich zur Folge haben, daß manche Menschen bestimmte Krankheiten, Persönlichkeitszüge oder Eigenschaften ausbilden. Diese Vorstellung zumindest haben die meisten Menschen verinnerlicht, die von einem Gen «für» Depression, von einem «Homosexuellen-Gen» oder einem «Übergewichts-Gen» sprechen. Wenn das zuträfe, wäre es ganz leicht, «eine kleine Untersuchung» durchzuführen, um zu sehen, was für Gene Sie haben und worüber Sie sich daher Sorgen machen sollten. So funktioniert es aber nicht. Jeder hat ein «Stimmungs-Gen», ein «Gen zur sexuellen Orientierung» und ein Gen, mit dessen Hilfe das Körpergewicht reguliert wird. Der Unterschied besteht darin, daß Gene in unterschiedlichen Varianten oder Sorten angeboten werden.

Nehmen wir beispielsweise an, das Stimmungs-Gen, das jeder hat, erzeugt ein Rezeptoreiweiß, das auf die Hormone reagiert, die unter Belastung ausgeschüttet werden. Nehmen wir weiter an, der einzige Unterschied zwischen zwei Menschen bestehe darin, daß der eine ein Gen mit einem T an

Position 4356 hat, wohingegen die andere Person ein C an derselben Stelle hat. Das könnte ausreichen, um die Stärke des elektrischen Stroms, der durch die Zellen fließt, zu beeinflussen. Deshalb führt dieselbe Menge eines Hormons bei der einen Person zu einem sanften Summen und bei der anderen zu einem kräftigen Stromschlag. Diese eine Kleinigkeit – ein Buchstabe von 3 Milliarden – kann für den Unterschied zwischen einem meist fröhlichen Menschen und einem, der schnell deprimiert ist, sorgen. Beide haben dasselbe Gen, doch das Kleingedruckte verändert die Sachlage völlig. Stellen Sie sich einen Raum vor, in dem 30 000 Bücher stehen. Der Unterschied wäre in diesem Fall ein Buchstabe in einem einzelnen Buch.

Verhaltensgenetik

Wir wissen, daß die DNS einzigartige Gehirne hervorbringt, und jedes Gehirn entwickelt sich in einer einzigartigen Umwelt auf solche Weise, daß sich eine individuelle Persönlichkeit herausbildet. Die Frage ist, ob die Unterschiede im Hinblick auf die DNS uns zu etwas anderem machen. Mit der Suche nach der Antwort auf diese Frage beschäftigt sich die Wissenschaft von der Verhaltensgenetik.

Die Verhaltensgenetik ist so neu, daß die erste akademische Zeitschrift auf diesem Gebiet erst vor 27 Jahren herauskam – ein kurzer Herzschlag in der Wissenschaftsgeschichte. Ihre Ursprünge liegen jedoch ein Jahrhundert früher, bei Francis Galton (1822 – 1911), einem britischen Biologen, der ein Vetter von Charles Darwin war. Genialität faszinierte ihn, vielleicht weil er selbst ein Wunderkind war, das schon im Alter von drei Jahren lesen und schreiben konnte und sich zu einem bemerkenswert begabten Erwachsenen entwickelte.

Galtons berühmtes Experiment bestand darin, daß er 35 Zwillinge, die «bei der Geburt gleich» waren, mit 20 Zwillingen verglich, die «bei der Geburt ungleich» waren – wir wissen heute, daß es sich hier um eineiige und zweieiige Zwillinge handelte. Er kam zu der Schlußfolgerung, daß Zwillinge, die bei der Geburt gleich waren, sich so entwikkelten, daß sie als Erwachsene gleich waren, und zwar nicht nur in bezug auf ihre körperlichen Eigenschaften, sondern auch im Hinblick auf ihre Persönlichkeit, Intelligenz, Interessen und berufliche Entwicklung. Galton schrieb: «Es ergibt sich die zwingende Schlußfolgerung, daß die Anlage sich ungeheuer stark gegen die Umwelt behauptet, wenn die Unterschiede der Umwelt nicht größer werden als das, was man gewöhnlich bei Personen desselben Rangs in der Gesellschaft und im selben Land vorfindet. Ich befürchte, daß meine Belege vielleicht zuviel zu beweisen scheinen und deshalb diskreditiert werden, weil es aller Erfahrung widerspricht, daß die Umwelt so wenig gelten soll.»

Galtons Arbeit geriet in Mißkredit, jedoch nicht aus dem Grund, den er vorhersah. Vielmehr zog er aus seinen Untersuchungen die für ihn logische Konsequenz, auf die Verbesserung der menschlichen Rasse hinzuwirken, und zwar durch Züchtung einer «guten» Rasse, der er selbst angehörte, und durch die Ausmerzung der unerwünschten. Heutzutage gilt er weithin als der Vater der Eugenik – einer Bewegung, deren berüchtigtster Verfechter Adolf Hitler war.

Was jedoch die Bedeutung der beiden Arten von Zwillingen betraf, hatte Galton recht. Eineiige Zwillinge entwickeln sich aus einer einzelnen befruchteten Eizelle und sind daher genaue genetische Kopien. Zweieiige Zwillinge entwickeln sich aus unterschiedlichen Eizellen und sind genetisch nur so ähnlich wie gewöhnliche Geschwister. Wenn man die Ähnlichkeiten und Unterschiede zwischen eineiigen und zweieiigen Zwillingen sowie nicht verwandten Einzelpersonen vergleicht, ist es daher möglich, zu berechnen, welcher Anteil des Unterschieds bei einer Eigenschaft durch vererbte Faktoren verursacht wird. Man spricht hier von Heritabilität.

Die Schwäche der meisten Zwillingsuntersuchungen besteht darin, daß Zwillinge gewöhnlich gemeinsam aufwachsen – im selben Haushalt, bei denselben Eltern, im selben Stadtviertel, im selben Land und in derselben geschichtlichen Epoche. Daher sind sie vielleicht gleich, weil sie dieselben Dinge gelernt haben. Die Lösung des Problems lautet, daß man eineiige Zwillinge betrachtet, die von Geburt an oder kurze Zeit später voneinander getrennt wurden. Die bekannteste dieser Studien ist die *Minnesota Study of Twins Reared Apart*, bei der Wissenschaftler Menschen aufgespürt haben, die noch nicht einmal wußten, daß sie Teil eines Zwillingspaares sind. Die Ähnlichkeiten zwischen diesen Zwillingen können in der Tat unheimlich sein.

Jim Lewis und Jim Springer waren eineiige Zwillinge, die bei der Geburt voneinandergetrennt wurden und erstmals im Alter von 39 Jahren wieder zusammenkamen. Als sie aufeinandertrafen, waren sie beide 1,83 m groß und 82 Kilo schwer; sie waren vom äußeren Erscheinungsbild her so ähnlich, daß Fremde sie kaum auseinanderhalten konnten. Die körperliche Ähnlichkeit hätte man erwarten können, aber als die beiden Männer sich zum ersten Mal zusammensetzten, um miteinander zu sprechen, fanden sie einige recht merkwürdige Ähnlichkeiten heraus. Beide waren zum zweiten Mal verheiratet, die erste Frau hieß jeweils Linda, die zweite Betty. Der eine hatte einen Sohn namens James Alan, der andere einen namens James Allen. Als Jungen hatten sie beide ihrem Hund den Namen Toy gegeben. 39 Jahre nach ihrer Trennung voneinander rauchten sie beide die gleiche Zigarettenmarke und bevorzugten dieselbe Biersorte.

Nachdem Thomas J. Bouchard Jr. und seine wissenschaftlichen Mitarbeiter auf die Jim-Zwillinge gestoßen waren und Hunderte weiterer derartiger Zwillingspaare untersucht hatten, kamen sie zu der Schlußfolgerung, daß eineiige Zwillinge, die getrennt voneinander aufwachsen, einander fast so sehr gleichen wie Zwillinge, die zusammen aufwachsen. Der Befund war, als er 1988 publiziert wurde, so schockierend, daß manche Menschen sich weigerten, ihn zu glauben. Es schien nicht möglich zu sein, daß zwei Personen, die einander nie begegnet waren, sich so ähnlich sein konnten wie zwei Menschen, die als Brüder oder Schwestern im selben Haus aufgewachsen waren. Die Belege dafür waren jedoch eindeutig, und sie zeigten, daß Gene nicht nur dazu beitragen, wie wir aussehen, sondern auch, wie wir handeln, empfinden und das Leben erfahren. In einem Fall nach dem andern, der von den Wissenschaftlern aufgedeckt wurde, setzte sich die Anlage gegenüber der Umwelt durch.[1]

Amy und Beth kamen als eineiige Zwillinge auf die Welt; sie waren Klone aus derselben Eizelle und hatten beide dieselben Gene. Bei der Geburt wurden sie zur Adoption an unterschiedliche Familien freigegeben, doch für den restlichen Teil ihres Lebens verlor man sie nicht aus den Augen. Man sagte den neuen Eltern – in beiden Fällen jüdische Familien aus dem Staat New York –, die kleinen blonden Mädchen seien Bestandteil eines Experiments, verriet ihnen aber nicht, daß es sich dabei um ein Experiment mit Zwillingen handelte. Amys Familie war wirtschaftlich viel bessergestellt als die von Beth; aber Amys Mutter hatte Übergewicht und war unsicher, besonders was ihre Rolle als Mutter betraf; sie empfand Eifersucht gegenüber dem hübschen neuen Baby. Auf der anderen Seite war Beth's Mutter klug, attraktiv und erfüllt von Liebe für ihren neuen Schatz.

Amy paßte nicht richtig zu ihrer neuen Familie und entwickelte eine Menge emotionaler Probleme. Schon als Säugling war sie ein reizbarer armer Wurm – eine Eigenschaft, die sich nur der Form nach, in ihrem Ausdruck veränderte, als sie zu einer renitenten Jugendlichen heranwuchs. Sie «weigerte sich», erwachsen zu werden, hatte Lernprobleme und litt sehr darunter, ein verstoßenes Kind zu sein.

Beth wuchs in einer liebevollen Familie auf und stand von dem Augenblick an, als man sie ins Haus brachte, im Mittelpunkt der Aufmerksamkeit. Ihre Eltern liebten sie abgöttisch und brachten ihr so viel Liebe entgegen, wie es nur menschenmöglich war. Nach der Theorie, daß wir alle Produkte unserer Umwelt sind, hätte sich Beth wunderbar entwickeln müssen. Sie hatte alle Vorteile, während ihre Schwester Amy jede Ausrede gehabt hätte, eine verkorkste Persönlichkeit zu werden. Doch Beth regte sich als Säugling ohne ersichtlichen Grund auf und schrie, genau wie Amy. Als kleines Mädchen hatte Beth vor allem möglichen Angst, und im Vergleich mit ande-ren Kindern war sie in der Entwicklung zurück. Auch als Jugendliche war sie alles andere als umgänglich. Trotz der offenkundig positiven Bedingungen in ihrem Elternhaus entwickelte sie dieselbe schwierige Persönlichkeit wie ihre Schwester Amy, die sie gar nicht kannte. Wie Kugeln, die aus derselben Pistole abgefeuert werden, folgten die Mädchen denselben Bahnen, die bemerkenswert ähnlich waren.

Die Geschichte von Beth und Amy ist beunruhigend, weil Eltern gerne glauben möchten, daß sie auf die Entwicklung ihrer Kinder einen wesentlichen Einfluß haben, und wir alle möchten gerne glauben, wir seien – zumindest teilweise – das Produkt unseres eigenen freien Willens. Die gute Nachricht ist, daß Eltern durchaus eine Rolle spielen und Individuen durchaus etwas dabei mitzureden haben, welche Art von Menschen aus ihnen wird. Nicht einmal Galton glaubte, daß er allein wegen seines Blutes ein Genie war. Hätte man in der Kindheit jeden Kontakt mit Menschen von ihm ferngehalten, hätte man ihn wahrscheinlich für retardiert oder wild gehalten. Wäre er in einem Arbeiterhaushalt aufgewachsen, wäre aus ihm vielleicht ein außergewöhnlich gewandter Butler geworden, aber niemand hätte ihn je mit «Sir» angeredet. Wenn Galton jedoch andererseits mit einem weniger außergewöhnlichen Gensatz auf die Welt gekommen wäre, dann hätte keine Art von Erziehung einen so außergewöhnlichen Wissenschaftler aus ihm machen können.

Der Vorteil, den wir heute haben, besteht darin, daß unser

Verständnis über das Wirken der Gene sich so rasch entwikkelt. Wenn wir das Wirken der Gene verstehen, so bedeutet das nicht, daß wir angesichts eines vorprogrammierten Schicksals resignieren müssen. Hier handelt es sich um ein Hilfsmittel zur Befreiung, ein wissenschaftliches Fenster, durch das wir die Seele erblicken können. Ja, wir werden mit einer bestimmten genetischen Ausstattung geboren. Nein, das heißt nicht, daß wir keine Kontrolle mehr über unser Leben haben. Kein Wissenschaftler – und auch keine aufmerksamen Eltern – glauben ernsthaft daran, daß wir als völlig unbeschriebene Blätter auf die Welt kommen, die erst durch unsere Erziehung beschrieben werden. Der Schlüssel zum Verständnis besteht in der Wechselwirkung zwischen der Hardware, mit der wir auf die Welt kommen, und der Software, die wir hinzufügen. Es geht nicht um Anlage *oder* Umwelt, sondern um Anlage *und* Umwelt. In Wirklichkeit ist es ein Bestandteil unserer Anlage, auf die Umwelt zu reagieren.

Jahrelang jedoch wurde ein Teil der Gleichung überbewertet. Die Umwelt wurde für viel wichtiger gehalten als die Anlage. Die Erforschung der Persönlichkeit war die Domäne von Psychiatern und Psychologen, die sich auf den Einfluß der kindlichen Erfahrung und des Traumas konzentrierten. Folgte man diesen Experten, so war das Verständnis der Umweltfaktoren das einzige, was erforderlich war, um ein menschliches Wesen zu verstehen. Es war so, als wären alle Menschen gleich, bis auf die Erfahrungen, die sie formten. Mehr noch, dieselbe Erfahrung, so nahm man an, beeinflußte jeden Menschen auf dieselbe Weise. Ein Verlust, ein Mißbrauch, die Trennung vom Vater oder die erdrückende Affenliebe einer Mutter führte bei allen Menschen zu vorhersagbaren, quantifizierbaren und vergleichbaren Ergebnissen.

Diese Theorie ist nicht nur dumm, sondern auch grausam. Die Menschen sind unterschiedlich, weil sie unterschiedliche Gene haben, die in ihnen unterschiedliche Gehirne hervorbrachten, aus denen sich unterschiedliche Persönlichkeiten bildeten. Zum wirklichen Durchbruch beim Verständnis dessen, was eine Persönlichkeit ist, kam es nicht auf Ledersofas, sondern in Laboratorien. Einige dieser neuen Laborbefunde werden hier erstmals erörtert. Was man daraus lernen kann, ist auf unser eigenes Leben und das unserer Kinder anwendbar.

Wenn Sie die genetischen Ursprünge der Persönlichkeit verstehen lernen, wird Ihnen dies helfen, «sich selbst zu finden» und bessere Beziehungen zu anderen Menschen aufzubauen. Das Wissen kann Ihnen in Beziehungen und am Arbeitsplatz von Nutzen sein. Es wird auch bei Eltern, die davon besessen sind, ihren Kindern die bestmögliche Umwelt zu bieten, etwas von der Belastung nehmen. Kindern Liebe zu schenken und Wissen zu vermitteln ist so wichtig, wie ihnen Essen zu geben; doch von einem bestimmten Zeitpunkt an müssen Eltern verstehen lernen, daß Kinder bereits auf ihrem eigenen Weg sind, der womöglich abseits der vorgeplanten Markierungen verläuft. Kinder sind, was sie sind, und Eltern fahren besser damit, ihre Kinder genauer kennenzulernen, als zu versuchen, sie in irgendein Ideal zu zwängen, das aus Luftschlössern entstanden ist. Kinder wollen ebensosehr entdeckt wie geformt werden; man sollte ihnen erlauben und sie darin fördern, ihr eigenes Potential zu entwickeln. Vom Augenblick der Empfängnis an sind Menschen einzigartig. Auch ganz zu Beginn sind sie keine ununterscheidbaren Steinklumpen, die durch das Leben zu Individuen geformt werden. Jeder einzelne von uns kommt als Person auf die Welt – den Rest der Zeit in unserem Leben verbringen wir damit, herauszufinden, wer diese Person ist.

Kapitel 1

Nervenkitzel

Sich am Leben berauschen

Charles O'Rourke kam in den Raum, als gehöre ihm das alles. Er hatte rotblonde Haare, ein zerfurchtes Kinn und trug eine dunkle Sonnenbrille. Sein tadelloser Maßanzug hing locker von seinen breiten Schultern herunter. Er bewegte sich wie ein Leopard und blieb nie stehen, er war agil und wach. Durch seine schiere Anwesenheit war er raumfüllend, er übermittelte allen eine machtvolle Botschaft: Ich bin hier der Boß.

Tagsüber war Charles, 42, Börsenmakler. Seine Kunden waren wie er – jung, reich und darauf aus, mehr, viel mehr aus ihrem Geld zu machen. Sie waren ungeduldig und gingen gern ein kleines Risiko ein. Eigentlich war es gerade das Risiko, das ihnen Spaß machte. Jeden Tag riefen sie Charles an und wollten einen guten Tip, diese eine kleine Information, die sie zu reichen Leuten machte. Charles saß am Telefon und rief im mittleren Management der Firmen, auf die er sich konzentrierte, an, um sich eine günstige Ausgangsposition zu verschaffen. An manchen Tagen konnte er es nicht ertragen, im Büro zu sein; dann fuhr er zu einem High-Tech-Gewerbegebiet hinaus. Es gab dort eine Reihe von Firmen, deren Schicksal er verfolgte, und er ließ sich gern aus erster Hand informieren.

Was Charles fesselte, war nicht so sehr das Geld, sondern der Nervenkitzel beim Aktienhandel. Das Geld war gut und schön, aber er war auf die Jagd aus. Der Börsenticker ließ sein Herz höher schlagen, und wie ein Jockey ließ er sich von Höhenflügen und Tiefschlägen mitreißen. Die Aufregung war sein Lebenselixier. Und am Wochenende legte er keine andere Gangart ein; nur die Situation war eine andere. Er hatte ein rotes Kabrio, das er gern auf Hochglanz polierte und mit einem Aufsatz für ein Surfbrett versah. Am Strand würde er auf die Wellen zulaufen und ins Wasser springen, auf den Horizont zu. Er surfte so lange, bis ihm die Arme weh taten und die Beine zitterten. Er mochte es, wenn auf seiner gereizten Haut, die von der Sonne gerötet war und von der Anstrengung glühte, das Salz brannte. Nachts feierte er mit Freunden Partys und sammelte dabei Kräfte für den nächsten Tag. Er konnte es gar nicht erwarten, Montag morgens aufzustehen, um sich wieder an die Börse zu begeben.

Charles hatte einen jüngeren Bruder, der im Nordosten der USA lebte. Es war keine wunderschöne Gegend, jedoch auch keine unangenehme Stadt. Der Bruder, den wir Michael O'Rourke nennen wollen, mietete sich eine kleine Wohnung, die preiswert möbliert, aber peinlich sauber war. Sein ganzer Stolz und seine ganze Freude war ein Blumenkasten am Fenster, der voller Pfingstrosen war. Er saß gern allein am Küchentisch, trank etwas Kräutertee und beobachtete die kleinen Pflanzen in der Sonne. Während Charles an die Westküste gezogen war, lebte Michael weniger als eine halbe Stunde von dem Ort entfernt, in dem er und sein Bruder aufgewachsen waren. Für ihn gab es keinen Grund, so weit wegzuziehen. Er kannte sich hier aus und hatte viele Freunde und Verwandte in der Nähe; er fühlte sich wohl in seiner Heimat.

Michael, 28, sah wie eine jüngere und ein wenig schlankere Version von Charles aus: dieselbe rosa Haut und dasselbe rötliche Haar, ja sogar dasselbe unbeschwerte Lachen. Er zog sich Freizeitkleidung an, mit offenem Hemd und Kordhose.

Sein Studium an der Universität begann er, um später Grundschullehrer zu werden. Er hatte Mikrobiologie studiert, wechselte jedoch von diesem Fach ins Lehramt, weil die Naturwissenschaften für ihn zu aufreibend waren. Er rauchte nicht und trank nur selten. Er surfte nicht, aber joggte gerne, allein und auf leeren Straßen. Seine Vorstellung von einem schönen Wochenende war es, das örtliche Museum zu besuchen; wenn dort eine neue Ausstellung eröffnet wurde, wartete er dennoch immer eine Woche ab, weil es dann weniger voll war.

Charles und Michael stammten von derselben Mutter und von demselben Vater ab, sie wuchsen in nebeneinanderliegenden Zimmern im selben geräumigen alten Haus auf. Sie wurden im selben Stadtviertel groß, gingen in dieselbe katholische Kirche und besuchten dieselbe kirchliche Schule. Aber Charles war schon immer auf der Suche nach Nervenkitzel, Abenteuer und Unbekanntem gewesen, wohingegen es Michael lieber war, wenn alles friedlich, ruhig und wie gewohnt verlief. In einer Befragung klagte keiner von beiden darüber, daß es ihm an irgend etwas fehle, und beide hatten eine positive Einstellung zur Zukunft. Als man sie auf die Unterschiede zwischen ihnen ansprach, lachten sie und sagten, sie seien immer schon, seit sie kleine Jungen waren, unterschiedlich gewesen. Die Frage, ob sie gerne miteinander tauschen würden, beantworteten beide mit einem entschiedenen Nein. Beide mochten und respektierten den anderen Bruder, aber nie hätte Charles so leben können wie Michael oder umgekehrt.

Charles holte sich aus seiner Schnellebigkeit eine tiefe Befriedigung. Michael war nachdenklicher. Charles war gesellig und immer von Freunden umgeben. Michael zog die Einsamkeit und Abende mit einem Buch allein zu Hause vor. Doch beide beschrieben sich selbst als zufrieden. Ihre Zufriedenheit bezogen sie nicht von äußeren Dingen – von dem, was sie machten, oder von den Leuten, mit denen sie sich trafen –, sondern sie kam von innen. Der Unterschied zwischen ihnen bestand nicht darin, wie sie ihre Zeit verbrachten, sondern wie ihr Gehirn auf das, was sie taten, reagierte. Charles und Michael waren im tiefsten Innern ihrer Persönlichkeit grundsätzlich voneinander unterschieden. Eindeutig gab es etwas, was Charles dazu antrieb, etwas Neues zu machen, und ihn dafür belohnte, daß er es machte. Er machte etwas Neues, weil er neuartige Situationen und neue Herausforderungen *mochte;* er hatte Spaß daran. Michael dagegen wurde dafür belohnt, nicht zu experimentieren. Er setzte sich selbst Grenzen und blieb innerhalb dieses Bereichs, weil er vertraute Dinge *mochte.* Es geschah irgend etwas in ihrem Gehirn, was sie für bestimmte Verhaltensweisen belohnte.

Psychologen haben den Temperamentsunterschied zwischen Michael und Charles mit einer Vielfalt von Namen belegt.[1] Der Begriff, der von Robert Cloninger, einem Psychiater an der medizinischen Fakultät der Washington University in St. Louis, gebraucht wurde, heißt «Suche nach Neuartigem», wobei er hier wiederum zwischen exploratorischer Erregbarkeit, Impulsivität, Zügellosigkeit und Unordentlichkeit unterscheidet. Marvin Zuckerman, der erste Psychologe, der den Persönlichkeitszug ausführlich untersuchte, nannte ihn «Suche nach Überraschendem» und unterteilte ihn in vier unterscheidbare Elemente: Suche nach Spannung und Abenteuer, Suche nach Erfahrungen, Abneigung gegen Langeweile und Enthemmung.

Wie immer man den Persönlichkeitszug nennt, er bezieht sich darauf, daß man neuartige Wahrnehmungen und Erfahrungen sucht, sowie auf die Bereitschaft, Risiken einzugehen. Menschen, die in starkem Maße auf Neuartiges aus sind, haben Spaß an vielfältigen, neuen und intensiven Erfahrungen. Sie müssen nicht unbedingt das Risiko lieben, sie sind jedoch bereit, Risiken in Kauf zu nehmen, wenn sie dadurch mit neuen Erfahrungen belohnt werden. Personen, die nicht so sehr auf Neuartiges aus sind, bevorzugen vertraute, herkömmliche und weniger intensive Erfahrungen. Sie haben nicht unbedingt etwas gegen Risiken, aber sie suchen sie auch nicht, denn sie fühlen sich wohler im Umgang mit dem Vertrauten, das keine Risiken birgt.

Obwohl die Suche nach Neuartigem ein einzelner Temperamentszug ist, kann er auf verschiedene Weise zum Ausdruck kommen. Zur Suche nach Spannung und Abenteuer gehört zum Beispiel das körperliche Bedürfnis, gefährliche Sportarten wie Klettern, Surfen oder Fallschirmspringen zu betreiben. Untersuchungen haben gezeigt, daß Kletterer, die an Expeditionen teilnehmen, sowie Fallschirmspringer und Skilehrer bezogen auf diesen Aspekt der Suche nach Neuartigem höhere Werte als der Durchschnitt haben, während Volleyballspieler und Jogger eher niedrige Werte haben. Zuckerman konnte sogar zeigen, daß es einen direkten Zusammenhang zwischen der Suche nach Neuartigem und der Geschwindigkeit gibt, mit der eine Person Auto fährt.

Die Suche nach Erfahrungen ist ein anderer Aspekt dieses Persönlichkeitszuges. Neuartige Reize müssen nicht notwendigerweise körperlich sein, sie können auch seelisch oder sozial sein. Neue Empfindungen kann man psychisch und über die Sinne erfahren, zum Beispiel über die Auseinandersetzung mit avantgardistischer Musik oder Kunst oder durch Reisen in exotische Länder und über Erfahrungen in der Gegenkultur. Menschen, die hinsichtlich dieser Neigung höhere Werte haben, begeistern sich für neue Ideen, sind unkonventionell und innovativ. Personen, die hier niedrige Werte haben, sträuben sich gegen neue Denkweisen, sie sind eher konventionell. Menschen mit hohen Werten sind darauf aus, neue Leute zu sehen, aber nicht unbedingt auch darauf, sie näher kennenzulernen. Personen mit niedrigen Werten ziehen alte Bekannte vor, auch wenn sie sie nicht sehr mögen.

Die durch das Temperament bestimmte Eigenschaft, nach Neuartigem zu suchen, läßt sich auch in Bereichen feststellen, die weniger offenkundig sind. Menschen mit niedrigen Werten bevorzugen einfache und symmetrische Muster: Pyramiden, Kreuze oder andere geometrische Figuren. Personen mit hohen Werten mögen eher komplexe und asymmetrische Formen, insbesondere solche, die sich zu bewegen scheinen. Bei Landschaftsbildern bevorzugen die Menschen mit niedrigen Werten friedliche Szenerien wie etwa ruhige Seen, während diejenigen mit hohen Werten eine Vorliebe für dramatische Bilder haben, wie zum Beispiel John Constables *Blick auf das Meer mit Wolken.*

Menschen mit hohen Werten können immer wiederkehrende Erfahrungen, Routinearbeiten oder langweilige Leute nicht ertragen. Sie werden sich nie einen Film zum zweiten Mal ansehen. Ihnen wird so schnell langweilig, daß sie die Art und Weise, wie sie etwas machen, wechseln, um Monotonie zu vermeiden, selbst wenn der Wechsel die Leistung nicht verbessert. Personen mit niedrigen Werten werden nichts ändern, auch wenn die augenblickliche Vorgehensweise nicht funktioniert.

In einem Experiment, das in Friedenszeiten an Soldaten der US-amerikanischen Armee durchgeführt wurde, wurden die Teilnehmer gebeten, sich freiwillig für eine gefährliche Gefechtsübung zu melden. Die Personen, die sich freiwillig meldeten, hatten bezogen auf Risikobereitschaft höhere Werte und waren somit prädestiniert für halsbrecherische Kommandounternehmen, wohingegen solche mit niedrigen Werten möglicherweise lieber in der Kaserne bleiben sollten, um dort für Ordnung und Disziplin zu sorgen. So zeigten Soldaten, die weniger auf Neuartiges aus waren, die beste Leistung, wenn sie gebeten wurden, die Position von Objekten auf einem Computerbildschirm sorgfältig zu überwachen. Das sind Fähigkeiten, die bei der Wache und für die Radarkontrolle von Bedeutung sind. Sie wurden weniger stark durch Langeweile abgeschreckt und zeigten gute Leistungen bei immer wiederkehrenden Aufgaben.

Enthemmung und Impulsivität sind die Aspekte der Suche nach Neuartigem, mit denen wir uns zum Schluß befassen wollen. Im realen Leben begegnen wir ihnen häufig in Form von Alkoholproblemen, Drogenmißbrauch, einer Leidenschaft für Glücksspiel und für häufig wechselnde Sexualpartner. Menschen mit hohen Werten können ihre Antriebe nicht in den Griff bekommen. Das Motto lautet: schneller leben, schöner sterben. Personen mit niedrigen Werten sind eher imstande, die Befriedigung von Bedürfnissen aufzuschieben. Ihr Motto lautet: früh ins Bett, früh wieder heraus. Menschen mit hohen Werten leben riskant, geben ihr Geld bis zum letzten Pfennig aus und verausgaben ihre Energien bis zum Äußersten, wobei ihnen die Folgen gleichgültig sind. Personen mit niedrigen Werten gehen sparsamer mit ihren Ressourcen um, sowohl mit den monetären als auch mit den psychischen.

Menschen, die in hohem Maße nach Neuartigem suchen, haben viele Stärken. Bei Christoph Kolumbus, Lawrence von Arabien und John F. Kennedy war dieser Persönlichkeitszug wahrscheinlich stark ausgeprägt. Menschen mit hohen Werten gehen dorthin, wo vor ihnen noch niemand war, handeln spontan und leben ihr Leben in vollen Zügen. Ein Leben auf Messers Schneide bedeutet jedoch auch, daß man leicht stürzen kann; Impulsivität kann einen hohen Preis haben. Die entscheidenden Charakterzüge, die man braucht, um dieses Temperament auszubalancieren, sind Antriebskontrolle und Planung. Menschen mit hohen Werten müssen buchstäblich erst einmal genau hinschauen, bevor sie losspringen. Da die Bereitschaft, Risiken bedenkenlos einzugehen, direkt auf das schnell agierende limbische System zurückgeht, müssen Personen mit hohen Werten erst tief durchatmen, bevor sie handeln, damit die Großhirnrinde, der planende Teil des Gehirns, die Möglichkeit hat, seine Funktion wahrzunehmen.

Personen mit niedrigen Werten besitzen ihre eigenen Stärken. Königin Viktoria und ebenfalls Dwight Eisenhower waren im Hinblick auf die Suche nach Neuartigem vermutlich Menschen mit niedrigen Werten. Solche Personen sind klug, reflektiert, genügsam, ordentlich und am Status quo orientiert. Sie sind nicht daran interessiert, einen persönlichen Stil zu entwickeln, der mit Risiken und Nervenkitzel verbunden ist, da sie auf neue Reize eher mit Unbehagen als mit Freude reagieren. Wenn Menschen mit niedrigen Werten ihr Temperament spüren, sind sie so vorsichtig, daß Unsicherheit und die Angst vor Kontrollverlust sie davon abhalten, das Leben zu genießen und Beziehungen einzugehen. Das Problem besteht vielleicht nicht so sehr darin, daß sie zu wenig nach Neuartigem suchen, sondern eher darin, daß bei ihnen der davon unterschiedene Persönlichkeitszug, die sogenannte «Vermeidung von Gefahr», zu stark ausgeprägt ist. Dieser Persönlichkeitszug führt zu Furcht, Angst und Sorge.

Die Suche nach Neuartigem beeinflußt den Arbeitsstil und die Beziehungen zu anderen Menschen. Personen mit hohen Werten haben eine kurze Aufmerksamkeitsspanne und fällen oft ohne vollständige Informationen schnelle Entscheidungen. Menschen mit niedrigen Werten sind reflektierter und analytischer. Sie wollen alle Informationen haben und sorgfältig abwägen, bevor sie zu einer Entscheidung gelangen. Personen mit hohen Werten regen sich schnell auf und zeigen ihren Ärger, wenn sie das, was sie wollen, nicht zu dem Zeitpunkt bekommen, zu dem sie es wollen. Menschen mit niedrigen Werten sind gelassener und ärgern sich nicht so schnell.

Ein Mensch, der bei der Suche nach Nervenkitzel extrem hohe Werte hat, könnte als Pilot, Feuerwehrmann, Börsenmakler oder Bankräuber arbeiten. Selbst jemand mit mäßig hohen Werten braucht die Aufregung, und ihm wird bei ständig wiederkehrenden Routineaufgaben langweilig werden. Diese Menschen arbeiten am besten in Berufen, in denen sie wechselnden Projekten und Anforderungen ausgesetzt sind und bei denen keine sich täglich wiederholenden Arbeitsabläufe anfallen. Personen auf der Suche nach Neuartigem sind bessere Redner und Überredungskünstler als Zuhörer und Befehlsempfänger; das bedeutet auch, daß sie besser dafür geeignet sind, ihre eigene Firma zu gründen, als sich von großen Firmen anstellen zu lassen.

Menschen mit niedrigen Werten neigen dazu, ordentlich

und genau zu sein. Routinearbeit empfinden sie nicht als Einschränkung, sondern eher als Wohltat. Sie sind die Bewohner der fensterlosen Büros. Für sie sind Buchhalter, Bibliothekar, Lektor, Maschinenarbeiter, Zahnarzt und Programmierer die richtigen Berufe. Sie ziehen Tätigkeiten mit langfristigen Projekten und Zielen denen mit schnell wechselnden Prioritäten vor. Sie werden sich bei IBM wohler fühlen als bei einer neugegründeten Firma, die möglicherweise in der nächsten Woche nicht mehr existiert. Menschen, die nicht so sehr auf Nervenkitzel aus sind, machen sich gut im mittleren Management, weil sie bereit sind, schwierige und oft undankbare Aufgaben zu übernehmen; sie werden gebraucht, wenn es darum geht, eine neue Idee in die Realität umzusetzen.

Wenn man versucht, sich selbst oder andere in bezug auf das Persönlichkeitsmerkmal Suche nach Neuartigem einzustufen, besteht das Verwirrende darin, daß es möglich ist, im Hinblick auf einen der genannten Aspekte hohe Werte zu haben, während man in anderen Bereichen eher weit unten auf der Skala angesiedelt ist. Von Bedeutung ist der Durchschnittswert über alle Bereiche hinweg. Es gibt beispielsweise Menschen, die wahnsinnig gerne aus Flugzeugen herausspringen, aber bei Sex, Drogen und Rock and Roll kein prickelndes Gefühl bekommen. Entsprechend gibt es Menschen mit langweiligen Berufen, die Spaß an avantgardistischer Kunst haben. Aber im Schnitt feiern Düsenpiloten lieber Partys, und die Leute, die jeden Abend die Universitätsbibliothek abschließen, kommen wahrscheinlich eher ins mittlere Management, als daß sie Geheimagenten werden.

Die Lust-Chemikalie: Dopamin

Unabhängig davon, ob Menschen in bezug auf die Suche nach Neuartigem hohe oder niedrige Werte haben, unterscheiden sie sich nicht in ihrem Bedürfnis, sich wohl zu fühlen – jeder möchte sich gerne wohl fühlen –, sondern lediglich darin, was sie dazu bringt, sich wohl zu fühlen. Personen mit hohen Werten brauchen Erregung im Gehirn, damit sie sich wohl fühlen. Dasselbe Erregungsniveau ruft in einem Menschen mit niedrigen Werten Angst hervor. Eine beständige, vorhersagbare Situation würde jemanden mit hohen Werten langweilen, jemandem mit niedrigen Werten jedoch Spaß machen.

Viel von dem, was man anfangs zu diesem Thema meinte, beruhte auf dem Prinzip der optimalen Erregung. Wie man annahm, gab es ein bestimmtes Stimulationsniveau, das im Gehirn zu maximalem Vergnügen führte; zuwenig oder zuviel, so dachte man, würde als unangenehm empfunden. Nach dieser Theorie braucht eine Person mit einem hohen Wert einen «grellen» Reiz« um ein magisches Niveau zu erreichen, während Menschen mit niedrigen Werten bereits nahe an ihrem idealen Niveau sind und nicht soviel äußere Stimulation brauchen. Eine weitere Variante dieser Theorie besagt, daß Menschen mit hohen Werten nicht so schnell erregbar sind und deshalb einen stärkeren Reiz benötigen, während Personen mit niedrigen Werten sensibler seien und von daher weniger Stimulation bräuchten.

Wissenschaftler sind über diese etwas schwammige Vorstellung von der «Erregung im Gehirn» hinausgegangen und haben die chemischen Stoffe entdeckt, die zu Lust und zu Belohnung führen. Eines dieser Moleküle ist Dopamin, die chemische Substanz, die bei vergnüglichem Sex, nach einem leckeren Essen oder bei Gabe von Kokain und Amphetamin ausgeschüttet wird. Dopamin aktiviert Verhalten. Es verleiht Menschen die Energie, nach dem auf der Suche zu sein, was ihnen angenehm ist, und es vermittelt ihnen das Gefühl von Lust, wenn sie es gefunden haben.

Tief im Innern des Gehirns gibt es eine als Nucleus accumbens bezeichnete Region voller Nervenzellen, die Dopamin produzieren und darauf reagieren. Der Nucleus accumbens ist ein Lustzentrum, und die Ausschüttung von Dopamin führt zu einem guten Gefühl, einem sehr guten Gefühl. Um herauszufinden, wie gut es ist, pflanzten Wissenschaftler dünne Drähte in den Nucleus accumbens von Ratten. Sie brachten den Ratten bei, einen Hebel zu betätigen, was zu einem leichten elektrischen Stromstoß führte. Die Ratten drückten den Hebel, und es kitzelte in ihrem Gehirn. Die Ratten mochten das. Sie mochten es so sehr, daß sie binnen kurzem nichts anderes mehr taten, als den Hebel herunterzudrücken, sogar noch lieber, als Hebel für Futter und Wasser zu betätigen. Die Ratten wurden vom Lusthebel, von der Selbststimulierung abhängig.

Dann gab man den Ratten Medikamente, die die natürliche Wirkung des Dopamin abblockten. Schon bald hörten die Ratten auf, den Lusthebel zu betätigen, und kehrten zu einem typischeren Rattenverhalten zurück. Der Nervenkitzel war vorbei. Ohne das Dopamin in ihrem Gehirn war der Hebel bloß ein Stück Metall.

Dopamin gehört zu einer Gruppe chemischer Stoffe im Gehirn, die man Monoamine nennt. Es handelt sich um eine Familie von Neurotransmittern, die Einfluß auf verschiedene Aspekte des Verhaltens haben – Persönlichkeit, Depression, Mißbrauch von Drogen und Alkohol, Aggression, Essen und Sexualität. Die chemische Struktur von Dopamin ist simpel. Es ist ein Tyrosin, eine gewöhnliche Aminosäure, wie man sie in vielen Lebensmitteln findet, mit einigen wenigen Veränderungen an der einen Seite. Dopamin wird in den Zellkörpern der Nervenzellen, die sich in der Mitte des Gehirns befinden, synthetisiert. Eine Gruppe von Zellen sendet seine Axone in das limbische System aus, die Urregion des Gehirns, die etwas mit Emotionen, und in die präfrontale Großhirnrinde, die etwas mit schlußfolgerndem Denken zu tun hat. Weitere Zellen wirken in einem Teil des Gehirns, der dem Dopamin die Kraft gibt, uns zum Suchen und Erkunden zu aktivieren.

Dopamin allein reicht nicht, um uns anzutreiben. Dopamin

ist der Schlüssel zum Öffnen des Schlosses. Das Schloß bezeichnet man als Rezeptor; es handelt sich um ein großes Eiweiß, das sich auf der Oberfläche der Gehirnzellen befindet. Der Rezeptor wird vom Dopamin erkannt, jedoch von keinem anderen chemischen Stoff, wie ja auch das Schloß nur mit dem richtigen Schlüssel geöffnet werden kann. Wenn sich das Dopamin eng an den in Bereitschaft stehenden Rezeptor legt, springt das Schloß auf. Im Gehirn kommt es zu einer Reihe chemischer Reaktionen.

Das Bindeglied Dopamin

Ruft es in manchen Menschen ein angenehmes Gefühl hervor, wenn sie nach neuen Erfahrungen suchen, und ist die Ausschüttung von Dopamin eine Methode, wie sich das Gehirn wohl fühlt, dann ergibt es einen Sinn, daß Dopamin etwas mit der Suche nach Neuartigem zu tun hat.

Um etwas darüber herauszufinden, beschäftigten sich Wissenschaftler zunächst mit Nagetieren. Der Aspekt der Suche nach Neuartigem, den man als «exploratorisches Verhalten» bezeichnet, wurde bei Nagetieren so gemessen, daß man eine Ratte in einen fremden Käfig sperrte und sie beobachtete. Einige Ratten untersuchten jeden Millimeter; andere saßen da, säuberten sich und beachteten die neue Umgebung überhaupt nicht. Man zeichnete die Bewegungen der Ratten mit Videokameras oder mit Hilfe einer Lichtschranke auf, durch die festgehalten wurde, wie oft die Ratte eine bestimmte Stelle überquerte. Eine Ratte, die dies oft tat, erkundete geschäftig den Käfig. Um herauszufinden, ob die geschäftige Ratte neugierig oder einfach nur ängstlich war, zählte man, wie häufig sie Exkremente hinter sich ließ. Die furchtsame Ratte hinterließ mehr Kotballen, die dann von einigen hocherfreuten Wissenschaftlern gezählt wurden, um die Menge der Kotballen pro Minute zu errechnen.

Der nächste Schritt der Forschung bestand darin, bei Mäusen den Dopaminspiegel im Gehirn zu verändern. Statt einfach Medikamente einzusetzen, schalteten die Wissenschaftler tatsächlich die Schlüsselgene aus, die den Dopaminspiegel regulieren. Innerhalb weniger Monate wurden neue Mäusekolonien gezüchtet, die durch gentechnische Veränderungen einen bestimmten Dopaminspiegel hatten. Bei den Mäusen mit einer besonders hohen Menge Dopamin, bei denen das Dopamin 100mal länger «aktiv» blieb als bei normalen Mäusen, kam es zu dramatischen Auswirkungen. Diese Mäuse durchkreuzten den Lichtstrahl fünf- bis sechsmal häufiger als normale Mäuse und befanden sich ständig in einem Zustand der hyperaktiven Erkundung. Um sich zu bewegen, brauchten sie keine Stimulation «von außen». Selbst in einem leeren Käfig verhielten sie sich, als wären sie gerade an dem interessantesten Ort, den man sich vorstellen kann – oder als hätten sie gerade eine Ladung Kokain genommen.

Das Experiment mit umgekehrten Vorzeichen führte zu dem gegenteiligen Ergebnis. Die Mäuse ohne das Enzym, das erforderlich ist, um Dopamin zu produzieren, waren so lethargisch, daß sie die meiste Zeit damit verbrachten, mitten im Käfig zu sitzen und nichts zu tun. Zwei Wochen nach ihrer Geburt ließen sie sich nicht dazu bewegen, zu fressen, zu trinken oder sich zu putzen. Sie verhungerten.

Die Wissenschaftler gingen der Frage nach, ob die Dopamin-freien Mäuse so lethargisch waren, weil sie physisch nicht in der Lage waren zu fressen. Um eine Antwort darauf zu finden, wurde einigen Mäusen Levodopa injiziert, die Substanz, die die Mäuse brauchten, um ihr eigenes Dopamin herzustellen. Innerhalb weniger Tage machten die Mäuse, denen Levodopa injiziert worden war, eine wunderbare Entdeckung. Sie begannen, zu fressen, zu trinken und normale Bewegungen zu machen. Das hieß, daß der Dopaminmangel nicht zu einer abnormen Entwicklung des Gehirns führte, die sie vom Fressen abhielt. Die Mäuse waren vielmehr ganz normal, außer daß es ihnen nicht in den Sinn kam zu fressen. Dies bedeutete, daß ihr Verhalten durch Dopamin gesteuert wurde.

Traurigerweise gibt es unter natürlichen Bedingungen auch bei Menschen eine Variante dieses Zustands. Durch eine Degeneration der Dopamin-produzierenden Zellen in der Substantia nigra kommt es zur Parkinson-Krankheit. Die sich daraus ergebende Abnahme der Dopaminproduktion führt zur Einschränkung der Bewegungsfreiheit und zum Zittern der Hände. Ärzte, die sich mit der Behandlung der Parkinson-Krankheit beschäftigen, beobachteten schon seit langem, daß die körperlichen Symptome mit einer Veränderung der Persönlichkeit einhergehen: Die Menschen werden ernst, stoisch oder ruhig. Als man Parkinson-Patienten Cloningers Persönlichkeitsfragebogen vorlegte, hatten sie niedrige Werte bei der Suche nach Neuartigem, sie waren jedoch normal im Hinblick auf andere Persönlichkeitszüge. Dieser Mangel an Suche nach Neuartigem war spezifisch für Personen mit der Parkinson-Krankheit und keine allgemeine Folge einer körperlichen Behinderung; denn Patienten mit schwerer Arthritis oder orthopädischen Problemen hatten normale Werte.

Weitere Belege für die Rolle, die Dopamin bei der Parkinson-Krankheit spielt, ergaben sich, als man Patienten mit dem Levodopa behandelte, das bei den Mäusen zum Einsatz gekommen war. Wie von Oliver Sacks in *Awakenings-Zeit des Erwachens* beschrieben, waren diese Patienten seit der Zeit, als sie junge Erwachsene gewesen waren, «festgefroren» und reagierten nicht. Als man ihnen jedoch die chemische Substanz gab, die erforderlich ist, um Dopamin zu produzieren, erwachten sie plötzlich. Anfänglich waren sie euphorisch, reagierten stark auf ihre Umwelt, waren Empfindungen und Sinneswahrnehmungen gegenüber aufgeschlossen und zeigten ein stärkeres sexuelles Interesse. Doch als der erneute Dopaminausstoß seine Wirkung auf die überempfindlichen Rezeptoren zu entfalten begann, entwickelten viele der Patienten eine psychotische Manie, auf die ein depressiver Zusammenbruch folgte.

Der nächste Schritt der Forschung auf dem Gebiet der Suche nach Neuartigem bestand darin, Zwillinge zu beobachten. Auf diese Weise kann man die Frage klären, ob ein Persönlichkeitszug eher auf Gene oder auf irgendeinen anderen Faktor zurückgeht. Das hauptsächliche Maß dafür ist die Korrelation, die besagt, wie eng zwei Dinge miteinander zusammenhängen. Eine Korrelation von 1,0 ist eine völlige Übereinstimmung, während ein Wert von 0,0 heißt, daß es keinen Zusammenhang gibt. Eine Korrelation bezieht sich nicht auf Individuen; es handelt sich um eine mathematische Schreibweise dafür, wie Varianzen in Stichproben zum Ausdruck kommen. So würde in diesem Fall eine Korrelation von 0,0 besagen, daß sich Zwillinge als Gruppe betrachtet in keiner Weise mehr ähneln als irgendein Paar zufällig zusammengewürfelter Menschen. Ein Wert von 1,0 würde heißen, daß die Zwillinge als Gruppe genau gleich sind. Als 442 Paare von Zwillingen, die zusammen aufwuchsen, im Hinblick auf die Suche nach Neuartigem getestet wurden, wiesen die Werte eineiiger Zwillinge, die alle Gene gemeinsam haben, eine Korrelation von 0,59 auf, wohingegen die Werte zweieiiger Zwillinge, die nur die Hälfte der Gene gemeinsam haben, mit 0,21 korrelierten. Eine weitere Auswertung erbrachte, daß 58 Prozent der Variabilität bei der Sensationslust von den Genen abhängt. Die verbleibenden 42 Prozent der Varianz gingen auf einzigartige Umwelteinflüsse, die von einem, nicht aber von dem anderen Zwilling erlebt wurden, und auf Meßfehler zurück.

Die in Minnesota durchgeführte Untersuchung an Zwillingen, die getrennt aufgewachsen waren, ergab ähnliche Resultate. Eineiige Zwillinge wiesen eine Korrelation von 0,54 bei der Suche nach Neuartigem auf, während zweieiige Zwillinge einen Wert von 0,32 hatten. Dies ergab eine Heritabilitätsschätzung von 59 Prozent, und sie war von der Schätzung für Zwillinge, die zusammen aufwuchsen, nicht zu unterscheiden.

Unabhängig davon, ob Zwillinge zusammen oder getrennt aufwachsen, scheinen Gene daher für etwa die Hälfte der

Variationen oder mehr verantwortlich zu sein, die bei der Suche nach Neuartigem auftreten. Die familiäre Umwelt und die Erziehung scheinen, wenn überhaupt, nur geringe Auswirkungen zu haben.

Ein Gen für die Suche nach dem Nervenkitzel

Im Jahre 1995 hatte man alle Informationen, die man brauchte, um das Geheimnis um die Gebrüder O'Rourke zu entschlüsseln. Wir wußten, daß die offenkundigen Unterschiede zwischen Charles und Michael Ausdruck der tiefsitzenden Temperamentsunterschiede bei der Suche nach Neuartigem waren, daß individuelle Unterschiede im Hinblick auf diesen Persönlichkeitszug im wesentlichen vermittelt über mehrere verschiedene Gene wirkten und daß zumindest einige der Gene vermutlich etwas mit der Steuerung von Ebbe und Flut beim Dopaminspiegel im Gehirn zu tun hatten.

Es mußten nur noch die eigentlichen Gene entdeckt werden, was keine leichte Aufgabe war. Von den etwa 100 000 Genen, die uns zum Menschen machen, haben wahrscheinlich mehrere hundert mit der Dopaminübermittlung und weitere tausend mit der reichhaltigen Mischung sensorischer, emotionaler, kognitiver und motorischer Aktivitäten zu tun, die zu so etwas wie der Suche nach Neuartigem beitragen. Dank der ungeheuren Informationsmenge, die im Rahmen des Human Genome Project – einer internationalen Forschungsanstrengung, die gesamte DNS des Menschen zu kartieren – zusammengetragen wurden, gelang ein entscheidender Durchbruch, der zu einem besseren Verständnis des persönlichkeitsbildenden Merkmals Suche nach Neuartigem führte.

Der Durchbruch erfolgte an einem unerwarteten Ort, und zwar in einem kleinen Forschungsteam in Israel, das von Richard Ebstein, dem Direktor des Labors am S. Herzog Memorial Hospital in Jerusalem, und von Robert Belmaker geleitet wurde, einem israelischen Psychiater, der sich für Schizophrenie interessierte, eine Krankheit, von der man meint, daß es bei ihr zu schweren Unterbrechungen der Dopaminzufuhr kommt. Als sie sich ein Gen nach dem anderen ansahen, das einen Zusammenhang mit Dopamin aufweist und möglicherweise etwas mit Schizophrenie zu tun hat, bemerkten sie ein Gen, das ihnen seltsam erschien. Es war das Gen, das den D4-Dopaminrezeptor hervorbringt, der auch D4DR genannt wird.

Das Außergewöhnliche am D4DR besteht darin, daß er von einer Person zur nächsten so unterschiedlich ist. Das liegt daran, daß sich mitten im D4DR-Gen eine extrem variable DNS-Sequenz befindet, die aus einer Kette von 48 Basenpaaren besteht, die ihrerseits den Code für 16 Aminosäuren-Bausteine bildet. Unterschiedliche Menschen haben eine unterschiedliche Anzahl dieser Sequenz, sie liegt zwischen zwei und elf Kopien. Eine Variante des Gens hat vielleicht zwei Einheiten von 48 Basenpaaren – also 96 Basenpaare – und 32 Aminosäurenreste. Bei einer anderen Variante des Gens können jedoch neun Kopien – das sind 432 Basenpaare – und 144 Aminosäuren vorhanden sein. Bei der verbreitetsten Form des Gens gibt es vier Kopien der Sequenz, und die nächsthäufigste hat sieben Wiederholungen; aber es gibt auch Varianten mit zwei, drei, fünf, sechs, acht, zehn oder elf Kopien.

Die Variante, die von den Eltern an ihre Kinder weitergegeben wird, reicht aus, um die Funktion des D4DR zu verändern. Unterschiedliche Formen des D4DR, so fand man heraus, besitzen unterschiedlich ausgeprägte Fähigkeiten, die chemische Entsprechung des Dopamins an sich zu binden. Je länger das Eiweiß, desto schwächer die Bindung. Daher wird wahrscheinlich die Art und Weise, wie sich Menschen fühlen, durch Unterschiede im Hinblick auf dieses Gen beeinflußt.

Die israelischen Wissenschaftler erkannten, daß die Variation des D4DR-Gens unmöglich eine Ursache für Schizophrenie sein konnte, da die Variation sehr verbreitet und die

Schizophrenie selten ist. Es war offensichtlich wahrscheinlicher, daß sie etwas mit einem gemeinsamen charakteristischen Element zu tun hatte, das von einem Menschen zum anderen variierte. Ein weiterer Hinweis auf die Funktion des Gens war, daß es in den limbischen Hirnarealen stark zum Ausdruck kam; das heißt in der Region, die mit emotionalen Reaktionen auf Reize in Verbindung gebracht wird. Insofern lag die Schlußfolgerung nahe, daß der durch das D4DR-Gen beeinflußte Persönlichkeitszug aufs engste mit urtypisch menschlichen Verhaltensweisen in Zusammenhang stand. Die Suche nach Neuartigem war logischerweise ein Ausgangspunkt, um der Rolle des Gens nachzugehen.

Die israelischen Wissenschaftler führten ein einfaches Experiment durch. Sie brachten 124 Versuchspersonen von der örtlichen Universität und vom Gesundheitszentrum zusammen: Studenten, Mitarbeiter des Gesundheitswesens und Freunde – einfach normale Leute, nicht Patienten mit psychischen Krankheiten. Man gab den Freiwilligen Cloningers Fragebogen, ein Verfahren mit «richtigen» und «falschen» Antworten, das dazu eingesetzt wurde, die Suche nach Neuartigem und andere Persönlichkeitszüge abzutesten. Die Forscher nahmen etwas Blut ab, bereiteten eine DNS-Untersuchung vor und maßen die Länge der entscheidenden Region des D4DR-Gens aus.

Der letzte Schritt bestand darin, nachzusehen, ob die Länge des D4DR-Gens einer Person mit dem Wert für die Suche nach Neuartigem zusammenhing. Und dies war der Fall. Menschen mit ein oder zwei Kopien einer langen Version des Gens, das sechs oder mehr Wiederholungen enthielt, hatten einen um eine halbe Standardabweichung höheren Durchschnittswert bei der Suche nach Neuartigem als die Personen, die eine kürzere Form des Gens hatten; das war ein statistisch bedeutsames Ergebnis.[2] Je länger das Gen war, desto eher brachte die Person ein Bedürfnis nach neuen und aufregenden Erlebnissen zum Ausdruck.

Die Länge des D4DR hatte keine Wirkung auf die anderen Persönlichkeitszüge wie Vermeidung von Gefahr, Abhängigkeit von Belohnung oder Durchhaltevermögen. Mehr noch, der Zusammenhang zwischen D4DR und Suche nach Neuartigem trat offensichtlich sowohl bei Männern als auch bei Frauen auf und war nicht von Alter, Rasse, ethnischer Gruppe oder vom Ausbildungsniveau der Versuchspersonen beeinflußt.

Es handelte sich hier um aufregende Neuigkeiten. Dies war der erste Hinweis auf einen Zusammenhang zwischen einem Persönlichkeitszug und einer bestimmten Genkodierung für ein bekanntes Eiweiß. Der Befund war jedoch nicht ganz überzeugend. Zum einen hatten die israelischen Wissenschaftler nur eine Gruppe recht geringer Größe betrachtet. Zum anderen hatten sich schon viele Behauptungen, die einen Zusammenhang zwischen Genen und Verhaltensweisen unterstellten, als nichtig erwiesen, da sie von anderen Wissenschaftlern mit anderen Versuchspersonen in einer Wiederholungsuntersuchung nicht repliziert werden konnten. Ein ernsthafterer Einwand war die Möglichkeit, daß die Versuchspersonen nur zufällig unterschiedliche Varianten des Gens und unterschiedliche Niveaus für die Suche nach Neuartigem hatten.

Zu einem derartigen Fehler kann es leicht kommen. Nehmen Sie einmal an, ein Team entschiede sich dafür, nach einem «Stäbchen-Gen» zu suchen. Sie fahren nach Tokio und nach Indianapolis und fragen die Leute, ob sie mit Stäbchen essen. Der Unterschied zwischen Amerikanern und Japanern bei der Nutzung von Stäbchen ist verblüffend, jenseits aller Signifikanzgrenzen. Als nächstes nehmen sie DNS-Proben und finden eine starke, sehr signifikante Beziehung zwischen einem bestimmten genetischen Marker – sagen wir einem Blutgruppen-Gen – und der Verwendung von Stäbchen. Wiederum ergibt sich ein statistisch signifikanter Unterschied zwischen den Einwohnern Tokios und denen von Indianapolis. Heureka!

Weil die Personen mit diesem Gen eher mit Stäbchen essen, muß dies bedeuten, daß das Gen etwas mit der Fähigkeit zu tun hat, Stäbchen zu benutzen; vielleicht hängt dies mit der Koordination von Auge und Hand zusammen. Die Forscher machen eine Flasche Champagner auf und veröffentlichen einen Artikel, in dem die Entdeckung eines Gens für «successful-use-of-selected-hand-instruments» (abgekürzt SUSHI oder erfolgreicher Gebrauch ausgewählter manueller Werkzeuge) angekündigt wird. Die Korrelationen könnten sehr hoch sein, andere Forscher könnten das Experiment wahrscheinlich wiederholen und zu denselben Ergebnissen kommen. Und trotzdem wäre die Schlußfolgerung völlig falsch.

Der Fehler besteht in folgendem: Das SUSHI-Gen bildet den Code für etwas, was nur zufällig unterschiedliche Häufigkeiten bei Asiaten und weißen Amerikanern aufweist, wie es bei Bluteiweißen oft der Fall ist. Und die Leute in Japan verwenden aus rein kulturellen Gründen häufiger Stäbchen als die Bewohner Indianas. Deshalb ist der scheinbare Zusammenhang ein Pseudozusammenhang.

Die Bestätigung von Bethesda

Die einzige Methode, um *nachzuweisen*, daß ein Gen eine komplexe Eigenschaft wie die Suche nach Neuartigem direkt beeinflußt, besteht darin, Familienforschung zu betreiben. Das liegt daran, daß Familien homogene rassische und ethnische Einheiten sind. Und wenn man Kinder betrachtet, die im selben Haushalt aufgewachsen sind, wird die Auswirkung unterschiedlicher Umwelten – und dazu gehören die Erziehung durch die Eltern sowie der soziale und kulturelle Hintergrund – auf ein Minimum reduziert.

In meinem Labor am National Institute of Health in Bethesda (Maryland) wurden genau die richtigen Daten gesammelt, um die israelischen Befunde zu überprüfen. Über viele

Jahre hinweg haben wir DNS-Proben und Persönlichkeitsfragebögen einer breiten Vielfalt von Menschen zusammengetragen, die freiwillig an Untersuchungen teilnahmen. Diese wurden gemeinsam vom National Cancer Institute sowie in Zusammenarbeit mit Jonathan Benjamin und Dennis Murphy am National Institute of Mental Health durchgeführt. Der größte Vorteil unserer Versuchspersonen bestand darin, daß sie aus einer Familie stammten, meist Paare von Brüdern – es waren keine Menschen, die genetisch nicht miteinander verwandt waren, wie es bei den Versuchspersonen in der israelischen Untersuchung der Fall war.

Ließ sich der in Israel gefundene Zusammenhang zwischen der Suche nach Neuartigem und D4DR in unserer ganz anderen Versuchspersonengruppe aufrechterhalten? Wir hatten die DNS-Proben und die Ergebnisse eines Fragebogens, der dem in Israel eingesetzten ähnlich war. Der Rest war Mathematik.

Als der Computer die Vergleiche von DNS mit den Werten für die Suche nach Neuartigem abgeschlossen hatte, stimmten die Resultate fast mit denen der israelischen Untersuchung überein. Menschen mit langen Varianten des D4DR-Gens hatten im Schnitt um 0,4 Standardabweichungen höhere Werte für Suche nach Neuartigem als die Personen mit kürzeren Varianten. Da die von uns untersuchte Stichprobe beträchtlich größer war als die israelische – 315 Versuchspersonen gegenüber 124 Versuchspersonen –, waren die statistischen Ergebnisse sogar noch überzeugender. Es überraschte nicht, daß Janice zu den Versuchspersonen mit einem langen Gen gehörte: Janice war die muntere Blondine, die im Einführungskapitel beschrieben wurde und deren hohe Werte für Suche nach Neuartigem dadurch zum Ausdruck kamen, daß sie ihre Sexualpartner häufig wechselte und sich in beruflicher Hinsicht als außerordentlich risikofreudig zeigte. Ihr Klassenkamerad Ralf – er hatte seit Jahren dieselbe Frau und denselben Beruf – war eine der Versuchspersonen mit einer kürzeren Variante des Gens.

Daher wußten wir jetzt, daß das Ergebnis replizierbar war; aber handelte es sich um ein echtes Ergebnis? Hing das D4DR-Gen unmittelbar mit den Unterschieden bei der Suche nach Neuartigem zusammen, oder lag hier ein Pseudozusammenhang wie beim «Stäbchen-Gen» vor?

Das entscheidende Experiment bestand darin, die Familien zu untersuchen. Wir konzentrierten uns auf diejenigen, bei denen ein Geschwisterteil ein langes und das andere ein kurzes Gen hatte. Wenn die Theorie stimmte, dann müßte der Bruder mit der längeren Variante einen höheren Wert für die Suche nach Neuartigem haben. Stimmte die Theorie jedoch nicht, dürfte es keine Unterschiede innerhalb der Familie geben. Mit anderen Worten: War die Theorie falsch, könnte der Börsenmakler Charles O'Rourke hohe Werte für die Suche nach Neuartigem haben und sein Bruder Michael O'Rourke niedrige; dennoch wäre die Form der Gene dieselbe. Das bedeutete, daß es nicht die Gene waren, die aus Charles einen hartgesottenen Windsurfer und aus Michael einen aufstrebenden Grundschullehrer gemacht hatten.

Als der Vergleich abgeschlossen war, war das Resultat eindeutig. Charles hatte die lange Variante des D4DR-Gens, während Michael eine kurze Variante besaß. Dasselbe traf auf die übrigen Geschwisterpaare zu. Der Unterschied war statistisch signifikant, und er war sogar noch größer als der Unterschied zwischen allen Einzelpersonen mit langen und mit kurzen Genen jeweils zusammengenommen. Obwohl diese Brüder aus demselben Genpool stammten und in derselben Umwelt aufwuchsen, waren sie in erkennbarer Weise unterschiedlich, und auch ihre Gene für den D4-Dopaminrezeptor unterschieden sich.

Die völlige Übereinstimmung bei den beiden Untersuchungen war angesichts der Unterschiede zwischen ihnen noch viel eindrucksvoller. Die Versuchspersonen stammten aus unterschiedlichen ethnischen Gruppen: aschkenasische und arabische Juden, nichtjüdische weiße Amerikaner, Lateinamerikaner, Asiaten und Afroamerikaner. Sie kamen aus verschiedenen Ländern und Kulturen. Selbst der Typus des eingesetzten Fragebogens war ein anderer. Die Übereinstimmung in den Ergebnissen deutete darauf hin, daß das D4DR-Gen etwas Grundlegendes in der Natur des Menschen beeinflußt – nicht nur etwas, was einer bestimmten Population eigen ist oder dem nur eine sehr beschränkte Aussagekraft zukommt, wenn es darum geht, die Persönlichkeit eines Menschen zu erfassen.

Nachdem diese Resultate veröffentlicht worden waren, fand eine weitere Forschergruppe heraus, daß das D4DR-Gen bei einer kleinen Gruppe finnischer Versuchspersonen in keinem Zusammenhang mit der Suche nach Neuartigem stand. Da jedoch die Finnen eine kleine, genetisch isolierte Gruppe sind, ist nicht klar, welche Bedeutung dieser Befund für die Gesamtpopulation hat. Kürzlich bestätigte eine weitere Gruppe aus Kanada die Koppelung zwischen dem D4DR-Gen und positiven Emotionen, die ein Teilaspekt der Suche nach Neuartigem sind. Darüber hinaus entdeckten sie einen Zusammenhang zwischen dem Gen, dem Persönlichkeitszug und der Gewebedichte in den grauen Zellen des Gehirns. Jetzt ist das Rennen eröffnet, um herauszufinden, wie das Dopaminrezeptor-Gen diesen Teil des Gehirns so verschaltet, daß es sich durch neuartige Reize belohnt fühlt.

Die Grenzen der Korrelation

Obwohl der Zusammenhang zwischen dem D4DR-Gen und der Suche nach Neuartigem eindeutig ist, gilt er nicht uneingeschränkt. Wir haben den einzelnen An- beziehungsweise Aus-Schalter noch nicht gefunden, der dazu führt, daß aus manchen Menschen Fallschirmspringer und aus anderen Bibliothekare werden. Trotz der Tatsache, daß der Durchschnittswert für die Suche nach Neuartigem bei Menschen mit einem langen Gen signifikant höher ist als bei denen mit einem kurzen, gab es Personen mit einem langen Gen, die niedrige Werte hatten, und es gab wilde und verrückte Leute, die die kurze Form des Gens hatten. Berechnungen zeigten, daß das D4DR-Gen für diesen Persönlichkeitszug nur ungefähr 4 Prozent der Varianz erklärte, wohingegen die restlichen Unterschiede auf andere Gene, Umweltfaktoren und Meßfehler zurückgehen müssen.

Da Zwillingsuntersuchungen gezeigt haben, daß die Suche nach Neuartigem bei uns zu etwa 40 Prozent erblich ist und D4DR nur ungefähr 4 von diesen 40 Prozent erklärt, beträgt der Einfluß dieses Gens auf die Suche nach Neuartigem etwa 10 Prozent. Daher ist das D4DR-Gen vielleicht nur eins von 10 Genen, die das Interesse nach neuartigen Reizen beeinflussen. Die übrigen Gene sind noch nicht bekannt, aber zahlreiche Wissenschaftler sind auf der Suche danach.

Unter dem Strich sagt das D4DR-Gen etwas über die Wahrscheinlichkeit aus, daß eine Person mehr oder weniger auf Neuartiges aus sein wird, aber das Gen allein genügt nicht, um eine Voraussage darüber zu wagen, wie hoch der Wert der betreffenden Person ist.

Die Rolle der Umwelt

Ein Grund dafür, daß sich mit Hilfe eines einzelnen Gens nicht voraussagen läßt, wie stark die Suche nach Neuartigem oder irgendein anderer komplexer Persönlichkeitszug ausgeprägt ist, liegt darin, daß auch die «Umwelt» – das heißt alles, was nicht vererbt wird – eine Rolle dabei spielt. Das reicht von rein biologischen Faktoren wie dem Spiegel der Hormone, denen ein Fötus im Mutterleib ausgesetzt ist, bis zu individuellen Erfahrungen wie zum Beispiel eine Verletzung während der Kindheit oder die Begegnung mit einem bestimmten Lehrer in der dritten Klasse. Es gehören sowohl die Erziehung als auch soziale und kulturelle Faktoren dazu.

Es ist unwahrscheinlich, daß entweder nur die Gene oder nur die Umwelt für sich genommen zu so großen Unterschieden bei der Suche nach Neuartigem führen, wie wir es bei Charles und Michael beobachtet haben. Viel wahrscheinlicher ist, daß Erfahrungen und Gene sich wechselseitig in ihrer Wirkung verstärkten, während die Brüder heranwuchsen und ihr Temperament entwickelten. Beispielsweise kann es sein, daß beide Jungen gerne auf dem Bett herumsprangen, bis Michael dabei stürzte und sich so verletzte, daß er in die Notaufnahme eines Krankenhauses gebracht werden mußte. Oder vielleicht hatte auch dasselbe Halloween-Gespenst, das Michael zu Tode erschrak, auf Charles den gegenteiligen Effekt: Er fühlte sich dadurch, daß man ihn erschreckte, herrlich erregt.

Es läßt sich schwer abschätzen, ob die Umwelt den Persönlichkeitszug eines Menschen eher verstärkt oder abschwächt; leichter ist es hingegen, festzustellen, welchen Einfluß die Umwelt darauf hat, wie der jeweilige Persönlichkeitszug zum Ausdruck gebracht beziehungsweise gelebt werden kann. Stellen Sie sich jemanden vor, der stark auf Neuartiges aus ist und der in einer armen städtischen Gegend auf die Welt kommt. Seine Neugier tritt vielleicht so in Erscheinung, daß er die Nachbarschaft mit einer Pistole «erkundet». Derselbe Persönlichkeitszug kann bei jemandem, der als Kind einer reichen Familie auf die Welt kommt, dazu führen, daß er den Markt der Waren erkundet. Im Film *Trading Places* tauscht der von Eddie Murphy gespielte Straßengauner mit dem von Dan Ackroyd gespielten Wertpapierhändler die Rollen. Man kann sich leicht vorstellen, wie ein bestimmter Persönlichkeitstyp in unterschiedlichen Umgebungen aufblüht. Der Typ, den Eddie Murphy darstellt, hat ein «natürliches» Talent für Gaunereien; wenn man ihn nun in eine wohlhabende Umwelt steckt, hat er Erfolg.

Die Evolution des Nervenkitzels

Jeder Mensch entwickelt eine eigene Persönlichkeit, und ob die Suche nach Neuartigem für den einzelnen von großer oder geringer Bedeutung ist, kann man weder mit «gut» noch mit «schlecht» bewerten. So kann jemand, bei dem dieser Persönlichkeitszug stark ausgeprägt ist, verborgene Schätze entdecken oder auf dem Aktienmarkt einen unerwarteten Spekulationsgewinn erzielen, aber es ist genauso wahrscheinlich, daß er alles verliert, wenn er auf das falsche Pferd setzt. Jemand, der nicht auf Neuartiges aus ist, wird vielleicht nie den Jackpot knacken und sein Geld in niedrigverzinsten Investmentfonds anlegen, aber er wird wahrscheinlich weder bei einem Taucherunfall ums Leben kommen noch sein gesamtes Vermögen bei einer riskanten Transaktion verlieren. Auf der individuellen Ebene ist es, wenn ein Mensch glücklich ist, nicht so wichtig, wie hoch sein Wert bei der Suche nach Neuartigem ist.

Auf der Ebene der Spezies, also der Art, ist die Suche nach Neuartigem wahrscheinlich unter bestimmten Umständen hilfreich und unter anderen eine Fehlanpassung. Jemand, der sehr stark auf der Suche nach Neuartigem ist, wird viel leichter neues, fruchtbares Land entdeckt oder in der Savanne Wild gejagt haben, aber er wird auch eher in Gefahr oder in den Klauen eines wütenden Löwen zu Tode gekommen sein. Jemand, der nicht so sehr auf Neuartiges aus ist, hielt sich möglicherweise stets in der Nähe seiner Höhle auf. Dabei könnte er jedoch auch bemerkt haben, daß eine besonders gut schmeckende oder nahrhafte Pflanzenart zu einer bestimmten Jahreszeit immer wieder an derselben Stelle auftrat oder daß die harten Kerne eines wilden Getreides durch sorgfältiges Mahlen und Sieben zu einer bekömmlichen Nahrung verarbeitet werden können.

Wahrscheinlich war es jedoch noch wichtiger, daß ein Mann, der stark darauf aus war, Neuartiges zu suchen, sicherstellen konnte, daß sein langes D4DR-Gen weitergegeben wurde, indem er einer ganzen Reihe von Sexualpartnerinnen hinterherlief. Eine Frau mit geringen Werten für die Suche nach Neuartigem könnte genauso erfolgreich dabei gewesen sein, ihr kurzes D4DR-Gen weiterzugeben, indem sie sich geduldig um ihre Kinder kümmerte. Dieses Yin und Yang der Suche nach Neuartigem mag sehr wohl eine Erklärung dafür bieten, warum es auch beim heutigen Menschen immer noch eine solche Vielfalt bezogen auf das D4DR-Gen gibt. Es kann auch ein Grund dafür sein, warum bei den unterschiedlichen ethnischen und rassischen Gruppen, die unter unterschiedlichen Umweltbedingungen entstanden sind, die verschiedenen Varianten mit ganz anderen Häufigkeiten auftreten.

Der Nervenkitzel der Liebe

Die Suche nach dem Neuartigen beeinflußt wie jeder Persönlichkeitszug auch Beziehungen zu anderen Menschen – mit wem man zusammensein möchte und wie man mit ihnen auskommt.

In einigen beliebten Liebesliedern «ziehen sich Gegensätze an», im Hinblick auf die Suche nach Neuartigem lautet jedoch die Regel: «Gleich und gleich gesellt sich gern.» Glücklicherweise trifft das zu, denn Untersuchungen konnten zeigen, daß sich Unzufriedenheit in Beziehungen und Ehen oft darauf zurückführen läßt, daß die Beteiligten bezogen auf die Suche nach Neuartigem unterschiedlich sind.

Verhaltensgenetiker haben für dieses «gleich und gleich ...» einen anspruchsvolleren Begriff: sortengleiche Paarung. Es gibt gute Belege für die sortengleiche Paarung, wenn es um soziale Einstellungen wie etwa religiöse Glaubensvorstellungen, Toleranz gegenüber Verschiedenheit und politische Überzeugungen sowie in geringerem Maße um Intelligenz geht. Bei den meisten Persönlichkeitszügen gibt es jedoch keine sortengleiche Partnerwahl: Bezogen auf Persönlichkeitsskalen sind die Korrelationen zwischen den Werten von Ehepartnern gewöhnlich nahe Null. Die Suche nach Neuartigem ist eine Ausnahme von dieser Regel. Durch Untersuchungen in den USA, den Niederlanden und Deutschland konnte gezeigt werden, daß Ehemänner und Ehefrauen dazu neigen, ähnliche Werte bei der Suche nach Neuartigem zu haben.

Um zu sehen, ob die Suche nach Neuartigem einen Einfluß auf das Gefühl des Glücks in der Liebe hatte, setzten Forscher den Test von Zuckerman ein und untersuchten Collegestudenten, die seit drei oder mehr Monaten mit einem Partner zusammen waren. Sie fanden einen Zusammenhang zwischen ähnlichen Werten für die Suche nach Neuartigem und Zufriedenheit in der Beziehung sowie sexuelle Befriedigung. Dabei machte es keinen Unterschied, ob die Paare bei der Suche nach Neuartigem hohe oder niedrige Werte hatten, solange sie nur gleichauf waren. Die Liebenden, die im Hinblick auf die Suche nach Neuartigem zusammenpaßten, waren mit einer größeren Wahrscheinlichkeit glücklich und sexuell zufrieden. Die Untersuchung legte außerdem nahe, daß dieser Effekt mit der Zeit stärker wurde. Zu Beginn der Beziehung war der Partner mit dem hohen Wert vielleicht nicht so unzufrieden mit dem anderen, der einen niedrigen Wert hatte, weil es so viel Neues zu erleben gab. Und der Partner mit dem niedrigen Wert mag sich von der aufregenden «Persönlichkeit», der Person mit dem hohen Wert, angezogen gefühlt haben. Wenn jedoch eine gewisse Zeit vergangen war, fühlte sich die Person mit dem höheren Wert von einem Partner mit niedrigen Werten zunehmend eingeengt. Sie beklagte dann den Mangel an Begeisterung für neue Erfahrungen im täglichen Leben und auch im Hinblick auf das Sexualverhalten. Den Partner mit dem niedrigen Wert störte hingegen die Unberechenbarkeit des anderen und sein Verlangen nach Extravaganzen sowie seine Neigung, immer auch nach anderen potentiellen Sexualpartnern Ausschau zu halten.

Trotz der Befunde heiraten immer noch Menschen mit in

dieser Hinsicht unterschiedlichen Werten. In einer Untersuchung unterschieden sich die Niveaus für die Suche nach Neuartigem bei Paaren, die in einer therapeutischen Eheberatung waren, viel stärker als die Werte der Paare, die mit ihrer Ehe zufriedener waren. Je weiter die Werte auseinanderlagen, desto größer war die Unzufriedenheit. Häufiger ist es der Partner mit den niedrigeren Werten, der sich beklagt und eine Therapie aufsucht. Die Person, die nicht so sehr auf Neuartiges aus ist, zeigt sich vom wankelmütigen, oft rücksichtslosen Verhalten des Partners mit den hohen Werten enttäuscht. Es ist auch fast immer sie, die «an der Beziehung arbeiten» möchte. Das ist nur folgerichtig, denn Menschen mit niedrigen Werten mögen keine Veränderungen, zu denen auch die Scheidung gehört. Vielleicht kommt der Partner mit den hohen Werten deswegen nicht in die Therapie, weil er oder sie eine (sexuelle oder andere) Befriedigung von außerhalb der Beziehung bekommt oder weil es ihn nicht so durcheinanderbringt, wenn er alles fallenläßt und sich nach besseren Möglichkeiten umsieht. Als Bestätigung dieser Theorie haben Geschiedene höhere Werte im Hinblick auf die Suche nach Neuartigem als Verheiratete.

Die schlimmste Kombination ist eine Frau mit hohen Werten und ein Mann mit niedrigen. Diese Paare berichten häufig über sexuelle Probleme wie etwa Verlust sexuellen Verlangens oder Impotenz. Die Ehe zwischen einem Mann mit hohen Werten und einer Frau mit niedrigen ist weniger problematisch, was daran liegen mag, daß die Frau zu der Rationalisierung Zuflucht sucht, ihr männlicher Partner gebärde sich eben wie ein «typischer Mann». Frauen mit hohen Werten hingegen verstoßen gegen die herkömmlichen Vorstellungen darüber, «wie sich Frauen benehmen sollten».

Falls Sie sich in einen Menschen mit einem extrem hohen Wert in bezug auf die Suche nach Neuartigem verlieben sollten, dann sollten Sie von der Illusion Abschied nehmen, daß Sie ihn ändern könnten oder daß er sich im Lauf der Jahre von allein ändern würde. Wenn er mit einem Bungee-Seil am Fuß von einem Turm springen möchte, schmieren Sie ihm ein Butterbrot und verdoppeln Sie die Prämie seiner Lebensversicherung. Wenn Ihre Partnerin gern mit anderen Frauen zusammen tanzen gehen möchte, während Sie zu Hause sitzen, sagen Sie ihr, daß sie wunderschön aussieht, und bringen Sie sie zum Wagen. Sie wird viel eher zurückkehren, wenn Sie sie gehen lassen. Lassen Sie sich nie von der irrigen Vorstellung täuschen: «Jetzt, wo er mich getroffen hat, wird er sein Interesse an anderen verlieren.» Denken Sie immer wieder daran, daß das, was Sie an dieser Person angezogen hat, dasselbe ist, was Sie zum Wahnsinn treibt. Gewöhnen Sie sich daran, oder beenden Sie die Beziehung.

Sollten Sie sich andererseits in jemanden mit niedrigen Werten verlieben, schätzen Sie diese Person wegen ihrer Standfestigkeit, Sicherheit und Treue, die sie in die Beziehung einbringt. In Ihnen könnte die Phantasie aufkommen: «Wenn sie doch nur versuchen würde, aus einem Flugzeug zu springen! Ich weiß, daß ihr das Spaß machen würde.» Vergessen Sie das alles. Ihr wird wahrscheinlich schlecht werden, bevor sie auch nur die entsprechende Flughöhe erreicht hat.

Die Suche nach Neuartigem beeinflußt nicht nur lang angelegte Beziehungen, sondern auch kurze, rein sexuelle Begegnungen. Menschen mit hohen Werten auf dieser Skala interessieren sich (aus naheliegenden Gründen) für eine ganze Vielfalt von Sexualpartnern, möchten gerne neue sexuelle Aktivitäten ausprobieren und betrachten Sexualität als ein lustvolles Spiel. Personen mit niedrigen Werten haben weniger Partner, greifen auf ein eingeschränkteres und herkömmlicheres Repertoire von Sexualpraktiken zurück und verstehen Sexualität als Ausdruck einer Bindung. Neuere Forschungsergebnisse deuten darauf hin, daß der D4-Dopaminrezeptor eine wichtige Rolle für das unterschiedliche Sexualverhalten von Menschen mit hohen und mit niedrigen Werten im Hinblick auf die Suche nach Neuartigem spielt.

Sind Sie jemand, der den Nervenkitzel braucht?

Mittlerweile haben Sie wahrscheinlich schon versucht, herauszufinden, welches Niveau Sie selbst bei der Suche nach Neuartigem haben. Im folgenden finden Sie eine einfache Methode, um das herauszubekommen: Wenn Sie jedes Wort dieses Kapitels genau lesen, das Feuer in Wellen in Ihnen hochsteigt und Sie heiße Schokolade dabei trinken, sind Sie wahrscheinlich ein Mensch mit niedrigen Werten. Wenn Sie das Buch in einem Buchladen durchblättern, dabei ein Auge auf einen potentiellen Sexualpartner werfen und Sie all die naturwissenschaftlichen Textteile überblättern, um zu dem Teil zu kommen, der Ihre Persönlichkeit am besten beschreibt, dann brauchen Sie diesen Test nicht zu machen: Sie sind wahrscheinlich ein Mensch mit hohen Werten in bezug auf die Suche nach Neuartigem.

Noch wahrscheinlicher ist es, daß Sie hier anscheinend hohe und niedrige Werte haben. Vielleicht mögen Sie täglich wiederkehrende Routinen, aber Sie mögen auch Jazz. Vielleicht sind Sie in der Sexualität abenteuerlustig, nicht jedoch, wenn es ums Geld geht. Der Grund dafür liegt darin, daß die Suche nach Neuartigem wie jeder wichtige Persönlichkeitszug ein kontinuierlich verteilter Aspekt der normalen menschlichen Persönlichkeit ist. Jeder Mensch ist in einem bestimmten Maße auf Neuartiges aus – die Frage ist nur, wie sehr. Die meisten werden recht nahe am Durchschnitt liegen, was der Grund dafür ist, daß wir dies Durchschnitt nennen. Allgemein kann man jedoch sagen, daß Personen, die hohe Werte haben, neugierig, impulsiv, ausschweifend, begeisterungsfähig und unordentlich sind. Menschen mit niedrigen Werten neigen dazu, ausgeglichen, nachdenklich, genügsam, ordentlich und kontrolliert zu sein.

Der Unterschied ist nur in Ihrer Seele; was Sie daraus machen, hängt von Ihnen ab.

Kapitel 2

Sorgen

Die Welt in dunklen Farben sehen

So lange, wie sich Sally erinnern konnte, war sie übertrieben schüchtern gewesen. Als sie älter wurde, hing sie ihrer Mutter am Rockzipfel und sagte nichts, außer wenn sie angesprochen wurde, und auch dann nur zögernd. Als Mädchen hatte sie nur wenige Freunde und als Jugendliche keinen Freund. Die Schule machte ihr so wenig Spaß, daß sie jeden Morgen ihr Frühstück erbrach. Als sie älter wurde, bekam sie bei einer großen Bank ihre erste Stelle. Es gelang ihr jedoch nicht, sich dort eine Karriere aufzubauen. Schon sehr bald erreichte sie eine Position, mit der sie sich zufriedengab, obwohl sie sich nicht ausreichend gefordert fühlte, und die sie unverändert 18 Jahre lang innehatte. Sie hat nie geheiratet, und die erste große Veränderung, auf die sie sich in ihrem Leben als Erwachsene einstellen mußte, bestand darin, daß ihr die Aufgabe zufiel, sich um ihre betagten Eltern kümmern zu müssen – eine Verpflichtung, die ihr sehr unangenehm war.

Im Alter von 41 Jahren beschrieb sie sich folgendermaßen: «Ich bin die meiste Zeit verärgert und verletzt. Ich habe das Gefühl, als ob mein Gehirn nur bruchstückhaft ausgebildet sei und immer wieder erschüttert worden ist und daß alle Leute immer nur auf mir herumtrampeln und mich nicht für voll nehmen. Ich bin sehr, sehr ängstlich. Ich fürchte mich vor allem und jedem, sogar vor Tausendfüßlern und Schaben. Ich glaube immer, daß mir noch etwas sehr, sehr Schlimmes passieren wird, ein großes Unglück [...].» (Kramer 1995)

Sally suchte schließlich Hilfe bei Dr. Peter Kramer, in dessen Buch *Glück auf Rezept. Der unheimliche Erfolg der Glückspille Fluctin* sie beschrieben wird. Sally ist ein lebendiges Beispiel von einem Menschen mit einer übertrieben ausgeprägten Temperamentseigenschaft, die man Neurotizismus, emotionale Sensibilität oder «Schadensvermeidung» nennt. Der Begriff Schadensvermeidung leitet etwas in die Irre, weil die Eigenschaft nicht einfach nur bedeutet, daß jemand Schaden vermeidet, sondern sie bezieht sich auf eine verzwickte Angst und eine zutiefst negative Auffassung von der Welt, bei der alles grau aussieht, auf eine Furcht sogar vor dem Leben. Für jemanden, der in sehr starkem Maße Schaden vermeidet, ist das Leben grau, die Zukunft düster und jeder Tag fade.

Der Grund dafür, daß manche Menschen so empfinden, liegt nicht unbedingt darin, daß das Leben zu viele Herausforderungen an sie stellt, daß sie als Kinder mißhandelt oder mißbraucht wurden oder daß sie so schwach oder faul sind. Vielmehr ist Schadensvermeidung eine lebenslang anhaltende emotionale Disposition, die tief in den Genen verwurzelt ist. Wenn man sehr dazu neigt, Schaden zu vermeiden, so ist das, als würden wir mit einer Sonnenbrille geboren, die den Blick auf die eigene Person und alles um uns herum dunkler macht. Forscher fanden erste Hinweise auf Schadensvermeidung schon in einer Zeit, bevor ein Kind auf die Welt kommt. Eine schnelle Herzfrequenz ist ein Zeichen dafür, daß ein Säugling wahrscheinlich nervös und quengelnd sein wird, was oft bedeutet, daß er als Erwachsener ein hohes Maß an Schadensvermeidung aufweisen wird. Im Gegensatz dazu ist eine niedrige fötale Herzfrequenz ein Hinweis darauf, daß ein Säugling eher lächeln und huhu rufen wird, eine Existenzform, aus der heraus sich oft eine rosigere Lebensauffassung entwickelt.

Schadensvermeidung ist eine der grundlegendsten, mannigfaltigsten und beständigsten Dimensionen der Psychologie des Menschen – und man hat schon lange die Vermutung, daß sie tiefe biologische Ursprünge hat. Vor mehr als 1800 Jahren bezeichnete sie der griechische Arzt Galen als Melancholie und führte sie auf gelbe Galle zurück. Heutzutage macht der Psychiater Robert Cloninger den chemischen Stoff Serotonin im Gehirn dafür verantwortlich.

Sallys Wert für Schadensvermeidung wäre jenseits dessen, was man darstellen kann. Eine Person mit hohen Werten ist empfindlich, furchtsam, sie neigt dazu, sich Sorgen zu machen, ist nervös, angespannt und schrecklich ängstlich. Vor allem in neuen oder schwierigen Situationen ahnt sie den Schaden und das Versagen voraus. Aber die Angst muß nicht an ein bestimmtes Ereignis oder an eine bestimmte Situation gebunden sein; es handelt sich um eine freiflottierende Angst. Weil Menschen mit hohen Werten sich immer nervös und gereizt fühlen, schrecken sie davor zurück, etwas anderes auszuprobieren, neue Bekanntschaften zu schließen oder von bequemen Routinen abzuweichen. Im Gegensatz dazu ist eine Person mit niedrigen Werten ruhig und entspannt, hat eine positive Grundeinstellung und macht sich normalerweise keine Sorgen um die Zukunft. Ein solcher Mensch ist ungehemmt, unbekümmert, sorglos, selbstbewußt, gelassen und sicher – selbst dann, wenn die Situation brenzlig wird. Er genießt es, andere Menschen kennenzulernen, und kann sich auf plötzlich eintretende Veränderungen gut einstellen.

Sally wird auch als eine Person beschrieben, die viele der klassischen Anzeichen einer Depression hat, wie etwa Weinerlichkeit und schlechte Konzentrationsfähigkeit. Das überrascht nicht, weil unterschiedliche Elemente der Schadensvermeidung wie Angst und Depression oft zusammen vorkommen. Depression ist aber nicht dasselbe wie Angst oder Furcht, und die äußeren Anzeichen dafür sind andere. Sally beklagte sich auch über Erschöpfungszustände, was sich durch die Belastung, die sie durchgemacht hat, und durch die Tatsache erklären läßt, daß eine Depression zu Schlafstörungen führt. Eine solche Abgespanntheit, auch als Ermüdbarkeit bezeichnet, läßt sich durch Energiemangel und das häufige Verlangen nach einem Nickerchen oder nach zusätzlichen Ruhephasen kennzeichnen. Die Person, die in dieser Hinsicht hohe Werte hat, erholt sich nur langsam von kleineren Erkrankungen und Belastungen, während ein Mensch mit niedrigen Werten energisch und dynamisch ist, immer auf dem Sprung und in der Lage, sich nach einer Krankheit oder nach psychischer Erschöpfung schnell wieder zu fangen.

Nachdem sie ihr Leben lang eine schlechte Meinung von sich hatte, waren es schließlich der Ärger und der Unwille darüber, sich um ihre alternden Eltern kümmern zu müssen, die sie dazu veranlaßten, professionelle Hilfe in Anspruch zu nehmen. Ihre Feindseligkeit war für jemanden wie sie eigentlich eine «normale» Reaktion. Während anscheinend alle um sie herum mit ihrem Leben zurechtkamen, meinte sie in einer Sackgasse zu stecken. Am einfachsten war es, denjenigen die Schuld zuzuschieben, die ihr am nächsten waren, ihren Eltern.

Genau wie Depression ein Ausdruck der Unzufriedenheit mit der eigenen Person ist, ist Feindseligkeit ein Ausdruck der Unzufriedenheit mit anderen. Depression ist ein nach innen gerichteter Ärger, Feindseligkeit ein nach außen gerichteter Ärger. Wiederum zeigen Untersuchungen, daß ärgerliche Feindseligkeit oft in Verbindung mit anderen Aspekten der Schadensvermeidung, wie etwa Angst und Depression, vorkommt. Diese Facette bezieht sich darauf, sich ärgerlich zu fühlen, nicht unbedingt darauf, ärgerlich zu handeln, was eher zum Persönlichkeitszug der Aggression gehört. Ein Mensch, der in bezug auf Schadensvermeidung hohe Werte aufweist, fühlt sich ärgerlich, verbittert, niedergeschlagen und argwöhnisch gegenüber anderen. Eine Person mit niedrigen Werten ist unbeschwert, nicht so leicht zu ärgern und vertrauensselig gegenüber anderen.

Deshalb ist Schadensvermeidung ein umfassender Persönlichkeitszug, zu dem auch Angst, Furcht, Hemmung, Schüchternheit, Depression, Müdigkeit und Feindseligkeit gehören. In gewisser Weise ist jeder einzelne Aspekt der Schadensvermeidung etwas anderes. So ist es beispielsweise möglich, nervös zu sein, ohne traurig zu sein, beziehungsweise feindselig zu sein, ohne die ganze Zeit über müde zu sein. Dennoch konnten viele Untersuchungen zeigen, daß Menschen, die eine dieser negativen Stimmungen erleben, wahrscheinlich auch eine oder mehrere der anderen erleben.

Gemeinsam ist allen Formen der Schadensvermeidung die emotionale Sensibilität, eine Art emotionalen Sonnenbrands, der leicht ausbricht. Jede Kleinigkeit führt dazu, daß sich jemand mit hohen Werten schlecht fühlt und alle positiven Emotionen von sich abweist. Man reagiert sehr sensibel auf Bestrafung und wartet immer darauf, gleich wieder einen auf den Deckel zu bekommen. Ein hohes Ausmaß an Schadensvermeidung geht oft mit der Unfähigkeit einher, heftige Zustände des Verlangens und Wünsche nach Essen, Zigaretten oder nach dem Besitz von Sachen in den Griff zu bekommen. Bedürfnisse werden als unwiderstehlich wahrgenommen, selbst wenn sie später zu Gewissensbissen führen.

Schadensvermeidung hat auch Auswirkungen auf die körperliche Gesundheit: Sie führt zu immer wiederkehrenden Kopfschmerzen, Muskelentzündungen und Verdauungsproblemen. Manche Ärzte tun diese Symptome als «psychosomatisch» ab, doch für die Menschen, die unter ihnen leiden, sind sie ganz real. Schadensvermeidung kann sogar tödliche Folgen haben. In einer Untersuchung an jungen Krebspatienten mit derselben medizinischen Prognose hatten die Pessimisten eine größere Chance, schneller zu sterben, als die Optimisten.

Das Ausmaß, in dem jemand auf Schadensvermeidung aus ist, wird eindeutig einen Einfluß auf die berufliche Entwicklung und auf die persönlichen Beziehungen haben, insbesondere wenn es stark ausgeprägt ist. Ebenso wie körperlich gebrechliche Menschen gut daran tun, körperlich anstrengende Berufe zu meiden, wird sich eine Person mit einem hohen Ausmaß von Schadensvermeidung wahrscheinlich von beruflichen Tätigkeiten fernhalten, die mit einem mörderischen Konkurrenzkampf einhergehen. Gleichfalls werden sie Positionen meiden, die eine unermüdliche Fröhlichkeit und ständigen Kontakt mit der Öffentlichkeit voraussetzen. Für Menschen mit niedrigen Werten kann ihr Selbstvertrauen und ihr Interesse an Menschen von Vorteil sein, wenn sie im Vertrieb, in der Öffentlichkeitsarbeit, in der Vertragsabteilung oder in der praktischen Gesundheitspflege arbeiten. Es kommt ihnen bei jeder Tätigkeit – vom Kassierer bis zum Aufsichtsratsvorsitzenden – zugute.

Wenn der Wert für Schadensvermeidung ansteigt, nimmt die Chance für gute persönliche Beziehungen ab. Aber im Unterschied zu anderen Persönlichkeitszügen scheint Schadensvermeidung kein entscheidender Einflußfaktor bei der Partnerwahl zu sein. Die Wahrscheinlichkeit ist deshalb hoch, daß Ihr Partner einen anderen Wert hat als Sie. Wenn Ihr Partner bezogen auf Schadensvermeidung einen höheren Wert hat als Sie, dann könnten Sie sich selbst die Schuld für dessen Unglück zuschreiben. Menschen mit hohen Werten brauchen Geduld, Zuneigung, Lob und Unterstützung. Nur weil Ihr Partner Ihre überschäumende Begeisterung für das Leben nicht teilt, bedeutet das noch nicht, daß er oder sie sich ändern möchte. Es bedeutet auch nicht, daß Sie Ihre eigenen guten Gefühle unterdrücken sollten. In Wirklichkeit empfindet Ihr Partner es anziehend an Ihnen, wie leicht Sie Freude zum Ausdruck bringen können.

Zu den Ursprüngen

Worauf geht Schadensvermeidung zurück? Auf ein schlechtes Leben oder auf eine schlechte Einstellung zum Leben?

Im Falle von Sally ist es wahrscheinlich beides. Peter Kramer schildert eine traumatische Kindheit, finanzielle Rückschläge, die ihre Eltern erlitten, und ein beengtes Zuhause, in dem die kleine Sally mitbekam, wie ihre Eltern sexuell miteinander verkehrten. Einige Psychoanalytiker würden jetzt sagen, daß dies ausreiche, um einem sensiblen Kind ein Verhaltensmuster wie das von Sally aufzuzwingen. Doch wodurch wurde sie überhaupt zu einem sensiblen Kind? Warum reagierte sie so heftig auf ihre Umgebung, während andere Menschen, die unter härteren Umständen aufwachsen, dann extravertiert und selbstbewußt werden?

Forschungsergebnisse bei Hunderten von Kindern haben gezeigt, daß Schadensvermeidung einer der Persönlichkeitsaspekte ist, die am frühesten zum Ausdruck kommen und am durchgängigsten sind. Louis Schmidt, ein Doktorand im Labor von Nathan Fox an der University of Maryland, gehört zu den Forschern, die sich mit Schadensvermeidung bei kleinen Kindern beschäftigt haben. Als wir ihn nach seinen Forschungen am Institute for Child Study befragten, spielte er uns gern ein Videoband vor.

Das Band beginnt mit drei kleinen Mädchen, die in ein freundliches Spielzimmer gehen, das mit bunten Bildern geschmückt ist. Zeichenpapier, Stifte und Spielzeug liegen auf dem Teppichboden bereit. Eines der Mädchen, das wir Rhonda nennen wollen, übernimmt die Rolle der Anführerin.

«He, Stifte!» ruft sie und läuft zu dem Stapel mit Sachen auf dem Fußboden, läßt sich fallen und fängt an zu malen.

Die beiden anderen Mädchen, die auch etwa vier Jahre alt sind, setzen sich dazu, und alle drei beginnen schnell miteinander zu sprechen. Einen Moment später öffnet sich die Tür, und es ist ein Mädchen zu sehen, das wir Valerie nennen wollen. Sie muß praktisch von ihrer Mutter in das Zimmer geschoben werden und klebt mit dem Rücken an der Wand. Zögernd macht sie einen halbherzigen Versuch, die Schachtel mit den Stiften aufzumachen; als die Mutter jedoch geht, bricht Valerie in Tränen aus.

Die selbstbewußtere Rhonda fragt: «Hast du Angst? Wir haben keine Angst.»

Die überaus ängstliche Valerie hört nicht auf zu weinen, auch als Rhonda ihr eine Handvoll Stifte anbietet. «Wir müssen etwas für dieses Mädchen tun, denn sie weint», sagt Rhonda. Rhonda versucht Valerie aufzumuntern, indem sie ihr ein Kompliment über ihre schönen Schuhe macht. Doch das schüchterne Mädchen geht auf die Tür zu und versucht vergeblich, am Türgriff zu drehen, um wegzulaufen.

Es erscheint ein Erwachsener, der die Mädchen zu einem Spiel anleitet, bei dem eine Geschichte erzählt werden muß. Der kecken Rhonda muß gesagt werden, daß sie sich hinsetzen soll, wenn sie ihren Part gespielt hat, sie möchte gerne weitererzählen. Die beiden anderen Mädchen spielen höflich weiter und erzählen Geschichten von ihren Geburtstagsfeiern; sie hören auf, wenn ihr Part zu Ende ist. Die schüchterne Valerie läßt sich nicht dazu bringen, ihren Mund aufzumachen. Sie sitzt mit gekreuzten Beinen, einem nach vorne gebeugten Körper da und starrt mit den Augen auf den Boden. Mit ihren Händen hält sie eine weiße Decke fest umklammert, die sie ständig an ihrem Gesicht hin und her reibt. Als die Frau sie bittet aufzustehen, murmelt sie etwas Undeutliches. «Na, komm schon, Schatz», sagt die Dame. «Möchtest du uns nicht etwas über deine Geburtstagsfeier erzählen?»

Valerie verbirgt den Kopf in ihrem Schoß, sie stößt einen großen, herzerweichenden Schluchzer aus und beginnt dann hemmungslos zu weinen.

«Das ist schon in Ordnung», sagt die Frau und tröstet das Mädchen, während sie ihren wissenschaftlichen Mitarbeitern, die die verborgenen Kameras bedienen, ein Signal gibt, daß dieses Experiment fürs erste beendet ist.

Die vier Mädchen im Spielzimmer gehören zu einer großangelegten Studie, die darauf zielt, die ersten Anzeichen für ein Temperament zu erkennen. Es geht dabei darum, zu verstehen, welche Wechselwirkung zwischen diesem angeborenen Temperament und der Erziehung sowie der Umwelt besteht, die schließlich zur Ausbildung einer individuellen Persönlichkeit führt. Diese Mädchen wurden ausgewählt, weil sie die ganze Breite des als «Hemmung» bezeichneten Temperaments zeigen, das die meisten von uns Schüchternheit nennen und das anscheinend die Kindheitsvariante von Schadensvermeidung ist. Die schüchterne Valerie ist offensichtlich äußerst gehemmt, und die kecke Rhonda liegt mit ihren Werten am anderen Ende der Skala. Die beiden anderen Mädchen sind «normal», ihr Wert liegt irgendwo zwischen denen von Rhonda und Valerie.

Das Spannende an diesen Vierjährigen ist, daß sie schon im Alter von nur vier Monaten genau dieselben Werte hatten wie jetzt. Auf Videobändern von Valerie als Säugling ist dasselbe ängstliche und furchtsame Verhalten zu erkennen. Angeschnallt an einen Kindersitz im Auto, reagiert Valerie heftig auf eine Reihe von Dingen, die sie stimulieren sollten. Als vom Tonband sinnlose Silben wie «bobo» vorgespielt werden, ist sie anscheinend zunächst verzückt damit beschäftigt. Dann macht sie ein verängstigtes, unglückliches Gesicht und weint. Wenn man bunte Spielzeugautos in ihrer Nähe plaziert, wimmert sie. Als schließlich ihre Mutter gegen Ende des ersten «Experiments» kommt, wird sie ärgerlich und unruhig, bis sie auf den Arm darf.

Rhonda war dagegen mit vier Monaten so keck wie mit vier Jahren. Auf dem Videoband bringen sie die sinnlosen Töne zum Lachen, die bunten Autos lassen sie gurren. Beim Anblick ihrer Mutter hellt sich ihr Gesicht mit einem strahlenden Lächeln auf. Sie windet sich genausosehr wie Valerie im Kindersitz des Autos, aber es scheint mehr eine Lust als eine Unannehmlichkeit zu sein.

Fünf Monate danach, als die Mädchen neun Monate alt waren, wurden sie an ein EEG-Gerät angeschlossen, um ihre Hirnstromwellen zu messen. Noch bevor das Gerät angeschaltet wurde, reagierten Rhonda und Valerie unterschiedlich, als ihnen die kleinen Plättchen mit den Elektrodendrähten angelegt wurden: Valerie wurde unruhig, und Rhonda schien die Aufmerksamkeit zu genießen. Nicht nur das, auch ihre Hirnstromwellen unterschieden sich. Bei Valerie zeigte sich auf der vorderen rechten Seite eine größere Aktivität als auf der linken, während auf Rhondas linker Seite mehr Aktivität zu finden war.

Dieser Unterschied war nicht einfach nur zufällig, denn Fox und seine Kollegen von der University of Maryland fanden ein konsistentes Muster einer größeren Aktivität im vorderen rechten Hirnlappen bei gehemmten und im linken vorderen Hirnlappen bei ungehemmten oder kecken Kindern. Dieses Muster bleibt bestehen, wenn die Kinder ruhig bleiben und wenn sie Belastungen ausgesetzt sind. Die Korrelation bleibt auch im Erwachsenenalter erhalten: Sehr ängstliche Erwachsene haben eine größere Aktivität im rechten vorderen Hirnlappen als weniger ängstliche Personen. Die Erwachsenen mit mehr Aktivität im rechten vorderen Hirnlappen werden auch mit größerer Wahrscheinlichkeit Anzeichen von Depression zeigen.

Dieses Muster von Hirnstromwellen paßt auch gut zu dem, was man über die Rolle des rechten und des linken vorderen Areals bei der Steuerung des emotionalen Ausdrucks weiß. Die rechte Seite hat anscheinend mehr mit der Steuerung negativer Emotionen zu tun, während die linke Seite eine größere Rolle bei positiven Emotionen spielt. Die Angst, die Valerie empfand, mag darauf zurückgehen, daß die dominantere Seite ihres Gehirns, die rechte Seite, im Vergleich zur linken Seite, von der die positiven Signale ausgehen, vermehrt negative Signale aussendet.

Weitere körperliche Untersuchungen zeigen ähnliche Schwankungen. So befindet sich im Speichel der schüchterneren Mädchen verglichen mit den beiden kecken Mädchen die zweifache Menge des Streßhormons Kortisol. Auch andere meßbare Unterschiede waren feststellbar, zum Beispiel, wie schnell die Kinder auf starken Lärm mit Augenblinzeln reagieren und wie sehr sich ihre Pupillen unter Streß erweitern. Die schüchternen Kinder haben «angespanntere» Muskeln, vor allem im Gesicht, und es fällt ihnen schwerer, auf Aufforderung Grimassen zu schneiden. Bei schüchternen Kindern kommt es zu einem stärkeren Blutdruckanstieg, wenn sie stehen, und obwohl die Herzfrequenz im Ruhezustand bei allen Kindern ähnlich ist, zeigen die schüchternen Kinder sowohl bei körperlicher Aktivität als auch bei schwierigen geistigen Aufgaben einen stärkeren Anstieg der Herzfrequenz.

Während der nächsten eindreiviertel Jahre kamen die Mädchen noch zweimal ins Labor. Auf einem Videoband kauert sich Valerie auf den Schoß ihrer Mutter und guckt kaum hoch, auch wenn ein Fremder versucht, sie zum Spielen zu veranlassen. Als ein Clown das Zimmer betritt, bekommt es Valerie zunächst gar nicht mit, und dann beginnt sie zu weinen. Als Rhonda demselben Szenario ausgesetzt wird, flüchtet auch sie sich zuerst auf den Schoß ihrer Mutter, als der Fremde eintritt. Doch schon bald steht sie wieder auf den eigenen Beinen, um mit einem neuen Freund zu spielen. Beim Auftritt des Clowns ist Rhonda plötzlich angespannt und still, aber innerhalb weniger Minuten hat sie ihre Gelassenheit wieder und spielt unbeschwert mit dem Clown.

Es war für Fox und Schmidt nicht erstaunlich, zu erkennen, daß Valeries Schüchternheit so tief in ihrer Persönlichkeit verwurzelt war wie Rhondas Keckheit. Der Grund dafür liegt darin, daß Hemmung, die wir bei Erwachsenen Schadensvermeidung nennen, einer der anhaltendsten Aspekte des Temperaments ist. Das trifft vor allem auf Kinder wie Rhonda und Valerie zu, die ausgesucht wurden, weil sie das jeweils extreme Ende eines breiten Spektrums repräsentierten. Die meisten Kindern waren irgendwo in der Mitte, obwohl auch bei Durchschnittsmenschen das lebenslange Verhaltensmuster der Schüchternheit deutlich erkennbar ist.

Jerome Kagan von der Harvard University, der Großvater dieser Forschungen, konnte mehrfach nachweisen, daß Schüchternheit beziehungsweise Keckheit Eigenschaften sind, die ein ganzes Leben lang fortwirken. Kagan, der geistige Vater von Fox, untersuchte Kinder, die im Alter von zwei Jahren als sehr gehemmt oder als sehr ungehemmt klassifiziert wurden. Als man sie mit siebeneinhalb Jahren wiedersah, hatten mehr als drei Viertel von denen, die ursprünglich als gehemmt klassifiziert worden waren, überdurchschnittliche Werte für Hemmung. Die schüchternen Siebenjährigen standen am Rande einer Gruppe weiterer Kinder, sie lasen und spielten allein, anstatt sich der Gruppe zuzuwenden, sie verhielten sich still und starrten die anderen Kinder wortlos an. Drei Viertel der ursprünglich ungehemmten Kinder hatten fünf Jahre später unterdurchschnittliche Werte für Schüchternheit. Die kecken Siebenjährigen ließen sich eher zu Aktivitäten anregen, sie waren gesprächiger, lauter und lebhafter.

Die gleichen, jetzt raffinierteren Verhaltensmuster zeigten sich, als man diese Gruppe im Alter von zwölf bis vierzehn Jahren beobachtete. Während der Interviews mit einem Kinderpsychiater redeten die gehemmten Kinder nur, wenn man sie ansprach, die ungehemmten taten sich jedoch mit ihren eigenen Fragen hervor. Die schüchternen Kinder waren düster und unwillig, während sie sich mit der Befragung abplagten, wohingegen die kecken schnell einmal lächelten und häufig laut auflachten.

Kagan, Fox und ihre Mitarbeiter sind der Auffassung, daß die Wurzeln der Schüchternheit in der Amygdala liegen, einer mandelförmigen Masse im limbischen System, dem emotionalen Reaktionszentrum des Gehirns. Die Amygdala teilt dem Körper mit, was zu tun ist, wenn etwas Schlimmes passiert. Sie nimmt Informationen von den Sinnesorganen auf – wie etwa ein lautes Geräusch oder einen verbrannten Finger – und löst ein Herzrasen, einen Anstieg des Blutdrucks, ein aufgeschrecktes Hochspringen und ein furchtsames Gesicht aus.

Kagan, dessen eigene ursprüngliche Auffassung von der Bedeutung der Umwelt durch die Befunde zur angeborenen Schüchternheit ins Schwanken kam, glaubt, daß sich die Unterschiede zwischen schüchternen und kecken Kindern durch angeborene Unterschiede in der Amygdala erklären lassen. Viele der Belege für diese Theorie stammen aus Tierversuchen. Wenn man die Amygdala zerstört, werden Labortiere zahmer und verlieren ihre Angst vor bedrohlichen Dingen. Im Gegensatz dazu zeigen die Tiere Anzeichen von Furcht und Unruhe, wenn die Amygdala künstlich mit einem elektrischen Stromstoß stimuliert wird. Sie neigen auch eher dazu, Krankheiten wie Magengeschwüre zu entwickeln.

Der beste Beweis für die biologischen Wurzeln der Schüchternheit beim Menschen ist es, daß sie durch so viele körperliche Reaktionen gemessen werden kann, von der Herzfrequenz des Fötus bis zu den Hormonen und den Hirnstromwellen. Das Problem besteht darin, daß man aufgrund der Beobachtungen kaum sagen kann, ob das gestreßte Herz schneller schlägt, weil die Kinder schüchtern sind, oder ob die Herzfrequenz ein verursachender Faktor für Schüchternheit ist. Vielleicht ist auch alles nur ein Zufall. Eine von Kagans Erklärungen ist fragwürdig. Da er beobachtet hatte, daß schüchterne Kinder häufiger hellblaue Augen haben als kecke Kinder, vermutete er einen unmittelbaren Zusammenhang zwischen Augenfarbe und Temperament. Er spekuliert, daß dies mit der Produktion der Transmittersubstanzen Norepinephrin und Melanin (der chemische Stoff, der manche Augen braun werden läßt) im Gehirn zusammenhängt. Das ist eine Theorie, die aus der Luft gegriffen ist. Der vermutete Zusammenhang zwischen Schüchternheit und Augenfarbe könnte ein Pseudozusammenhang sein, der so irrelevant ist, als würde man sagen, Schüchternheit habe etwas mit dem Zeitpunkt der Geburt oder dem Vornamen des Geburtshelfers zu tun. Nachvollziehbarer ist da die Erklärung, daß Nordeuropäer, die häufig hellblaue Augen haben, auch zufällig aus überhaupt nicht damit zusammenhängenden Gründen ein höheres Maß an Ängstlichkeit aufweisen. Auf jeden Fall haben Fox und Schmidt den Zusammenhang zwischen Augenfarbe und Schüchternheit bei den von ihnen untersuchten Kindern nicht replizieren können.

Damit soll nicht gesagt werden, daß Schüchternheit nichts Biologisches ist, aber eine bessere Methode, die Rolle der Biologie aufzuklären, ist es, die Gene direkt zu untersuchen.

Die Ursprünge der Sorgen

Eines der Kennzeichen für genetisch beeinflußte Persönlichkeitszüge besteht darin, daß sie in der ganzen Familie vorkommen. Bei der Untersuchung der verzweifelt unglücklichen Sally fand Kramer heraus, daß ihre Eltern selbst still waren und einen Hang zu Depression und körperlichen Krankheiten hatten. Sie beschrieben Sallys Emotionalität als einen in der Familie verbreiteten Persönlichkeitszug; sie hatte ihn mit ihrer Mutter, der Großmutter, dem Vater und den Schwestern gemeinsam. Kramer überraschte das nicht, denn es gibt viele bekannte Beispiele für den Persönlichkeitszug der Schadensvermeidung, der in bestimmten Familien verstärkt vorkommt. Ein Extremfall scheint Hemingways Familie gewesen zu sein, in der eine Depression so oft in Selbstmord endete, daß es kein Zufall mehr sein kann. Bei Ernest Hemingway, der im Alter von 61 Jahren Selbstmord beging, glaubt man, daß er dasselbe Gewehr benutzt hat, das sein Vater 33 Jahre früher verwendet hatte, um seinem eigenen Leben ein Ende zu setzen. Auch der Bruder und die Schwester von Ernest Hemingway begingen Selbstmord. Margaux Hemingway, eine seiner Enkelinnen, kämpfte gegen Bulimie und Alkoholismus an. Im Sommer 1996 fand man sie tot vor; sie war 41 Jahre alt.

Die Geschichte der Hemingways und vieler anderer Familien deutet darauf hin, daß Gene eine Rolle bei Depression und weiteren Aspekten der Schadensvermeidung spielen. Aber nur weil etwas in einer Familie häufig vorkommt, ist es dadurch nicht notwendigerweise genetisch bedingt. Wenn das zuträfe, wären religiöse Vorlieben, Lieblingsrezepte und Nachnamen «genetisch bedingt». Noch einmal: Eine systematischere Methode, die Rolle der Gene zu untersuchen, ist die Zwillingsforschung. Solche Untersuchungen konnten zeigen, daß genetische Einflüsse auf die Schadensvermeidung früh wirken und daß sie über eine lange Zeit hinweg wirksam bleiben. Beispielsweise wurde in einer Zwillingsuntersuchung von Adam Matheng an der University of Louisville herausgefunden, daß eineiige Zwillinge im Alter von zwei Jahren bei der Reaktion auf einen Fremden einander ähnlicher waren als zweieiige Zwillinge. Immer wenn sich eineiige Zwillinge stärker ähneln als zweieiige, sind die Gene ein naheliegender Grund, weil eineiige Zwillinge genetische Klone sind. Aufgrund einer weiteren Untersuchung, die man an der University of Virginia bei 350 Paaren siebenjähriger Zwillinge durchführte, wurde geschätzt, daß 50 Prozent des schüchternen, furchtsamen und gehemmten Verhaltens vererbt sind.

Für die Extremfälle von Schüchternheit und Keckheit fallen die Ergebnisse am deutlichsten aus. Wissenschaftler vom Institute of Behavior Genetics in Boulder (Colorado) kamen zu dem Ergebnis, daß 50 bis 60 Prozent der Schüchternheit bei Zwillingsbabys vererbt sind. Als sie sich jedoch auf die kecksten und schüchternsten Kinder konzentrierten, stieg der Anteil auf 70 bis 90 Prozent an – das ist einer der höchsten Anteile, die für irgendeinen Aspekt des Verhaltens berichtet werden, und wahrscheinlich der Grund dafür, daß sich dies über die Lebenszeit hinweg so wenig verändert.

Selbst im Erwachsenenalter, nach all den Lebensereignissen, die anscheinend einen Menschen mehr oder weniger gehemmt werden lassen, wird Schadensvermeidung immer noch stark von Genen beeinflußt. In einer großen Anzahl von Untersuchungen konnte man zeigen, daß sich durch Gene ungefähr 40

Prozent der Variation bei verschiedenen Maßen der Schadensvermeidung durch Erwachsene erklären läßt. Der übrige Anteil an der Variation hängt fast ganz von der «einzigartigen Umwelt» ab – also von den Erfahrungen, die die Familienmitglieder nicht gemeinsam machen. Die «gemeinsame» Umwelt, und dazu gehört der allgemeine Erziehungsstil, der gesellschaftliche und ökonomische Status, das Schulsystem, die Nachbarschaft und so weiter hat eine relativ geringe Auswirkung auf Schadensvermeidung. Die Menschen kommen gehemmt auf die Welt, oder es geschieht etwas mit ihnen, was mit ihren Geschwistern nicht geschieht. Unabhängig davon, ob Eltern all ihre Kinder antreiben oder verhätscheln, auf deren Hemmschwellen haben sie anscheinend nur geringen Einfluß.

Durch Zwillingsuntersuchungen soll auch festgestellt werden, ob der Zusammenhang zwischen unterschiedlichen Aspekten der Schadensvermeidung – wie etwa Depression und Ängstlichkeit – auf die gleichen Gene oder die gleichen Erfahrungen zurückgeht. Ken Kendler und seine Mitarbeiter am Medical College of Virginia, die sich mit Ängstlichkeit und Depression beschäftigten, verwendeten ein neues Verfahren – die sogenannte multivariate Studie –, um die Daten von 3798 Zwillingspaaren auszuwerten. Es handelte sich dabei um eineiige und um zweieiige Zwillinge. Ähnlich wie bei anderen Untersuchungen fanden die Forscher heraus, daß die getrennten Symptome der Ängstlichkeit und Depression zu 33 bis 46 Prozent erblich waren. Als sie jedoch einen Blick auf die gemeinsam auftretende Vererbung der beiden Persönlichkeitszüge warfen, waren sie überrascht. Genetisch gesehen waren die beiden Persönlichkeitszüge zu mehr als 99 Prozent die gleichen. Es schien alles zu einfach zu sein, als daß es stimmen konnte. Deshalb wurde das Experiment wiederholt, wobei man sich genauer mit den klinischen Diagnosen «allgemeine Ängstlichkeitsstörung» und «schwere Depression» beschäftigte. Wiederum kam heraus, daß die genetische Kovarianz zwischen Ängstlichkeit und Depression nahe bei 100 Prozent lag.

Eine vererbte Kovarianz zwischen Persönlichkeitsfaktoren oder psychiatrischen Symptomen nahe 100 Prozent zu finden ist wirklich erstaunlich. Das heißt, daß die Gene, die zu Ängstlichkeit führen, genau dieselben sind wie die, auf die die Depression zurückgeht. Das bedeutet nicht, daß eine bestimmte Einzelperson sowohl ängstlich als auch depressiv sein muß. Es bedeutet vielmehr, daß ein Gensatz einen Menschen entweder ängstlich oder depressiv machen kann oder, was weniger häufig vorkommt, beides zusammen. Das Endergebnis desselben Gensatzes – Depression oder Ängstlichkeit – hängt von nichtgenetischen Faktoren wie etwa Lebensereignissen ab. So führt der Tod eines nahen Verwandten verhältnismäßig oft zur Depression, nicht jedoch zur Ängstlichkeit. Die Krankheit eines Verwandten hingegen verstärkt die Ängstlichkeit in höherem Maße, wird jedoch seltener zum Auslöser für eine Depression. Das erklärt sich daher, daß der vorweggenommene Verlust im Fall einer Krankheit Ängstlichkeit erzeugt, während die Depression darauf zurückgeht, daß der Verlust wirklich erlebt wurde. Welche Mechanismen im Gehirn lassen nun einen Menschen besonders sensibel auf einen Verlust reagieren?

Fluctin zeigt, wohin die Richtung geht

Als Sally den Psychiater Peter Kramer aufsuchte, verschrieb er ihr etwas, was damals ein neues Medikament war – Fluctin. Innerhalb von zwei Monaten waren die offensichtlichsten Anzeichen für Sallys Depression, ihre Rührseligkeit und ihre Unfähigkeit, Probleme zu bewältigen, zurückgegangen. Nach vier Monaten konnte Kramer berichten: «[Sie] wirkte viel strahlender, ruhiger und selbstsicherer und hatte sich viel besser unter Kontrolle. Der wichtigste Effekt des Medikaments war aber, so fand Sally, daß sie einen klaren Kopf hatte. Sie fühlte sich wacher, sie erlebte sich selbst bewußter und schien viel mehr Selbstvertrauen zu haben. Sie meinte: ‹Das Medikament hilft mir, meine Probleme viel klarer zu erkennen. Ich brauche viel weniger Zeit, um positive Entscheidungen treffen zu können. Ich habe keine Angst mehr. Ich habe nicht mehr das Gefühl, daß mein Gehirn weh tut, wenn ich Streß habe, und ich handle nicht mehr so zwanghaft.›» (Kramer 1995)

Fluctin wirkte bei Sally wie eine silberne Kugel, weil es im Gehirn auf den chemischen Stoff Serotonin abzielt. Wie bei Dopamin handelt es sich auch bei Serotonin um ein Monoamin, ein kleines, einfaches Molekül. Es wird durch Synthese aus Tryptophan aufgebaut, einer Aminosäure, die man in Nahrungsmitteln wie Milch findet. Der Grund dafür, daß Menschen zum Einschlafen warme Milch trinken, ist folgender: Milch enthält viel Tryptophan, das in Serotonin umgewandelt wird, und das kann zur Entspannung beitragen. Durch Milch lassen sich sogar Alpträume vermeiden, weil Stoffe, die serotonerge Nervenzellen anregen, Träume unterdrücken. Im Gegensatz dazu führen Stoffe, die die serotonerge Transmission hemmen, wie etwa LSD, zu verstärktem Träumen. LSD weist eine Struktur auf, die der des Serotonin recht ähnlich ist, und kann sich deshalb an Serotoninrezeptoren anlagern, aktiviert sie jedoch nicht. LSD ist wie ein Lockvogel, der die Rezeptoren ablenkt und sie davon abhält, ihre Funktion zu erfüllen.

Das serotonerge System ist das verbreitetste Neurotransmittersystem im Gehirn. Die Zellkörper der Serotoninnervenzellen treten tief im Mittelhirn in den Raphe nuclei geballt auf, und die Axone verzweigen sich wie Venen im gesamten Gehirn. Sie breiten sich besonders stark im limbischen System aus, dem «Herzen» der emotionalen Reaktionen. Sie schlängeln sich in die Großhirnrinde, die etwas mit Kognition und Sinneswahrnehmung zu tun hat, und in die Vorderlappen, die etwas zur Steuerung des Antriebs, zum Einfühlungsvermögen und zum sozialen Bewußtsein beitragen. Weitere Verzweigungen reichen in den Hippokampus, den Sitz von Gedächtnis und Lernen, sowie in den Hypothalamus und die Hirnanhangsdrüse, deren Aufgabe mit Hunger und Sexualität zusammenhängt.

Die umfassende Verzweigung des Serotoninsystems macht aus ihm ein stumpfes Instrument. Statt hochgradig spezifische Informationen zu übermitteln, ist das System eher in der Lage, große Abschnitte des Gehirns zu aktivieren. Wegen der weitflächigen Wirkung des Serotonins auf das Gehirn wird alles, was das System verändert, einen großen Einfluß auf Stimmung, Selbstwahrnehmung und Verhalten haben. Zu den Faktoren, die das System beeinflussen, gehören Drogen, Lebenserfahrungen und von Anfang an die Gene.

Gene übergeben dem Körper den Bauplan für das Serotoninsystem und bauen es dann auf. Das System ist vor der Geburt bereit, es reagiert auf äußere Reize und die Bedürfnisse des Körpers. Wird eine dieser Nervenzellen erregt, wandern Pakete von Serotonin von innerhalb der Zelle an die Zellwand und schütten ihre Ladung in die Zwischenräume zwischen anderen Zellen aus. Mit dem Serotonin kann dann zweierlei geschehen: Es kann sich an die Empfängermoleküle, die sogenannten Rezeptoren, anlagern, wodurch eine chemische Reaktion in Gang gesetzt wird, oder es kann ungenutzt in das Paket zurückkehren; man nennt dies Reuptake (Wiederaufnahme). Das Reuptake wird von einer bestimmten Art Eiweiß gesteuert, das man Transporter nennt. Fluctin hat es auf den Transporter abgesehen.

Ist der Spiegel des Serotonintransporters niedrig oder erfüllt er seine Funktion nicht richtig, dann wird im ganzen Gehirn mehr Serotonin ausgeschüttet; dadurch wird alles wachgerüttelt, was mit Serotonin in Kontakt kommt. Erfüllt der Transporter seine Funktion, wird der größte Teil des Serotonins wieder aufgesogen, bevor es Unruhe im Gehirn stiftet.

Es gibt viele unterschiedliche Serotoninrezeptoren, jeder einzelne wird durch sein eigenes gesondertes Gen erzeugt.

Es wurden schon mehr als ein Dutzend einzelner Serotoninrezeptoren entdeckt, und ihre Gene wurden geklont. Diese Vielfalt der Rezeptoren, zusammen mit der weit im Organismus verstreuten Verteilung der Serotoninnervenzellen, ist der Grund dafür, daß Serotonin so viele unterschiedliche Hirnfunktionen beeinflußt. Aber es gibt nur einen einzigen Serotonintransporter, der auf nur ein Gen zurückgeht. Deshalb wird alles, was den Serotonintransporter beeinflußt, alle Persönlichkeitszüge beeinflussen, die durch Serotonin gesteuert werden.

Jahrelang nahm man an, daß Serotonin etwas mit Schadensvermeidung zu tun hat. Zu den Belegen gehörte die Tatsache, daß man bei Menschen, die einen Selbstmordversuch gemacht oder sich das Leben genommen hatten, in der Rückenmarksflüssigkeit einen niedrigen Spiegel von Serotoninmetaboliten gefunden hatte. Auch fand man bei schwer depressiven Personen niedrige Mengen des Serotonintransporter-Eiweißes. Das Problem bei diesen Befunden war jedoch, daß die Forscher den eigentlichen Spiegel freien Serotonins beziehungsweise die Serotoninmenge, die im Gehirn Informationen übermittelte, nicht erfassen konnten. Deshalb kann es sich auch um einen indirekten Zusammenhang handeln.

Ein weiterer Hinweis auf die Rolle, die das Serotonin spielt, war der Erfolg des ersten weitverbreiteten antidepressiven Medikaments Iproniazid. Das Mittel, das ursprünglich zur Bekämpfung der Tuberkulose entwickelt worden war, hemmt die Säuberungsaktion des Serotonins und bringt die Zellen dazu, mehr von der Substanz freizugeben, wodurch die Anzahl der aktivierten Zellen ansteigt. Eine Nebenwirkung besteht darin, daß es bei den betreffenden Personen ein gutes Gefühl hervorruft. Die Belege dafür, daß Serotonin etwas damit zu tun hatte, ob man sich gut oder schlecht fühlt, waren jedoch nicht handfest, weil Iproniazid alles wegschwemmte, nicht nur Serotonin. Vielleicht wirkte es auf eine weitere Substanz im Gehirn, die Stimmungen beeinflußte.

Das nächste wichtige Antidepressivum, das entwickelt werden sollte, war Imipramin, das Serotonin auf dem Weg über einen anderen Mechanismus beeinflußt: Es hemmt die Wiederaufnahme oder den Versuch der Zellen, das ausgeschüttete Serotonin wieder zurückzugewinnen. Dieses Mittel war anscheinend ein Beleg dafür, daß es eine Verbindung zwischen Serotonin und Depression gab, doch auch Imipramin beeinflußte andere Substanzen im Gehirn, was seine vielen Nebenwirkungen erklärte.

Man war auf der Suche nach einem Mittel, das nur auf Serotonin und auf sonst nichts wirkte. Wissenschaftler in Eli Lilly synthetisierten eifrig ein Molekül nach dem anderen, bis sie eins fanden, das die Aufnahme von Serotonin in die Zellen blockierte. Zusammensetzung 82816 war der Höhepunkt. In Tierversuchen blockierte das Mittel die Aufnahme von Serotonin 200mal besser als irgend etwas anderes, und dies ohne viele Nebenwirkungen. Es ist als Fluoxetin bekannt, und das neue Medikament wurde unter dem Warenzeichen Prozac (in Deutschland als Fluctin) verkauft.

Fluctin wurde als Mittel gegen schwere Depression erfunden, die von der American Psychiatric Association in ihrem *Diagnostic and Statistical Manual of Mental Disorders* folgendermaßen beschrieben wird: eine Reihe von Symptomen wie ständige depressive Verstimmung, Verlust der Freude und des Interesses am Leben, psychische und körperliche Unruhe, Schlafstörungen und Gewichtsveränderung, Energielosigkeit sowie Denk- und Konzentrationsschwierigkeiten. Diese Art von Depression wird als «schwer» bezeichnet, weil sie im Leben eines Patienten zum wichtigsten Faktum wird.

Die gute Nachricht war, daß Fluctin bei der Behandlung einer schweren Depression wirkte. Die schlechte Nachricht war, daß es nicht sehr viel besser als Imipramin war. Der wirkliche Durchbruch kam, als Fluctin unter anderen Bedingungen eingesetzt wurde, wie etwa bei einer leichten oder «atypischen» Depression, bei allgemeinen Angststörungen,

Panikattacken und Platzangst. In all diesen Fällen berichteten die Menschen über eine Linderung ihrer Beschwerden, wenn sie Fluctin einnahmen. Das Interessante an dieser Liste von Symptomen ist, daß sie genau den extremsten Formen der Schadensvermeidung entsprechen. Sollte Fluctin auf Serotonin wirken *und* den Menschen helfen, mit Schadensvermeidung umzugehen, dann schien es auf der Hand zu liegen, daß Serotonin der Grund dafür war, daß die unterschiedlichen Aspekte der Schadensvermeidung in Kombination miteinander auftraten.

Das Problematische an dieser Theorie besteht darin, daß noch nicht klar ist, ob Fluctin wirkt. Die Erklärung in Eli Lilly lautet, daß Fluctin den Serotonintransporter hemmt, was wiederum die Menge an freiem Serotonin im Gehirn ansteigen läßt. Nach dieser Theorie nimmt man an, daß durch einen niedrigen Serotoninspiegel eine Depression hervorgerufen wird und Schadensvermeidung zunimmt. Daher sollte ein hoher Serotoninspiegel Angst und Depression lindern. Nach einer anderen Auffassung, die durch Versuche an Tieren und Menschen gestützt wird, ist es die Signalübermittlung durch Serotonin, durch die Angst und Depression hervorgerufen wird. Nach dieser Theorie muß Fluctin im Endeffekt zu einer geringeren Signalübermittlung durch Serotonin führen. Das kann der Grund dafür sein, warum es normalerweise Wochen oder gar Monate dauert, bis die Wirkungen von Fluctin eintreten, obwohl das Medikament innerhalb von Stunden die Wiederaufnahme von Serotonin hemmt. Obwohl die bisherigen Befunde zeigen, daß Serotonin bei Schadensvermeidung eine Schlüsselrolle zukommt, ist nicht recht klar, ob der Unterschied zwischen Glück und Trauer durch einen niedrigen oder einen hohen Serotoninspiegel oder durch Veränderungen des Spiegels hervorgerufen wird.

Die Auswirkungen von Fluctin auf die weniger schwerwiegenden Aspekte der Schadensvermeidung können erstaunlich sein. Die Menschen sind nicht nur in der Lage, über eine schwere Depression hinwegzukommen, sie fühlen sich auch großartig. Als etwa Sallys Depression vorüber war, veränderten sich ihre Persönlichkeit und ihr Leben aufgrund von Fluctin weiterhin. Peter Kramer schrieb, daß sich bei Sally nicht nur ihre berufliche Situation dadurch verbesserte, daß sie selbstbewußter auftrat, sondern sie auch begann, sich mit Männern zu treffen und zum Tanzen zu gehen. Sally sprach begeistert darüber, wie Fluctin zum erstenmal in ihrem Leben ihre wahre Persönlichkeit durchkommen ließ. Nachdem sie das Medikament 18 Monate lang genommen hatte, verlobte sie sich.

«‹Das ist ein großer Schritt vorwärts [sagte Sally über ihre bevorstehende Heirat], aber ich fühle mich dabei großartig. Mit mir geht es schnell vorwärts, aber auch nicht zu schnell. Ich liebe ihn, und er liebt mich. Vorher fühlte ich mich so eingeschlossen, aber jetzt bin ich so glücklich.›» (Kramer 1995)

Genetisches Fluctin

Sally war in der Lage, sich einfach dadurch von einem traurigen in einen glücklichen Menschen zu verwandeln, daß sie ein Medikament einnahm, das ihren Serotoninspiegel veränderte. Aber wir wissen immer noch nicht, warum sie zunächst traurig war, oder warum andere Menschen anscheinend auf natürliche Weise glücklich sind. Wenn die Gene der Schlüssel dazu sind, sollten wir uns in erster Linie mit dem Gen beschäftigen, das den Serotonintransporter hervorbringt, also damit, worauf Fluctin abzielt.

Als man erstmals das Transporter-Gen isolierte, führte dies zu einer ganzen Reihe von Experimenten, in denen Forscher zu belegen versuchten, daß es sich hier um die zentrale Erklärung handelte, mit der man das Geheimnis um eine unbegrenzte Anzahl seelischer Krankheiten lüften könnte. Es gab keinen Zusammenhang mit manischer Depression, mit Schizophrenie oder irgendeiner anderen der gängigen psychiatrischen Diagnosen. Die zentrale Erklärung war nicht auf alles anwendbar. Bald gaben die Psychiatriegenetiker den Serotonintransporter auf und machten mit dem nächsten Gen des Monats weiter. Hier handelt es sich um ein Beispiel dafür, warum Psychiatriegenetik als eine Modewissenschaft betrachtet wird: Die Versuche werden ebensosehr davon beeinflußt, was gerade «im Schwange» ist, wie davon, was logisch daraus folgt. In diesem Fall warfen die zu Wissenschaftlern mutierten Psychiater die Hände über dem Kopf zusammen und sagten: «Es ist nichts da.» Auch wenn der Transporter auf irgendeine Weise für das Verhalten von Bedeutung war, entschieden sie, daß alle Menschen weitgehend die gleiche Variante besitzen.

Die Psychiatriegenetiker hatten unrecht, und das war nicht das erste Mal. Schon früher hatten sie sich mit umgekehrten Vorzeichen geirrt: Sie «bewiesen» immer wieder Dinge, die nicht stimmten. Erst verkündeten sie öffentlich, sie hätten Gene für Schizophrenie, manische Depression, Alkoholismus und andere Krankheitszustände gefunden. Dann konnten sie die Ergebnisse nicht replizieren, oder es wurde nachgewiesen, daß die Resultate nicht stimmten. Diese «falschen positiven Ergebnisse» wurden in der Presse ausführlich dargestellt. Heimtückischer jedoch sind die «falschen negativen Ergebnisse» – was soviel bedeutet wie, daß ein bestimmtes Gen *nichts* mit einer Krankheit zu hat, obwohl es vielleicht doch der Fall ist. In gewisser Weise sind falsche negative Ergebnisse schlimmer als falsche positive Ergebnisse, weil sie Menschen dazu veranlassen, ihre Arbeit abzubrechen, obwohl sie möglicherweise kurz vor einem Durchbruch stehen.

Glücklicherweise waren da zwei Wissenschaftler, die über den Serotonintransporter arbeiteten und nicht so unbeständig waren: Dennis Murphy, ein erfahrener Forscher am National Institute for Mental Health, der seit mehr als 20 Jahren Untersuchungen im Bereich Serotonin durchgeführt hatte, und Peter Lesch, ein früherer Mitarbeiter von Murphy aus Deutschland, der nach seiner Doktorarbeit in die USA gegangen war und jetzt Leiter eines eigenen Labors an der Universität Würzburg ist. Die beiden waren vor allem daran interessiert, herauszufinden, wie das Gen durch Signale aus dem Körper, wie etwa durch Hormone und Streß, an- und wieder abgeschaltet wurde. Sie gingen weiter, als nur das Gen selbst zu betrachten, und sahen sich weiter oben gelegene, kleine Stückchen der DNS an, die die Aktivierung des Transporter-Gens fördern. Es gab einen Bereich des Gens, der besonders faszinierend war, weil er eine ungewöhnliche Zusammensetzung und Struktur aufwies. Wenn dieser Teil der DNS entfernt wurde, nahm die Aktivierung des Gens zu; es kam also stärker zum Ausdruck. Das heißt, der Abschnitt hatte die Funktion, den Vorgang, durch den das Gen angeschaltet wird, zu verlangsamen. Interessanterweise enthielt der Abschnitt 16 unvollständige Wiederholungen derselben Sequenz aus 21 bis 22 Basen. Es handelte sich um so etwas wie ein Musikstück, das 16mal mit leichten Variationen wiederholt wird. Lesch vermutete, daß diese wiederholt auftretende Struktur möglicherweise darum wichtig war, weil diese Sequenz nicht bei allen Personen gleich war.

Als Peter Lesch sich dieses Stück DNS bei unterschiedlichen Personen genauer ansah, fand er in der Tat einen Unterschied. Bei etwa 57 Prozent von ihnen waren die 16 vollständigen Kopien der wiederholten Sequenz vorhanden, aber 43 Prozent hatten eine kürzere Variante mit nur 14 Kopien, ein Unterschied von 44 DNS-Basen. Es war so, als wäre es der DNS bei manchen Menschen durch das ständig neue Abspielen derselben Melodie langweilig geworden und als habe sie ein wenig früher damit aufgehört.

Es gab drei Möglichkeiten, herauszufinden, ob diese Variation von Bedeutung war. Zunächst einmal führten Peter Lesch und sein Team DNS-Fragmente mit einer Spritze in die Zellen ein, die sie auf einer Petrischale wachsen ließen. Die lange

Variante kam doppelt so stark zum Ausdruck wie die kurze. Um sicherzugehen, daß sich die DNS außerhalb der natürlichen Umgebung nicht anders verhielt, untersuchten sie weiße Blutkörperchen mit der langen, der kurzen und mit beiden Varianten des Gens. Zellen mit zwei Kopien des langen Gens erzeugten ungefähr zweimal soviel Transporterserotonin-RNS wie die Zellen mit ein oder zwei Kopien der kurzen Variante. Das letzte Experiment schließlich bestand darin, nachzusehen, welche Menge Serotonintransporter-Eiweiß erzeugt wurde. Tatsächlich sogen Zellen, die lediglich die lange Variante des Gens hatten, signifikant mehr Serotonin auf als Zellen mit der kurzen Variante.

Die drei Experimente zeigten, daß jeder Mensch ein Gen hat, das den Serotonintransporter erzeugt, aber es entstehen unterschiedliche Mengen dieses Stoffs. Ungefähr 32 Prozent der Bevölkerung haben zwei Kopien der längeren, wirksameren Form des Gens, und dies führt daher im Vergleich zu den übrigen 68 Prozent, die ein oder zwei Kopien der kürzeren Variante haben, zu einem erhöhten Spiegel des Serotonintransporters.[1] Es ist so, als hätten zwei Drittel der Bevölkerung als Säuglinge mit einer leichten Dosis Fluctin angefangen und als würden sie das Mittel immer noch nehmen.

Das Gen und die Persönlichkeit

Die Beharrlichkeit von Murphy und Lesch zahlte sich aus. Sie fanden in der DNS eine vererbte Variante, die eindeutig den Serotonintransport beeinflußt. Es handelte sich hier um einen kleinen Knopf, der den Serotoninspiegel im Gehirn wirkungsvoll regelte. Die Schlüsselfrage lautete nun: Wozu führt dieses «genetische Fluctin» beim Menschen? Welche Wirkung hat es auf das Temperament?

Murphy und Lesch waren sich ziemlich sicher, was das Gen nicht war. Sie bezweifelten, daß es sich um etwas handelte, wodurch bestimmte psychische Krankheiten aus- und angeschaltet wurden – dazu war es einfach zu verbreitet. Würde es als Steuergröße beispielsweise bei einer schweren Depression wirken, dann würde dies bedeuten, daß sich mindestens ein Drittel der Gesamtbevölkerung schrecklich fühlen müßte. Sie glaubten, daß die Variante eine Rolle spielte bei einer normaleren – das heißt verbreiteteren – Variante der Persönlichkeit. Das Problem bestand darin, daß die meisten ihrer Versuchspersonen nicht normal waren: Es handelte sich um psychiatrische Patienten mit schweren Problemen. Die Forscher brauchten DNS-Proben und Persönlichkeitsprofile einer breiten Vielfalt gesunder Menschen. Deshalb riefen sie mich an.

Murphy und ich hatten zuvor schon zusammengearbeitet, als wir das Gen für die Suche nach Neuartigem finden wollten. Er wußte, daß ich genau das Material hatte, das er brauchte; und binnen weniger Wochen hatten die wissenschaftlichen Mitarbeiter Sue Sabol in meinem Labor und Dietmar Bengel in Murphys Labor bei 505 Einzelpersonen die Gentypen im DNS-Bereich etwas oberhalb des Abschnitts für den Serotonintransporter analysiert. Sie schauten sich alle Personen an, für die wir Werte in Persönlichkeitstests hatten – Collegestudenten, homosexuelle Männer aus unseren Untersuchungen zu Sexualität und Aids, Brüder und Schwestern, Väter und Mütter, Junge und Alte, Weiße, Schwarze, Gelbe und Braune, Männer und Frauen. Nachdem die DNS analysiert war, blieb nur noch die einfache Aufgabe, die Daten mit den Werten im Persönlichkeitstest in Beziehung zu setzen.

Wir hielten den Atem an, als die ersten Ergebnisse auf dem Computerbildschirm auftauchten. Nimmt man all die unterschiedlichen Aufgaben, die man dem Serotonin zuschreibt, als gegeben an – von Angst über Depression zu Aggression, um nicht von Essen und Trinken, von Kognition sowie von Sexualität zu reden –, war es eine offene Frage, ob wir irgend etwas Spezielles beziehungsweise ob wir überhaupt irgend etwas sehen würden. Vielleicht übte Serotonin in so vielen Bereichen einen Einfluß aus, daß es nicht mit irgendeinem der eng umschriebenen Persönlichkeitszüge in Zusammenhang stehen würde, auf die wir unsere Hoffnung setzten. Wir suchten nach Sternchen auf dem Bildschirm. Als die statistischen Ergebnisse dort eintrafen, deuteten zwei Sternchen (**) darauf hin, daß ein Resultat auf dem 1-Prozent-Niveau signifikant war, was soviel bedeutete wie, daß die Chance für ein zufälliges Ergebnis ein Prozent betrug.

Die frühesten Ergebnisse basierten auf einem Standardpersönlichkeitstest, bei dem fünf Haupteigenschaften erfaßt werden. Zunächst setzten wir die DNS-Daten in Beziehung zum Faktor der Gewissenhaftigkeit, was soviel heißt wie Verläßlichkeit und Strukturiertheit. Wenn den Menschen, die einen hohen oder niedrigen Wert für Gewissenhaftigkeit hatten, im Hinblick auf dieses Stückchen DNS irgend etwas gemeinsam war, dann würde der Computer dies herausfinden und mit einem Sternchen markieren. Die ersten Ergebnisse waren negativ: keine Sternchen, keine Korrelationen. Als nächstes werteten wir die Daten in bezug auf Offenheit aus: nichts. Als wir den dritten Faktor, die Extraversion, angingen, klemmte ich meinen Mittelfinger so hinter den Zeigefinger, daß sich ein Kreuz bildete. Die Zahlen liefen den Bildschirm herunter, die Resultate kamen: keine Sternchen.

Den ersten Treffer landeten wir mit Liebenswürdigkeit. Das ergab einen Sinn; denn ein Aspekt der Liebenswürdigkeit (oder der fehlenden Liebenswürdigkeit) ist Aggression, ein Persönlichkeitszug, den man Serotonin zuschreibt. Der Zusammenhang war jedoch gering, ein Sternchen. Es handelte sich nicht um eine enge Beziehung, doch es bestand Hoffnung. Der Computer wirbelte weiter. Der fünfte und letzte Faktor war Neurotizismus, ein Maß der Angst, der emotionalen Stabilität und der Empfänglichkeit für Streß. Dies waren genau die Persönlichkeitszüge, um die es gehen müßte, wenn wir es hier wirklich mit einem genetischen Fluctin zu tun hatten. Wenn wir hier keinen Treffer landeten, würden wir ihn nirgendwo finden.

Ich sah auf den Bildschirm. Neue Zahlen kamen ins Blickfeld. Mein Gesicht hellte sich zu einem breiten Grinsen auf. Nicht ein Sternchen, nicht zwei Sternchen, sondern drei – die Wahrscheinlichkeit, daß die Korrelation nur durch Zufall zustande gekommen war, betrug 1 zu 500. Und sie war genau da, wo wir sie erwartet hatten.

Das war eine großartige Neuigkeit, aber nur ein Anfang.

Als nächstes begannen wir, uns die Daten aus jedem möglichen Blickwinkel heraus anzusehen. Möglicherweise gab es etwas ganz Offenkundiges, was wir übersehen hatten, oder vielleicht war die Stichprobe durch die Art und Weise, wie wir die Versuchspersonen ausgewählt hatten, verfälscht worden. Zunächst teilten wir die Versuchspersonen in die auf, die vom National Institute of Mental Health angeworben worden waren, und die, die vom National Cancer Institute kamen. Es gab keinen Unterschied: Bei beiden Gruppen gab es den gleichen signifikanten Zusammenhang mit Neurotizismus, nicht jedoch zu anderen Faktoren. Dann verglichen wir Frauen mit Männern und Homosexuelle mit Heterosexuellen; der Faktor Neurotizismus trat weiterhin deutlich hervor. Wir führten bei den Daten einen Korrekturfaktor bezogen auf Alter, ethnische Zugehörigkeit, Bildung und Einkommen ein; wie immer wir die Zahlen auch auswerteten, die Resultate blieben die gleichen.

Ich war immer noch nicht ganz überzeugt. Es war möglich, daß die Ergebnisse nur eine bestimmte Art zufälligen Zusammentreffens sind, das auf der Fünf-Faktoren-Struktur des Persönlichkeitstests beruht. Danach hätten uns die Fragen, die wir den Leuten zu ihrer Persönlichkeit stellten, oder die Art und Weise, wie die Antworten kategorisiert wurden, in die falsche Richtung gelenkt.

Glücklicherweise war unseren Versuchspersonen nicht nur ein Persönlichkeitstest vorgelegt worden, sondern zwei unterschiedliche. Da man sich nicht einig darüber ist, wie man eine Persönlichkeit beschreibt und erfaßt, wollten wir so viele unterschiedliche Methoden wie möglich einsetzen. Der zweite Test wird als 16-Personality-Factor-Fragebogen bezeichnet und wurde in den vierziger Jahren durch den Wegbereiter der amerikanischen Psychologie, Raymond Catell, entwickelt. Der 16PF teilt die Persönlichkeit in fünf Faktoren ein, die aus 16 Kernpersönlichkeitszügen gebildet werden.

Als wir bei unseren Versuchspersonen die DNS-Daten mit Catells Persönlichkeitszügen verglichen, tauchte nur bei einem der fünf Hauptfaktoren ein Sternchen auf: bei Ängstlichkeit. Es gab genau da einen Zusammenhang, wo wir ihn erwartet hatten. So bestätigte sich, daß wir wirklich einen Zusammenhang zwischen einem Abschnitt der DNS und einem grundlegenden Persönlichkeitszug gefunden hatten.

In der Endauswertung mußten wir einen Blick auf Cloningers Vorhersagen werfen. Er hatte die Theorie aufgestellt, daß Serotonin etwas mit Schadensvermeidung zu tun hat, und jetzt hatten wir die Chance, die Theorie zu überprüfen. Er hatte recht. Wir fanden einen signifikanten Zusammenhang zwischen dem Abschnitt auf der DNS und dem Persönlichkeitszug, den er als Schadensvermeidung bezeichnete. Das konnten wir abschätzen, indem wir die Fragen aus dem Fünf-Faktoren-Test neu gruppierten. Es gab keinen Zusammenhang mit irgendeinem der anderen Persönlichkeitszüge, die Cloninger gefunden hatte. Hier handelte es sich um die zweite Bestätigung seiner Theorie. Er hatte auch richtig geraten, daß eine Verbindung zwischen Dopamin und der Suche nach Neuartigem existiert, und jetzt erwies sich seine Auffassung als richtig, daß Serotonin mit Schadensvermeidung zusammenhing. Sein Persönlichkeitsmodell stand nun tatsächlich ganz gut da.

Die Geschichte nahm interessanterweise eine überraschende Wendung. Die Menschen mit den höchsten Werten bei Persönlichkeitszügen, die eine Verbindung zur Angst aufwiesen, hatten die kurze Variante des Genbeförderers. Das hieß, daß die Leute dann am meisten Angst hatten, wenn der Serotonintransporter am unwirksamsten war. Hier handelte es sich um das Gegenteil der Eli-Lilly-Erklärung für die Wirkungsweise des Serotonins: Ihr zufolge hätte es der verringerte Spiegel des Serotonintransporters sein sollen, der mit verringerter Schadensvermeidung verbunden war. Unsere Ergebnisse stimmten eher mit dem «klassischen» Modell überein, wonach Serotonin eher zu Angst, Depression und anderen Facetten der Schadensvermeidung führt, als daß es sie abschwächt.

Aber es ist noch schwierig, irgendeine klare Aussage über die Wirkungsweise des Serotonins zu machen, weil folgendes möglich ist: Wenn die Art und Weise, wie das Serotonintransporter-Gen zum Ausdruck kommt, ein Leben lang abgeschwächt wird, dann verringert sich die Signalübermittlung durch Serotonin über eine Rückkopplung oder einen Ausgleichsmechanismus. Was man wirklich braucht, ist eine direkte Methode, mit der man die Signalübermittlung durch Serotonin an einem lebenden Gehirn messen kann – aber diese Technik ist noch nicht verfügbar.

Unsere Untersuchung bestätigte nicht nur den Zusammenhang zwischen dem Serotonintransporter und Schadensvermeidung, sondern lieferte auch die ersten schlüssigen Belege dafür, daß die vielfältigen Facetten der Schadensvermeidung auf der Ebene der Gene miteinander in Zusammenhang stehen. Das ist der Grund dafür, daß die Unterschiede in der DNS gleich hoch mit mehreren unterschiedlichen Aspekten der Schadensvermeidung korrelierten: Ängstlichkeit, Depression, Feindseligkeit, Pessimismus und Ermüdbarkeit. Daher stellten die Ergebnisse eine zufriedenstellende Bestätigung der Behauptung dar, daß ein einzelner Gensatz – in diesem Fall nur ein Gen – voneinander getrennte Persönlichkeitszüge beeinflussen kann, die bei wirklichen Menschen offensichtlich auftreten.

Die Evolution der Ängstlichkeit

Warum sollten zwei Drittel der Bevölkerung eine Genvariante haben, die bei ihnen dazu führt, daß sie ängstlich, depressiv und pessimistisch sind? Ist Mutter Natur wirklich so grausam? Offensichtlich ergeben die extremsten Formen der Schadensvermeidung von der Evolution her keinen Sinn. Wenn die Gene dazu da sind, an künftige Generationen weitergegeben zu werden, dann bewirkt eine schwere Phobie das Gegenteil, denn sie bringt die Menschen dazu, eine solche Angst vor sozialer Interaktion zu entwickeln, daß sie wahrscheinlich keinen Partner finden. Dasselbe trifft auf eine Depression zu, die so schwer ist, daß die betroffenen Personen zu lethargisch sind, um sexuell miteinander zu verkehren und sich um Kinder zu kümmern. Doch das Gen für den Abschnitt, durch den die Serotoninproduktion gefördert wird, tritt häufiger bei einer leichten Form von Ängstlichkeit und Depression auf als bei einer schweren, und das ist, so seltsam es klingen mag, eine gute Sache.

Evolutionspsychologen argumentieren, daß leichte Ängstlichkeit und Depression unter vielen Bedingungen nützlich sind. Ein gereiztes, weinendes Baby wird die Aufmerksamkeit und den Schutz der Mutter eher auf sich lenken als ein stilles, ruhiges Baby. Eine Untersuchung in Afrika zeigte, daß es Säuglingen mit einer «schwierigen» Veranlagung in einer Hungersnot besser erging als denen mit einem «unbeschwerten» Temperament. Entsprechend kann Ängstlichkeit als nützliche Erinnerung an lebensbedrohliche Gefahren dienen. Ein steinzeitlicher Jäger, der sich umdrehte und vor dem Brüllen eines Löwen die Flucht ergriff, hatte wahrscheinlich eine bessere Chance, auch am nächsten Tag noch zu jagen, als jemand, der keine Furcht empfand und den Löwen mit nackten Händen angriff. In gleicher Weise ist auch heutzutage die Wahrscheinlichkeit, getötet zu werden, für eine Person, die nachts üble Stadtviertel meidet, geringer als für jemand, der unbedingt Ärger haben möchte. Eine Empfänglichkeit für Enttäuschung und Traurigkeit, wenn Ziele nicht erreicht werden, ermöglicht es einem Menschen, in sich zu gehen, die Dinge noch einmal zu durchdenken und einen besseren Plan zu entwickeln, anstatt unbekümmert einem Handlungsablauf zu folgen, der so nicht funktioniert.

Diese Argumente können sehr wohl als Erklärung dafür dienen, warum die schadensvermeidende Form des Serotonintransporter-Gens noch existiert, aber sie erklären nicht wirklich, warum sie derart weit verbreitet ist. Unsere Forschungen, die eingehender in Kapitel 6 dargestellt werden, deuten auf einen unmittelbareren Mechanismus hin: Sexualität. Es stellt sich heraus, daß Menschen mit der kurzen Form des Serotonintransporter-Gens häufiger sexuell miteinander verkehren als Personen mit der langen Form des Serotonintransporter-Gens. Für Psychiater und Sexualwissenschaftler ist dies keine Überraschung. Leichte Ängstlichkeit geht oft mit einem stärkeren Sexualtrieb einher, und eine der häufigsten Nebenwirkungen von Medikamenten wie Fluctin ist ein schwächerer Sexualtrieb.

Ob man nun deprimiert ist oder nicht, glücklich oder traurig ist, dem Gen ist es egal, wie man sich fühlt. Ihm ist einzig und allein wichtig, daß es an die nächste Generation weitergegeben wird. Die einzige Methode, wie es weitergegeben werden kann, besteht in sexuellen Beziehungen. Raten Sie einmal, worauf das hinausläuft? Ein Gen, das jemanden ängstlich und sexuell aktiv werden läßt, wird eher überleben als ein Gen, bei dem das nicht der Fall ist.

Was den Ausschlag gibt

Menschen können aus vielen unterschiedlichen Gründen ängstlich oder ruhig, deprimiert oder glücklich, ärgerlich oder friedlich sein. Der Serotonintransporter ist einer der

Gründe dafür, aber das ist nicht der einzige. Unsere Daten zeigten, daß Unterschiede beim Serotonintransporter 3 bis 4 Prozent der Gesamtvarianz erklärten oder etwa 7 bis 9 Prozent der genetischen Varianz in Verbindung mit Neurotizismus, Schadensvermeidung und Ängstlichkeit. Nimmt man daher an, daß die anderen Gene einen ähnlich starken Einfluß haben, dann kann der Serotonintransporter eines von 11 bis 14 unterschiedlichen Genen sein, die einen Beitrag zu diesen Aspekten des Temperaments leisten. Die anderen Gene sind noch nicht bekannt; wahrscheinlich haben einige von ihnen mit anderen Aspekten der Signalübermittlung durch Serotonin zu tun, während wieder andere auf noch unbekannte Weise wirken.

Und selbstverständlich sind die Gene nicht die ganze Wahrheit. Die Untersuchungen zur Verhaltensgenetik zeigen, daß die Umwelt – also alles, was nicht vererbt wird – für Schadensvermeidung mindestens genauso wichtig ist. Es ist jedoch nicht klar, was genau die wichtigen Umweltfaktoren sind. Jerome Kagan hat Belege dafür, daß gehemmte Kinder, deren Eltern sie dazu ermutigen, für sich allein zu sorgen, eher ihre Schüchternheit ablegen werden, wenn sie erwachsen sind, als Kinder, die verhätschelt werden. Erziehung kann jedoch nicht sehr viel zum Gesamteffekt beitragen, denn Zwillingsstudien zeigen, daß eine gemeinsame Umwelt, zu der auch der allgemeine Erziehungsstil gehört, fast keine statistisch unterscheidbare Auswirkung auf Schadensvermeidung hat.

Wissenschaftler sind sich noch nicht einmal darüber im klaren, welche einzigartigen Lebenserfahrungen wichtig sind. Eine einzigartige Erfahrung – und eine, die die meisten Menschen für positiv halten – besteht darin, daß man plötzlich zu Geld kommt. Aber nach wissenschaftlichen Untersuchungen reicht selbst ein Berg Geld nicht dazu aus, einen ängstlichen Menschen in einen heiteren zu verwandeln. Edward Diener, ein Psychologe von der University of Illinois, fand heraus, daß Menschen, die in der Lotterie gewonnen haben, ein Jahr nachdem sie den Jackpot geknackt hatten, nicht glücklicher als vorher waren. Dasselbe trifft auf viele der Faktoren zu, die wir gewöhnlich mit Zufriedenheit in Verbindung bringen: heiraten, eine Familie gründen oder beruflicher Erfolg. Dies alles sind Dinge, die nur geringe Auswirkungen darauf haben, ob wir glücklich sind.

Ähnlich überraschend ist es, daß negative Ereignisse, wie etwa eine Scheidung, Verlust des Ehegatten, Kündigung oder selbst das Erleiden einer Rückenmarksverletzung, nur geringfügig mit negativen Affekten und Depression korrelieren. Normalerweise machen derartige Ereignisse – die guten wie die schlechten – die Menschen für ein paar Wochen oder Monate glücklicher oder trauriger, aber nach einem halben Jahr ist ihre Stimmung wieder auf dem vorherigen Niveau. Das hat einige Wissenschaftler dazu verleitet, vorzuschlagen, daß das Gehirn ein festes Glücksniveau hat, genau wie sich der Körper durch ein bestimmtes Gewichtsniveau auszeichnet.

Die Kombination von Einflußfaktoren ist die Erklärung dafür, warum es Ausnahmen von der Regel gibt. Der 41jährige Russell beispielsweise hat die lange Variante des Gens und sollte niedrige Werte für Schadensvermeidung haben, er ist jedoch im Bereich der oberen 10 Prozent. Er hat schwere Probleme mit einer Depression und geht zu einem Therapeuten. Trotz eines IQs, der weit über dem Durchschnitt liegt, arbeitet Russell, weil er so wenig Selbstvertrauen besitzt, auf einer befristeten Stelle als Büroangestellter. Auf der anderen Seite haben wir Daniel, einen Mann im mittleren Alter, der die kurze DNS-Variante hat und hohe Werte für Schadensvermeidung haben sollte. Doch seine Werte liegen im Bereich der unteren 10 Prozent. Er war nie bei einem Psychiater, er ist glücklich verheiratet und steht aktiv im gesellschaftlichen Leben. Trotz all der Faktoren, durch die Daniel im genetischen Sinne geschlagen sein sollte, ist er ein selbstbewußter, erfolgreicher, unbeschwerter und umgänglicher Architekt.

Die beiden Männer sind der Beweis dafür, daß die DNS nicht unbedingt schicksalsträchtig gesehen werden muß und daß Charakterzüge von größerer Bedeutung als genetische Prädispositionen sein können. Bei Daniel hatte sein starker Charakter einen Anteil daran, daß er etwas bewältigte, was ein genetisches Problem hätte sein können. Obwohl Russell nicht von Geburt an genetisch benachteiligt war, war er doch unglücklich. Ebenso wie ein Mensch lang sein und doch nicht Basketball spielen kann, kann man «glückliche» Gene haben und sich doch schrecklich schlecht fühlen. Wenn Sie meinen, Ihr Niveau der Schadensvermeidung sei zu hoch, dann gibt es eine ganze Reihe von Techniken, wie Sie Ihre Einstellung zum Leben verbessern können. Sie können zum Beispiel an einer positiven Einstellung arbeiten, den Beruf wechseln, ein paar Pfund abnehmen, Urlaub machen, trainieren oder sich gar gelegentlich einen Eisbecher mit heißer Schokoladensoße gönnen.

Sollten Sie jedoch durch das Ausmaß der Schadensvermeidung bei Ihnen wie gelähmt sein, dann sollten Sie sich von einem Fachmann helfen lassen. Einige der schwersten Symptome von Schadensvermeidung sieht man bei einer bipolaren Störung, die weithin als manisch-depressive Erkrankung bekannt ist. Diejenigen, die darunter leiden, wechseln zwischen einer lähmenden Depression und Phasen intensiver Aktivität und Euphorie – auch als Manie bekannt. Es gibt ein wirksames Mittel dagegen, Lithium, das dazu beiträgt, das Auf und Ab zu glätten, obwohl das Medikament bei manchen Menschen nicht wirkt und andere sagen, daß sie die Hochphasen versäumen.

Die bipolare Störung ist mehr als nur eine schwere Form der Schadensvermeidung. Man weiß noch nicht genau, was da im Gehirn vor sich geht, aber es ist klar, daß die bipolare Erkrankung eine starke genetische Komponente hat. Sie tritt gehäuft in bestimmten Familien auf, und systematische Studien haben gezeigt, daß die Eltern und Geschwister manischdepressiver Personen eine um das Zehnfache erhöhte Chance haben, ebenfalls an diesem Leiden zu erkranken. Es überrascht nicht, daß dies auch für Zwillinge gilt: Der eineiige Zwilling einer manisch-depressiven Person hat eine 40fach höhere Wahrscheinlichkeit, die Erkrankung zu bekommen.

Offensichtlich ist auch die Umwelt für die bipolare Störung von Bedeutung, obwohl wir nicht sicher sind, was an der Umwelt wichtig ist. Der beste Hinweis darauf, daß die Umwelt bedeutsam ist, besteht darin, daß die bipolare Störung während der vergangenen 20 Jahre viel verbreiteter geworden ist und daß das Alter bei Krankheitsbeginn sinkt. Es scheint sich etwas an unserer Lebensweise zu ändern, so daß die Häufigkeit der manisch-depressiven Erkrankung zunimmt.

Momentan werden wichtige und umfassende Untersuchungen durchgeführt, bei denen man auf der Suche nach den Genen für diesen lähmenden Zustand ist. Man hat bereits große Abschnitte auf den Chromosomen ausgemacht, aber die eigentlichen Gene dafür bleiben immer noch im Verborgenen. Ein Grund für das Geheimnis um die bipolare Störung besteht darin, daß sie vom Standpunkt der Evolution aus keinen Sinn zu ergeben scheint. Warum sollte eine so schwere Krankheit die Zeiten überleben? Kay Jamison, eine Psychologin, die sich wissenschaftlich mit der manisch-depressiven Erkrankung beschäftigt und die selbst diese Krankheit hat, sagt, daß eine positive Auswirkung dieses Zustands bei manchen Menschen eine ungeheure Kreativität ist. Sie sagt, daß viele berühmte Künstler, Schriftsteller und Wissenschaftler die Krankheit hatten; dazu gehörten Vincent van Gogh, William Blake, Walt Whitman und Edgar Allan Poe.

Die manisch-depressive Störung ist ein Extremfall, aber ein bißchen Traurigkeit muß nicht unbedingt schlecht sein. Alle Emotionen oder Gefühle – auch die schlechten – sind von Wert und haben eine Bedeutung. Das Ziel ist nicht, Emotionen zu unterdrücken, sondern die negativen Gefühle mit den positiven auszubalancieren. Glück hängt vom Verhältnis der positiven zu den negativen Gefühlen ab, und nicht davon, daß man alle Gefühle von Angst, Traurigkeit und Furcht unterdrückt. Jeder hat manchmal negative Gefühle, ohne sie wären wir Sonderlinge und kaltherzig. Nur wenn man zuläßt, daß negative Emotionen außer Kontrolle geraten, beeinträchtigen sie unser Leben und können zu einer Erkrankung führen.

Obwohl der Wert für Schadensvermeidung eine genetisch bedingte Spannbreite von Stimmungen erfaßt, gibt es innerhalb dieser Spannbreite eine beträchtliche Flexibilität. Anders ausgedrückt: Es ist leicht, das Ausmaß der Schadensvermeidung, das wir von Natur aus mitbekommen haben, zu über- und zu unterschreiten, doch viel hängt von einer bewußten Anstrengung ab. David Lykken, ein Psychologe, der die Genetik der Schadensvermeidung bei Zwillingen untersucht hat, rät folgendes: «Seien Sie ein erfahrungsgeleiteter Epikureer. Eine ständige Diät mit einfachen Vergnügungen wird Sie über Ihrem festgelegten Niveau bleiben lassen. Finden Sie die kleinen Dinge heraus, von denen Sie wissen, daß sie ein wenig Hochstimmung in Ihnen auslösen – gutes Essen, im Garten arbeiten, Zeit mit Freunden verbringen –, und versehen Sie Ihr Leben mit ein paar Tupfern davon. Auf lange Sicht werden Sie damit glücklicher als mit irgendeiner großartigen Leistung, die Ihnen für eine Weile großen Auftrieb gibt.»

Kapitel 3

Ärger

Aggression, Verbrechen und Gewalt

Es ist spät am Freitag nachmittag. Sie räumen gerade Ihren Schreibtisch auf und wollen gleich Ihren Sohn von der Kindertagesstätte abholen, da ruft Sie Ihr Vorgesetzter in sein Zimmer. «Wo ist der Bericht über Jones?» fragt er. Die Frage ist ärgerlich, denn gerade heute morgen hatten Sie ihm erklärt, daß der Bericht verspätet abgegeben würde, weil sich die Dame, der Sie ihn zum Schreiben gegeben hatten, krank gemeldet hat – zumindest hatte sie das gesagt. In diesem Augenblick schießt Ihnen der Gedanke durch den Kopf, daß sie vielleicht in Wirklichkeit nur früher gegangen ist, um ein langes Wochenende am Strand zu verbringen. Ihr Körper erstarrt, Ihr Gesicht wird rot, und Ihnen wird heiß. Sie wollen den Vorgesetzten gerade unterbrechen, aber beißen sich dann auf die Zunge. Sie schlucken Ihren Ärger herunter und sagen: «Er wird bis Montag morgen fertig sein, das verspreche ich.» Als Sie über den Bericht sprechen, begreifen Sie, daß Ihnen damit das Wochenende verdorben wurde.

Obwohl Sie sich angestrengt haben, ruhig zu sein, reagierte Ihr Körper stark auf den Streß, ja heftig. Tief in Ihrem Mittelhirn gab die Amygdala eine Dosis schnell wirkender chemischer Stoffe ab, die Ihre Muskeln zur Anspannung brachten,

Blut an die Oberfläche der Haut pumpten und Sie reizbar werden ließen. Dasselbe Organ, das nicht größer als eine Mandel ist, sandte auch Botenstoffe zur Adrenalindrüse aus, die ihrerseits Streßhormone erzeugt, die Ihr ohnehin gereiztes Gehirn noch empfindlicher auf die nächste Verletzung oder den nächsten Streß reagieren läßt. Ihr Körper ist in hoher Alarmbereitschaft und bereit zu handeln. Als sie zum Auto gehen, versuchen sie, das Büro aus dem Kopf zu bekommen, aber es ist zu spät: Ihr Gehirn ist überdreht.

Als Sie zur Kindertagesstätte kommen, ist es 18.20 Uhr, 20 Minuten nach Schließung der Einrichtung. Mit einem Dollar pro Minute zehrt das Strafgeld alles auf, was Sie dadurch gespart haben, daß Sie die ganze Woche über Ihr Mittagessen mit ins Büro gebracht hatten. Alle anderen Kinder waren abgeholt worden, und da steht Ihr Sohn am Straßenrand; er hat den Behälter für das Pausenbrot und die Zeichnungen von heute unter dem Arm. Die Angestellte der Kindertagesstätte kommt um die Ecke. Normalerweise freuen Sie sich, wenn Sie sie sehen und sie Ihnen von den Abenteuern Ihres Sohnes erzählt, aber jetzt sind Sie maßlos verärgert darüber, daß sie Ihren Sohn allein auf dem Bürgersteig zurückließ.

«Wo waren Sie um Himmels willen?» fragen Sie gereizt.

«Wo waren *Sie*?» fragt die junge Frau nervöser als sonst. «Wir machen um sechs Uhr zu, und ich bin gerade noch einmal hineingegangen, um in Ihrem Büro anzurufen und herauszufinden, ob Sie schon abgefahren sind.»

Sie kämpfen kräftig gegen Ihr dringendes Bedürfnis an, sie laut anzuschreien. Statt dessen atmen Sie tief durch und sagen: «Entschuldigen Sie. Es war einer dieser Tage. Vielen Dank, daß Sie gewartet haben.»

Als Sie Ihr Kind im Auto anschnallen, begreifen Sie, daß Sie überreagiert haben; aber es scheint so, als käme alles zusammen: Ihr Vorgesetzter ist ein blöder Kerl, Ihre Mitarbeiter faul, Sie hätten nicht zu spät kommen sollen ... Sie wollen einfach nur noch nach Hause und etwas trinken. Ihr Sohn redet und redet, aber vor lauter Dröhnen im Kopf hören Sie nichts mehr.

Als erstes müssen Sie beim Supermarkt vorbei, und natürlich ist der Parkplatz voll. Schließlich versuchen Sie einzuparken, da schneidet Sie ein junger Mann in einem zerbeulten Honda. Wenn Blicke töten könnten, wäre er tot. Er tut so, als sähe er nichts, bis Sie hupen und er Ihnen den Mittelfinger zeigt. In Gedanken verwünschen Sie ihn, seine Eltern und sein Auto, aber Sie sagen nichts. Die Gänge im Supermarkt sind voller Menschen, und die heruntergekühlte Luft ist voller Lärm. Ihre Finger klammern sich fest an die Schiebestange des Einkaufswagens. In Ihrem Kopf brodeln die chemischen Substanzen. Wären Sie ein Preisboxer, wären Sie jetzt mehr als bereit, Ihren Gegner niederzuschlagen. Statt dessen müssen Sie sich darauf konzentrieren, nicht mehr als neun Waren in den Einkaufswagen zu legen, damit Sie noch an die Expreßkasse und dann endlich nach Hause dürfen.

«Mami, kann ich einen Lutscher haben?» fragt Ihr Sohn in diesem weinerlichen Ton, von dem er weiß, daß Sie darauf reagieren.

«Nein.»

«Warum nicht?»

«Deshalb.»

«Ööööiiii!» schreit er laut auf, krümmt sich und lehnt sich so weit aus dem Einkaufswagen, daß er fast auf den harten Fußboden fällt.

«Setz dich hin und sei ruhig!» zischen Sie und ziehen ihn in den Einkaufswagen zurück. Aber Sie sehen nicht, daß sein Bein eingeklemmt ist; je heftiger Sie ziehen, desto lauter schreit er. Sie sind kurz davor, ihm einen Klaps ins Gesicht zu geben.

«Hör auf zu weinen. Du bist ein ganz, ganz böser Junge!» Er krümmt sich weiterhin; deshalb greifen Sie ihn am Kinn, ziehen sein Gesicht nahe an sich heran und schimpfen kurz mit ihm: «Hör auf!»

Die Leute starren Sie jetzt an, und Ihr Sohn weiß, das ist

kein Spaß. Er hat Sie nur selten, wenn überhaupt, so gesehen, und selbst in seinem Alter kann er die Gefahrensignale erkennen. Gnädig benimmt er sich wie ein perfekter Gentleman. Sie bezahlen das Gemüse, stapeln es im Wagen und fahren nach Hause. Als Sie anfangen, sich zu beruhigen, stellen Sie sich die Frage: Warum habe ich das gemacht? Warum lasse ich zu, daß eins zum andern kommt? Ich habe beinahe mein Kind geschlagen. Was habe ich mir dabei *gedacht*?

Das Problem bestand darin, daß Sie am Ende dieser Kette von Ereignissen gar nicht dachten. Statt dessen hatte die Amygdala, ein Teil des primitiven limbischen Systems im Gehirn, die Kontrolle übernommen. Die Großhirnrinde, der modernere, denkende Teil des Gehirns, wurde abgedrängt und ignoriert. Sie reagierten genau so, wie ein höhlenbewohnender Vorfahre auf den Angriff eines Berglöwen reagiert hätte. Die Fähigkeit, sich zu ärgern, ist fest im Gehirn eingebaut; durch einen verrückten Zufall unserer Natur reagiert unser Gehirn auf Gefühle von Feindseligkeit, Enttäuschung und Wut nicht mit Vernunft und Urteilsfähigkeit, sondern mit noch mehr Ärger. Genetisch und biologisch gesprochen sind wir alle dem Abgrund nahe – und wir kommen ihm jede Minute näher.

Die Frage ist nicht, ob man manchmal ärgerlich wird – würden wir das nicht, wären wir keine Menschen –, sondern wie man mit diesen Gefühlen umgeht. Lassen wir zu, daß unser Ärger sich zu Aggression und Gewalt auswächst, oder zügeln wir ihn, um besser zu arbeiten, tapferer zu sein und bessere Leistungen zu erbringen? Stauen wir unseren Ärger auf, bis wir explodieren und auf jeden einschlagen, der uns unglücklicherweise gerade im Weg steht, oder kanalisieren wir unsere Energie in wirkungsvoller Weise?

Nur weil Ärger etwas «Natürliches» ist, heißt das nicht, daß es sich hier um etwas Schönes handelt – oder daß man ihm nachgeben muß. Es ist möglich, gefühlsmäßige und geistige Gewohnheiten zu entwickeln, durch die Ärger kontrolliert und in produktive Bahnen gelenkt wird. Wir alle versuchen unsere Wut in den Griff zu kriegen; das ist auch der Grund dafür, daß die Steuerung von Ärger zu einem so wichtigen Element der menschlichen Gesellschaft geworden ist. Über die Jahrhunderte hinweg haben die Menschen viele Techniken entwickelt, um – individuell und gemeinsam – natürlich auftretenden Ärger unter Kontrolle zu bringen. Könnte jeder einzelne seinen Ärger hundertprozentig unter Kontrolle halten, bräuchten wir nicht so viele Gesetze beziehungsweise Gefängnisse. Wir haben Sportarten entwickelt, um innerhalb vorgeschriebener Regeln und Grenzen Aggressionen herauszulassen und dies zu belohnen. Auch die Religion hat die Aufgabe, unsere natürlichen Aggressionen zu bändigen: Das Christentum hält uns dazu an, auch die andere Wange hinzuhalten, und andere Glaubensrichtungen lehren, wie man Ärger durch den Körper hindurchgleiten läßt. Manche Menschen wenden sich, um dem Ärger die Spitze zu nehmen, Drogen oder Alkohol zu. Moderne Selbsthilfeprogramme konzentrieren sich darauf, wie man mit Ärger umgehen soll.

Beim Ärger ist der Rat aus alter Zeit besser als der der Briefkastenpsychologen. Es bekommt eigentlich jedem besser, den Feind zu lieben, so schwer es auch sein mag. Dem anderen die Wange hinzuhalten *ist* besser, als zu kämpfen, und zwar nicht nur aus moralischen Gründen. Das Schlimmste, was man tun kann – ungeachtet der Tatsache, daß einige Therapeuten dies empfehlen –, ist, seinem Ärger «freien Lauf zu lassen». Die Umsetzung dieses Ratschlages führt schnell zur Eskalation der jeweiligen Situation und befreit Sie nicht von Ihrer Wut.

Ein weiterer Mythos im Zusammenhang mit Ärger und Wut ist die These, daß aggressive Menschen lediglich das Produkt einer schlimmen Kindheit oder einer schlimmen Umwelt seien beziehungsweise daß Kinder liebevoller Eltern als Erwachsene niemals gewalttätig würden. Diese Theorien basieren auf einem Mißverständnis darüber, wie das Gehirn funktioniert und wodurch sich das Temperament eines Menschen auszeichnet.

Da sich Ärger für gewöhnlich auf eine andere Person richtet, wird er zu einem sozialen Problem. Wie aus Feindseligkeit und Enttäuschung unsoziales Verhalten und Kriminalität erwächst, ist eine der wichtigsten Fragen, mit denen wir als Gesellschaft konfrontiert sind. Niemand möchte in einer Welt leben, in der tätliche Angriffe, Mord, Vergewaltigung und mutwillige Zerstörung etwas Alltägliches sind, dennoch lassen wir es zu, daß dies geschieht. Gesellschaften brechen in sich zusammen, und es werden Kriege geführt; Menschen schlachten einander ab, weil sie dem falschen Stamm oder der falschen Religion angehören oder weil sie aus dem falschen Land oder dem falschen Stadtviertel kommen. Dieses Vorgehen ist jedoch nicht einfach nur das Ergebnis einer «natürlichen» Aggression des Menschen.

Ganz offensichtlich läßt sich die momentane Welle von Verbrechen in den USA nicht auf biologische Faktoren zurückführen. Im globalen Sinne ist der heutige Genpool mit dem Genpool vor 100 Jahren oder vor 1000 Jahren identisch. Genetisch gesehen sind wir dieselben Menschen – was sich geändert hat, ist die Art und Weise, wie wir leben und unser Verhalten steuern. Kriminalität ist kein individuelles, sondern ein gesellschaftliches Problem. Man kann heute nicht vorhersagen, welches Individuum gewalttätig werden wird, indem man sein Blut in einem Labor untersucht. Die beste Methode zur Vorhersage, wer gewalttätig werden wird, besteht darin, zu beobachten, wo und wie jemand lebt. Die heutige Gewaltkriminalität hat weniger mit der Gehirnchemie als mit Armut zu tun, mit der Kluft zwischen arm und reich, mit der rassischen Polarisierung, der Verwahrlosung unserer Städte, einem Mangel an persönlicher Verantwortung, dem Zusammenbruch der Familie und der Auflösung der bürgerlichen Gesellschaft.

Gesellschaftliche Einflüsse und Umweltfaktoren allein reichen jedoch nicht zur Erklärung von Gewalt und von Verbrechen aus. Wenn diese schlichte Betrachtungsweise richtig wäre, dann würde jeder, der im Ghetto geboren wird, ein Krimineller und jeder, der im Überfluß geboren wird, ein vorbildlicher Staatsbürger. Die Wahrheit ist vielschichtiger. Alle Forschungsergebnisse weisen darauf hin, daß Ärger und Feindseligkeit – und ihre sichtbaren Ergebnisse wie Verbrechen und Gewalt – weder ganz durch die Umwelt noch ganz durch die Biologie hervorgebracht werden. Die Gene machen niemanden zum Kriminellen, und niemand ist dazu verdammt, Gangster zu werden. Es ist die Mischung, die verderblich ist: die Kombination von Genen und Umwelt, von Temperament und Charakter. Es gibt einzelne Personen, die aufgrund dessen, was in ihrem Kopf vor sich geht, gewalttätig sind, und es gibt Gesellschaften, in denen die Gewalt floriert. In keinem anderen Bereich menschlichen Verhaltens sind Anlage und Umwelt so eng miteinander verwoben.

Mehr als der normale Ärger

Obwohl jeder manchmal verrückt spielt, gibt es einige Personen, bei denen Ärger ein Dauerzustand ist. Eine von ihnen ist Marion, eine mittelalterige Frau, die ein kleines Kopier- und Druckereigeschäft hat.

Die meisten Menschen mag Marion nicht. Entweder sind sie dumm oder zu gewitzt und egoistisch. Entweder sind sie arm, weil sie faul sind, oder reich, weil sie Glück hatten. Wenn Marion einen Menschen nicht mag, dann läßt sie ihn das in der Regel wissen. Während der vergangenen sechs Jahre hatte sie elf verschiedene Teilzeitangestellte, von denen keiner länger als neun Monate blieb. Der letzte kündigte, nachdem er als «schwachsinniger Trottel» bezeichnet worden war, weil er aus Versehen bei einem großen Druckauftrag einige hundert zusätzliche Seiten hatte durchlaufen lassen. Das wurde von seinem letzten Gehalt abgezogen.

Für Marion kann auch ein kleinerer Verdruß ziemlich enttäuschend sein. Wenn jemand sie im Straßenverkehr schneidet, zögert sie nicht, ihrem Ärger Ausdruck zu verleihen, indem sie kräftig auf die Hupe drückt oder laut aus dem Fenster herausschreit. Nicht erst einmal hat man sie daraufhin bedroht, indem man ihr die Faust zeigte und gar ein Stemmeisen hinter ihr herwarf. Wenn der Hefter keine Klammern mehr hat, ist das für sie Grund genug, gegenüber ihren Angestellten in Schimpfkanonaden auszubrechen. Als Kind warf sie einmal eine ganze Ladung Holzbausteine ins Feuer, weil es ihr nicht gelang, ein Spielzeughaus entsprechend den Anweisungen auf der Verpackung zusammenzubauen.

Marion nimmt einfach an, daß andere Menschen eine genauso schlechte Meinung von ihr haben wie sie von ihnen. Und tatsächlich ist es ihre Lieblingsbeschäftigung, darüber zu spekulieren, warum die Leute sie nicht mögen oder warum sie ihr aus dem Weg gehen. Gewöhnlich geht sie von der Annahme aus, es liege daran, daß sie aus dem Mittleren Westen komme und als Frau im Geschäft tätig sei. Die Idee, daß ihr eigenes Verhalten andere abstößt, ist ihr nie gekommen. Wenn ein Kunde zum Konkurrenten geht oder ein Verwandter sie nicht zu einer Party einlädt, macht sie ausgeklügelte Pläne, wie sie sich rächen könnte. Vergeben und vergessen ist ein Fremdwort für sie. Ihr Motto lautet: sich erinnern und Vergeltung üben.

Es gibt eines, woran Marion wirklich Spaß hat, und das ist das Rudern, eine Sportart, die sie auf dem College für sich entdeckte. Als sie mit dem Studium anfing, war das Rudern den männlichen Kommilitonen vorbehalten. Das änderte sich jedoch, als Marion einen Rechtsanwalt mit der Sache beauftragte und dem College mit einem Prozeß drohte, wenn es zukünftig nicht auch Frauen zuließe. Als die Hochschule nachgab, stellte sie eine Rudermannschaft aus Frauen auf und wurde deren Schlagfrau. Sie trainierte hart; die körperliche Bewegung führte dazu, daß sie sich wohler fühlte. Im

Achter oder im Vierer war sie nie besonders gut, weil die anderen Frauen nicht mit ihr gleichzogen und keinen Spaß daran hatten, sich von einer Schlagfrau herumkommandieren zu lassen. Doch im Einer war sie hervorragend und gewann viele Wettkämpfe. Es gab nichts, woran sie mehr Freude hatte, als vorbeizuziehen und zuzusehen, wie die anderen Boote hinter ihr zurückblieben.

Marion ist ein extremer Fall, aber an ihrem Beispiel kann man die grundlegenden Bausteine für Ärger und Aggression sehr schön illustrieren. Der augenfälligste Aspekt ihrer Persönlichkeit ist Feindseligkeit – eine durchgängig feindselige Sicht der Welt und der Menschen in ihrer Umgebung. In Begriffen der Persönlichkeitstheorie ausgedrückt hängt Feindseligkeit mit Schadensvermeidung, Neurotizismus und Ängstlichkeit zusammen. Die Verbindung zwischen Feindseligkeit und diesen Temperamentszügen ist nicht so erstaunlich: Der Zusammenhang zwischen Schadensvermeidung, Neurotizismus und Ängstlichkeit besteht darin, daß man sich schlecht fühlt; Feindseligkeit bedeutet, daß man eine schlechte Meinung von anderen Personen hat. Hier handelt es sich nicht um die Art von Schadensvermeidung, die Menschen schüchtern werden läßt, sondern die Art, die sie dazu veranlaßt, alles – auch andere Menschen – in einem negativen Licht zu sehen.

Eine schlechte Meinung von Menschen zu haben ist eine Sache, sie auch zum Ausdruck zu bringen eine andere. Psychologen klassifizieren Ärger auf unterschiedliche Weise. Es kann ein Mangel an Gewährenlassen sein, der einem Mangel an Liebenswürdigkeit gleichkommt. Robert Cloninger versteht Aggression als eine Kombination von Schadensvermeidung, einer Eigenschaft des Temperaments, und einem Mangel an Kooperationsbereitschaft, einer Charaktereigenschaft. Wie immer man es auch nennt, Aggression heißt, daß man feindselige Gefühle ausagiert – entweder durch barsche Worte oder durch körperliche Gewalt.

Man gab Marion häufig den Rat, «bis zehn zu zählen»,

wenn sie sich ärgert; sie kommt jedoch selten weiter als bis eins. Psychologen nennen dies schußbereite Impulsivität, Mangel an Selbstkontrolle oder Mangel an Beherrschung. Das bedeutet, zu handeln, ohne nachzudenken, und dies ist eine verbreitete Charakterisierung ärgerlicher Menschen. Außer der Impulsivität hat Marion, was Furcht angeht, ein ungewöhnlich niedriges Ausgangsniveau. Obwohl wir uns Furcht in der Regel als etwas Negatives vorstellen, handelt es sich um eine der vier nützlichsten Emotionen. Die Furcht ist das, was die meisten Menschen im Endeffekt davon abhält, selbstzerstörerische Dinge zu tun, wie etwa den Chef k. o. zu schlagen. Furcht spürt man im Bauch: Es ist eine körperliche Empfindung, ein Zusammenziehen des Magens, ein Austrocknen des Mundes, eine feuchte Kälte auf der Haut. Dies sind die körperlichen Reaktionen auf die Signale des limbischen Systems.

Wir alle sind in bestimmtem Maße von Feindseligkeit, Streitlust und Impulsivität bestimmt. Die Frage lautet, wie stark und wie gut wir dies steuern. Bei Marion führte die Aggressivität zu einem positiven Ergebnis: zum Erfolg beim Rudern. Ärgerliche Menschen treten typischerweise lieber mit anderen in Wettbewerb, als mit ihnen zu kooperieren. Für sie ist die Welt ein Dschungel. Wie diejenigen, die immer nach Neuartigem suchen, lieben sie Abenteuer und Aktion; was sie antreibt, ist jedoch eher der Triumph über andere als das Risiko. Vor allem mögen sie einen Wettbewerb, bei dem einer den anderen vernichtet und bei dem es nur einen Gewinner und viele Verlierer gibt.

Obwohl Marions Ärger und Aggression für sie und ihre Familie mit Verletzungen verbunden war, kann sie in einer Hinsicht von Glück reden. Sie hat weder jemanden umgebracht noch ein Lokal in Stücke zerschlagen, noch kam sie je ins Gefängnis. Sie mag ein unangenehmer Mensch sein, aber sie ist keine Verbrecherin. Hat sich Marion aus Schwierigkeiten herausgehalten, weil sie in einer wohlhabenden Familie in der Vorstadt aufwuchs oder weil sie eine Frau ist oder weil Gewalttätigkeit kein Bestandteil ihres angeborenen Temperaments ist? Worin besteht der Unterschied zwischen jemandem, der ein aggressiver Krimineller ist, und jemandem, der nur ein böser Quälgeist ist? Sind es die Gene, die Umwelt oder beides zusammen?

Ein doppeltes Problem

Bei einem Persönlichkeitszug, der so vielschichtig ist wie kriminelle Neigungen, ist es nicht einfach, die Rolle der Gene und der Umwelt voneinander zu trennen. Weil Menschen sowohl in genetischer Hinsicht als auch bezogen auf die Umwelt Produkte ihrer Eltern sind, ist es schwierig, die Ursachen des Verhaltens zu unterscheiden. Da dieselben Eltern für die Gene und die Umwelt herhalten müssen, läßt sich kaum bestimmen, was in welcher Hinsicht wichtiger ist. Am sinnvollsten ist es, Kinder zu untersuchen, die von ihren leiblichen Eltern getrennt und von genetisch nicht mit ihnen verwandten Eltern großgezogen wurden. Sollte sich herausstellen, daß das Kind eher wie seine leiblichen Eltern ist, haben eindeutig die Gene etwas damit zu tun. Sollte es sich eher wie die Personen entwickeln, die es erzogen haben, spielt die Umwelt eine Schlüsselrolle. Zu dieser Art von Experiment kommt es ständig; man nennt es Adoption.

Die umfassendsten Adoptionsstudien wurden in den USA von Remi Cadoret und seinen Mitarbeitern durchgeführt. Während der vergangenen 20 Jahre untersuchten sie mehr als 1000 Familien aus Iowa. Sie verglichen die leiblichen Kinder von Problemeltern – diese hatten Probleme mit dem Gesetz, mit Alkohol oder im Umgang mit anderen Menschen – mit den leiblichen Kindern von Eltern ohne derartige Probleme. All diese Kinder wurden bei der Geburt oder einige Tage danach von ihren leiblichen Eltern getrennt und von Familien adoptiert, mit denen sie nicht blutsverwandt waren.

Die Grundfrage ist: Sind die adoptierten Kinder eher wie ihre leiblichen Eltern, die die Gene beisteuerten, oder eher wie die Eltern, die sie großzogen, die also die «Umwelt» lieferten?

Die Antwort lautet: weder noch und beides zusammen. Bei Kindern mit nichtproblematischen Genen machte es keinen Unterschied, in welcher häuslichen Umwelt sie aufwuchsen. Auch wenn sich die neuen Eltern scheiden ließen, zuviel Alkohol tranken, Drogen nahmen oder andere Probleme hatten, entwickelten sich die Kinder so wie diejenigen, die in einem guten Elternhaus aufwuchsen. Manche Kinder entwickelten sich gut, andere gerieten in Schwierigkeiten, aber das zahlenmäßige Verhältnis war so wie unter normalen Bedingungen – die Zustände im Elternhaus änderten daran nichts. Anders ausgedrückt: Wenn die Gene in Ordnung waren, war die Umgebung, in der sie groß wurden, nicht so sehr von Bedeutung.

Wenn die Gene nicht so gut waren, ließ sich der Unterschied zwischen einer erfreulichen und weniger erfreulichen Entwicklung auf die häusliche Umwelt zurückführen. War die häusliche Umwelt schlecht, waren die Kinder, die problematische Gene geerbt hatten, einem Risiko ausgesetzt. In diesen Haushalten war das Aggressionsniveau bei Kindern und Jugendlichen beträchtlich erhöht. Indikatoren für schlechtes Verhalten wie etwa Lügen, Stehlen, Schuleschwänzen und Schulverweise waren fünfmal so häufig. Manche dieser Kinder entwickelten sich gut, doch das zahlenmäßige Verhältnis von Kindern, die negativ auffielen, zu solchen, die das nicht taten, war verändert. Aggressives und unsoziales Verhalten nahm bei den Kindern, die sowohl «schlechte Gene» als auch ein schlechtes Elternhaus hatten, dramatisch zu. Dies zeigt, daß das, was vererbt wird, nicht schlechtes Verhalten oder Aggression ist, sondern eher eine genetische Sensibilität gegenüber der Umwelt. Die Gene machten die Kinder nicht zu unsozialen Menschen, die Gene ließen sie dafür anfällig werden. Ein schlechter Same, der in einen guten Boden gesät wird, hat eine passable Chance. Ein schlechter Same in einem schlechten Boden verdorrt. Menschen reagieren von Natur her gut auf Erziehung, aber sie reagieren auch auf deren Nichtvorhandensein.

Ein Kind, das vom Temperament her aggressive Eigenschaften hat, geht ein doppeltes Risiko ein, weil sein Verhalten die familiäre Umwelt tatsächlich sprengen kann. In einem Extremfall wurde ein vierjähriger Junge mit besonders schwierigem Hintergrund von einem Paar adoptiert, das bereits selbst ein kleines Mädchen hatte. Selbst noch in diesem Alter war der Junge ein echtes Problem, und schon eine Woche nachdem sie ihn ins Haus aufgenommen hatten, ließen die Eltern die für die Adoption zuständigen Stellen wissen, daß sie ihn gerne zurückbringen würden. Nach eingehender Beratung stimmten sie widerstrebend zu, daß er bei ihnen bleiben sollte, aber sein Verhalten führte zu vielen Streitereien und Kämpfen zwischen den Eltern; innerhalb von zwei Jahren waren sie geschieden. Schließlich gelang es ihnen, den Jungen aus ihrem Haus zu entfernen. Er schoß auf ihre Tochter, tötete sie und kam ins Gefängnis.

Einige der besten Datensammlungen zu Adoptionen gibt es in Schweden, einem Land mit akribisch genauen Unterlagen über Adoptionen, Gerichtsverfahren und Krankenhausakten, wie sie für Wissenschaftler in den USA (und in Mitteleuropa, Anm. des Übers.) nicht so leicht zugänglich sind. Bei den schwedischen Untersuchungen ging man jedem einzelnen der 862 Männer nach, die zwischen 1930 und 1949 in Stockholm unehelich auf die Welt kamen und in frühem Alter von Personen adoptiert wurden, die nicht mit ihnen verwandt waren. Die Unterlagen wurden nach Informationen über kriminelles Verhalten, Alkoholmißbrauch und medizinische Probleme durchforstet. Die leiblichen Eltern, ihre Kinder und die Adoptiveltern wurden miteinander verglichen, um herauszufinden, wer wem ähnelte und wer anders war.

Die Akten zur Straffälligkeit deuteten auf eine bemerkenswerte Wechselwirkung zwischen Genen und Umwelt hin. Stammten sowohl die leiblichen Eltern als auch die Adoptiveltern aus der Gruppe mit niedriger Kriminalität, wiesen die adoptierten Männer niedrige Zahlen für Inhaftierungen (3 Prozent) auf. Meist ging dies auf Kleinkriminalität zurück, was in etwa den Verhältnissen in der Allgemeinbevölkerung entsprach. Wenn sie von einer Familie mit einem hohen Risiko adoptiert wurden, stieg die Kriminalität leicht auf 7 Prozent an. Die nächsthöhere Zahl fand sich bei Kindern von leiblichen Eltern mit einem hohen Risiko; hier kamen 12 Prozent in Haft. Doch bei weitem den höchsten Anteil von Kleinkriminalität – unglaubliche 40 Prozent – beobachtete man bei denjenigen Kindern, denen das doppelte Unglück zuteil wurde, leibliche Eltern mit stark kriminellem Hintergrund und Adoptiveltern mit ebenfalls stark kriminellen Neigungen zu haben. Wiederum handelte es sich hier um schlechte Samen in einem schlechten Boden.

Obwohl sich diese Ergebnisse vielleicht für mögliche künftige Adoptiveltern schaurig anhören, ist es wichtig, anzumerken, daß sich die meisten der Kinder unabhängig von ihrem genetischen Hintergrund am Ende gut entwickelten. Die Untersuchungen sind vor allem eine gute Nachricht für Menschen, die über eine Adoption nachdenken, denn sie zeigen, daß selbst die leiblichen Kinder der schlimmsten Straftäter nicht unbedingt in die Fußstapfen ihrer Eltern treten müssen. Und bei Kindern mit den schlechtestmöglichen Genen kann das bestmögliche Elternhaus dazu beitragen, daß etwas anderes aus ihnen wird.

Wann die Gene besonders wichtig sind

Guten Eltern kann es gelingen, ein Kind mit schlechten Genen gut aufzuziehen, doch dabei ist die zeitliche Abstimmung von besonderer Bedeutung. Genau wie eine leicht verwelkte Blume mit Wasser wieder zum Leben erweckt werden kann, so kann man auch einem Kind mit Liebe helfen. Wartet man jedoch zu lange, kann man weder das Kind noch die Blume retten. Wo liegt der kritische Zeitpunkt, zu dem man beim Übergang von schlechten Genen zu schlechtem Verhalten eingreifen sollte? Die Antwort auf diese Frage findet sich in den Zwillingsstudien.

Wenn man feststellen möchte, wann die Gene und wann die Umwelt am wichtigsten ist, können Zwillinge zum Einsatz kommen. Der Grund besteht darin, daß Gene keine Schalter sind, die bei der Empfängnis nur an- oder ausgeknipst werden. Beispielsweise kann es sein, daß Sie mit einem Gen für eine Glatze auf die Welt kamen, aber Ihre Haare nicht vor dem mittleren Lebensalter ausfallen werden. Mit der Kriminalität verhält es sich recht ähnlich: Bestimmte Gene treten nicht vor einem späteren Zeitpunkt im Leben in Aktion. In der Kindheit ist die Umwelt der wichtigste Faktor, der darüber bestimmt, wer das Gesetz brechen wird. Danach sind die Gene von größter Bedeutung.

Die Belege für das sich verändernde Gleichgewicht zwischen Genen und Umwelt stammen aus Untersuchungen, bei denen man sich mit dem Verhalten derselben Personen während der Kindheit und während des Erwachsenenalters beschäftigte. Es handelte sich hier um Tausende von Zwillingen, die im Vietnamkrieg Militärdienst leisteten. In Interviews mit mehr als 8000 der Männer zeigten etwa 9 Prozent von ihnen unsoziales Verhalten im Jugendalter, und ungefähr 9 Prozent zeigten Symptome desselben Verhaltens im Erwachsenenalter; dies entspricht den Zahlen in der übrigen Bevölkerung.

Die Bedeutung der Gene wurde im Hinblick auf zwei Faktoren miteinander verglichen: gemeinsame Umwelt, was gemeinsame Erziehung und die gleiche Schule bedeutete, und einzigartige Umwelt, was alles andere beinhaltete, auch Meßfehler. Die folgenden Prozentsätze geben grob geschätzt die

Faktoren wieder, auf die unsoziales Verhalten bei jungen Leuten und bei Männern zurückgeführt werden kann. Bei Jugendlichen gingen die Gene mit einem Gewicht von 7 Prozent ein und die gemeinsame Umwelt mit 31 Prozent; die verbleibenden 62 Prozent hingen von spezifischen oder unbekannten Faktoren ab. Bei den Erwachsenen waren die Ergebnisse umgekehrt. Für unsoziales Verhalten unter erwachsenen Männern gingen die Gene mit einem Gewicht von 43 Prozent ein, die gemeinsame Umwelt dagegen mit etwa 5 Prozent. Die verbleibenden 52 Prozent wurden durch spezifische Faktoren erklärt.

Was könnte für dieses bemerkenswerte Hin und Her verantwortlich sein, das bei Jungen die Erziehung wichtiger werden läßt als die Gene, weniger wichtig jedoch bei erwachsenen Männern? Eine multivariate Auswertung der Ergebnisse zeigte, daß die gemeinsamen Umweltfaktoren, also die Erziehung, in beiden Altersgruppen dieselben waren, aber deren Wirkung mit der Zeit schwächer wurde. Auch bei den Genen verhielt es sich so, aber sie wirkten sich später stärker aus. Das einzige, was sich über die Zeit hinweg qualitativ veränderte, war die spezifische Umwelt – jene Dinge, die der eine Zwilling erlebt hat, der andere jedoch nicht.

Weitere Untersuchungen an Kindern und Erwachsenen zeigten ein ähnliches Muster. In Zwillingsuntersuchungen zur Jugendkriminalität etwa, wie sie in Nordamerika, England und Japan durchgeführt wurden, deuten die Korrelationen auf 91 Prozent für eineiige Zwillinge und auf 73 Prozent für zweieiige Zwillinge hin. Das heißt folgendes: Wenn ein Zwilling straffällig wird, hat sein Zwillingsbruder, sei er nun ein eineiiger oder zweieiiger Zwilling, eine erschreckend hohe Wahrscheinlichkeit, auch straffällig zu werden. Diese Anteile sind so hoch, daß es sich bei dem Grad an Übereinstimmung eher um eine ansteckende Kinderkrankheit zu handeln schien als um Straffälligkeit. Schlechtes Verhalten breitete sich in bestimmten Haushalten und Stadtvierteln aus wie die Windpocken. Es schien eher die schlechte Umwelt als die schlechten Gene zu sein, die aggressive oder unsoziale Kinder hervorbrachte. In vielen der untersuchten Stadtviertel gerieten mehr als die Hälfte der Kinder mit dem Gesetz in Konflikt. In einer so rauhen Umgebung müßte ein Kind außerordentliche Gene haben, um *nicht* in Probleme verwickelt zu werden.

Ein ganz anderes Bild erkennt man bei Erwachsenen, bei denen unsoziales und kriminelles Verhalten typischerweise eher ein genetisches Muster aufweist. Bei sieben unterschiedlichen Untersuchungen zum kriminellen Verhalten, wie sie seit den dreißiger Jahren in Nordamerika, Deutschland, Dänemark, Norwegen und Japan durchgeführt wurden, fand man im Schnitt Konkordanzraten von 52 Prozent für eineiige Zwillinge und von 23 Prozent für zweieiige Zwillinge. Die Tatsache, daß die Korrelationen so unterschiedlich sind, bedeutet, daß die Gene hier eine wichtige Rolle spielen. Wenn man sich die Daten aus der umfassendsten Studie ansieht, die in Dänemark durchgeführt wurde, so kam eine Heritabilität von 76 Prozent für wiederholte Eigentumsdelikte und von 50 Prozent für gewaltsame Straftaten gegen Personen heraus. Hier ergibt sich eher der Eindruck, daß es sich um ein erbliches Phänomen handelt.

Das Bild, das sich herauskristallisiert, sieht so aus: Leben Kinder im selben Haus zusammen, werden sie von der gemeinsamen Umwelt stark beeinflußt. Wenn ihr Vater mit Drogen handelt, ihre Freunde Banden angehören und es in ihren Schulen gewalttätig zugeht, ist es schwierig für sie, sich aus Problemen herauszuhalten. Hat dasselbe Kind einen erfolgreichen, angesehenen Vater und besucht es eine gute Schule, ist die Chance größer, daß aus ihm ein mustergültiger junger Bürger werden wird. Verläßt ein Kind jedoch erst einmal das Elternhaus, wird es weniger von dem beeinflußt – oder durch das im Zaum gehalten –, was es durch Erziehung gelernt hat. Es kann sich nun seine Freunde und sein Stadtviertel aussuchen, sich im wesentlichen seine Umwelt auswählen. Nicht die Gene ändern sich, sondern die Gene tragen dazu bei, eine eigene Umwelt zu erzeugen, sei sie nun gut oder schlecht.

Es ist die Umwelt, die Jugendliche in Jugendstrafanstalten bringt; aber es sind eher die Gene, die Männer im Gefängnis landen lassen. Das heißt, es gibt eine Möglichkeit, beim Übergang von Genen zur Kriminalität einzuschreiten, und diese Möglichkeit bietet sich zu einem frühen Zeitpunkt im Leben. Der springende Punkt ist der, daß man begreift, wodurch der Unterschied zustande kommt (ob es nun die Familie, die Freunde oder das Stadtviertel ist), und daß man das Problem dann beseitigt.

Die Serotoninpeitsche

Die Marineinfanterie in den USA ist stolz darauf, hart und aggressiv zu sein; daher liegt es nahe, daß es bei Untersuchungen an den sogenannten Ledernacken erste Hinweise auf eine Verbindung zwischen der Gehirnchemie und Gewalttätigkeit gab.

Der Zusammenhang wurde von Frederick Goodwin gefunden, einem Psychiater und Biologen, der später Schwierigkeiten bekam, weil er das Verhalten von Jugendlichen in den Innenstädten mit Affen in Käfigen verglich. (Seine wissenschaftlichen Untersuchungen sind besser als seine Metaphern.) Goodwins Interesse an Gewalttätigkeit geht auf das Jahr 1979 zurück, in dem er einen Artikel über Männer veröffentlichte, bei denen aus psychiatrischen Gründen eine Entlassung aus dem US-Marineinfanteriekorps erwogen wurde. Er plante, das Verhalten der Männer zu untersuchen und sich dann die chemischen Stoffe im Gehirn anzuschauen. Er hoffte, die «schlechten» Marines hätten im Gehirn etwas gemeinsam.

Zunächst durchforstete Goodwin die Akten nach Anzeichen für «exzessive Gewalt und psychopathologische Devianz». Danach wollte er wissen, ob diesen Personen ein bestimmter Unterschied im Hinblick auf die Gehirnchemie des Zentralnervensystems gemeinsam war. Goodwin und seine Mitarbeiter zapften das Rückenmark der problematischen Marines an, um die Rückenmarksflüssigkeit, die voller chemischer Botenstoffe aus dem Gehirn ist, zu analysieren.

Schon bald entdeckten sie ein Muster. Die entlassenen Marines hatten einen herabgesetzten Spiegel eines chemischen Stoffes, der 5-Hydroxyindolessigsäure (5-HIAAA), eines Abspaltungsprodukts des Gehirntransmitters Serotonin. Alle anderen chemischen Stoffe schienen normal zu sein. Ein geringer Spiegel desselben chemischen Stoffes fand sich auch bei einer großen Breite gewalttätiger oder aggressiver Menschen; dazu gehörten Gefängnisinsassen, die wegen impulsiver aggressiver Verbrechen verurteilt worden waren, Kinder, die Tiere gefoltert hatten, zermürbende Kinder, die Feindseligkeit gegenüber ihrer Mutter und Aggressivität gegenüber anderen zum Ausdruck brachten, sowie Männer, die ungewöhnlich hohe Werte im Hinblick auf Aggression, Reizbarkeit, Feindseligkeit und psychopathologische Devianz aufwiesen.

Der Zusammenhang zwischen Serotonin und Gewalt kam nicht überraschend. Denken Sie noch einmal daran, daß man, wie in Kapitel 3 erwähnt, der Auffassung ist, Serotonin spiele eine Schlüsselrolle bei Depression, Angst, Feindseligkeit und bei anderen Aspekten der Temperamentseigenschaft, die als Schadensvermeidung bekannt wurde. Die Verbindung ergibt einen Sinn, wenn man Depression als eine Form von Ärger oder einer schlechten Meinung über sich selbst betrachtet, wohingegen Aggression als Ärger gegenüber anderen angesehen wird. Die Funktion von Serotonin besteht darin, Menschen dazu zu bringen, daß sie sich schlecht fühlen – es handelt sich um den chemischen Bestrafungsstoff des Gehirns. Ob Menschen sich nun über sich selbst oder über andere ärgern, ob sie depressiv oder aggressiv sind, immer spielt Serotonin eine Rolle.

Konnte der Zusammenhang zwischen Serotonin und Gewalttätigkeit bei Menschen als einigermaßen gesichert gelten, begannen die Wissenschaftler damit, den Serotoninspiegel bei Tieren künstlich zu beeinflussen. Die deutlich erkennbaren Ergebnisse traten sofort auf: Künstlich erhöhtes Serotonin brachte Mäuse, Ratten und Affen dazu, weniger aggressiv zu sein. Ein geringerer Serotoninspiegel hingegen führte zu einer Zunahme aggressiver und impulsiver Verhaltensweisen.

Diese Resultate konnten durch Untersuchungen bestätigt werden, die nicht unter Laborbedingungen durchgeführt wurden. J. Dee Higley reiste zur Morgan-Insel, einer zwei Quadratkilometer großen Insel vor der Küste von South Carolina, um die Population eines engen Verwandten der Menschen – der wilden Rhesusaffen – zu untersuchen. Er beobachtete sie genau, um herauszufinden, welche Affen aggressives Verhalten zeigten und welche dies vermieden. Higley und sein Team notierten auch die Anzahl alter Narben und frischer Wunden, ein Maß dafür, wie viele Schwierigkeiten die Affen gehabt hatten.

Sie teilten die erwachsenen Affen in drei Gruppen ein und zapften deren Rückenmark an. Einige waren besonders aggressiv, suchten Streit und waren voller Narben und Wunden; andere waren besonders unterwürfig, und wieder andere lagen im mittleren Bereich. Die aggressivsten Affen hatten am wenigsten Serotonin, die am wenigsten aggressiven am meisten. Interessanterweise hatten die aggressivsten Affen auch eine erhöhte Konzentration zweier weiterer chemischer Stoffe, des Monoaminnorepinephrins und des Hormons ACTH; von beiden nimmt man an, daß sie Anzeichen für Streß sind.

Die Serotoninstudie zeigte, daß dieser eine chemische Stoff im Gehirn bei diesen Affen für über 25 Prozent des aggressiven Kampfverhaltens verantwortlich war. Als die Wissenschaftler die Affen danach einteilten, wie gut sie miteinander zurechtkamen, fanden sie genau die umgekehrten Ergebnisse. Die geselligen Affen, diejenigen, die den Tag mit anderen Affen zusammen verbrachten und sich gegenseitig striegelten, hatten den höchsten Serotoninspiegel.

Der nächste Schritt in der Serotoninforschung an Mäusen bestand darin, herauszufinden, wie der chemische Stoff wirkt. Die folgerichtige Stelle, an der man begann, waren die Serotoninrezeptoren im Gehirn, an denen die chemischen Stoffe ihre Informationen übermitteln. Wenn die Rezeptoren etwas mit Aggression zu tun hatten, dann müßte sich das Aggressionsniveau verändern, wenn man die Rezeptoren blockiert. Die Gentechnologie erlaubte es den Wissenschaftlern, eine Sorte von Mäusen zu züchten, denen ein derartiger Serotoninrezeptor, der als 5-HT1B bezeichnet wird, fehlte.

Die ersten Mäuse, die ohne den 5-HT1B geboren wurden, schienen normal und gesund zu sein. Die mutierten Mäuse, die allesamt Männchen waren, lebten, bevor das richtige Experiment begann, einen Monat lang zusammen. Eine weitere Gruppe von normalen männlichen Mäusen wurde getrennt gehalten. Dann wurden fremde Mäuse in die Käfige gesetzt. Im Käfig mit normalen Mäusen freuten sich die Bewohner nicht gerade über den «Eindringling». Sie schwenkten den Schwanz hin und her und attackierten die neue Maus innerhalb von 160 Sekunden zum erstenmal. Hier handelte es sich um eine normale Reaktion natürlicher Mäuse. Es gab Anzeichen für Ärger und Gewalt, aber viel davon bestand nur darin, sich aufzuplustern. Gemessen an echter körperlicher Gewalt, gab es alle drei Minuten weniger als einen Angriff auf den Eindringling.

Die Maus, die in die Mäusekolonie mit der Serotoninmutation gesetzt wurde, hatte da ein härteres Leben. Es dauerte nicht länger als 90 Sekunden, bis sie angegriffen wurde. Sie wurde innerhalb der Zeitspanne von 3 Minuten sechsmal gebissen, gejagt und bedroht. Die Attacken waren schneller und traten sechsmal häufiger auf als in der normalen Mäusekolonie. Um diese Zahlen ins rechte Licht zu rücken, sollten Sie sich einmal vorstellen, daß Sie in einem Stadtviertel abgesetzt würden, in dem die Rate an Gewaltverbrechen sechsmal so hoch ist wie sonst. Normale Mäuse wurden einfach dadurch, daß sie einen von einem Dutzend unterschiedlicher Serotoninrezeptoren weniger hatten, zu besessenen Killern.

Es sah so aus, als sei die Angelegenheit geklärt: Ein niedriger Serotoninspiegel führt zu Aggression. Da Gene eine Rolle bei der Regulierung des Serotoninspiegels und bei der Art und Weise spielen, wie es zum Einsatz kommt, müssen die Gene zu Aggression führen.

Doch dies war keine Erklärung für McGuires Affen. Michael McGuire und Michael Raleigh hielten an der University of California in Los Angeles weißgrüne Meerkatzen. Als man Medikamente bei ihnen einsetzte, um den Serotoninspiegel zu verändern, entsprachen die Resultate den Erwartungen: Ein niedriger Spiegel machte aus ihnen aggressive, ein hoher Spiegel ruhigere Affen. Die Affen mit dem höchsten Serotoninspiegel – diejenigen, die mit den anderen am besten zurechtkamen – hatten die beste Chance, Anführer der Gruppe zu werden. Die Affen wurden regelmäßig von Schulkindern besucht, und McGuire griff gerne auf deren wissenschaftliches Expertenwissen zurück. Er bat die Kinder, die Anführer der Gruppe zu finden, und nachdem sie die Affen wenige Minuten beobachtet hatten, wählten die Kinder fast immer das dominante Männchen aus. «Wenn ich einen Studenten höheren Semesters bitte, dasselbe zu machen», sagte McGuire lachend,« braucht er sechs Monate dazu.»

Die Kinder beobachteten, wie die Affen die Führungspositionen besetzt hatten. Das dominante Männchen übernahm die Kontrolle, und die übrigen folgten ihrem Anführer. Das Experiment begann zu dem Zeitpunkt, als McGuire und Raleigh die Truppen neu organisierten und die Hierarchie durcheinanderbrachten. Plötzlich fanden sich hochrangige Männchen ganz unten wieder, und die Mitläufer wurden zu Anführern. Als man den Serotoninspiegel wieder untersuchte, hatten die neuen Anführer einen höheren Serotoninspiegel als zu dem Zeitpunkt, als sie noch ganz unten waren. Der vorherige Anführer der Affenbande wurde feindselig und reizbar, er neigte zu zufälligen Gewalttätigkeiten. Sein Serotoninspiegel war gesunken. McGuire hatte den Serotoninspiegel nicht künstlich verändert, sondern nur die soziale Position innerhalb der Gruppe. Das allein reichte aus, um den Serotoninspiegel zu verändern.

Eine Variante dieses Affenhausexperiments funktionierte auch im Haus einer Studentenverbindung. Raleigh und McGuire untersuchten Mitglieder einer Verbindung und fanden heraus, daß die Anführer einen höheren Serotoninspiegel hatten als die neueingetretenen Mitglieder. Keiner würde behaupten, daß es ein «Verbindungs-Gen» gibt; deshalb ist die nächstliegende Erklärung die, daß der Rang einer Person in der Hackordnung eher die Ursache als die Folge eines unterschiedlichen Serotoninspiegels ist.

Geschieht dies in der Gesellschaft als ganzer, dann braucht man nicht viel Phantasie, um zu erkennen, daß eine Person, die in Armut hineingeboren wird, die in einem Slum lebt, die keine gute Ausbildung bekommt, die die «falsche» Hautfarbe, Religion oder Sprache hat, möglicherweise erwartet, daß sie einen niedrigen sozialen Status hat. Damit einher geht ein niedriger Serotoninspiegel; und mit einem niedrigen Serotoninspiegel kommt Aggressivität, Feindseligkeit und Gewalttätigkeit auf, was natürlich eine Eigendynamik entwickeln kann. Offensichtlich aber tritt diese Neigung zu Gewalttätigkeit, selbst unter schlimmsten Umweltbedingungen, nur bei einer kleinen Minderheit auf, das heißt, es müssen noch andere Faktoren beteiligt sein.

Böswillige Männer

Die Frage, ob Gene eine Rolle bei Aggression und Verbrechen spielen, wird ungeheuer kontrovers diskutiert. Doch selbst die vollmundigsten Kritiker, diejenigen, die überzeugt davon sind, daß nur eine schlechte Umwelt einen «schlechten» Menschen hervorbringt, können eine einfache biologische Tatsache nicht in Abrede stellen. Der wichtigste einzelne Einflußfaktor darauf, daß eine Person gewalttätig beziehungsweise aggressiv ist, wird durch nur ein Chromosom bestimmt, das Y-Chromosom, durch das die Geschlechtszugehörigkeit festgelegt wird.

Die statistischen Belege sind überwältigend. Männer werden nach Angaben des US-Justizministeriums fünfmal häufiger als Frauen wegen schwerer Gewalttaten angeklagt, zehnmal häufiger wegen Mord und 86mal so häufig wegen Vergewaltigung. Über die Geschichte hinweg wurden Kriege meistens von Männern angezettelt. Aggression sorgt heute nicht nur dafür, daß Männer getötet werden, sondern sie macht sie auch reich und berühmt. Der Profisport wird von Männern beherrscht, vor allem von Männern, die ihre Kräfte auf ein bestimmtes Ziel ausrichten können. Und was machen die anderen Männer gerne? Sie sehen sich Gewalt im Fernsehen oder in den Sportstadien an.

Martin Daly und Margo Wilson, die für ihr Buch *Homicide* überall auf der Welt Mordfälle untersuchten, wollten nicht durch die gesellschaftliche und körperliche Dominanz von Männern innerhalb der meisten Kulturen in die Irre geführt werden; deshalb verglichen sie Männer, die Männer getötet haben, mit Frauen, die Frauen getötet haben. Sie reisten in amerikanische Städte, afrikanische Dörfer, Städte in Indien und Gemeinschaften in Schottland. An jedem Ort, den sie sich anschauten, war die Antwort dieselbe. Männer begehen viel mehr Morde als Frauen.

Der eindrucksvollste Befund war, daß das relative Verhältnis von Morden bei Männern und Frauen konstant blieb, selbst wenn die absolute Anzahl unterschiedlich ist. Anders ausgedrückt: Obwohl in einer amerikanischen Stadt viel mehr Tötungsdelikte vorkommen als im ländlichen Wales, wird derselbe Prozentsatz der Morde von Männern begangen. Beispielsweise gab es in England und Wales zwischen 1977 und

1986 jedes Jahr 3,7 Todesfälle durch Gewalt pro eine Million Einwohner, wohingegen es in Detroit während derselben Zeitspanne 216,3 Todesfälle durch Gewalt pro eine Million Einwohner gab. Doch in beiden Gegenden der Welt kam es zu mindestens 20mal so vielen Todesfällen durch Männer als durch Frauen. Das zahlenmäßige Verhältnis war 23,1 in England und Wales beziehungsweise 28,7 in Detroit.

Wenn der einzige Unterschied zwischen Männern und Frauen das einzelne Y-Chromosom ist, hat dies dann etwas mit Aggression zu tun? Mäuseexperimente deuteten darauf hin, daß es eine wichtige Rolle spielt, weil sich das Niveau aggressiven Verhaltens durch eine Strukturveränderung des Y-Chromosoms beeinflussen läßt. Es handelte sich um eine perfekte Theorie: Das Y-Chromosom ist der Unterschied zwischen Männern und Frauen, Männer sind gewalttätig, und daher muß das Y-Chromosom irgend etwas mit Gewalt zu tun haben. Das Problem bestand darin, eine Methode zu finden, mit deren Hilfe man die Theorie am Menschen überprüfen konnte.

Wissenschaftler wußten bereits, daß in bestimmten, sehr seltenen Fällen Männer mit zwei Y-Chromosomen anstelle von einem auf die Welt kamen. Wenn das Y-Chromosom Männer gewalttätig werden ließ, dann waren vielleicht Männer mit zwei Y-Chromosomen sogar noch gewalttätiger. Um diese These zu überprüfen, führten Wissenschaftler ein Experiment durch, das scheinbar folgerichtig war, das am Ende aber mehr wissenschaftliche und ethische Probleme aufwarf, als es löste.

Zunächst einmal schauten sie in den Gefängnissen nach, und ganz offensichtlich waren die Belege dafür vorhanden. In der Allgemeinbevölkerung hat ungefähr einer von 1000 Männern zwei Y-Chromosome, doch in gewissen Gefängnispopulationen war diese Zahl fünfmal größer. In einem Gefängnis für psychisch gestörte Straftäter war der Anteil der Männer mit doppeltem Y – man nannte sie Supermänner – 19mal höher als in der Normalbevölkerung. Die Presse spielte bei der Geschichte verrückt, und manche spekulierten, daß eine «Erlösung» von Gewalt nur durch ein Teströhrchen machbar sei.

Die Aussichten waren so faszinierend, daß eine Forschergruppe in Boston sich daranmachte, Babys mit doppeltem Y über ihr Leben hinweg zu begleiten. Sollten die Babys später in der Entwicklung eine hohe Aggressions- oder Kriminalitätsrate aufweisen, dann wäre dies ein neuer Beweis dafür, daß das Y-Chromosom etwas damit zu tun hatte. Methodisch ist dies der richtige Weg, um ein Experiment zu planen, aber es gab keine Möglichkeit, es durchzuführen, weil männliche Babys keine Mäuseriche sind. Die Wissenschaftler sagten den Eltern, daß ihre Jungen zwei Y-Chromosomen hätten, was gegenüber den Jungen nicht fair und auch keine gute experimentelle Planung war, weil die Eltern in Kenntnis dieses Umstandes ihre Kinder möglicherweise anders erzogen. Als die Bevölkerung erfuhr, daß die kleinen Jungen und ihre Familien als Versuchskaninchen eingesetzt werden sollten, gab es Protestmärsche und Demonstrationen gegen den «biologischen Determinismus» und viele Auseinandersetzungen im akademischen Bereich, bis dann die Untersuchung abgebrochen wurde. Das Experiment hat ein gutes Ergebnis zur Folge. Es ist einer der Gründe dafür, warum es jetzt in allen Universitäten, medizinischen Fakultäten und Forschungsinstituten (in den USA, Anm. des Übers.) Ausschüsse gibt, die bei den geplanten wissenschaftlichen Untersuchungen an Menschen die damit verbundenen ethischen Probleme überprüfen.

Nachdem der Skandal vorüber war, hatte man immer noch keine Antwort auf die ursprüngliche Frage: Sorgt ein zusätzliches Y-Chromosom dafür, daß Männer gewalttätiger sind? Eine umfassende und sorgsam durchgeführte Untersuchung in Dänemark war da hilfreich. Die Studie beschäftigte sich mit den 15 Prozent größten der mehr als 30 000 Männer, die zwischen 1944 und 1947 auf die Welt kamen. Die Wissenschaftler konzentrierten sich auf die größten Personen, weil andere Untersuchungen gezeigt hatten, daß ein zusätzliches Y-Chromosom in der Tendenz dazu führt, daß Männer größer werden. Selbst in dieser ausgewählten Stichprobe gab es nur 12 Männer mit zwei Y-Chromosomen. Dies zeigt, daß das Syndrom mit dem zusätzlichen Y-Chromosom so selten auftritt, daß es keine entscheidende Ursache für Aggression beim Menschen sein kann. Wir wissen, daß sehr viel mehr als zwölf ärgerliche Männer frei herumlaufen, selbst in Dänemark.

Doch es gab noch einige interessante Befunde zu den zwölf Dänen. Zum einen waren sie weniger intelligent als der Durchschnitt, und es gab eine größere Wahrscheinlichkeit, daß sie die weiterführende Schule vorzeitig abbrachen. Zum andern fand sich bei ihnen ein um das Vierfache erhöhter Anteil Vorbestrafter. Mehr als 40 Prozent von ihnen waren einmal verhaftet worden, allerdings eher wegen geringfügiger Delikte, nicht wegen Gewaltverbrechen. Wenn es daher irgendeine Verbindung zwischen dem Y-Chromosom und Kriminalität gibt – und das ist immer noch die große Frage –, dann scheint hier eher eine indirekte Auswirkung des Faktors Intelligenz vorzuliegen als eine direkte Auswirkung auf Aggressivität und Gewalttätigkeit.

Das ärgerliche Hormon

Die wahrscheinlich wichtigste Rolle des Y-Chromosoms bei der Aggression besteht darin, Testosteron herzustellen, das Hormon, das aus einer Hälfte der Bevölkerung Männer werden läßt.

Ein Beleg dafür ist, daß während der Pubertät das Testosteron, das in den Hoden produziert wird, bei männlichen Jugendlichen gerade dann stark zunimmt, wenn deren Aggressionsniveau ansteigt – und während des Erwachsenenalters zusammen mit dem Aggressionsniveau langsam wieder abnimmt. Die Körperbehaarung wird bei Jungen während der Pubertät gerade dann stärker, wenn sie aggressiver werden, und Männer verlieren Haare, wenn sie altern – just dann, wenn sie an Aggressivität verlieren. Gäbe es irgendeine Korrelation zwischen Körperbehaarung und Aggression, dann wäre die Welt friedlicher, wenn die Männer ihre Brust rasierten.

Ein besserer experimenteller Beleg besteht darin, nach einem Zusammenhang zwischen Testosteron und Aggression bei Männern desselben Alters zu suchen. In einer Studie an 4462 ehemaligen amerikanischen Militärbediensteten zeigten diejenigen, die beim Testosteronspiegel zu den oberen 10 Prozent gehörten, signifikant häufiger unsoziales Verhalten: Überfall, körperliche Aggression, unerlaubtes Fernbleiben von der Truppe, Probleme mit Eltern, Lehrern und Gleichaltrigen. Sie hatten auch einen erhöhten Drogen- und Alkoholkonsum sowie mehrere Sexualpartner. Wissenschaftler konnten ihre in Kasernen und Gefängnissen ermittelten Ergebnisse auch durch Untersuchungen in Eishockeystadien und Sporthallen bestätigen. So sind beispielsweise die Eishockeyspieler um so aggressiver, je höher der Testosteronspiegel ist. Unter 26 Judokämpfern waren die mit dem höchsten Testosteronspiegel diejenigen, die verbal am aggressivsten und am wenigsten bereit waren, Mißerfolge hinzunehmen. Der Zusammenhang zwischen Männlichkeit, Testosteron und Aggression findet sich bei fast allen Arten, nicht nur bei Menschen. Dies ist ein Hinweis darauf, daß es sich um ein Ergebnis der Evolution handelt und nicht um etwas, was gelernt ist. Eine Ausnahme zeigt, daß wir es hier mit einer gültigen Regel zu tun haben.

Die Flecken-Hyäne ist eine der wenigen Arten, bei denen Weibchen die Führungsrolle übernehmen. Sie leben in Rudeln von bis zu 80 Mitgliedern, und angeführt werden sie immer von einem Weibchen. Alle erwachsenen Weibchen geben gegenüber den Männchen den Ton an. Wenn etwa ein Rudel seine Beute verschlingt, verhält sich das größte und stärkste Männchen unterwürfig gegenüber dem kleinsten Weibchen. Die Weibchen erhalten ihre Position nicht mit netten Gesten aufrecht; bei der kleinsten Provokation kratzen und beißen sie wild um sich.

Forscher an der University of California in Berkeley haben gezeigt, daß diese einzigartige Umkehrung der Geschlechterrollen durch Testosteron verursacht wird. Im Unterschied zu den meisten Arten werden alle Föten der Hyänen – die männlichen und die weiblichen – im Mutterleib in hohen Konzentrationen von Testosteron und anderen Sexualhormonen gebadet. Die Konzentration ist höher als im Embryo irgendeines anderen Säugetiers, höher sogar als im Blut des wildesten pubertierenden Jungen. Das zeigt, daß Weibchen bei anderen Arten, einschließlich des Menschen, alles haben, was sie von der genetischen Ausstattung her brauchen, um genauso aggressiv wie die Männchen zu sein. Das einzige, was ihnen fehlt, ist das Testosteron, um den genetisch vorgegebenen Schalter anzuknipsen.

Die einfache Erklärung der Daten von den Hyänen bis zu den Eishockeyspielern lautet, daß Testosteron zu Aggression führt. Doch rufen Sie sich noch einmal in Erinnerung, was geschah, als wir annahmen, daß Serotonin zu Aggression führt. Der Serotoninspiegel beeinflußt das Verhalten, doch sein Spiegel wird auch durch das Verhalten verändert. Dasselbe trifft auf Testosteron zu.

Von den Singvögeln bis zu den Seelöwen und von den Mäusen bis zu den Meerkatzen verändert ein aggressives Aufeinandertreffen den Testosteronspiegel. Die Gewinner bekommen einen Stoß Testosteron, bei Verlierern wird es abgebaut. Bei den Menschen verhält es sich genauso. Eine Gruppe von Ringern aus einer Hochschulmannschaft mit ungefähr demselben Testosteronspiegel wurde vor und nach einem Wettkampf untersucht. Die Gewinner waren voll davon; bei den Verlierern ging es zurück. Man kann dieselbe Veränderung bei Tennis- und sogar bei Schachspielern beobachten.

Männer müssen sich nicht körperlich betätigen oder gar jemanden in einem Wettkampf schlagen, um den Testosteronspiegel zu erhöhen. Brian Gladue und seine Mitarbeiter untersuchten Collegestudenten, denen die Möglichkeit geboten wurde, durch einen Münzwurf 5 Dollar zu gewinnen oder zu verlieren. Obwohl die einzelnen Teilnehmer keinen Einfluß darauf hatten, ob sie nun gewannen oder verloren, waren die Gewinner unter Testosteron gesetzt. Es ist auch nicht wichtig, ob jemand wirklich gewinnt, sondern nur, ob er eine Situation als Sieg wahrnimmt. Zwei Männer wurden so hingesetzt, daß sie an Computerterminals einander gegenübersaßen. Als auf ihren Bildschirmen das Wort «GO» aufblitzte, mußten sie so schnell wie möglich eine Taste drücken. Nach 30 Durchgängen erklärte der Versuchsleiter einen der Studenten zum «Sieger». Der Ausgang des Wettkampfs stand von vornherein fest, und der Sieger war vom Versuchsleiter ausgewählt worden; trotzdem wiesen die Sieger verglichen mit den «Verlierern» einen Anstieg des Testosteronspiegels auf.

Ebenso wie beim Serotonin verläuft die Wirkungsbeziehung zwischen Testosteron und Aggression in beiden Richtungen: Das menschliche Gehirn ist darauf programmiert, auf Testosteron mit Aggression und Konkurrenzdenken zu reagieren, und gleichzeitig bringt es Testosteron hervor, wenn es zu Aggressionen kommt oder eine Wettkampfsituation eintritt.

Man kann sich leicht vorstellen, wie dieser Kreislauf im wirklichen Leben funktioniert. Kinder, die «von der Natur her» einen hohen Testosteronspiegel haben, sind eher aggressiv und wettbewerbsorientiert, vor allem, wenn sie in die Pubertät kommen und der Testosteronspiegel hochgeht. Jeder Sieg (sei es nun auf dem Tennisplatz oder auf der Straße) gibt ihnen einen zusätzlichen Schub Testosteron, was ihre Bereitschaft, in Wettbewerb zu treten, stärker werden läßt. Doch eines kann Testosteron – oder irgendein anderer chemischer

Stoff im Gehirn – nicht leisten, und das ist, darüber zu bestimmen, ob die Kinder in einer Fußballmannschaft oder in einer Bande, mit einem Tennisschläger oder mit einer Pistole hart durchgreifen.

Das Geheimnis der mörderischen Mäuse

Die meiste Zeit über schreitet die Wissenschaft in kleinen, nicht so unerwarteten Schritten vorwärts. Da beispielsweise bekannt ist, daß Männer gewalttätiger als Frauen sind, und da man von Testosteron wußte, daß es für Männlichkeit von wesentlicher Bedeutung ist, war es nicht so überraschend, daß man einen Zusammenhang zwischen dem Testosteronspiegel und Gewalttätigkeit fand. Aber dann und wann widerspricht ein Ergebnis völlig den Erwartungen. Das war bestimmt der Fall, als man entdeckte, welche Rolle ein einzelnes Gen spielt, um bei Mäusen gewaltsames Verhalten auszulösen.

Nicht nur die Entdeckung war unerwartet, sondern auch der Entdecker Solomon Snyder. Als Professor für Psychiatrie an der Johns Hopkins School of Medicine war Snyder nie besonders daran interessiert gewesen, sich mit Aggression zu beschäftigen, aber er hatte sich immer schon sehr dafür interessiert, wie das Gehirn funktioniert. Er begann seinen beruflichen Weg als klassischer Psychiater, erkannte jedoch rasch, daß es, um Verhalten zu verstehen – und schließlich eine psychiatrische Krankheit zu behandeln –, erforderlich ist, sich mit den molekularen Vorgängen im Gehirn auseinanderzusetzen. Als er ein Experiment durchführte, um zu begreifen, was im Gehirn während eines Hirnschlags geschieht, entdeckte er die Funktion eines wichtigen chemischen Stoffes – und auch seine überraschende Nebenwirkung.

Der chemische Stoff wird als Salpeteroxyd bezeichnet, und von allen Neurotransmittern, die die Hirnzellen dazu einsetzen, miteinander zu kommunizieren, ist er sicherlich der seltsamste Stoff. Im Gegensatz zu den anderen Chemikalien handelt es sich um ein Gas, dasselbe Gas, das man in den Autoabgasen findet (jedoch nicht dasselbe wie das von Zahnärzten eingesetzte Stickoxidul oder Lachgas). Der chemische Stoff entsteht mit Hilfe eines Enzyms, das Salpeteroxydsynthase oder NOS (für *nitric oxide synthase*) heißt. Snyder war derjenige, der entdeckte, daß es eine Funktion des Salpeteroxyds ist, nach einem Hirnschlag Zellen abzutöten, wodurch die Auswirkungen eines Hirnschlags noch verschlimmert werden.

Diese Entdeckung brachte Snyder und seine Mitarbeiter dazu, sich zu fragen, wie das Gehirn ohne diesen chemischen Stoff seine Leistungen vollbringen würde. Seiner Theorie nach würde man sich besser von einem Hirnschlag erholen, wenn der chemische Stoff nicht vorhanden wäre. Es war relativ einfach, das Gen für das Gas« herauszuschießen» und eine Gruppe von Mäusen zu züchten, bei denen auch nicht die leiseste Spur von Salpeteroxyd im Gehirn vorhanden war. Anfangs schienen die Mäuse ohne NOS völlig normal zu sein: Sie bewegten sich, fraßen und pflegten sich genau wie alle anderen Mäuse. Das war eine Enttäuschung! Alle Wissenschaftler, die ein Gen entdecken, hoffen, daß es zu etwas «Wichtigem» nütze ist – sie werden nicht dadurch berühmt, daß sie Gene entdecken, die nichts bewirken. Um sicherzugehen, daß sie nichts übersehen hatten, öffneten Snyder und seine Mitarbeiter einige der Mäusehirne mit einem Messer. Wiederum war nichts Ungewöhnliches zu sehen. Das einzige, was wirklich durch die Autopsie herausgefunden wurde, war, daß die gentechnisch veränderten Mäuse widerstandsfähiger gegenüber Hirnschädigungen durch Hirnschlag waren. Hier handelte es sich um eine gute Nachricht, aber sie ergab keinen Sinn. Warum sollten Mäuse – und Menschen – einen chemischen Stoff im Gehirn behalten, dessen einzige Aufgabe es war, einen Hirnschlag noch weiter zu verschlimmern?

Eines war ungewöhnlich an den gentechnisch veränderten Mäusen. Jeden Morgen fanden die Forscher eine oder zwei von ihnen tot im Käfig liegen. Anscheinend waren sie nicht krank, aber sie starben in sehr großer Zahl. Um herauszufinden, was geschehen war, wurden die Mäuse rund um die Uhr beobachtet. Videokameras enthüllten das Geheimnis: Die Männchen töteten sich gegenseitig.

Wenn man eine normale Maus dazusetzte, spielten die gentechnisch veränderten Mäuse verrückt: Sie traten, bissen, kratzten und teilten mit ihrem Schwanz Peitschenhiebe aus. Im Vergleich zu normalen Mäusen griffen die gentechnisch veränderten Mäuse die Maus, die zu Besuch war, fünfmal häufiger an. Als eine Gruppe gentechnisch veränderter Mäuse zusammen in einen Käfig gesperrt wurde, glich der Schauplatz einem Bandenkrieg. Einige der Mäuse stellten sich wie Känguruhs auf ihre Hinterpfoten, um den anderen Mäusen Schläge zu versetzen. Keine der Mäuse war bereit aufzugeben. Eine normale Maus beendet einen Kampf dadurch, daß sie sich wie ein schwächerer Hund, der sich einem stärkeren ergibt, mit den Pfoten nach oben auf den Rücken rollt. Die gentechnisch veränderten Mäuse zeigten jedoch zehnmal seltener unterwürfige Körperhaltungen. Als eine Maus dann wirklich versuchte aufzugeben, übersahen die anderen Mäuse die Kapitulation einfach und kämpften weiter. Das Experiment mußte nach 15 Minuten beendet werden, damit die Mäuse sich nicht gegenseitig töteten.

Die gentechnisch veränderten Mäuse waren nicht nur am Töten interessiert. Sie wollten auch Sex, viel Sex, und zwar auf eine Weise, die sie bestimmten. Wenn ein normaler Mäuserich ein neues Mäuseweibchen sieht, besteht seine erste Reaktion darin, es zu begatten. Wenn das Mäuseweibchen nicht rollig und demzufolge an Sex auch nicht interessiert ist, macht es dies dem Mäuserich unmißverständlich klar, der es dann auch in Ruhe läßt. Bei den gentechnisch veränderten Mäusen war das anders. Gleichgültig, wie sehr die Weibchen schrien und kämpften, die mutierten Mäuse bestiegen sie weiterhin und versuchten sie zu begatten, auch wenn sie nicht rollig waren. Ihre Annäherungsversuche ereigneten sich zwei- bis dreimal häufiger als normal.

Der erste theoretische Versuch, das schlechte Benehmen zu erklären, verwies auf Testosteron, aber ihr Testosteronspiegel war normal. Vielleicht konnten die mutierten Mäuse nicht riechen, ob die Weibchen rollig waren? Nein, sie konnten so gut wie jede andere Maus ein verborgenes Stück Keks herausriechen. Die mutierten Mäuse waren der Untersuchung nach auch genauso stark und agil. Sie zeigten keine Anzeichen ungewöhnlicher Tapferkeit: Wenn man sie auf einem freien Feld aussetzte, waren sie ebenso ängstlich wie normale Mäuse. Es handelte sich einfach um böse Mäuse.

Die Forscher gelangten zu der Schlußfolgerung, daß Salpeteroxyd als eine Art Verhaltensbremse wirken muß. Den gentechnisch veränderten Mäusen fehlte das Gen, um den chemischen Stoff zu erzeugen, und sie erkannten die Signale von Männchen nicht, die sich unterwarfen, oder von Weibchen, die keinen Sex wollten. Es ist noch nicht bekannt, ob Salpeteroxyd bei Menschen eine ähnliche Funktion hat oder ob es irgendwelche auf natürlichem Wege stattfindenden Mutationen beim menschlichen NOS-Gen gibt. Es ist aber deutlich geworden, daß das Gehirn nicht immer so funktioniert, wie wir meinen.

Insasse X

Bisher gibt es nur ein Gen, das beim Menschen mit gewalttätigem Verhalten in Verbindung gebracht wird. Der Hinweis, der zu seiner Entdeckung führte, kam von einem Mann, den wir Insasse X nennen werden, die wichtigste Einzelperson in der ganzen Debatte um die Biologie des Verbrechens. Insasse X war wirklich ein Gefangener seiner Gene, eigentlich nur eines einzigen Gens.

Geboren in Holland, war Insasse X 23 Jahre alt, als er wegen der Vergewaltigung seiner Schwester verurteilt wurde. Er wurde in eine Einrichtung für Psychopathen überstellt, wo man ihn als ruhig und leicht handhabbar beschrieb. Trotzdem kam es zu Kämpfen mit anderen Insassen. Eines Tages arbeitete er auf dem Feld und regte sich auf, als ein Wärter ihm sagte, er solle zügiger arbeiten. Insasse X stach dem Wärter daraufhin die Heugabel in die Brust.

Eine Verwandte von Insasse X suchte einen Arzt auf, weil sie Kinder haben wollte, doch Bedenken wegen der Krankengeschichte in ihrer Familie hatte. Sie erzählte dem Arzt, daß Insasse X nicht der einzige in der Familie mit einem Problem sei. Als sie noch jünger war, zwang ihr eigener Bruder sie mit einem Messer unter Androhung von Gewalt, sich auszuziehen. Ein weiterer männlicher Verwandter hatte versucht, seinen Chef zu überfahren. Zwei andere männliche Verwandte hatten eine Brandstiftung begangen. Dann gab es da noch einen männlichen Verwandten, der als Exhibitionist agiert hatte, und einen weiteren, der Voyeur war. Das Problem mit Jungen, die ihre Schwestern belästigten, war in der Familie so verbreitet, daß einige der Mädchen von zu Hause weggelaufen waren.

Ihre ängstliche Anfrage führte zu einer lang andauernden wissenschaftlichen Untersuchung dieser einzelnen Familie. Das böse Verhalten der Männer wies erhebliche Variationen auf, doch es gab ein gemeinsames Band. Alle acht Männer, die genau untersucht wurden, waren entweder leicht geistig zurückgeblieben oder an der Grenze dazu. Der typische IQ betrug 85. Der einzige, der die Grundschule zu Ende gebracht hatte, war auch der einzige mit einem regulären Beruf. Alle acht hatten wiederholt Ausbrüche aggressiven, manchmal gewalttätigen Verhaltens gehabt. Man beschrieb sie als schüchtern und in sich zurückgezogen, sie hatten oft keine Freunde. Etwas anscheinend Geringfügiges konnte sie explodieren lassen, und ihre Reaktion war gemessen an der Provokation völlig übertrieben. Besonders aggressiv waren sie in einer Zeitspanne von ein bis drei Tagen, in denen sie wenig geschlafen und über Alpträume geklagt hatten.

Obwohl die Frau, die Angst wegen ihrer Gene hatte, das zu dieser Zeit nicht wußte, gingen die Probleme mit ihrer Familie mindestens auf fünf Generationen zurück. Vor 35 Jahren hatte einer ihrer Vorfahren eigene Nachforschungen angestellt. Er hatte alle Männer in der Familie aufgesucht und herausgefunden, daß neun von ihnen geistig zurückgeblieben waren. Später stellten sich fünf weitere Fälle heraus. Insasse X hatte drei Brüder, die davon betroffen waren, und zwei Neffen mit dem Problem, die beide über Schwestern mit ihm verwandt waren. Dann war da ein Vetter betroffen, der der Sohn der Schwester seiner Mutter war. Der Sohn einer Großtante mütterlicherseits war betroffen. Und dies war auch bei einem Urgroßonkel aus demselben Zweig seiner Familie der Fall. Dies war im selben Zweig der Familie auch bei drei Söhnen eines Urgroßonkels mütterlicherseits nachweisbar. Zusammengenommen waren es 14 Männer, die die charakteristischen Symptome zeigten.

Die Familie schien unter einer mysteriösen Krankheit zu leiden. Die Symptome bestanden in geistiger Zurückgebliebenheit, Aggression und bösem Verhalten. Betroffen davon waren nur bestimmte Männer; andere Männer innerhalb der Familie waren glücklich und gesund. Nicht eine Frau innerhalb der Familie hatte je irgendwelche Anzeichen der Krankheit gehabt.

Es mußte ein niederländischer Genetiker, Hans Brunner, auf den Plan treten, um das gemeinsame Muster zu erkennen. Alle Männer mit Problemen waren durch ihre Mutter miteinander verwandt. Es gab keinen einzigen Fall eines betroffenen Vaters mit einem betroffenen Sohn. Was immer diese Männer böse werden ließ, es wurde über die Frauen in der Familie weitergegeben, aber die Frauen selbst blieben stets verschont.

Brunner hatte das X-Chromosom, das ja eines der beiden

Geschlechtschromosome ist, in Verdacht. Männer haben ein X-Chromosom und ein Y-Chromosom, während Frauen zwei X-Chromosome haben. Deshalb bekommt ein Mann sein X-Chromosom immer von der Mutter, nie vom Vater. Das heißt, daß Persönlichkeitszüge, die von Genen auf dem X-Chromosom bestimmt werden, immer von den Müttern an die Söhne weitergegeben werden; dies war genau das Muster, das sich in der Familie von Insasse X beobachten ließ. Typischerweise kommen derartige Persönlichkeitszüge häufiger bei Männern als bei Frauen zum Ausdruck, weil Männer keine «gute» Kopie des Gens haben, damit die «schlechte» Kopie maskiert werden kann, wohingegen Frauen eine zusätzliche «gute» Kopie des Gens auf dem anderen X-Chromosom haben. Das ist auch die Art und Weise, wie viele an das X-Chromosom gebundene Persönlichkeitszüge wie etwa Farbenblindheit und eine Art von Bluterkrankheit vererbt werden.

Aufgrund dieses Hinweises gingen Brunner und seine Mitarbeiter an die mühsame Arbeit, die Gene genau zu kartieren, sie zu isolieren und herauszufinden, was sie bewirkten: welche Art von Eiweiß dadurch erzeugt würde und welche Funktion es im Gehirn hatte. Sie analysierten die DNS von Familienmitgliedern, um zu erkennen, ob es irgendwelche genetischen Wegweiser gab, die man als Marker bezeichnet, die mit dem Syndrom in Zusammenhang standen. Das Vorgehen nach Versuch und Irrtum zahlte sich aus, als sie entdeckten, daß alle Männer mit Problemen eine Variante eines bestimmten Markers hatten, während die gesunden Männer eine andere Sorte davon besaßen. Das dafür verantwortliche Gen war nichts anderes als das für die Monoaminoxidase A, eines der Enzyme, die das Serotonin aufspalten – das war bereits ein Verdächtiger für gewalttätiges Verhalten gewesen.

Brunner und seine Mitarbeiter zeigten bald, daß Insasse X und alle vier seiner problematischen männlichen Familienmitglieder genau dieselbe Mutation auf dem Monoaminoxidase-A-Gen hatten: eine einzelne Base, die an die Zellmechanismen die Information weitergab, das Enzym nicht zu produzieren. Zwölf der gesunden Männer in der Familie hatten diese Mutation nicht. Die Chancen dafür, daß dies lediglich durch Zufall zustande kam, waren weniger als 1 zu 1000. Das Enzym, das die Aufgabe hatte, Serotonin aufzuspalten, war bei den gewalttätigen Männern inaktiv, und sie waren voll von natürlichem giftigen Abfall.

Die Entdeckung des «Verbrecher-Gens» machte Schlagzeilen auf der ganzen Welt und rief den Widerspruch von Wissenschaftlern hervor, die sich weigerten, daran zu glauben, daß etwas so Einfaches – noch einfacher als der Mechanismus, der festlegt, ob man blaue oder braune Augen hat – Menschen in Monster verwandeln könnte. Kritiker sagten, die Mutation allein könne keine derartige Persönlichkeitsveränderung hervorrufen, andere Gene müßten eine Rolle spielen oder es müsse etwas in der Kindheit gewesen sein.

Die Zweifel ließen nach, als Mäuse mit derselben Mutation gentechnisch erzeugt wurden: Sie wurden zu verrückten Killern. Mäuse, bei denen gentechnisch das Monoaminoxidase-A-Gen herausoperiert worden war, bissen andere Mäuse und griffen sie an, ohne vorher provoziert worden zu sein. Wenn sie sich paarten, quetschten sie ihren Sexualpartner stärker zusammen als andere Mäuse, und ihre Partnerinnen piepsten lauter als andere Weibchen. Schon bald waren die mutierten Mäuse mit Narben von den Kämpfen bedeckt und hatten rote Flecken an Stellen, an denen das Haar mit der Wurzel ausgerissen worden war.

Für die Kritiker, die Brunner als «biologischen Deterministen» und mit anderen häßlichen Bezeichnungen attackierten, reichte auch dieser Beleg nicht aus. In all der Aufregung wurde leider der wichtigste Befund weitgehend nicht zur Kenntnis genommen. Kurz nach der Entdeckung der Mutation in der niederländischen Familie suchten Wissenschaftler nach derselben Veränderung unter einer großen Anzahl von DNS-Proben bei einer Vielfalt von Menschen mit seelischen Problemen;

und darunter waren auch gewalttätige Kriminelle. Nicht einer von ihnen hatte die Mutation, die so selten ist, daß sie «Waisenkindmutation» genannt wurde.

Dies bedeutet, daß die Monoaminoxidase-A-Mutation nicht dazu verwendet werden kann, jegliche Gewalt und Kriminalität beim Menschen oder gar einen wesentlichen Prozentsatz davon zu erklären. Tatsächlich wurde dies auch nie behauptet. Brunner fand die Ursache für abnormes Verhalten in nur einer einzelnen Familie, nicht in der Allgemeinbevölkerung. Wichtig an der Entdeckung ist, daß durch sie die Rolle eines bestimmten Aspekts der Gehirnchemie – des Monoaminoxidase-Systems – für den biologischen Teil der Aggression bestätigt wird. Sie besagt nichts zur Umweltkomponente, zu deren Untersuchung eine andere Art von Forschung erforderlich ist.

Umwelt: die Familie

Obwohl die Gene und die chemischen Stoffe im Gehirn, die sie steuern, bei Ärger und Aggression eindeutig eine große Rolle spielen, kann dies kaum die ganze Wahrheit sein. Sogar eineiige Zwillinge, die genau dieselben Gene haben, können im Hinblick auf Ärger und Aggression ziemlich unterschiedlich sein. Warum?

Stellen Sie sich das Gehirn als so etwas wie einen Muskel vor. Die Gene legen sein Potential fest, groß und stark zu sein, doch erst durch Training wächst der Muskel an. Woody Allen wird nie dieselbe Statur haben wie Arnold Schwarzenegger, gleichgültig, wie sehr er trainiert, weil er nicht die dafür erforderliche genetische Ausstattung hat. Aber der Grund, warum Arnold Schwarzenegger so riesig ist, liegt nicht nur in seinen Genen, es liegt auch daran, daß er über Tausende von Stunden hinweg Gewichte gestemmt hat.

Dasselbe Prinzip trifft auf die Schaltpläne im Gehirn zu, die über Ärger und Aggression entscheiden. Gene spielen eine wichtige Rolle dabei, wie leicht und wie häufig eine Person Ärger empfindet, doch wie sich die Person dann tatsächlich verhält, hängt ebensosehr von ihren emotionalen und kognitiven Gewohnheiten ab – Gewohnheiten, die sie durch Training und Wiederholung gelernt hat. Zu lernen, wie man Ärger wirkungsvoll steuert und kanalisiert, ist eine lebenslange Aufgabe. Sie beginnt in der Kindheit, und man bekommt die ersten Lektionen von Eltern und Geschwistern. Ein Baby beobachtet eine ältere Schwester, wie sie mit den Füßen aufstampft und einen Wutanfall hat. Wenn die Eltern sie dafür belohnen, indem sie ihr geben, was sie will, wäre es da für das Baby nicht folgerichtig, dieselbe Taktik auszuprobieren? Auch ernster zu nehmende Aggressionen treten früh auf, und viel hängt davon ab, wie die Menschen auf das ärgerliche Kind reagieren.

Zwillingsuntersuchungen deuten darauf hin, daß der *allgemeine* Erziehungsstil, der bei beiden Zwillingen derselbe ist, einen geringen quantitativen Effekt auf deren aggressives Verhalten hat. Eine neue Untersuchung an 708 Familien aus den ganzen USA jedoch zeigt, daß Kinder sensibel genug sind, um auf die *individuellen* Unterschiede bei der Erziehung zu reagieren. Wissenschaftler der School of Medicine and Health an der George Washington University, die Familien mit Zwillingen und/oder mindestens zwei Kindern vom selben Geschlecht einbezogen, fanden in dieser Untersuchung heraus, daß der eine Zwilling entsprechend reagieren wird, falls der andere von den Eltern, wenn auch nur leicht, unterschiedlich behandelt wird. Die Forschung zeigt, daß mit das Wichtigste, was Eltern für ihre Kinder tun können, auch das Einfachste ist, nämlich: Liebe und Zuneigung zum Ausdruck zu bringen. Wenn Eltern ihren Kindern sagen, daß sie sie lieben oder sie umarmen und festhalten, lernt das Kind eine gesunde Emotion. Die Lektion färbt ab; Kinder, deren Eltern warmherzig sind und sie stützen, kommen besser mit Geschwistern und anderen Kindern aus. Eltern bringen ihren Kindern auch soziale Verantwortung bei, wenn sie dem Elternbeirat der Schule angehören und die Kinder dazu ermutigen, sich für etwas außerhalb der Schule und des Elternhauses zu engagieren. Das ist nicht nur plausibel, sondern es wird auch durch Untersuchungen an der George Washington University gestützt, die einen klaren Zusammenhang zwischen positivem Erziehungsstil auf seiten der Eltern und positivem Verhalten in der Kindheit aufzeigen. Eltern, die in eine echte Kommunikation mit ihren Kindern treten und das, was man gemeinsam tut, genießen, bereiten sich selbst und ihren Kindern eine Freude.

Es überrascht nicht, daß es im Vergleich zum positiven Erziehungsstil die gegenteiligen Auswirkungen hat, wenn man mit einem Kind grob oder ablehnend umgeht. Je mehr die Behandlung des Kindes auf Konflikt und Bestrafung beruht, desto aggressiver und unsozialer wird das Kind werden. Zu einem ablehnenden Erziehungsstil gehört Anschreien, Bestrafen und Zurückweisen. Zum abweisenden Erziehungsstil gehört auch, was das Gegenteil einer groben Behandlung zu sein scheint: Ignorieren des Kindes. Das liegt daran, daß der Elternteil, der «Ich gebe auf; mach, was du willst» sagt, gegenüber dem Fehlverhalten kapituliert und dem Kind gegenüber ein verwirrend konfuses Signal aussendet.

Ein wichtiger Befund der Untersuchung an der George Washington University bestand darin, daß ein ablehnender Erziehungsstil statistisch gesehen eine stärkere Auswirkung in Richtung auf schlechtes Verhalten hat als ein positiver Erziehungsstil in Richtung auf gutes Verhalten. Gelegentlich ein Kind anzuranzen oder ihm gar aus gutem Grund einen Klaps zu geben wird keinen bleibenden Schaden hinterlassen. Die Gefahr besteht darin, in ablehnende Gewohnheiten zu rutschen, in ein Muster ablehnenden Verhaltens gegenüber dem Kind; denn es ist der ablehnende Erziehungsstil, der den stärksten Einfluß hat.

Bedauerlicherweise haben die Eltern, die ihre Kinder schlagen und mißhandeln, bei weitem den stärksten Einfluß auf ihre Kinder. Der Einfluß ist gut dokumentiert, unbestreitbar und immer negativ. Die Auswirkungen sind von früh an offensichtlich: Kindergartenkinder waren doppelt so häufig aggressiv, wenn sie zu Hause mißhandelt wurden. Und die Schädigung bleibt für immer bestehen. Kinder, bei denen vor Gericht bekannt wurde, daß sie mißhandelt und vernachlässigt worden waren, hatten eine um 42 Prozent erhöhte Wahrscheinlichkeit, als Erwachsene wegen Gewalttätigkeit verhaftet zu werden, im Vergleich zu Menschen, die ohne Mißhandlung aufwuchsen.

Der Grund dafür, warum mißhandelte Kinder andere nicht nett behandeln, obwohl sie wissen, wie es ist, verletzt zu werden, ist der, daß es ihnen an Einfühlungsvermögen fehlt. Sah eine normale Gruppe von Kindern zwischen ein und drei Jahren ein Kind, das verletzt oder ärgerlich war, reagierten die meisten mit Besorgtheit, Trauer oder Einfühlungsvermögen. Die mißhandelten Kinder reagierten darauf mit Angst oder Ärger und griffen die Kinder in ihrer Notlage sogar an. Zunächst versuchte das mißhandelte Kind, das aufgeregte Kind zu ignorieren, wenn dessen Weinen jedoch nicht aufhörte, bestrafte das mißhandelte Kind das unglückliche mit körperlicher Gewalt. Diese aggressiven Kinder zeigten dasselbe Verhalten, das ihre Eltern ihnen gegenüber an den Tag gelegt hatten – ein Verhaltensmuster, das ohne eine Intervention lebenslang so weitergehen würde.

Wann Gewalt einen Sinn ergibt

Von allen Faktoren, die Einfluß darauf nehmen, ob Menschen gewalttätig, aggressiv und unsozial werden, sind weder die Gene noch der Erziehungsstil die wichtigsten. Die wichtigste Einflußgröße ist nicht die Art des Gehirns einer Person oder ob sie als Kind mißhandelt wurde. Am wichtigsten ist die Geographie.

Die Menschen in den Innenstädten sind genetisch dieselben wie die Leute in ländlichen Gebieten, doch die Kriminalität in den Städten ist außer Kontrolle geraten. Genetisch sind wir dieselben Menschen wie die Nazis, aber wir halten uns gerne für zivilisierter. Die Verbrechensrate in amerikanischen Städten oder die Verbrechen gegen die Menschlichkeit in Bosnien, Ruanda oder Nazideutschland können noch nicht einmal zum Teil durch die Genetik erklärt werden, weil sich Gene nicht so schnell verändern. Es ist schwierig, zu sagen, was die Ursache von Verbrechen in den Städten, von Völkermord und Greueltaten ist, aber sie lassen sich ganz gewiß nicht auf die Biologie zurückführen.

Für manche Menschen gehen Verbrechen auf die Rassenzugehörigkeit, die etwas Genetisches ist, zurück. Schwarze Männer in den USA haben heutzutage eine viel höhere Wahrscheinlichkeit, im Gefängnis zu landen, als weiße Männer, und es ist wahrscheinlicher, daß sie sich gegenseitig umbringen. Sie begehen jedoch nicht wegen ihrer Gene Verbrechen. Die Rassenzugehörigkeit wirkt in den Vereinigten Staaten eigentlich eher wie ein Umweltfaktor als wie ein genetischer Faktor. In den USA als Schwarzer geboren zu werden setzt eine Person bestimmten Auffassungen, Erwartungen und sozialem Druck aus, was zu Aggression und Verbrechen führen kann. Wenn man in eine schwarze Familie hineingeboren wird, hat man ein höheres Risiko, ohne Vater aufzuwachsen. Hier handelt es sich nicht um genetische oder biologische Einflüsse, sondern um den Einfluß von Umweltfaktoren. Und tatsächlich gehen die Auswirkungen der Rassenzugehörigkeit auf die Verbrechensraten gegen Null, wenn man intervenierende Variablen wie Stadt/Land, arm/reich, erwerbstätig/arbeitslos konstant hält. So ist zum Beispiel der Prozentsatz der Gewaltverbrechen in ländlichen Kreisen mit einem großen Bevölkerungsanteil von Schwarzen niedriger als in weißen städtischen Gebieten.

Obwohl viele Untersuchungen gezeigt haben, daß individuelle Unterschiede bei Aggression und unsozialem Verhalten zumindest teilweise durch die Gene bedingt werden, ist es wichtig, sich in Erinnerung zu rufen, daß jede einzelne dieser Untersuchungen an einer verhältnismäßig homogenen Population in Gegenden wie Iowa oder Schweden durchgeführt wurde. Sie wurden ausdrücklich so geplant, um individuelle Unterschiede, nicht um Gruppenunterschiede zu erforschen. Das ideale Experiment, das nie durchgeführt wurde, bestünde darin, ein weißes Baby aus Greenwich (Connecticut) zu untersuchen, das in den Slums von Rio groß wurde; oder ein eineiiges Zwillingspaar, das in Äthiopien geboren und bei der Geburt voneinander getrennt wurde, wobei ein Zwilling in Israel, der andere in Island aufwuchs. Würde man ein solches Experiment machen, wären die Ergebnisse prognostizierbar: Die soziale und kulturelle Umwelt hätte einen sehr großen Anteil daran, wer der Vorhersage nach Verbrechen begeht.

Ein Baby aus dem Überfluß ins Ghetto – in irgendein Ghetto – zu bringen verändert die Gene des Babys nicht. Das zugrundeliegende Fließen guter und schlechter Flüssigkeiten – von Testosteron und Serotonin und deren geheimnisvoller Wirkungsweise auf das physisch vorhandene Gehirn – wäre unverändert. Ein glückliches Baby wird wahrscheinlich ein glückliches Baby bleiben. Ein aggressives Kind wird in den Vorstädten oder in den Slums aggressiv sein.

Warum sollten wir dann überhaupt die Biologie der Aggression untersuchen? Einige Kritiker sind flugs zu der Schlußfolgerung gekommen, daß jegliche genetische Erforschung von Aggression eigentlich ein Versuch sein muß zu belegen, daß rassische Unterschiede eine Erklärung dafür sind, warum die Kriminalitätsraten unterschiedlich sind. Kurz gefaßt: daß Afroamerikaner und Weiße (oder welche Gruppe immer man nicht mag) von den Genen her gewalttätig und dafür prädisponiert sind, Verbrechen zu begehen.

Das Thema ist so kontrovers, daß Personen, die nur vorgeschlagen haben, eine Konferenz zur Genetik der Gewalt zu organisieren, deswegen kritisiert wurden. Als das Treffen schließlich 1995 in der idyllischen ländlichen Abgeschiedenheit von Maryland veranstaltet wurde, wurden die Vorträge von ärgerlichen Protestierern unterbrochen. Rote Fahnen schwenkend sprengten die Demonstranten die verschlossene Hintertür und riefen Slogans, in denen die Konferenz des Rassismus und des Völkermords bezichtigt wurde. Während einige der Wissenschaftler dasaßen und die Beleidigung hinnahmen, standen einige wenige auf und schrien zurück. Ein berühmter Wissenschaftler schubste sich sogar mit einem Demonstranten herum. Der Ausbruch von Gewalt zeigte, daß die Kritiker nicht viel von Genetik verstanden: Sie brachten individuelle und Gruppenunterschiede durcheinander. Es wurde aber auch deutlich, daß die Genetiker nicht viel vom menschlichen Wesen verstanden – daß sie, wenn sie die Rolle der Gene betonten, leicht dafür kritisierbar wurden, daß sie die Rolle der Gesellschaft nicht genügend würdigten.

Eine weitere subjektiv wahrgenommene Gefahr der genetischen Forschung besteht darin, daß sie dazu genutzt wird, schlechtes Verhalten zu rechtfertigen. Wie kann man jemanden bestrafen, der «krank» oder «genetisch motiviert» ist? Es ist leicht vorstellbar, wie die Entdeckung der biologischen «Ursache» der Aggression dazu führt, daß man sie für «normal» und daher für akzeptabel erklärt. Ist jemand von Natur her aggressiv, dann sollte er die Freiheit haben, sein genetisches Schicksal auszuagieren. Was gibt jemandem das Recht, die Selbstverwirklichung anderer Personen zu verhindern? Warum sollte ein Mensch nicht in der Lage sein, mit dem Gangster in sich Verbindung aufzunehmen?

Strafverteidiger haben dies schon seit Jahren versucht und greifen dabei regelmäßig auf eine Form von Unzurechnungsfähigkeit zurück, die durch biologische Faktoren gerechtfertigt wird. Der nächste logische Schritt ist eine Verteidigung, die auf genetischen Faktoren aufbaut. James Filiaggi aus Cleveland war der erste, der dies versuchte.

Filiaggi ging zum Haus seiner ehemaligen Frau und versuchte dort einzudringen. Sie rief bei der Polizei an und bat sie, schnell zu kommen. Während sie noch am Telefon war und mit der Leitstelle sprach, brach James Filiaggi durch die Hintertür ein, jagte sie aus dem Haus zum Nachbargrundstück und schoß mehrmals auf sie, bis sie tot war. Filiaggis Verteidigung bestand darin, daß er «völlig durcheinandergeraten» sei. Sein Rechtsanwalt, James Burge, argumentierte: «Ohne geeignete Medikamente und eine Behandlungsvereinbarung ist er überhaupt nicht für seine Taten verantwortlich.» Der Verteidiger sagte, Filiaggi hätte ein chemisches Ungleichgewicht im Gehirn, das unkontrollierbare Wutanfälle auslöse.

Die drei Richter, die sich Filiaggis auf der Neurobiologie aufbauende Verteidigung anhörten, glaubten ihm nicht. Er wurde zum Tode verurteilt. Doch Rechtsanwälte sind hartnäckig, und sie versuchen es wahrscheinlich immer noch. Während sie dies tun, sollten Richter und Geschworene sich genau anhören, was wir zu einem der Hauptthemen dieses Kapitels zu sagen haben: Prädisposition und nicht Vorherbestimmtheit. Gene und Neurotransmitter mögen das Faß zum Überlaufen bringen, doch Menschen sind keine genetisch programmierten Roboter. Wie wir uns verhalten und wie wir das Verhalten anderer beurteilen, das wird in starkem Maße durch den freien Willen und das Gewissen beeinflußt. Rufen Sie sich ins Gedächtnis, daß es bereits eine starke Disposition für Kriminalität ist, wenn man einfach nur ein Y-Chromosom hat, das einen Menschen zu einem Mann werden läßt. Sollten wir dann die Tat eines Mörders entschuldigen, nur weil er ein Mann ist?

Der wirkliche Grund, warum wir die Rolle der Gene und der Biologie erforschen, besteht darin, daß wir verstehen wollen, was man verändern kann und was nicht, was wirkt und was nicht. So breitet sich in unserer Kultur beispielsweise die irrige Vorstellung aus, daß es nützlich oder gar gesund sei, «gerechtfertigten» Ärger zum Ausdruck zu bringen, und dies trotz der Tatsache, daß dadurch die Menschen nur noch feindseliger werden. Und die Vorstellung, Kriminalität ließe sich verringern, indem man die Gefängnisse füllt, bleibt trotz der Belege dafür bestehen, daß all dies nur noch mehr Kriminelle hervorbringt.

Der Grund für unseren Erfolg als Art besteht darin, daß wir das meiste aus unseren Genen gemacht haben. Wir müssen nicht vor unseren schädlichen Antrieben wie etwa der Aggression kapitulieren, sondern können sie zu unserem Vorteil kanalisieren – und der Schlüssel dazu ist Wissen. Auf der individuellen Ebene heißt dies, die emotionalen und kognitiven Gewohnheiten zu erlernen und in die Praxis umzusetzen, die in der Lage sind, die Energien, die wir auf Ärger vergeuden, auf produktivere Bestrebungen auszurichten. Es bedeutet, bis zehn zu zählen und es sich noch einmal durch den Kopf gehen zu lassen, ehe man handelt. Es bedeutet, daß man sein Gehirn einsetzt, um die Welt zu verbessern, anstatt zu hassen oder irgendeine bestimmte Person oder Gruppe zum Sündenbock zu erklären. Es bedeutet, daß man den Charakter das Temperament beherrschen läßt.

Auf der umfassenderen gesellschaftlichen Ebene bedeutet es, die Armut zu verringern, die Erziehung zu verbessern, Slums zu beseitigen, Rassismus auszumerzen sowie Disziplin und Respekt für die eigene Person und für andere zu lehren. Aggression kann für die Gesellschaft eine nützliche Rolle spielen, wenn sie in angemessene Formen des Wettkampfs kanalisiert wird, wie beim Sport, bei Spielen, bei der Marktwirtschaft oder im Fall einer nationalen Bedrohung in die Landesverteidigung. Das Geheimnis besteht nicht darin, Aggression zu leugnen – sie wird nicht plötzlich verschwinden –, sondern sie für uns und nicht gegen uns arbeiten zu lassen.

Kapitel 4

Sucht

Trinken, Rauchen und Drogenmißbrauch

Jeremy wacht spät auf. Er kann den Wecker nicht finden, weil er ihn, als er das erstemal läutete, quer durchs Zimmer geworfen hatte. Ihm wird klar, daß er wieder einmal zu spät zur Arbeit kommen wird. Schon wieder wird es Ärger geben, und sein Chef wird sich aufregen. Voller Kummer denkt er über das nach, was letzte Nacht geschehen ist. Er versuchte, ein anständiger Kerl zu bleiben, aber dann traf er ein paar alte Freunde, verlor die Kontrolle über sich und trank. Als er schließlich nach Hause kam, war er so aufgedreht, daß er bis 5 Uhr morgens nicht schlafen konnte. Er gibt sich selbst das Versprechen: nie, nie, nie wieder.

Er geht unter die Dusche, fühlt sich aber immer noch wacklig und schwerfällig auf den Beinen. Zum Teufel, denkt er. Wenn ich schon so spät dran bin, werden die paar Minuten auch nichts mehr ausmachen. Was er braucht, damit es ihm wieder bessergeht, ist Stoff. Er holt sich seinen Vorrat aus dem Kühlschrank. Er mahlt die Droge zu feinem Pulver und kocht eine doppelte Dosis auf. Das Vorgefühl ist herrlich, und der erste Schluck trifft ihn wie ein Schlag. Tief drinnen in seinem Gehirn wird ein winziges Tröpfchen Dopamin freigegeben, was eine Serie von allzu vertrauten chemischen Reaktionen in

Gang setzt. Seine Herzfrequenz und sein Blutdruck steigen fast sofort an. Als er anfängt, sich «normal» zu fühlen, denkt er: Es ist besser jetzt, doch das ist es für heute. Ganz sicher keinen weiteren mehr.

Im Büro fällt es Jeremy schwer, sich zu konzentrieren, als die Wirkung der Droge nachläßt; er ist reizbar, nervös und nicht sehr in Form. Trotzdem schafft er es, seinen Vorsatz einzuhalten, und er bleibt die ganzen sieben Stunden clean. Auf dem Nachhauseweg spürt er, wie er Kopfschmerzen bekommt. Starke Kopfschmerzen. Er erinnert sich daran, daß es hier nur zwei Straßenblöcke von seinem Büro in der Innenstadt einen Ort gibt, wo er sich Stoff beschaffen kann. Innerhalb von fünf Minuten ist er fix und fertig. Es ist nicht wirklich ein Problem, denkt er, als die Droge zu wirken beginnt und ihn wieder auf Touren bringt. Ich kann jederzeit aufhören, wenn ich will. Das habe ich heute unter Beweis gestellt, oder? Und abgesehen davon, es könnte viel schlimmer laufen ...

Jeremy ist süchtig. Er zeigt alle klassischen Anzeichen dafür. Er hat eine erhöhte Toleranz, er braucht eine doppelte Dosis, um den gleichen Effekt zu erzielen, den er früher durch eine einfache Dosis erreichte. Er ist sowohl psychisch als auch körperlich abhängig; er fühlt sich ohne Drogen abnorm und in seiner Leistungsfähigkeit beschränkt, er hat Entzugssymptome wie etwa Kopfschmerzen. Sein Drogenmißbrauch ist unkontrollierbar geworden und beeinträchtigt sowohl seine Arbeit als auch sein Leben; obwohl er damit aufhören möchte, kann er es nicht. Statt dessen macht er sich selbst etwas vor, indem er abstreitet, daß da wirklich ein Problem ist.

Jeremys Droge ist Koffein. Seine bevorzugte Dosierung ist ein doppelter Espresso. Seine süchtigen Freunde nehmen es zu sich in Machiatto, Latte, Cappuccino, einem einfachen Becher Joe, Pepsi, Coke, Tee oder Schokoladenriegeln. Für den Koffeinsüchtigen macht das keinen Unterschied. Wie immer die Droge eingenommen wird, die Auswirkung ist dieselbe: ein schneller Schub Energie, ein rasches Ansteigen der Atem- und Herzfrequenz, eine Erhöhung des Blutdrucks, ein angenehmer Höhenflug. Koffein bewerkstelligt das alles beim Menschen, indem er mit Rezeptoren und Enzymen für Adenosin reagiert, einen chemischen Stoff, der etwas mit der Energieproduktion zu tun hat. Wenn Koffein erstmals in den Körper des Konsumenten eintritt, bekommt er einen leichten Schlag weg; gewöhnt sich das System jedoch an die Droge, kommen sich Personen, die regelmäßig konsumieren, schwerfällig vor, wenn sie sie *nicht* bekommen.

Es mag seltsam erscheinen, Kaffee als Beispiel zu nehmen, wenn man in das sehr ernste, lebensbedrohliche Problem der Sucht einführen möchte. Kaffee ist immerhin die beliebteste Droge der Welt – von Seattle bis Singapur legal getrunken, die Grundlage ganzer Volkswirtschaften, ein Massenprodukt des Welthandels. Im Unterschied zu Kokain und Heroin bringt Kaffee die Konsumenten nicht dazu, Geschäfte auszurauben, zu töten oder sich selbst zu prostituieren, um ihre Gewohnheiten zu finanzieren. Im Unterschied zu Alkohol zehrt Koffein den Konsumenten nicht körperlich auf. Und es bringt den Betreffenden auch nicht in einem langsam auf den Tod zulaufenden Prozeß um, wie es bei Zigaretten der Fall ist. Kaffee ist legal, er ist angenehm, und seine Nebenwirkungen sind schwach.

Aber es handelt sich doch um eine Droge, eine psychoaktive Droge. Sie führt zu einem anderen körperlichen und seelischen Zustand, sie ändert die Art und Weise, wie sich Menschen fühlen. Sie übt in vielerlei Hinsicht dieselbe süchtig machende Wirkung aus wie ihre gefürchteteren Vettern – Alkohol, Nikotin, Kokain und Opiate. Nach der Definition ist Sucht der zwanghafte Konsum jeder Droge trotz der nachteiligen Folgen, die zu einem Kontrollverlust bei der Einnahme führen. Manche Menschen sind wegen häufig vorkommender, genetisch beeinflußter Persönlichkeitsfaktoren und wegen Belohnungsmechanismen im Gehirn empfänglicher für Sucht allgemein, nach welcher Droge auch immer. Jedoch sind nicht alle Süchte genau gleich, und es gibt einzigartige genetische, neurologische und gesellschaftliche Faktoren, die mit unterschiedlichen Arten von Substanzen verbunden sind. Anders ausgedrückt: Von Kaffee abhängig zu sein ist in mancherlei Hinsicht dasselbe, wie von Heroin abhängig zu sein, aber in anderer Hinsicht etwas völlig anderes. Die beste Methode, Strategien zur Vermeidung und zur Beendigung des Drogenmißbrauchs zu entwickeln, besteht darin, zu verstehen, welche Faktoren allen Süchten gemeinsam sind und welche Faktoren spezifisch sind.

Die «Suchtpersönlichkeit»

Die Auffassung, daß verschiedene Süchte von der Tendenz her in ein einheitliches Bild passen, wird für niemanden, der einmal an einer Sitzung der Anonymen Alkoholiker teilgenommen hat, eine große Überraschung sein. Die Luft ist voller Rauch. Der Kaffee wird literweise ausgegeben. Kekse und andere Teilchen mit viel Zucker werden reichlich verzehrt. Und immer wieder stellen sich die Mitglieder, vor allem die jungen, selbst vor: «Hallo, ich heiße Dianne, ich bin Alkoholikerin und Drogenabhängige.»

Die Forschung entdeckt langsam den Zusammenhang zwischen verschiedenen Formen von Sucht. In einer Untersuchung nach der anderen werden Mißbrauch von Alkohol, illegalen Drogen, Zigaretten und anderen Stoffen statistisch zueinander in Beziehung gesetzt. In einer unserer Untersuchungen am National Institute of Health beispielsweise waren mehr als die Hälfte der diagnostizierten Alkoholiker gleichzeitig auch Zigarettenraucher, was viermal mehr ist als bei Menschen ohne ein Alkoholproblem. In ähnlicher Weise hatten 70 Prozent der Drogenabhängigen Probleme mit Alkohol, eine weitaus größere Zahl als in der Allgemeinbevölkerung.

Worin besteht nun das gemeinsame Band zwischen diesen unterschiedlichen Formen der Sucht? Viele Menschen, die sich von Alkohol- und Drogenabhängigkeit befreien, sind der Auffassung, daß sie eine «Suchtpersönlichkeit» haben, die immer wieder hochkommt, auch nachdem sie aufgehört haben, die Droge ihrer Wahl zu nehmen. Heroinkonsumenten, die auf «cold turkey» waren, also Entzugssymptome hatten, erinnern sich daran, wie sie dazu kamen, Heroin durch Alkohol zu ersetzen. Trinker, die mit dem Trinken aufhören, gehen in die Einkaufspassage statt in die Kneipe. Oder eine Person, die clean ist von allen Stoffen, fühlt sich möglicherweise von Sex mit vielen Partnern angezogen.

Trotz solcher Hinweise aus Erzählungen sind viele Experten überzeugt davon, daß die sogenannte Suchtpersönlichkeit ein Mythos ist. Auf eine Weise haben sie recht: Es gibt kein einheitliches Persönlichkeitsprofil, mit dessen Hilfe sich alle Abhängigkeiten beschreiben lassen. Tatsächlich hat Drogenmißbrauch gewöhnlich eine größere Auswirkung auf die Persönlichkeit als die Art der Persönlichkeit auf den Drogenmißbrauch. Es gibt jedoch bestimmte Kernbestandteile der Persönlichkeit, die man bei einer Sucht immer wieder beobachten kann. Wenn man diese Suchtpersönlichkeitszüge herausfinden möchte, dann ist der Schlüssel dazu die Erkenntnis, daß Sucht kein Ereignis ist, sondern ein Prozeß, der sich nach einer eigenen Ordnung und Logik vollzieht. Verschiedene Persönlichkeitsfaktoren nehmen in den einzelnen Suchtstadien unterschiedliche, manchmal gegeneinander wirkende Rollen ein.

Der erste Schritt zur Sucht ist es, den Anfang damit zu machen – das erste alkoholische Getränk zu sich zu nehmen, die erste Zigarette anzuzünden oder die erste Tablette zu nehmen. Die Experten sprechen bei diesem wichtigen Schritt von «Initiation». Es mag auf der Hand liegen, aber selbst eine Person, die auf irgendeine Weise hochgradig dafür anfällig ist, Alkoholiker zu werden, hätte nie ein derartiges Problem entwickelt, wenn sie nie den ersten Schluck getrunken hätte.

Der Persönlichkeitsfaktor, der am ehesten etwas damit zu tun hat, daß man zum ersten Mal eine Droge, einen Schnaps oder eine Zigarette konsumiert, ist die Suche nach Neuartigem. Wie in Kapitel 2 erörtert, ist die Suche nach Neuartigem eine allgemeine, genetisch beeinflußte Temperamentseigenschaft, die durch das Bedürfnis nach neuen Empfindungen, eine Abneigung gegenüber Monotonie und durch einen Mangel an Hemmungen gekennzeichnet ist. Dies ist die perfekte Mischung für einen Erstkonsumenten von Alkohol oder Drogen. Er ist gelangweilt und fühlt sich unzufrieden, er möchte etwas Neues ausprobieren und hat keine Angst vor dem Risiko – gleichgültig, ob es das Risiko ist, ertappt zu werden, zu erkranken oder davon abhängig zu werden.

Der Zusammenhang zwischen der Suche nach Neuartigem und Drogenmißbrauch wurde auf vielerlei unterschiedliche Weise nachgewiesen. Marvin Zuckerman untersuchte in den sechziger Jahren Collegestudenten, bevor der Konsum illegaler Drogen zunahm, und fand heraus, daß Studenten, die hohe Werte in einem Faktor hatten, den er als Suche nach Empfindungen bezeichnete, eher von einer Vielzahl illegaler Substanzen probieren würden als andere. Der Psychiater Robert Cloninger untersuchte eine Gruppe, die statistisch der Allgemeinbevölkerung entsprach, und fand einen positiven Zusammenhang zwischen der Suche nach Neuartigem und Alkoholkonsum beziehungsweise Alkoholismus. Interessanterweise war der Zusammenhang bei jungen Leuten im Alter zwischen 18 und 29 am stärksten und wurde schwächer, wenn sie ein Alter von 50 Jahren und mehr erreichten. Dies deutet darauf hin, daß das Bedürfnis, etwas Neues auszuprobieren, wie etwa Experimente mit Alkohol, eine treibende Kraft ist, wenn die Menschen jung sind; wenn sie jedoch älter werden, halten sie andere Persönlichkeitsfaktoren davon ab, den Mißbrauch fortzusetzen.

Das zweite Stadium bei der Sucht besteht darin, den Stoff weiterhin zu konsumieren – man spricht in diesem Zusammenhang von der Erhaltungsdosis. Nur weil eine Person eine Droge ausprobiert, heißt das noch nicht, daß sie diese auch weiterhin nehmen wird. Obwohl zum Beispiel die meisten amerikanischen Jugendlichen mit Alkohol, Tabak und in steigendem Maße mit illegalen Drogen experimentieren, wird nur ein Bruchteil von ihnen zu Dauerkonsumenten. Die meisten hören auf oder lernen es, den Konsum zu steuern. In der Tat sind manche Produkte wie etwa Zigaretten so schädlich, daß Neulinge sich dazu durchringen müssen, zu regelmäßigen Konsumenten zu werden. Ähnlich enden die ersten Versuche mit Alkohol oft so, daß die Testperson benommen in der Toilette auf dem Boden liegenbleibt.

Warum bleiben Menschen dabei, Stoffe zu konsumieren, die zu derart starken Reaktionen führen und von denen man weiß, daß sie ungesund und in unterschiedlichem Maße auch gesellschaftlich geächtet sind? Die beiden wichtigsten Persönlichkeitsfaktoren dabei scheinen Angst und Depression zu sein. Wie in Kapitel 3 beschrieben sind Angst und Depression Aspekte von Schadensvermeidung, einer genetisch beeinflußten Temperamentseigenschaft. Menschen, die Schaden vermeiden, konsumieren möglicherweise regelmäßig Drogen und Alkohol, um ihre negativen Empfindungen zu verbergen oder «selbst zu behandeln». Entdecken sie, daß die Einnahme von Sedativa wie Alkohol oder Barbituraten ihre Nerven beruhigt oder daß der Konsum von Stimulantien wie Kokain oder Amphetaminen sie in ihrer traurigen Stimmung lockerer werden läßt, dann entscheiden sie sich vielleicht dafür, diese Drogen weiterhin zu nehmen. Ironischerweise konsumieren sie die Stoffe auch dann noch, nachdem der befreiende Effekt zurückgegangen ist, sogar bis zu einem Punkt, wo der Drogenkonsum selbst zu einer wesentlichen Quelle der Angst und der Depression geworden ist.

Obwohl in mehreren Untersuchungen herausgefunden wurde, daß Drogenmißbrauch in einem Zusammenhang mit Schadensvermeidung und anderen Indikatoren für Angst, Depression und Neurotizismus steht, ist der Zusammenhang oft kompliziert. Eine umfassende Untersuchung zum Trinkverhalten zeigte beispielsweise, daß Schadensvermeidung nach dem Alter von 50 Jahren ein wichtiger Faktor war, daß er sich jedoch für Menschen unter 30 als verhältnismäßig unwichtig erwies. Ein weiterer bedenkenswerter Faktor ist, daß Frauen im Schnitt ängstlicher und depressiver als Männer sind und daß Schadensvermeidung beim Drogenmißbrauch von Frauen anscheinend eine bedeutsamere Rolle spielt. Zum dritten wird die Sache dadurch komplizierter, daß schweres Trinken und heftiger Drogenmißbrauch oft zu Depressionen führen. Deshalb sind langfristig angelegte Untersuchungen erforderlich, damit bestimmt werden kann, was zuerst da war, das Trinken oder die Depression.

Der letzte Stadium im Kreislauf der Sucht ist – wenn es dazu kommt – der Entzug der Droge. Ein Entzug ist der bewußte Verzicht auf die Droge und der willentlich herbeigeführte Bruch mit dem süchtigen Verhalten. Nicht gemeint ist damit eine Situation, in der Drogenabhängige aufgrund vorübergehender Umstände oder Zwangslagen ihre Gewohnheit oder Sucht nicht aufrechterhalten können. Bewußt mit einer Gewohnheit zu brechen ist schwierig, denn der Entzug geht mit dem Verlangen einher, die Droge weiterhin zu konsumieren. Nur eine kleine Minderheit von Alkoholikern, Drogensüchtigen und Zigarettenrauchern, die aufzuhören versuchen, sind in der Lage, «clean» zu bleiben.

Der wichtigste Persönlichkeitszug beim Aufhören ist wahrscheinlich Selbstbezogenheit, wobei es sich hier eher um eine erlernte Charaktereigenschaft als um eine Temperamentseigenschaft handelt. Selbstbezogen zu sein bedeutet, eine klare Vorstellung vom Sinn des Lebens zu haben, gute Gewohnheiten zu entwickeln, die mit diesen Zielen übereinstimmen, und imstande zu sein, Belohnungen aufzuschieben. Selbstbezogenheit hängt mit dem Persönlichkeitszug der Bewußtheit zusammen, durch den die Fähigkeit beschrieben wird, mit Bedürfnissen und Steuerungsantrieben umzugehen. Der wichtigste Aspekt der Bewußtheit beim Aufhören ist Besonnenheit, die Tendenz, sich etwas genau zu überlegen, bevor man handelt.

Bedauerlicherweise wurden verhältnismäßig wenige große Untersuchungen zu Persönlichkeitszügen durchgeführt, die damit zusammenhängen, daß sich der Zustand nach Beendigung des Drogen- und Alkoholmißbrauchs in eine positive Richtung verändert. Unter den Teilnehmern unserer Untersuchung am National Institute of Health, die mit dem Trinken oder dem Zigarettenrauchen aufgehört hatten, konnten wir die erwarteten Resultate im Hinblick auf Selbstbezogenheit, Bewußtheit und Besonnenheit beobachten. Die Interpretation der Ergebnisse ist jedoch kompliziert, weil diese Personen niedrige Werte für die Suche nach Neuartigem hatten, was einer der Gründe dafür ist, mit dem Drogenmißbrauch anzufangen. Es gab mehrere Unterschiede im Hinblick auf andere Persönlichkeitsskalen, die die Resultate weniger eindeutig werden ließen.

Die vielleicht besten Hinweise auf die Rolle der Besonnenheit stammen aus Gesprächen mit Menschen, die sich von Alkohol- oder Drogenmißbrauch gelöst haben. Sie betonen häufig, wie wichtig es ist, das Trinken oder den Drogenkonsum «zu Ende zu denken», um einen Rückfall zu vermeiden.

Ken, der sich von seiner Alkoholsucht gelöst hat, schildert, was mit ihm während einer Geschäftsreise geschah:

> Da war ich nun in zehntausend Meter Höhe auf meiner ersten richtigen Reise, seit ich vor neun Monaten mit dem Trinken aufgehört hatte. Ich hatte die Telefonnummern meiner trockenen Freunde in der Brieftasche und meine AA-Bücher im Aktenkoffer. Ich fühlte mich ganz ruhig und war voller Selbstvertrauen, daß ich nicht trinken würde.
>
> Dann hörte ich den verdammten Getränkewagen. Am Klirren der Eiswürfel ist etwas, das ... ich weiß es nicht.

> Vielleicht habe ich wirklich eine Alkoholpsyche, weil ich mich plötzlich so nach einem Drink sehnte, daß ich ihn schmecken konnte. Teufel noch mal, ich konnte ihn spüren.
>
> Ich stand kurz davor, einen Jack Daniel's zu bestellen, als ich mich an etwas erinnerte, worum mein Sponsor mich gebeten hatte, es zu tun, wenn ich daran dächte, zu trinken: Ich erinnerte mich an meine letzte Sauftour. Die, die an der Bar des Ritz Carlton begann und die damit endete, daß ich die Nacht in der Badewanne verbrachte, weil es dort leichter war, am nächsten Morgen das Erbrochene wegzuwischen. Ich erinnere mich noch an den Gesichtsausdruck des Zimmermädchens, als sie mich ohnmächtig dort vorfand. Kein schöner Anblick.
>
> Als diese Flugbegleiterin mich fragte, was ich denn gerne zu trinken hätte, kam aus meinem Mund heraus: «Diet Coke.» Warum es nicht «Jack Daniel's» war, werde ich nie erfahren. Was ich wirklich weiß, ist, daß in mir eine andere Person, ein Trinker lauert, und ich bin mir nicht sicher, ob ich mich noch einmal davon befreien könnte.

Was hielt Ken davon ab, zu trinken? Es war nicht die Gehirnchemie. Nach vielen Jahren des Alkoholmißbrauchs sagte ihm sein Gehirn, daß er sich nach einem Drink wohl fühlen würde. Und es lag vermutlich nicht an seinen Genen oder an seinem Temperament, die ihn wohl eher dazu gebracht hatten, zu trinken. Was ihn rettete, war, daß er etwas von seinem Sponsor bei den Anonymen Alkoholikern und aus seiner eigenen Erfahrung gelernt hatte. Hier ging es um das explizite, bewußte Gedächtnis, nicht das emotionale Gedächtnis. Es ging mit einem Wort um den Charakter.

So sieht Ihr Gehirn unter Drogen aus

Von einer Sucht zu lassen ist vielleicht eine Sache des Charakters oder der Willenskraft, aber süchtig zu werden hat nicht unbedingt etwas damit zu tun. Sucht muß kein Zeichen psychischer Schwäche sein, noch ein Charaktermangel, ein psychopathologisches Symptom oder gar eine soziale Krankheit. Sucht ist eher eine Störung des Gehirns, die durch verhaltensverändernde chemische Stoffe hervorgerufen wird. Menschen werden aus einem einzigen simplen Grund drogensüchtig: Die Drogen verändern ihr Gehirn.

Die vielleicht überzeugendsten Beweise dafür, wie die Sucht wirkt, stammen aus Untersuchungen an Tieren. Gibt man Tieren die Möglichkeit, einen Hebel zu betätigen, durch den Kokain freigegeben wird, oder einen anderen Hebel, über den Futter und Wasser ausgegeben werden, betätigen sie anfangs beide Hebel gleichermaßen. Aber innerhalb einer kurzen Zeit ignorieren sie Futter und Wasser und sind jedesmal direkt auf Kokain aus. Sie machen damit weiter, bis sie sterben. Ebenso wie süchtige Menschen opfern sie ihr eigenes Wohlergehen zugunsten der Belohnung, die Kokain ihrem Gehirn verschafft. Ratten, Mäusen und weiteren Labortieren kann man auch beibringen, sich Amphetamine, Morphium, Alkohol, Nikotin und praktisch jede andere vorstellbare Droge zu verschaffen. Gelingt es ihnen nicht, die Drogen zu bekommen, geraten sie in einen schmerzhaften Entzug, so daß sie weiter den Hebel betätigen, bis sie sterben.

Obwohl einzelne Drogen unterschiedlich auf das Gehirn wirken, ist den wichtigen süchtig machenden Stoffen ein Wirkungsmechanismus gemeinsam: Sie aktivieren den Nucleus accumbens, das Belohnungszentrum des Gehirns. Hier handelt es sich um den Teil des Gehirns, der eine neue Droge erkennt und sagt: «Aber hallo, das mag ich.» Wenn die Droge nicht mehr auftritt, sagt er: «Irgend etwas ist hier schiefgegangen.» Als man drogensüchtige Tiere mit einem Positronenemissions-Computertomographen (PET) untersuchte, wies ihr Gehirn eine Stelle mit Stoffwechselaktivität unmittelbar über dem Nucleus accumbens auf. Diese aktivste Stelle von allen war die äußere Schicht des Nucleus, eine Region, die eine direkte Verbindung zum limbischen System, dem Sitz der Emotionen, hat. Die Drogen wirkten auf die Verbindung zwischen dem Mittelhirn und dem Vorderhirn, genau der richtige Ort, um gute Empfindungen mit spezifischen Verhaltensweisen zu koppeln. Das ist die Stelle, an der das Gehirn sagt: «Tu es, wenn du dich dadurch wohl fühlst.»

Um herauszufinden, was Kokain im Gehirn von Ratten bewirkt, wurden Miniatursonden in die äußere Schicht des Nucleus accumbens eingeführt und Proben vor, während und nach dem Drogenkonsum entnommen. Von den vielen Signalmolekülen, die in der Gehirnflüssigkeit vorhanden sind, war nur eine Sorte besonders stark vertreten: Dopamin, die «Lustchemikalie». Wenn die Dopaminfasern bei süchtigen Ratten absichtlich geschädigt wurden, hörten die Tiere auf, Drogen zu nehmen. Dies zeigte, daß es das gehirneigene – durch Kokain aktivierte – Dopamin war, das die Ratten stimulierte.

Die süchtigen Ratten machen anschaulich deutlich, wie sinnlos es ist, darüber zu diskutieren, ob Drogensucht durch die Umwelt oder durch die Gene entsteht, ob es sich um eine gesellschaftlich bedingte Krankheit oder um ein medizinisches Problem handelt. Offensichtlich geht der Drogenkonsum zu 100 Prozent auf die Umwelt zurück: Kokain wird nicht vom Körper erzeugt; es muß aufgenommen werden. Wären die Ratten nicht dem Drogen verbreitenden Wissenschaftler ausgesetzt gewesen, wären sie nie süchtig geworden. Hatten die Ratten aber erst einmal vom Kokain gekostet, wurden sie auf physiologischem und biologischem Wege dazu angetrieben, es weiterhin zu nehmen. Das Bedürfnis nach Kokain wurde so stark wie das nach Futter, und am Ende sogar stärker. Es waren nicht die Wissenschaftler, die dafür sorgten, daß die Ratten süchtig blieben; die Ratten wurden von ihrem eigenen

Gehirn dazu verführt. Die Ratten lebten nicht in besonders üblen Stadtvierteln, sie wurden nicht als Babys mißhandelt, sie waren keine Angehörigen einer unterdrückten Minderheit, und sie hatten keine Depression, weil sie arbeitslos waren. Die Ratten wurden drogensüchtig, weil die Drogen für neue Verbindungen im Gehirn sorgten.

Das Gehirn des Menschen funktioniert auf dieselbe Weise. Anna Rose Childress und ihre Kollegen an der University of Pennsylvania untersuchten Kokainsüchtige, die um Hilfe gebeten hatten. Als man den Süchtigen gestattete, Crack-Pfeifen in der Hand zu halten, oder man ihnen Videos von Leuten zeigte, die Kokain nahmen, flackerte ihr Gehirn im PET auf. Der aktive Bereich war das mesolimbische Dopaminareal im präfrontalen Bereich unter dem Mandelkern, der Amygdala. Der Nucleus accumbens ist eigentlich zu klein, um bei der Auflösung der PET-Bilder sichtbar zu werden, aber es ist bekannt, daß er Bestandteil dieses Kreislaufs ist. Allein die Vorstellung von Drogen reichte aus, um ihre auf Kokain geeichten Gehirne in Erregung zu versetzen.

Nachdem die Süchtigen seit ungefähr einem Monat drogenfrei waren, änderte sich das Reaktionsmuster. Der Dopaminkreislauf lag völlig brach. Es war hier praktisch keine Aktivität mehr vorhanden, und die Zellen selbst schienen wie bei einer Kopfverletzung geschädigt zu sein. Die Zellen waren so lange Zeit mit so viel Dopamin überflutet worden, daß sie ihre normale Empfänglichkeit dafür verloren hatten. Das heißt, daß die betreffende Person, obwohl der Dopaminspiegel im Gehirn «normal» war, Hunger nach Dopamin empfinden würde, weil das Gehirn so unempfindlich geworden war. Es wären jetzt höhere Dosen von Dopamin erforderlich als normal, um das normale Gefühl auszulösen; das ist der Grund dafür, daß Menschen inständig nach Drogen verlangen. Das Gehirn kommt zu dem Punkt, an dem es sich nur normal fühlt, wenn es chemisch verändert ist.

Glücklicherweise sind die Veränderungen, die Drogen im

Gehirn hervorrufen, in der Regel nicht von Dauer. Sie können rückgängig gemacht werden, wenn man erst einmal die Einnahme der Droge beendet. PET-Bilder Kokainsüchtiger auf dem Weg der Besserung zeigen, daß der Dopaminkreislauf nach einem Jahr Abstinenz im großen und ganzen wieder auf dem Normalniveau ist. Das Gehirn hat in dieser Hinsicht eine gewisse Plastizität, was soviel bedeutet wie, daß es möglich ist, sich von einer Sucht zu erholen, wenn man dem Gehirn Drogen vorenthält. Die ersten Wochen sind die schwierigsten, weil das Gehirn unter Entzug leidet, doch allmählich wird sich das chemische Gleichgewicht wieder auf einem normalen Niveau einpendeln. Genau wie Drogen ein normales Gehirn in ein süchtiges Gehirn verwandeln können, kann man das Gehirn in seinen ursprünglichen oder einen ähnlichen Zustand zurückversetzen, wenn man die Drogenzufuhr unterbindet.

Suchtgene

Jedes Gehirn kann süchtig werden, doch bei einigen Gehirnen geht das leichter. Der Grund dafür ist im wesentlichen ein genetischer. Untersuchungen an Tieren konnten zeigen, daß praktisch jede mögliche Reaktion auf jede einzelne Droge in gewissem Maße genetisch gesteuert wird. Mäuserassen beispielsweise können gentechnisch so verändert werden, daß sie Alkohol dem Wasser vorziehen. Oder Mäuse können so gezüchtet werden, daß die geringste Menge Alkohol sie stolpern und ohnmächtig werden läßt, während andere so gezüchtet werden können, daß sie in der Lage sind, viel mehr zu trinken, ohne beschwipst zu werden. Einige Mäuserassen reagieren auf Alkoholentzug mit Krämpfen, während andere keine Probleme dabei haben, mit dem Trinken aufzuhören. Mäuse können auch so gezüchtet werden, daß sie es lieber haben, wenn ihr Trinkwasser mit Morphium versetzt ist. Bei einigen

Rassen wirkt Morphium als starkes Schmerzmittel, wodurch sie über eine heiße Platte laufen können, ohne auch nur dabei zu zucken. Bei anderen Rassen bewirkt die Droge weniger Schmerzlinderung. Koffein macht manche Mäuse schreckhafter und hyperaktiver als andere. Bei einigen durch Inzucht erzeugten Tieren reicht eine winzige Dosis Schlankheitspillen aus, daß sie mit dem Fressen aufhören, während andere höhere Dosen brauchen. Es gibt Mäuse, die auf Kokain mit wilder, rasender Aktivität reagieren, und andere Mäuse, die still und ruhig bleiben. Nikotin führt bei einigen Mäusen dazu, daß sie besser als andere lernen, wohingegen es bei wieder anderen Mäusen zu Krämpfen führt.

All diese Unterschiede sind rein genetisch. Die Mäuse wurden in derselben Umwelt untersucht und denselben Einflüssen ausgesetzt; der einzige Unterschied bestand in der Züchtung. Das heißt nicht, daß es ein einzelnes «Suchtgen» gibt. Tatsächlich werden unterschiedliche Reaktionen durch viele unterschiedliche Gene gesteuert, und die Gene, die Reaktionen auf einen Stoff steuern, sind nur teilweise die gleichen, die auch die Reaktionen auf andere Stoffe steuern. Gene steuern Sucht nicht; sie steuern vielmehr die Reaktion eines Tiers auf einen Stoff, sie steuern, wieviel vom Stoff das Tier tolerieren kann und wie stark der Einfluß ist, den er auf das Verhalten hat.

Es wurde für Menschen ebenso wie für Tiere gezeigt, daß nahezu jeder Aspekt von jeder Art von Stoff, der mißbraucht werden kann – von Alkohol über Amphetamine bis zu Nikotin –, unter dem Einfluß der Gene steht. Gene können nicht beeinflussen, ob eine Person eine Droge konsumiert, sondern nur, wie die Droge auf die Person wirkt. So wirken Amphetamine auf die meisten Menschen stimulierend, aber bei Kindern, die eine mit einem Aufmerksamkeitsdefizit einhergehende Hyperaktivitätsstörung (ein in starkem Maße vererbter Krankheitszustand) haben, verringert ebendiese Droge die Aktivität und verbessert die Aufmerksamkeit. Es gibt bisher nur wenige Hinweise darauf, daß spezielle illegale

Drogen mit bestimmten Genen in Verbindung gebracht werden können; und Forschung zur Genetik des Rauchens wurde nur in bescheidenem Maße durchgeführt. Bisher wurde das große Geld in diesem Bereich für die Erforschung des Alkoholismus ausgegeben.

Alkoholismus

Es ist nicht überraschend, daß Alkohol die Droge ist, die am genauesten im Hinblick auf die Gene untersucht worden ist. Es handelt sich um die Droge, die Menschen schon am längsten mißbraucht haben, und ihre Auswirkungen auf die Gesundheit und die Gesellschaft sind gewaltig. Jeder kennt eine Geschichte über einen Alkoholiker, der in einem Alkoholikerhaushalt aufwuchs, und die Erfahrung zeigt, daß Alkoholismus innerhalb der Familie weitergegeben wird. In der Tat besteht eine der besten Methoden zur Vorhersage, ob jemand Alkoholiker werden wird, darin, sich seine nächsten Verwandten anzusehen. Die männlichen Verwandten von Alkoholikern sind im Vergleich zur Normalbevölkerung fünfmal so häufig selbst Alkoholiker.

Nur weil etwas innerhalb der Familie weitergegeben wird, so heißt das dennoch nicht, daß es genetische Ursachen hat. Vielleicht trinken die Kinder, weil sie ihre Eltern nachahmen oder weil das Leben in einer Alkoholikerfamilie schlimm ist. Um dies zu überprüfen, beschäftigten sich Wissenschaftler mit Vätern, die Alkoholiker waren und ihre Söhne zur Adoption freigaben. Sowohl in den Vereinigten Staaten als auch in Schweden hatten die leiblichen Kinder von Alkoholikern ein viermal so hohes Risiko, selbst Alkoholiker zu werden, wie die Kinder von Nicht-Alkoholikern, obwohl sie während der ersten Lebenswochen von ihren Alkoholikereltern getrennt worden waren. Als das umgekehrte Experiment durchgeführt wurde – Kinder von Nichtalkoholikern, die von Alkoholikern adoptiert wurden –, hatten die Kinder kein erhöhtes Risiko im Hinblick auf Alkoholismus, obwohl sie dem zu Hause ausgesetzt waren. Entsprechend hatte der Sohn eines Alkoholikers, auch wenn er in einer anderen Familie aufwuchs, die gleiche Wahrscheinlichkeit, zum Alkoholiker zu werden, wie seine Brüder, die bei ihrem Alkoholikervater groß wurden. Offensichtlich reicht es nicht aus, zu Hause mit Alkoholismus konfrontiert zu werden, um aus einem Menschen jemanden zu machen, der Alkohol mißbraucht. Manche Kinder von Alkoholikern strengen sich vielleicht sogar noch stärker an, Alkohol zu meiden, weil sie aus erster Hand wissen, welchen Schaden er anrichten kann.

Die Gene haben eindeutig einen starken Einfluß auf Alkoholismus, doch nicht jeder Alkoholiker ist auf dieselbe Weise von seinen Genen beeinflußt. Nicht alle Alkoholiker sind gleich, und ähnlich verhält es sich mit den Gründen fürs Trinken. Cloninger teilte Alkoholiker in zwei Gruppen ein. Bei Alkoholikern des Typs II handelt es sich fast ausschließlich um Männer, die in frühem Alter mit dem Trinken angefangen hatten und oft ein unsoziales Verhalten zeigten. Hier haben wir es mit dem auf Sauftour gehenden, Flaschen werfenden und Tür knallenden Gewohnheitstrinker zu tun. Unter den Alkoholikern des Typs I sind ebensohäufig Frauen wie Männer anzutreffen, sie entwickeln das Problem meist im mittleren Alter und sind ständig Trinker. Hier geht es um die Person, die den ganzen Tag über mit einer Bierflasche in der Hand herumläuft. Adoptionsstudien in Schweden zeigten, daß der Alkoholismus vom Typ II in sehr starkem Maße genetisch bedingt ist, wohingegen der Alkoholismus vom Typ I besonders bei Frauen eher auf Umweltfaktoren zurückgeht.

Sogar bei «maßvollen» Trinkern spielen die Gene möglicherweise eine wichtige Rolle für den Alkoholkonsum. In einer schwedischen Untersuchung war die Korrelation zwischen den Trinkmengen von Zwillingen bei eineiigen Zwillingen doppelt so hoch wie bei zweieiigen; dies weist auf einen starken Einfluß der Vererbung hin, jedoch auf keinen offenkundigen Effekt der Erziehung. Eigentlich ist die einzige Dimension des Alkoholkonsums, die stark von der Umwelt in der Familie beeinflußt wird, die Abstinenz in der Jugend – wahrscheinlich weil Trinken von den Eltern verboten wird.

Die Zwillingsuntersuchungen zeigen, daß die Gene beim Alkoholismus einen beherrschenden Einfluß haben, aber sie zeigen nicht, wie dies vonstatten geht. Eine wahrscheinliche Möglichkeit besteht darin, daß sie die Toleranz gegenüber Alkohol beeinflussen. Bei einer verhältnismäßig kleinen Zahl von Menschen – die Schätzungen liegen zwischen 3 und 20 Prozent der Bevölkerung – ist Alkohol ein tödliches Gift. Wenn diese Menschen trinken, gehen sie das Risiko ein, sich seelisch und körperlich zu ruinieren. Für sie ist Alkohol ein tödlicher Stoff, sei es nun durch eine akute Alkoholvergiftung, eine Leberkrankheit oder durch Herzversagen beziehungsweise indirekt über Unterernährung, über einen Verkehrsunfall oder über Selbstmord. Sie trinken nicht deshalb, weil sie es wollen, sondern weil sie nicht aufhören können. Sie sind Alkoholiker.

Wodurch wird man zum Alkoholiker? Die Antwort auf diese Frage ist kompliziert, doch ein Teil der Ursachen geht schlicht auf den Stoffwechsel zurück. Selbst bevor sie je einen Drink zu sich genommen haben, werden manche Menschen anders auf Alkohol reagieren. Aus Mangel an einer besseren Begrifflichkeit bezeichnen wir sie als Präalkoholiker. Wegen genetisch festgelegter, biochemischer Bahnungen reagieren der Körper und das Gehirn von Präalkoholikern auf Alkohol so, daß er mehr möchte. Personen, die keine Präalkoholiker sind, trinken viel weniger, bevor ihnen schlecht wird und sie aufhören müssen. Die meisten Menschen haben eine eingebaute biologische Bremse, die sie davon abhält, bis zum Exzeß zu trinken, zumindest meistens. Wegen eines genetischen Unterschieds haben Präalkoholiker diese Bremse nicht. Im schlimmsten Fall funktioniert diese Kontrolle verkehrt herum:

Die Bremse wurde durch ein Gaspedal ersetzt; und während eine normale Person nach ein paar Drinks langsamer tritt, macht der Präalkoholiker noch schneller.

Die Gene zu finden, die einen Menschen zum Präalkoholiker werden lassen, ist jetzt ein Hauptziel des National Institute on Alcohol Abuse and Alcoholism, doch trotz umfangreicher und kostspieliger Forschungen sind die Ergebnisse noch mager. So beschrieben Kenneth Blum und seine Kollegen am Health Science Center der University of Texas in San Antonio 1990 eine Untersuchung, bei der sie 35 Alkoholiker mit anderen Patienten verglichen und ein Gen fanden, das für die Produktion eines Dopaminrezeptors mit der Bezeichnung D2DR verantwortlich ist und bei den Alkoholikern verändert war. Als jedoch andere Wissenschaftler versuchten, den Befund zu replizieren, gelang es ihnen nicht. Dann wurde entdeckt, daß die Art des Gens bei unterschiedlichen ethnischen Gruppen jeweils anders war, was möglicherweise die Ergebnisse ungültig werden ließ. Der entscheidende Schlag gegen diese Entdeckung kam, als gezeigt wurde, daß sich die DNS-Sequenz auf einem Abschnitt des Chromosoms befand, von dem nicht bekannt war, daß er irgendeine funktionale Bedeutung hatte. Mit anderen Worten: Sie hatten ein Gen entdeckt, das nichts bewirkte. Vielleicht wird die Suche auf dem gesamten Genom zuverlässigere Resultate bringen; dies ist die momentane Strategie eines landesweiten interdisziplinären Großprojekts von Alkoholismusforschern und Genetikern.

Zwar machte man bei der Suche nach Alkohol-Genen nur langsam Fortschritte, aber die Laborforschung an Tieren ist erfolgreicher. Dadurch, daß man genetisch reine Tierrassen miteinander vergleicht, ist es möglich, zu erkennen, welche Gene etwas mit der Reaktion des Körpers auf Alkohol zu tun haben. Der vielleicht bedeutsamste Fortschritt kam jedoch aus einem unerwarteten Bereich: der Aggressionsforschung. Wissenschaftler züchteten eine Mäuserasse, der das Gen für einen der Serotoninrezeptoren fehlte (er wird als 5-HT1B-

Rezeptor bezeichnet), um die Auffassung zu überprüfen, daß Serotonin etwas mit Aggression zu tun hat. Das war der Fall: Die mutierten Mäuse waren viel aggressiver als die normalen. Da Aggression und Alkohol bei Menschen oft miteinander einhergehen, wollten die Wissenschaftler herausfinden, ob diese bösartigen Mäuse möglicherweise auch ein Alkoholproblem haben.

Die Mäuse hatten die Wahl zwischen purem Wasser und Wasser, das mit unterschiedlichen Mengen von Alkohol versetzt war. Obgleich sowohl die mutierten als auch die normalen Mäuse eine gewisse Menge Alkohol tranken, hatten die bösartigen Mäuse größere Schwierigkeiten, damit aufzuhören. Sie tranken doppelt soviel Alkohol wie die normalen Mäuse. Sie spülten eine 20- oder 40prozentige Alkohollösung, die in etwa so stark war wie ein Cocktail, nur so herunter. Weil eine hohe Anfangstoleranz für Alkohol bei Personen, die Alkoholiker werden, typisch ist, wurden die mutierten Mäuse auf ihre Sensibilität für Alkohol getestet; man setzte sie dazu auf ein Gitter, um zu erkennen, ob sie entlang einer geraden Linie liefen oder herumstolperten. Die mutierten Mäuse waren vom Alkohol viel weniger beeinträchtigt als die normalen. Wie die Präalkoholiker bei den Menschen konnten die mutierten Mäuse den Schnaps wirklich vertragen – und nahmen noch mehr zu sich.

Diese Mäuse bestätigten einen der wichtigsten Befunde zum Alkoholismus beim Menschen, den Zusammenhang zwischen Anfangstoleranz und Alkoholkonsum. Dies zeigte in erstaunlicher Weise, daß nur ein einziges Gen in der Lage war, beide Prozesse zu beeinflussen. Ob ein einzelnes Gen beim Menschen eine derartige Rolle spielt, ist noch nicht bekannt.

Ethans Märchen

Unseren britischen Freund Ethan kann man gerade noch mittelalterig nennen. Er ist schlank, gutaussehend und wortgewandt. Mit seiner geschliffenen Sprache, seiner Ausbildung in Oxford und seinen Maßanzügen könnte man irrtümlich meinen, er sei Charakterdarsteller bei der BBC. Seine Schwäche jedoch ist das Trinken.

«Ich begann zu trinken, als ich mit achtzehn zur Universität ging», sagte Ethan. «Von Anfang an war ich derjenige, der wirklich eine Menge vertragen konnte. Wenn alle anderen voll wie sonst etwas waren, war ich klar wie ein Regentropfen. Ich gewann auf diese Weise spätnachts beim Pokerspielen eine Menge Geld. Sie konnten kaum noch ihre Karten erkennen und sie noch viel weniger verdeckt halten, aber ich war hellwach.»

Ethan hatte wahrscheinlich, sogar schon bevor er zu trinken begann, eine hohe Alkoholtoleranz, und sie stieg weiter an, je mehr er trank. In Untersuchungen wurde diese vorher bestehende Toleranz bei Söhnen von Alkoholikern schon in frühem Alter gefunden. Als man Jungen geringe Dosen Alkohol gab, konnten die Söhne von Alkoholikern bei weitem mehr vertragen als die anderen Jungen. Als sie beispielsweise überprüften, wie gut sie nüchtern bleiben konnten, schwankten die Söhne von Nicht-Alkoholikern viermal so häufig wie die Söhne von Alkoholikern. Bei den Söhnen von Alkoholikern war es auch weniger wahrscheinlich, daß sie Übelkeit, Schwindeligkeit oder Trunkenheit empfanden. Der Alkohol hat sogar unterschiedliche Auswirkungen auf die Hormonproduktion und auf die Hirnwellen.

Ethan erinnert sich: «Ungefähr sieben Jahre lang hat es mir Spaß gemacht, zu trinken. Ich war ein gerngesehener Gast auf Partys. Man kannte mich als witzigen, lebendigen und herrlich unterhaltsamen Menschen. Ein Grund für mein sprudelndes Temperament war natürlich, daß ich in der Regel einen halben Liter Gin zu mir genommen hatte, bevor ich überhaupt auf der Party eingetroffen war.»

Dieses frühe Stadium beim Alkoholismus wird als adaptatives Stadium bezeichnet. Der Stoffwechsel des Alkoholikers verändert sich und wird zunehmend von den stimulierenden

Eigenschaften des Alkohols abhängig. Seine Leber, die Stelle im Körper, die hauptsächlich für die Alkoholentgiftung verantwortlich ist, scheidet in steigendem Maße Enzyme aus, die das mikrosomale Äthanol eine Verbindung mit Sauerstoff eingehen lassen und Alkohol in weniger schädliche Nebenprodukte umwandeln. Die Mitochondrien, die Zellkraftwerke, werden größer und richten sich fehlerhafterweise darauf ein, daß ein zunehmender Anteil des Brennstoffs in Form von Alkohol zugeführt wird.

Im Gehirn verändern sich die Zellmembrane. Die Membrane bestehen aus fettreichem Material, das besonders gut auf die lösungsmittelähnlichen Eigenschaften von Alkohol anspricht. Geringe Dosen von Alkohol aktivieren die Zellmembrane und führen zur Ausschüttung von chemischen Stoffen, die an euphorischen und angenehmen Empfindungen mit beteiligt sind. Hohe Dosen lassen die Membranaktivität geringer werden und führen zur undeutlichen Aussprache von Wörtern und zu Schwindeligkeit. Bei einem Alkoholiker reagieren die Zellmembrane auf die Überflutung mit Alkohol in der Weise, daß sie fester werden. Sie verändern ihre Form und Zusammensetzung so, daß immer mehr Alkohol benötigt wird, damit er überhaupt einen Effekt hervorbringt. Um irgendeine Form von Freude zu haben, muß der Alkoholiker soviel trinken, daß sich die Abwehrmechanismen des Körpers und des Gehirns ständig im Alarmzustand befinden.

Es ist diese Anpassungsfähigkeit des Alkoholikers, die ihn zu etwas Einzigartigem werden läßt. Wegen seiner biologischen Anlagen reagieren sein Körper und sein Gehirn auf Alkohol mit zunehmender körperlicher und psychischer Toleranz. Nicht-Alkoholiker haben nicht die genetische Ausstattung, um einem derartigen Ansturm zu widerstehen. Wenn sie so viel trinken würden, würden sie krank oder ohnmächtig und würden unter einem schlimmen Kater leiden. Sie wären körperlich nicht in der Lage, soviel Alkohol wie ein Mensch zu sich zu nehmen, der mit Ethan vergleichbar wäre. Doch selbst ein abgebrühter Alkoholiker kann nicht ewig so weitertrinken.

«Als ich erst einmal den Beefeater-Martini mit drei Oliven entdeckt hatte – ein Getränk, das wir in England nicht kennen –, ging es im Grunde genommen steil und endgültig bergab», sagte Ethan.

Zu diesem Zeitpunkt kam Ethan ins zweite und mittlere Stadium des Alkoholismus, das durch Kontrollverlust, unvorhersagbare Toleranz und durch anfangende körperliche Abhängigkeit gekennzeichnet ist. Er gab sich selbst das ernstgemeinte Versprechen, das Trinken auf Geschäftsessen oder gesellschaftliche Ereignisse zu beschränken; doch er ertappte sich dabei, wie er weit über das hinausging, was er vorausgeplant hatte. Und er konnte sich nicht mehr ganz sicher sein, welche Auswirkung ein Drink haben würde. Manchmal würde er fünf oder sechs Martinis brauchen, bevor er etwas spürte, ein andermal jedoch würde ein einziges Glas Wein dazu führen, daß er benebelt war und mit schwerer Zunge sprach. Es entwickelte sich so, daß er nicht nur einen Drink gegen den Kater zu sich nahm, sondern daß er ihn trank, damit seine Hände nicht mehr zitterten. Seine Arbeit litt darunter, und nach vielen Verwarnungen verlor er seine Stelle bei einer Bank.

«Es war nicht leicht, eine neue Stelle zu finden», sagt Ethan. «Keiner glaubte mir meine Geschichte, daß ich aus dem Geschäftsleben wegen meiner egalitären, fortschrittlichen Vorstellung von einer Gesellschaft ausgeschieden sei. Sie konnten den Grund dafür riechen. Denn ich nahm meine Flasche zu den Vorstellungsgesprächen immer mit.»

Wenn man allmählich dazu übergeht, nicht nur einen Drink zu wollen, sondern ihn zu brauchen, ist das eine Folge der bemerkenswerten Fähigkeit des Gehirns, sich an veränderte Umstände anzupassen, eines Prozesses, den man Neuroadaptation nennt. Das Gehirn kämpft darum, im Gleichgewicht zu bleiben. Ist Alkohol im Spiel, reagiert das Gehirn so darauf, daß es versucht, das Gleichgewicht wiederherzustellen. Die hauptsächlichen Veränderungen finden beim Dopaminkreislauf im Nucleus accumbens – demselben Kreislauf wie beim Kokain – und in dem System statt, das die Aktivität der Nervenzellen überall im Gehirn regelt.

Alkohol führt wie Kokain zur Ausschüttung von Dopamin im Nucleus accumbens und damit zu einem Gefühl der Belohnung. Wenn der Alkoholiker jedoch mehr trinkt, trocknen die Dopaminzellen aus und schrumpfen, so daß sich die betreffende Person, wenn kein Alkohol verfügbar ist, nicht wohl fühlt und sie einen weiteren Drink möchte.

Die andere Auswirkung ist generalisierter. GABA oder Gammaaminobuttersäure ist eine Aminosäure, die überall im Gehirn die neuronale Übertragung hemmt. Die Rezeptoren für GABA reagieren besonders empfindlich auf Alkohol und scheinen sowohl für viele seiner angenehmen Auswirkungen als auch für die unangenehmen verantwortlich zu sein, wenn man mit dem Trinken aufhört. Chronischer Alkoholkonsum verändert die GABA-Rezeptoren auf eine Weise, daß sie, wenn kein Alkohol verfügbar ist, Gehirnsignale nicht hemmen können, was die entsprechende Person zu starken Angstgefühlen und zu Anfällen neigen läßt. Als man Mäuse mit einem fehlerhaften GABA-System züchtete, wirkte sich Alkohol weniger stark auf sie aus. Obwohl es noch nicht bewiesen ist, könnten genetische Unterschiede beim GABA-System sehr wohl eine Erklärung für unterschiedliche Reaktionsweisen auf Alkohol sein.

Arbeitslos und auf sich gestellt schlitterte Ethan schnell ins letzte Stadium des Alkoholismus. «Ich war sehr stolz auf die Methode, die ich mir ausdachte, um Gin in mich hineinzukippen», sagt er. «Das Problem bestand darin, ihn zu trinken. Mein Zittern wurde so schlimm, daß ich ihn weder aus einem Glas noch gar direkt aus der Flasche trinken konnte; ich hatte mir einen Zahn dabei abgebrochen. Deshalb holte ich mir einen Mixbecher, den größten, den es gab; ich schüttete mit der einen Hand den Gin und mit der anderen das Tonic hinein. Und dann trank ich das Ganze mit einem Strohhalm. Das schaffte ich noch. Das Traurige war, daß ich überzeugt davon war, dies beweise, daß ich kein Alkoholiker war. Ich sagte mir, daß ich schließlich meinen ganzen Verstand darauf verwendete, ein schwieriges Problem zu lösen. Ja wirklich, ich war ganz schön gewitzt, wenn es ums Trinken ging.»

Im letzten Stadium wird die Alkoholtoleranz wegen der Schädigung von Leber und Gehirn geringer. Das Gehirn kann nach der Bestrafung nicht umschalten und braucht jetzt Alkohol, um sich im Gleichgewicht zu fühlen. Die Entzugssymptome verschlimmern sich bis zu einem Punkt, an dem der Alkoholiker seine meiste Zeit mit Trinken verbringt, weil aufzuhören unerträglich schmerzhaft sein würde. Das Resultat ist ein Körper und ein Gehirn, das nur dazu da ist, zu trinken.

Ethan hatte Glück. Er hörte vor 12 Jahren auf zu trinken, sein Gesundheitszustand wurde besser, und er konnte an seine alte Arbeitsstelle zurückkehren. Wegen der vertanen Jahre machte er nicht in dem Maße Karriere, wie es hätte sein können, und er muß sich immer noch mit den Feinden herumschlagen, die er sich machte, als er zu betrunken war, um groß darüber nachzudenken, was er tat; aber er lebt. Er hat nun einen hervorragenden Anreiz, trocken zu bleiben: Sein Sohn ist Alkoholiker. Der kam mit 22 zu den Anonymen Alkoholikern, und durch die Unterstützung seines Vaters ist er im Moment trocken.

Den Korken auf die Flasche

Ethan brauchte keine Neurowissenschaftler, um zu wissen, daß sein Dopamin- und GABA-Kreislauf durch Alkohol verändert worden war. In schmerzlicher Weise wurde die Sucht an jedem Tag seines Lebens offenkundig. Auch brauchte er keinen Genetiker, der ihm erklären konnte, daß sein Zustand möglicherweise vererbt war; sein eigener Sohn war Beweis genug, daß Alkoholismus von einer Generation an die nächste weitergegeben werden konnte. Doch trotz der neurochemischen und genetischen Benachteiligungen, die Ethan hatte, war er imstande, trocken zu werden. Aber wie?

«Es war einfach», sagt Ethan. «Ich hörte auf zu trinken.» Seine Worte, so stark vereinfachend sie auch sein mögen, bringen das einzige allgemein akzeptierte Prinzip der Alkoholismusbehandlung zum Ausdruck: Die einzige folgerichtige und erfolgreiche Behandlung besteht in völliger Abstinenz. Nicht weniger Trinken, nicht der Wechsel von Schnaps zu Bier, nicht die Beschränkung des Konsums auf die Zeit nach 5 Uhr abends, sondern nur ein schlichtes «den Korken auf die Flasche». Alkoholiker, die versucht haben, kontrolliert zu trinken, haben oft auf harte Weise gelernt, daß dies nicht funktioniert. Genau darum zeigen die epidemiologischen Forschungen, daß der beste Prädiktor für Rückfall in den Alkoholismus ein früherer Rückfall ist.

Häufig begehen Alkoholiker den Fehler, zu denken, daß Trinken bei ihnen eher die Folge als eine Ursache für emotionale Schwierigkeiten ist, und sie bitten Psychiater oder Psychologen um Hilfe. Obwohl das ein Weg in Richtung Behandlung ist, gibt es viele Therapeuten, die die Anzeichen für Alkoholismus noch immer nicht kennen und versuchen, ihre Patienten mit noch mehr Drogen zu behandeln; und dazu gehören Beruhigungsmittel, die das Problem nur noch verschlimmern. Sollten Sie der Meinung sein, Sie hätten ein Alkoholproblem, dann haben Sie es, und es ist wahrscheinlich, daß das Problem teilweise genetisch bedingt ist.

Erlesenes Nikotin

Oscar Wilde machte die witzige Bemerkung: «Eine Zigarette ist die vollendete Art eines vollendeten Genusses. Sie ist erlesen und läßt einen unbefriedigt. Was könnte man mehr wollen?» Sartre brachte es existentialistisch zum Ausdruck: «Ein Leben ohne Rauchen [ist] nicht lebenswert.»

Zusammen mit Koffein ist Nikotin die am häufigsten konsumierte psychoaktive Droge der Welt. Die Zahlen sind schwindelerregend. Mehr als ein Viertel der Weltbevölkerung, mehrere Milliarden Menschen nehmen Nikotin in Form von Zigaretten, Zigarren, Pfeifen, Schnupf- und Kautabak zu sich. Dieser ganze Tabakkonsum hat einen hohen Preis. Jedes Jahr führt man ungefähr 400 000 Tode auf das Rauchen von Zigaretten zurück; dies ist mit Kosten von ungefähr 50 Milliarden Dollar für die medizinische Behandlung verbunden. Die Haupttodesursachen sind Lungenkrebs, Emphyseme, Herzkrankheiten, Arteriosklerose und Hirnschlag. Krankheiten, die mit dem Rauchen zusammenhängen, tragen zu mehr als einem Viertel aller Tode bei Menschen zwischen 35 und 64 Jahren bei, und zwischen einem Drittel und der Hälfte werden an ihrer Sucht sterben. Jede Zigarette beraubt einen regelmäßigen Raucher um 5 1/2 Minuten seiner Lebenserwartung.

Warum rauchen die Menschen weiter, obwohl es doch ihr Leben kosten kann? Es ist nicht so, daß sie es nicht besser wissen. Jeder, der bei seiner ersten Zigarette wild herumgehustet hat, weiß, daß Rauch nicht von Vorteil ist. Tatsächlich sind die üblen Auswirkungen des «schädlichen Rauchs» auf die Atmung seit der Einführung des Tabaks aus der Neuen in die Alte Welt bekannt, und seit dem 18. Jahrhundert sind ganze Bücher über die Auswirkungen des Tabaks auf die Funktionen des Herzens und des Blutkreislaufs geschrieben worden. Seit dieser Zeit haben öffentlich wirksame Aufklärungskampagnen, Gesetze und Interessenverbände von Nichtrauchern dafür gesorgt, daß die Gefahren des Zigarettenrauchens allen bekannt sind. Doch die Menschen zünden sich weiterhin ihre Glimmstengel an.

Der Grund dafür, den die amerikanische Food and Drug Administration nannte, lautet, daß Nikotin süchtig macht. Diese schockierende «Entdeckung» wurde unter anderem von der Tabakindustrie, die aus der Sucht Profit erzielt, in Frage gestellt. Die Wahrheit war jedoch seit Jahrhunderten bekannt, und wenn es noch eines Beweises bedürfte, muß man sich nur irgendeinen regelmäßigen Raucher anschauen, der, weil ihm die Zigaretten ausgegangen sind, die Zigarettenstummel aus dem Aschenbecher klaubt und sie gierig bis auf das letzte Ende raucht, so daß er sich fast die Finger verbrennt. Oder man besucht die Raucherzone draußen vor der Tür irgendeines Krankenhauses und beobachtet die Ärzte und Krankenschwestern dabei, wie sie sich ihre Dosis holen.

Obwohl wir seit einiger Zeit wissen, daß Nikotin süchtig macht, erfahren wir erst jetzt, wie die Droge im Gehirn wirkt. Die neueren Forschungsergebnisse zeigen, daß Nikotin über nicht weniger als drei unterschiedliche Hirnmechanismen wirksam wird. Jeder einzelne davon reichte wahrscheinlich aus, um aus Nikotin eine Droge werden zu lassen, die zur Gewohnheit wird, doch zusammengenommen ergibt sich aus den Hirnmechanismen ein feines, fest gewobenes Netz der Sucht.

Der erste Mechanismus kommt ins Spiel, wenn Nikotin das Gehirn erreicht, was nur einige Sekunden dauert, wenn Nikotin in Form von Rauch aufgenommen wird. Die Droge wird an eine besondere Art von Eiweiß gebunden, die als neuronale nikotinsaure Azetylcholin-Rezeptoren bezeichnet werden und die etwas mit Lernen und Gedächtnis zu tun haben. Normalerweise werden Rezeptoren durch Azetylcholin aktiviert, eine beim Menschen natürlich vorkommende Substanz, doch aus einem unbekannten Grund können sie auch durch das Pflanzengift Nikotin in Gang kommen. Genau deshalb wird Nikotin für das Gehirn zu einem Anregungsmittel, macht es den Raucher «munter» und führt dazu, daß er sich leichter konzentrieren kann. Ein Effekt, den die Raucher, die an unserer Forschungsstudie teilnahmen, bestätigten. In unserem Fragebogen wurde am häufigsten die Aussage angekreuzt: «Ich rauche, wenn ich mich konzentrieren muß.» Experimente zeigten, daß Nikotin tatsächlich kurzfristig die Leistungen bei Lern- und Gedächtnisaufgaben verbessert. Eine Weile lang hat man Nikotin sogar dazu eingesetzt, um Alzheimer-Patienten zu behandeln, weil ihr Gehirn auf diese Weise besser funktionierte.

Der zweite Mechanismus setzt ein, wenn Nikotin im Nucleus accumbens die Ausschüttung von Dopamin stimuliert; das ist derselbe Mechanismus wie bei Kokain, Amphetaminen und Morphium. Tatsächlich ist es, wenn man sich die computertomographischen Bilder des Gehirns ansieht, nicht möglich, zu sagen, ob hier Nikotin oder Kokain im Spiel ist.

Der dritte Mechanismus, der von J. S. Fowler und seinen Mitarbeitern am Brookhaven National Laboratory in New York entdeckt wurde, wirkt über das Gehirnenzym Monoaminoxidase B oder MAO-B. Starke Raucher hatten im Vergleich zu anderen Menschen ein um 40 Prozent gesenktes Niveau der MAO-B. Die Funktion von MAO-B besteht darin, die Monoamine zu senken – also Dopamin, Serotonin und Norepinephrin –, die eine zentrale Rolle dabei spielen, wie man sich fühlt. Die Monoaminoxidase-Hemmer werden tatsächlich als Medikamente gegen Depression eingesetzt, was folgendes bedeutet: Nikotin führt dazu, daß sich manche Menschen vielleicht wirklich weniger depressiv fühlen. Untersuchungen haben gezeigt, daß Personen, die sagen, sie seien depressiver als «normal», viermal häufiger Raucher sind als andere Menschen.

Daher führt Nikotin dazu, daß sich die Menschen klüger, besser und glücklicher vorkommen. Es ist also kein Wunder, daß die Leute nicht mit dem Rauchen aufhören.

Rauchergene

Wenn Menschen etwas von der Forschung zur Rolle der Genetik beim Rauchen hören, besteht ihre Reaktion gewöhnlich in einem verwunderten Stirnrunzeln oder einer höhnischen

Grimasse: «Das kann nichts Genetisches sein. Ich habe früher eine Schachtel am Tag geraucht, dann aber aufgehört.» Der Grund für die Skepsis hat nichts mit Wissenschaft, aber viel mit Wahrnehmung und Überzeugungen zu tun. Man hat Alkoholismus mehr als 50 Jahre lang für eine Krankheit gehalten, und die Menschen haben sich mit der Vorstellung angefreundet, daß Krankheiten genetisch bedingt sein können. Aber bis vor kurzem betrachtete man Rauchen lediglich als eine «Gewohnheit», die die meisten nicht mit Genen in Verbindung bringen. Zusammen mit der Macht der Tabaklobby ist dies der Grund dafür, daß ein ganzer Zweig des National Institute of Health – das Institute on Alcohol Abuse and Alcoholism – das Trinken erforscht, aber nur eine Handvoll von Labors auf der Welt die genetischen Faktoren des Rauchens untersuchen.

Die erste Zwillingsuntersuchung zum Rauchen geht auf das Jahr 1958 zurück, als R. A. Fisher bemerkte, daß die Konkordanzraten für das Rauchen bei eineiigen Zwillingen höher waren als bei zweieiigen; dies war ein zentraler Hinweis darauf, daß die Gene hier eine Schlüsselrolle spielten. Seit dieser Zeit gab es 18 verschiedene Untersuchungen, die herausfanden, daß bei eineiigen Zwillingen eher beide rauchen beziehungsweise beide nicht rauchen als bei zweieiigen. Heritabilitätsschätzungen variieren von 28 bis 84 Prozent, und eine Zusammenfassung der Ergebnisse ergibt eine durchschnittliche Heritabilität von 53 Prozent. Aus Zwillingsuntersuchungen ergibt sich kein Hinweis darauf, daß die Umwelt in der Familie irgendeine Auswirkung auf Rauchen hat; der erhöhte Anteil von Rauchern unter den Kindern von Rauchern geht darauf zurück, daß die Eltern ihre Gene, nicht ihre Zigaretten an die Kinder weitergeben. In unserer Gesellschaft ist jeder dem Rauchen ausgesetzt; aber was den «Umwelteinfluß» angeht, ob jemand mit dem Rauchen anfängt, sind Gleichaltrige wahrscheinlich von größerer Bedeutung als die Eltern.

Die Zwillingsuntersuchungen wurden dann ausgeweitet,

um zu sehen, was geschieht, wenn ein Zwilling mit dem Rauchen aufhört oder aufzuhören versucht. Würde der andere Zwilling denselben Erfolg beziehungsweise Mißerfolg haben? Die Ergebnisse zeigten, daß die Gene einen Einfluß darauf haben, ob jemand mit dem Rauchen anfängt; sie haben jedoch auch einen Einfluß auf die Wahrscheinlichkeit, daß er aufhört. Aber es handelt sich um unterschiedliche Gene.

Die Gene selbst wurden nicht gefunden. Eine gute Stelle, an der man mit der Suche beginnen könnte, wären die Gene, die mit der Suche nach Neuartigem in Zusammenhang gebracht werden, vor allem jene, die mit der Dopaminsignalübertragung zu tun haben. Gene, die mit dem Weiterrauchen zusammenhängen, könnten eine Beziehung zu Genen für die Schadensvermeidung aufweisen, vor allem zu den Serotonin-Genen. Unser Labor am National Institute of Health fand in einer Vorstudie eine Verbindung zwischen einem Serotoninrezeptor-Gen und Rauchen, doch dieses Resultat muß repliziert werden, damit es glaubwürdig ist. Ein Bereich, der völlig unerforscht ist, sind die Gene, die die Sensibilität für Nikotin steuern, möglicherweise die Gene für die Nikotinrezeptoren selbst. Untersuchungen an Mäusen haben gezeigt, daß Gene eine wichtige Rolle bei der ersten Stimulierung durch Nikotin spielen, aus der sich gut vorhersagen läßt, wie stark ausgeprägt Toleranz und Sucht später sein werden.

Mit Tabak aufhören

Der beste Rat, den man jemandem zum Zigarettenrauchen geben kann, lautet: Fang gar nicht erst an. Nikotin ist eine stark süchtig machende Droge. Die meisten Menschen, die regelmäßig rauchen, werden süchtig. Dies bedeutet, daß Nikotin anders wirkt als Alkohol; denn viele Menschen trinken regelmäßig, ohne Alkoholiker zu werden.

Wegen dreier Gehirnmechanismen, die den Raucher süchtig machen und belohnen, ist es schwierig, damit aufzuhören;

hinzu kommt die genetische Komponente sowie die intensive psychische und verhaltensmäßige Verstärkung der Gewohnheit des Rauchens. Obwohl mehr als 80 Prozent der Raucher sagen, sie wollten aufhören, haben jährlich nur etwa 7 Prozent Erfolg dabei. Die Rückfallrate beim Rauchen ist so hoch wie beim Heroinkonsum.

Doch wenn es schwierig ist, heißt das nicht, daß es unmöglich ist. Die gute Nachricht lautet, daß viele gute Strategien zum Aufhören entwickelt worden sind. Sollte eine Methode nicht funktionieren, muß man eine andere ausprobieren. Man sollte darauf vorbereitet sein, daß man einen Mißerfolg hat, wenn man das erste Mal versucht aufzuhören. Selbst wenn man nur für ein paar Tage aufgehört hat, ist das ein Pluspunkt, weil jeder Tag ohne Rauchen ein weiterer Tag ist, an dem man seinen Körper nicht schädigt. Vergegenwärtigen Sie sich, daß es die Gesamtzeit, die man raucht, ist, die die Lebenserwartung beeinflußt, nicht, wie viele Male man aufhört und wieder anfängt.

Thomas, eine der von uns untersuchten Personen, fing als Jugendlicher mit dem Rauchen an; als er dann 47 Jahre alt war, rauchte er drei Packungen am Tag. Als er gefragt wurde, wie er das mache, so viele Zigaretten am Tag zu rauchen – etwa vier pro Stunde –, sagte er, er habe Aschenbecher in jedem Zimmer des Hauses; häufig rauche er eine Zigarette, wenn er in die Küche ginge, eine weitere im Badezimmer und noch eine im Wohnzimmer. «Manchmal vergesse ich, daß ich eine Zigarette hatte, die weiter im Aschenbecher direkt vor mir brennt, und zünde mir eine weitere an», sagte er. Thomas war auch trockener Alkoholiker, in dessen Familie gehäuft Fälle von Süchten aufgetreten waren.

Sein Zahnarzt bemerkte eine kleine weiße Stelle an der Innenseite seiner Wange. Er ging zu einem auf den Mundbereich spezialisierten Onkologen, um eine Biopsie machen zu lassen. Während er nach der Biopsie auf die Untersuchungsergebnisse wartete, was eine Woche dauerte, versprach er sich selbst hoch und heilig, am Tag, an dem er die Ergebnisse bekam, das Rauchen aufzugeben. Er fragte den Arzt, wie er aufhören könne, und der Arzt verschrieb ihm ein Kaugummi, das Nikotin enthielt.

Die Biopsie kam zurück und war positiv. Thomas mußte sich einem großen chirurgischen Eingriff unterziehen; und dazu gehörte die Entfernung eines Teils seiner Zunge, was ihm das Sprechen erschwerte. Trotz dieses starken Beweggrundes hatte Thomas immer noch Probleme, mit dem Rauchen aufzuhören. Als er zum erstenmal das Nikotinkaugummi probierte, konnte er den Geschmack nicht ertragen; deshalb hörte er ganz mit dem Rauchen auf und bekam Entzugssymptome. Nach einem Monat ohne Rauchen entdeckte er die ungeöffnete Packung des Nikotinkaugummis. «Es kostet dreißig Dollar», sagte er. «Daher dachte ich mir, ich könnte es genausogut ein weiteres Mal probieren.»

Er mochte den Geschmack immer noch nicht, aber er hatte diesen Auftrieb durch Nikotin wirklich gern. Recht bald *mußte* er dieses Kaugummi haben. «Wenn ich morgens aufstand, nach einem Essen, beim Fernsehen – im Grunde genommen immer, wenn ich sonst eine Zigarette geraucht hätte. Ich wußte, was da vor sich ging, aber ich konnte dem Verlangen danach einfach nicht widerstehen.» Ziemlich bald war Thomas wieder nikotinabhängig. Die Art und Weise, wie er es bekam, hatte sich geändert, aber nicht die Sucht. Es dauerte weitere drei Monate, und er brauchte die Hilfe eines Arztes, um wieder damit aufzuhören, diesmal endgültig.

Thomas' Geschichte veranschaulicht drei wichtige Punkte: Nikotin macht in starkem Maße süchtig, gleichgültig, wie man es bekommt. Süchte passen zusammen: Das Rauchen hing bei Thomas anscheinend mit seinem Alkoholismus und mit den Fällen von Sucht in seiner Familie zusammen. Der dritte Kernpunkt besteht darin, daß es einem so schwer nikotinabhängigen Menschen mit einer genetisch bedingten Suchtpersönlichkeit möglich ist, mit dem Rauchen aufzuhören.

Die fortdauernde Anziehungskraft

Es gibt ein starkes Bedürfnis beim Menschen, veränderte Bewußtseinszustände zu erleben und die Gehirnreaktionen zu verändern. Vom Kleinkind, das sich gern um die eigene Achse dreht, bis ihm schwindlig wird, bis zum Vater, der sich nach der Arbeit einen entspannenden Drink gönnt, ist das Bedürfnis, die chemische Mixtur im Gehirn zu verändern, deutlich ausgeprägt. Vielleicht handelt es sich hier um einen genetisch bedingten Trieb, der arttypisch ist. In manchen Kulturen werden Drogen genommen, um sich in religiöse Ekstase zu bringen, in anderen, um gesellschaftliche Spannungen abzubauen. Manche Menschen probieren Drogen aus, um ihre Seele zu öffnen, andere, um sie abzuschotten. Manche Personen möchten schneller werden, andere ruhiger. Die Menschen wollen aus unterschiedlichen Gründen die Art und Weise, wie sie empfinden, verändern, doch die Techniken sind dieselben: hier eine Synapse langsamer werden lassen, dort einen Neurotransmitter schneller, das eine Gen anschalten, das andere ausschalten.

Während sich einige Wissenschaftler auf die schlimmen Seiten von Alkohol, Tabak und gefährlichen Drogen konzentrieren, denken sich andere neue Sorten von «Designerdrogen» aus, von Emotionen in einem Fläschchen. Wenn wir aus der Vergangenheit etwas lernen können, dann ist es dies: Wir werden weiterhin mit veränderten Bewußtseinszuständen experimentieren, ob sie nun durch Meditation, durch Gebete oder durch chemische Stoffe zustande kommen.

Kapitel 5

Sexualität

Verliebte Männer und Frauen

Paul und Madeleine begegneten sich kurz während des Studiums. Es war im Sommer an einem der nördlichen Seen, während eines warmen Abends in einer überfüllten Bar. Sie verliebten sich sofort ineinander; sie hatten beide das Gefühl, jemanden gefunden zu haben, den sie seit Jahren kannten. Mit ein paar Worten und Gesten, die nicht sexueller Natur, sondern in warmer Art und Weise sinnlich sowie voller Erwartungen waren, fand Madeleine wie eine funkelnde Klinge ihren Weg in sein Herz. Paul war nicht nur ein weiterer Flirt; für sie war er etwas Besonderes, vielleicht der Mann, der ihr vielschichtiges, problematisches Seelenleben verstehen und lieben konnte.

Doch dann reiste sie nach Paris ab und er in die Großstadt, um Karriere zu machen. Gelegentlich schrieben sie sich, aber sie sahen sich sieben Jahre lang nicht mehr. In dieser Zeit gingen sie anderen Liebschaften, Eroberungen und Affären nach, die in unterschiedlichem Maße ernst gemeint und mit nicht viel Verpflichtung verbunden waren. Obwohl sie die Hoffnung nie offen aussprachen, hatten sie tief in ihrem Herzen den Wunsch, daß sie eines Tages wieder zusammensein würden. Statt sie auseinanderzubringen, ließ die Entfernung ihre Beziehung zueinander in ihrer Vorstellung intensiver werden; jeder träumte davon, daß auch der andere dies erkennen würde. Paul dachte häufig an den frischen Geschmack ihrer Lippen und an die Art und Weise, wie ihre Körper miteinander harmonierten. Madeleine erinnerte sich an sein nachsichtiges Lächeln und an den Schutz, den sein Arm ihr bot.

Nach sieben Jahren schließlich machten sie aus, sich wiederzutreffen. Das Risiko war groß, denn die Erwartungen waren ins Unermeßliche gestiegen und mußten sich nicht an der Realität messen. War es nicht besser, sich weiterhin nur Briefe zu schreiben, weiter an dieser vollkommenen Beziehung zu arbeiten? Was wäre, wenn sie nebeneinander aufwachend feststellen müßten, daß sie sich noch nicht einmal mehr mochten?

Paul war so aufgeregt, daß er auf dem langen Flug zur Insel gar nicht schlafen konnte. Madeleine war bereits da und wartete sehnsüchtig in einem winzigen Bungalow, in dem vom See her alles klamm war. Als er eintraf, umarmten sie sich und fielen aufs Bett. Das Geräusch von Wellen überspülte sie, und an der Decke klapperte der rotierende Ventilator sanft über ihren Körpern.

Sie verbrachten eine Woche zusammen, sonnenverbrannt und friedlich, entspannter, als sie es sich hätten vorstellen können. Bei ihrem erneuten Zusammentreffen war alles so, wie sie es sich in ihren Träumen ausgemalt hatten: leidenschaftlich, echt, mit einer Beziehung zueinander ohne Wenn und Aber. Als die Woche zu Ende war, trennten sie sich sorglos in dem Bewußtsein, daß ihr Schicksal besiegelt war; es war nur eine Frage der Zeit, wann sie wieder zusammensein würden. Ihre Fragen hatten eine Antwort gefunden, und sie würden ein Paar fürs Leben werden.

Während Paul gleich wieder arbeiten mußte, fuhr Madeleine gemächlich mit dem Schiff nach Hause. Der Kapitän des Schiffs war stark und gutaussehend, hinreißend und unbefangen. Madeleine fühlte sich unerklärlicherweise und hoffnungslos zu ihm hingezogen, doch sie wußte, daß es, wenn sie sich ihm hingab, nicht möglich wäre, Paul wieder unter die Augen zu treten. Madeleine beobachtete sich dabei, wie sie auf den Kapitän zuschwamm; und als sie eine Sekunde lang zögerte, ergriff er ihre Hand, zog sie sanft, aber heftig in seine Richtung und brachte sie ohne viel Anstrengung zu sich heran, so, wie er einen großen Fisch für das Abendessen an Bord ziehen würde.

Sie rief Paul an, um ihm über die weite Entfernung hinweg die Geschichte in allen unerträglichen Einzelheiten zu berichten, und er empfand nur Abscheu. Er versuchte, seinen Schmerz in Ärger gegen sie oder den Kapitän umzumünzen, aber er konnte es nicht. Madeleine sagte, sie sei verwirrt und wisse nicht, was sie tun solle. Sie sagte ihm, sie sei hin und her gerissen, sie liebe ihn keineswegs weniger als früher.

Als sie wenige Wochen später wieder anrief, hatte Paul gerade getrunken und lag mit einer Frau, die er kaum kannte, im Bett. Madeleines erste Worte waren: «Du bist doch nicht allein, oder?» Er gab ihr eine ehrliche Antwort: «Nein.» Madeleine war wütend. Sie riß das Telefon aus der Wand und warf es auf den Boden. Sie brauchte keinen solchen Kummer und erst recht nicht jetzt, wo sie doch so verwirrt war. Für sie hatte Paul ihre Beziehung zueinander zerstört. Selbstverständlich hätte sich aus ihrer Affäre mit dem Kapitän nie etwas ergeben; er war verheiratet und hatte drei Kinder. Madeleines Gefühle Paul gegenüber hielten jahrelang an, bis sie zu der Überzeugung kam, daß sie ihn haßte. Eine ganze Weile lang dachte Paul jeden Tag an sie, doch am Ende verblaßte seine Erinnerung an sie. Sie sprachen nie wieder miteinander.

Was geschah mit Paul und Madeleine? Wie kreuzten sich auf diesem riesigen Planeten und angesichts der Unendlichkeit der Zeit die Wege von zwei Menschen und wurden zu einem? Welche Kraft sorgte dafür, daß sie sich mit einer solchen Leidenschaft in den Armen lagen und daß sie so heftig wieder auseinandergetrieben wurden? Die Antwort ist einfach und kompliziert zugleich; die Kraft ist stärker als alles andere, was wir kennen: Liebe. Sich zu verlieben – oder wieder auseinanderzugehen – gehört zu den einprägsamsten emotionalen Erfahrungen, die die meisten Menschen in ihrem Leben machen. Die Entscheidungen, die wir in Liebesangelegenheiten treffen, gehören zu den wichtigsten – sowohl im Hinblick auf Glück und Erfüllung als auch im Hinblick auf das Wesentliche, was wir von uns selbst weitergeben, nämlich die Gene.

Der Grund, warum diese Emotionen so intensiv und einprägsam sind, ist, daß gefühlsbetonte Liebe vor allen Dingen ein Ausdruck von Sexualität und Fortpflanzung ist und daß Sexualität und Fortpflanzung zu den stärksten Trieben des Menschen gehören. Beim Menschen läßt sich Liebe jedoch nicht auf die Paarung reduzieren, und sie wird vielleicht mehr als jede andere Emotion durch Zufall, Kultur, in einer Gesellschaft vorherrschende Sitten und Gebräuche, Glück oder gar durch «die Sterne» beeinflußt, was eine Erklärung für die nicht enden wollende Vielfalt von Liebesgeschichten, -liedern, -gedichten und -filmen ist. Obwohl die schwärmerische Liebe unter einem Schwall von Worten, die wir uns zu ihrer Erklärung und Glorifizierung ausgedacht haben, versteckt ist, so war ihr grundlegender Kern doch immer die körperliche Vereinigung von Mann und Frau. Das Bedürfnis nach dieser Vereinigung gehört von allen Verhaltensweisen des Menschen zu denen, die am tiefsten verwurzelt, angeboren und genetisch vorprogrammiert sind.

Wie die Liebe wirkt, ist einfach. Die Methode, mit deren Hilfe Menschen ihre Gene weitergeben, führt über die sexuelle Fortpflanzung. Menschen, die in keiner Weise an Sex interessiert oder nicht dazu fähig waren, hatten nie Kinder und gaben jene Gene daher nicht weiter. Sie mögen wundervolle, sogar außergewöhnliche Menschen gewesen sein. All ihre anderen Gene waren vielleicht großartig – Gene, die sie zu einem netten, großzügigen, starken, brillanten beziehungsweise wunderschönen Menschen machten –, aber ihre Gene waren für immer dahin, wenn sie keinen Sex hatten. Menschen mit Genen, die sie zu Sex verleiteten und einen Partner anzogen, hatten Kinder. Die Kinder hatten wieder selbst Kinder und so weiter, bis wir kamen. Ihre anderen Gene mögen miserabel gewesen sein – sie haben vielleicht gemeine, selbstsüchtige oder dumme Menschen aus ihnen gemacht –, doch das war gleichgültig; ihre Gene wurden an die nächste Generation weitergegeben.

Hier handelt es sich um die unabwendbare Logik der Evolution, das Organisationsprinzip des Lebens. Wenn wir uns dem Anfang der Menschheit zuwenden, so können wir bei allem, was wir über unsere Vorfahren wissen und nicht wissen, einer Sache sicher sein: Sie hatten Sex und zogen Kinder groß. Sonst gäbe es uns nicht. Und als sie sich als Mann und Frau vereinigten, gaben sie vor allem eben jene Gene weiter, die sie in die Lage versetzten und ihr Interesse daran erweckten, sexuell miteinander zu verkehren.

Die Evolution hilft auch mit dabei, einige besonders anhaltende und ärgerliche Persönlichkeitszüge des Menschen zu erklären, wie etwa Eifersucht, Besitzgier und Untreue. Wenn ein Mann und eine Frau sich paaren, haben die Gene ein ureigenes Interesse daran, daß beide lange genug zusammenbleiben, um ein Kind hervorzubringen und es aufzuziehen. Die Anziehungskraft, die Paul und Madeleine miteinander verband, brachte ihre Körper immer wieder zusammen, damit sie sich fortpflanzten. Wegen Treulosigkeit wurde die Beziehung genauso leidenschaftlich zerstört. Ein Mann wird wütend, wenn eine Frau vom rechten Weg abkommt, weil sie von einem anderen Mann schwanger werden könnte; und dies würde heißen, daß der erste Mann all seine Energien dafür aufwenden würde, die Gene einer anderen Person zu hegen. Kommt ein Mann vom rechten Weg ab, ist die Frau eifersüchtig, weil sie Hilfe bei der Erziehung des Kindes braucht. Anderer seits ist ein bißchen Untreue vom Standpunkt der Gene aus nicht so schlimm, weil sie dazu beitragen könnte, daß der Mann seinen Samen verbreitet und der Frau gestattet, weiter nach dem «vollkommenen» Partner zu suchen, mit dem sie sich fortpflanzen kann. Daher möchte ein Mann viele Partnerinnen haben, und gleichzeitig möchte er diese Frauen davon abhalten, sich mit anderen Männern zu paaren. Eine Frau möchte einen treuen Mann und sich gleichzeitig das Recht vorbehalten, sich ihren Samen von einem anderen zu holen.

Die Evolutionstheorie hält eine Erklärung dafür bereit, *warum* wir genetisch dazu programmiert sind, so intensive Liebesgefühle zu entwickeln, aber sie weiß keine Antwort auf die Frage, *wie* die genetische Übertragung funktioniert. Wenn ein Mann und eine Frau begierig ihre Körper aneinanderdrücken, denken sie, auch wenn sie Wissenschaftler sind, nicht an die Evolutionstheorie. Im bebenden Augenblick des Orgasmus sind die Gedanken eines Menschen gewöhnlich nicht damit beschäftigt, wie er seine Gene weitergeben kann. Wenn überhaupt, dann machen sich beide Partner heutzutage wahrscheinlich mehr Sorgen darum, wie sie ein Kind verhindern, als wie sie sich fortpflanzen können. Ein derart ausgeklügelt berechnendes Vorgehen kann sich nur in der Großhirnrinde abspielen, dem neuesten und entwickeltsten Teil unseres Gehirns. Da Tiere, schon lange bevor sie über solche Dinge nachdenken konnten, sogar noch bevor sie erkannten, daß Sexualität etwas mit Fortpflanzung zu tun hat, den drängenden Wunsch hatten, sexuell miteinander zu verkehren, müssen jene «animalischen sexuellen Vorstellungen» vom limbischen System aus gesteuert worden sein, dem primitiveren Teil des Gehirns, der beim Menschen als Sitz der Emotionen fungiert.

Um das Überleben zu sichern, kamen die Gene auf einen schlauen Trick. Anstatt an unseren höheren Sinn für eine Berufung oder an unsere Pflicht zu appellieren, die menschliche Rasse aufrechtzuerhalten, sorgten die Gene dafür, daß Sexualität Spaß macht, daß sie wirklich Spaß macht. Die Gene enthalten die Codes für Millionen von Tastrezeptoren an den Geschlechtsorganen und für Nerven, die sie mit dem Gehirn, dem wichtigsten Sexualorgan, verbinden. In der somatosensorischen Großhirnrinde ist der Teil des Gehirns, der mit dem Genitalbereich verbunden ist, größer als irgendein anderer, was der Grund dafür ist, daß die Genitalien in so wunderbarer Weise ausgesprochen sensibel auf Berührung reagieren. Weitere Gene enthalten Codes für den Fluß der Hormone, die während der Schwangerschaft beziehungsweise bei der Geburt ausgeschüttet werden und die dafür sorgen, daß die Mutter von warmen Gefühlen gegenüber ihrem Kind erfüllt ist. Wieder andere Gene tragen vermutlich im limbischen Teil des Gehirns dazu bei, daß wir für soziale Interaktionen und für Hinweise auf gegenseitige Anziehung empfänglich werden, die wir instinktiv spüren und heute als Liebe bezeichnen.

Die Ursprünge der Unterschiede zwischen den Menschen

Als Mitglieder einer Art haben Männer und Frauen ein Ziel gemeinsam: sich fortzupflanzen. Als Angehörige eines Geschlechts haben Männer und Frauen jedoch recht unterschiedliche Vorstellungen darüber, wie sie dieses Ziel erreichen. Der Unterschied geht auf den Unterschied zwischen Eizelle und Samenzelle zurück. Einfach ausgedrückt verhalten sich Männer wie Samenzellen, die preiswert und reichlich vorhanden sind. Ihre Strategie ist es, Eizellen aufzuspüren, sie zu befruchten und sie dann zu vergessen. Frauen verhalten sich wie Eizellen, die selten und wertvoll sind und die einmal befruchtet eine beträchtliche Investition an Zeit und Ressourcen für die Kinderbetreuung voraussetzen. Für Frauen ist es die beste Strategie, mäkelig zu sein, eine Samenzelle von einem Mann zu suchen, der bei der Aufzucht des Kindes hilft, und andere potentielle Sexualpartner zu ignorieren.

Auf diesen grundlegenden biologischen Unterschied gehen alle möglichen Arten anderer Unterschiede zwischen Männern und Frauen zurück, und darunter sind auch die grundlegendsten Eigenschaften, die wir mit unseren tierischen Vorfahren gemeinsam haben, nämlich zu wem wir uns hingezogen fühlen, wie wir potentielle Partner für uns einnehmen und wohin unsere Gefühle uns führen. Der biologische Unterschied zwischen Männern und Frauen ist auch der Kern für raffiniertere Unterschiede wie den Unterschied zwischen *Penthouse* und Liebesromanen, zwischen Mars und Venus, zwischen Kampfstiefeln und Strumpfhosen. Es gibt kein Gen, das Männer davon abhält, nach dem Weg zu fragen, oder das sie dazu zwingt, sich an die Fernbedienung des Fernsehers zu klammern; und es gibt auch kein Gen, das Frauen dazu bringt, daß sie über alles reden oder daß sie einkaufen gehen wollen. Menschen sind Individuen und durch ihre jeweilige Geschlechtszugehörigkeit nicht vollkommen festgelegt. Es gibt einen großen Spielraum für den freien Willen, wenn es darum geht, welche Beziehungen Männer und Frauen miteinander eingehen. Damit soll gesagt werden, daß es echte, unbestreitbare Unterschiede zwischen Männern und Frauen gibt, und erstaunlicherweise gehen sie auf einen einzigen genetischen Schalter, eigentlich sogar auf ein einzelnes Gen zurück.

Das Haupt-Gen wird als TDF bezeichnet, weil dies der Name des Eiweißes ist, für das es den Code enthält, den Testis-determinierenden Faktor, den Faktor, der darüber entscheidet, ob ein Mensch Hoden haben wird oder nicht. Es liegt – und das ist keine Überraschung – auf dem Y-Chromosom, dem einzigen Chromosom, das Männer haben, Frauen dagegen nicht. Zu Beginn des Lebens gibt es beim Embryo keinen Unterschied zwischen männlich und weiblich, wenn man einmal von einem kleinen Streifen absieht, aus dem die Genitalien werden. Ist der Fötus männlich, wird ungefähr acht Wochen nach der Empfängnis das TDF-Gen angeschaltet, und der Unterschied beginnt in Erscheinung zu treten. Um seine männliche Mission zu verfolgen, aktiviert das TDF-Gen ein weiteres Gen, das das hemmend wirkende Müller-Hormon hervorbringt, und dieses wiederum hält die inneren weiblichen Geschlechtsorgane davon ab, sich zu entwickeln. Die zweite Aufgabe des Gens besteht darin, eine Gruppe von Zellen zu aktivieren, die durch Synthese Testosteron aufbauen, das männliche Sexualhormon, das zur Ausbildung des männlichen Genitaltrakts führt. TDF wirkt wie ein Signal an einer Eisenbahnstrecke: Ist es auf Aus, bleibt der Zug auf der weiblichen Spur; ist es auf An, leitet es die Entwicklung auf die männliche Spur um.

TDF führt seine Aufgabe in einem bestimmten Moment aus. Ist der Zug erst einmal auf der männlichen Spur, hat der Testis-determinierende Faktor keine Bedeutung mehr; wenn das Kind auf die Welt kommt, ist kein Quentchen vom Eiweiß mehr zu finden. Die Hormone verleihen der «männlichen Lokomotive» ihre starke Durchschlagskraft, vor allem das Testosteron und verwandte männliche Hormone, die von den Hoden gebildet werden. Diese Hormone steuern die Entwicklung der Genitalien, sie führen später zu Haarwuchs im Gesicht und zu einer tieferen Stimme.

TDF ist nicht der einzige Bestandteil, der Voraussetzung dafür ist, daß ein Mann entsteht. Es gibt viele weitere Gene, die ebenfalls angeschaltet sein müssen, um die Entwicklung in den richtigen Bahnen zu halten. In seltenen Fällen funktioniert dieser Vorgang nicht. Die Ergebnisse können verwirrend und manchmal auch herzzerreißend sein.

Als María Patiño 1985 im japanischen Kobe eintraf, war sie eine entschlossene junge Frau und spanische Meisterin im Hürdenlauf, die vorhatte, die Welthochschulspiele zu gewinnen. Noch bevor sie im Stadion antreten konnte, wurde ihr Traum zum Alptraum. Sie fiel bei der Geschlechtsbestimmung durch.

Geschlechtsbestimmungen wurden erstmals 1966 bei weiblichen Athleten durchgeführt: Sie waren eine Reaktion auf Gerüchte, daß einige der besten russischen und osteuropäischen Athletinnen in Wirklichkeit Männer seien. Das ursprüngliche Untersuchungsverfahren war simpel: Die Frauen stellten sich nackt vor einem Gremium aus Gynäkologen auf. Wäre das Untersuchungsverfahren in Kobe immer noch dasselbe gewesen, wäre María durchgekommen, weil sie allem Anschein nach eine normale Frau mit Brüsten und Vagina war. Doch um die peinliche Situation der «Nacktparade» zu vermeiden, wurde eine neue und angeblich ausgeklügeltere Prozedur eingeführt. Man entnahm ein paar Zellen an der Wange, färbte sie mit einer speziellen Farbe ein und untersuchte sie unter einem Mikroskop. Hatten die Zellen zwei X-Chromosomen, was weiblich bedeutete, würde ein schwarzer Punkt auftreten; wären die Zellen jedoch XY, was männlich hieß, würde kein schwarzer Punkt zu sehen sein. Als Marías Untersuchungsergebnisse aus dem Labor kamen, war kein schwarzer Punkt vorhanden. Das hieß, sie hatte ein X- und ein Y-Chromosom; nach Auffassung der Sportveranstalter mußte sie also männlich sein und wurde deswegen vom Wettkampf ausgeschlossen.

Für María und ihre Eltern, die nie etwas anderes vermutet hatten, als daß sie eine gesunde junge Frau ist, war diese Nachricht ein Schock. Weitere Untersuchungen ergaben, daß bei ihr ein seltener körperlicher Zustand vorlag, der bei einer von 20 000 (XY-)Geburten vorkommt und der als Androgeninsensibilitätssyndrom bezeichnet wird. Beim Gen zur Bildung des Rezeptors für Androgen – das Eiweiß, das das Vorhandensein der männlichen Sexualhormone zurückmeldet – lag eine Mutation vor, die den Rezeptor funktionsunfähig werden ließ. María kam mit einem normalen Y-Chromosom und einem TDF-Gen zur Welt; ihre Entwicklung hätte in die männliche Richtung geleitet werden sollen. Doch es war kein Rezeptor vorhanden, um das Androgen zurückzumelden; sie war auf einer Kreisbahn gelandet. Es wurden keine äußeren männlichen Geschlechtsmerkmale gebildet, und der Zug geriet wieder auf die weibliche Bahn. Genau darum waren ihre äußeren Genitalien und ihre sekundären Geschlechtsmerkmale die einer Frau. Der einzige Unterschied zwischen María und irgendeiner anderen Frau bestand darin, daß María innere Hoden und eine unvollständig entwickelte Vagina hatte, was allem Anschein nach für ihre Fähigkeit, Hürden zu überspringen, nicht von Bedeutung ist.

Der Fall María ist ein Beispiel dafür, wie gefährlich es sein kann, sich im Bereich der Genetik mit einem Teilwissen zufriedenzugeben. Die Offiziellen des Sports dachten, XY müsse männlich bedeuten; doch eigentlich sind viele weitere Gene erforderlich, die meisten davon auf anderen Chromosomen, um einen Mann von einer Frau zu unterscheiden. Und da María nach jeder beliebigen Definition eine Frau war, außer man verwendet das Vokabular dieses besonderen Gens, müssen hier andere Gene bei den Verhaltensweisen, die wir für männlich oder weiblich halten, eine Rolle spielen.

Venus kontra Mars

Nur wenige stellen in Frage, daß sich Männer und Frauen im Hinblick auf ihre Verhaltensweisen wie auch bezogen auf ihre Anatomie unterscheiden. Selbst wenn sie bekleidet sind, sind die Unterschiede eindeutig. Männer sind hart, aggressiv, wettbewerbsorientiert, kalt, neigen zur Promiskuität, sind robust, jagen Bisons und sind verrückt nach Autos. Frauen sind weich, gewährend, umhegend, emotional, monogam, sinnlich, sammeln Beeren, fahren schlecht Auto und sprechen gern viel. Kurz: «Frauen kommen von der Venus, Männer vom Mars.» Die Frage ist: Sind die emotionalen Unterschiede und die Persönlichkeitsunterschiede zwischen Männern und Frauen durch die Gene festgelegt, oder sind sie das Produkt von Kultur und Sozialisation? Sind Männer freche, geile, wettbewerbsorientierte Rohlinge, weil man ihnen beigebracht hat, so zu sein, oder weil sie nicht anders können? Sind Frauen so zerbrechliche Wesen, weil ihre Mütter ihnen gesagt haben, daß dies die geeignete Methode sei, das Herz eines Mannes zu erobern, oder weil ihre Hirne so geschaffen worden sind? Wahrscheinlich geht die Diskussion über den Ursprung der Geschlechtsunterschiede auf den ersten vorgeschichtlichen Mann zurück, der Matsch in die Höhle hereinschleppte. Es gibt nur wenige Fragen, die zu einer heftigeren Kontroverse geführt oder die verworrenere und irreführendere Vorstellungen hervorgerufen haben.

Ein Einzelfall aus den medizinischen Akten ist interessanterweise dazu benutzt worden, hier beiden Seiten Argumente zu liefern. Die Geschichte beginnt damit, daß zwei prächtige, gesunde Zwillingsjungen geboren werden. Im Alter von acht Monaten mußte bei einem der Jungen, der in der Fallgeschichte als John bekannt wurde, eine kleinere Operation durchgeführt werden, um eine zu enge Vorhaut zu weiten. Unglaublicherweise verpfuschte der Chirurg seine Arbeit und schnitt den winzigen Penis ab. Die Ärzte überzeugten die Eltern davon, daß es für den Jungen zu traumatisch wäre, wenn man ihn als Eunuchen aufwachsen ließe; deshalb schlugen sie vor, daß es am ehesten zu seinem Wohl sei, die Sache zu Ende zu führen. Die Eltern stimmten zu, und dem Jungen wurden die Hoden entfernt. Über einen weiteren Eingriff machten sich die Ärzte daran, bei dem Kind, das im wesentlichen als Mädchen zur Welt gekommen war, in einer langwierigen Operation eine Vagina zu konstruieren. Die Eltern fingen an, das Baby Joan zu nennen, und kauften ihm neue rosa Sachen, Kleider mit Blümchen und Puppen. 1973 beschrieb John Money, einer der ersten Sexualwissenschaftler, wie Joan als ganz normales kleines Mädchen aufwuchs; der Fall schien zu belegen, daß die Geschlechtsidentität von liebevollen Eltern, die mit ausgebildeten Fachleuten zusammenarbeiteten, festgelegt werden konnte. Scheinbar wurden Kinder geschlechtsneutral geboren und konnten genauso leicht auf eine männliche wie auf eine weibliche Bahn gebracht werden.

Kürzlich beschlossen zwei weitere Wissenschaftler, Dr. Milton Diamond und H. Keith Sigmundson, nachzusehen, was mit Joan etwa 30 Jahre später geschehen war. Ihre Entdekkung, die 1997 veröffentlicht wurde, stellte die Theorie der Geschlechtsidentität vom Kopf auf die Füße. Joan wurde, wie sich herausstellte, kein glückliches kleines Mädchen. Sie riß sich ihre Kleider auf und versuchte im Stehen zu urinieren. Ihre Mutter brachte ihr bei, wie man Make-up verwendet, doch sie zog es vor, ihren Vater nachzuahmen, der sich das Gesicht rasierte. Andere kleine Mädchen schienen instinktiv zu erkennen, daß da etwas nicht richtig war; sie nannten sie «Höhlenmensch» und weigerten sich, mit ihr zu spielen. Die Eltern, die die Sache vor allen Leuten geheimgehalten hatten, meinten, sie hätten keine andere Wahl, als den Weg, den sie einmal eingeschlagen hatten, weiterzuverfolgen, und so gaben sie Joan im Alter von 12 Jahren Östrogen, damit sie Brüste und andere weibliche Geschlechtsmerkmale bekam.

Im Alter von 14 Jahren wurde Joan depressiv. Sie wußte, daß da etwas nicht stimmte, und sie wollte nicht so weiterleben. Warum war sie nicht so wie andere Mädchen? Warum wollte sie mit Jungen Baseball spielen, konnte sich aber nicht vorstellen, sie zu küssen? Selbstmord, so dachte sie, war der einzige Ausweg. Ihre Eltern kannten die Gründe, weswegen sie so litt, und schafften es nicht mehr, ihr die Wahrheit vorzuenthalten. Unter Tränen erzählte ihr der Vater die Geschichte, obwohl er wußte, daß sie sie möglicherweise deswegen ablehnen oder gar hassen würde. Doch anstatt Ärger gegenüber ihren Eltern zu empfinden, war Joan vor allem erleichtert. «Zum ersten Mal ergab alles einen Sinn, und ich verstand, wer und was ich war», sagte Joan zu den Wissenschaftlern.

Joan fing dann an, ihre biologischen Ursprünge als John zurückzuverfolgen. Man entfernte die Brüste, und man brachte bei ihr auf chirurgischem Wege einen künstlichen Penis an. Anstelle von weiblichen Hormonen gab man ihr männliche Hormone. John nahm seine neue Identität dankbar auf. «Er schaffte sich ein Wohnmobil mit einer Bar an», berichtete Milton Diamond der *New York Times*. «Er wollte sich Frauen angeln.» Mit 25 heiratete er eine Frau und adoptierte deren Kinder. Heute, 30 Jahre nach einem tragischen und irreführenden Umweg, sagt John, er sei schließlich dort angekommen, wo er von Geburt an hätte sein sollen.

Johns Fall wird heute dazu verwendet, um zu zeigen, daß die Geschlechtsidentität zumindest teilweise bei der Geburt vollständig vorhanden ist. John konnte nur als Mann glücklich werden, weil er als Mann auf die Welt kam. Auch eine noch so intensive Sozialisation konnte nichts daran ändern, wie sein Gehirn im Mutterleib gebildet worden war. John wußte instinktiv, daß etwas mit seiner Geschlechtszugehörigkeit nicht stimmte, und es ging nicht nur darum, daß er nicht so gerne mit Puppen spielte. Seine gesamte Identität war durch seine Geschlechtszugehörigkeit beeinflußt; das heißt, daß Männlich- beziehungsweise Weiblichkeit ein wesentlicher Bestandteil einer jeden Persönlichkeit ist. Die Schwierigkeit besteht darin, die Unterschiede zwischen männlich und weiblich zu beschreiben. Die anatomischen Hinweise darauf sind eine einfache Sache; aber was heißt es eigentlich wirklich, als Mann oder als Frau geboren zu werden? In welcher Weise sind Männer und Frauen unterschiedlich und warum?

Was Männer wollen, ist nicht dasselbe wie das, was Frauen wollen

Obwohl Männer und Frauen anscheinend manchmal ganz unterschiedlich sind, sind sie, ob man es nun glauben will oder nicht, Angehörige derselben Art, und sie haben dasselbe langfristige evolutionäre Ziel: Kinder. Doch wie in vielen

Bereichen haben sie recht unterschiedliche Vorstellungen darüber, wie sich dieses Ziel erreichen läßt. Evolutionspsychologen sind der Auffassung, sie könnten die damit einhergehenden Gentypen entdecken, wenn sie einige der unterschiedlichen Verhaltensweisen und Strategien im sexuellen Bereich beobachten. Für Männer besteht die optimale Strategie zur Arterhaltung darin, soviel Geschlechtsverkehr mit so vielen unterschiedlichen Partnerinnen wie möglich zu haben. Für Frauen ist es die optimale Strategie, genau auszuwählen und nur mit einem Mann sexuell zu verkehren, der die Verpflichtung auf sich nimmt, Zeit und Ressourcen für Kinder aufzubringen. Eben darum sind junge Männer davon besessen, sexuell mit Frauen zu verkehren, und machen sich junge Frauen mehr Gedanken über Beziehungen. Wenn man es nach dem beurteilt, was gekauft wird, so kaufen Männer Bücher und Zeitschriften über Sex und wie man dazu kommt; Frauen interessieren sich mehr dafür, wie sie es schaffen, daß eine Liebesbeziehung «funktioniert», wie sie den richtigen Mann halten und dazu bringen können, sie zu heiraten. Interessanterweise sind sogar Homosexuelle nicht immun gegen diese Art von Geschlechtsunterschieden. Dazu ein Witz: Was bringt eine Lesbierin zum zweiten Rendezvous mit? Einen Umzugswagen. Was bringt ein homosexueller Mann zum zweiten Rendezvous mit? Welches zweite Rendezvous?

Wenn ein Mann durch eine Bar oder über die Plaza eines mexikanischen Dorfs schlendert, ist er auf der Suche nach Jugend und Schönheit, festem Fleisch, strahlenden Augen, sinnlichen Lippen und frechen Brüsten. Dies mag wie eine Phantasie aus dem *Playboy* erscheinen, aber Dr. David Buss und seine Kollegen fanden diese Auffassung in 37 unterschiedlichen Gesellschaften bestätigt. In den Vereinigten Staaten halten Männer nach Frauen Ausschau, die im Schnitt drei Jahre jünger als sie selbst sind. Wenn die Männer älter werden, nimmt der Altersunterschied zu: Die erste Frau ist ungefähr drei Jahre jünger, die zweite ungefähr fünf Jahre und die dritte etwa acht Jahre jünger als der Mann. In *The First Wives Club* nimmt Bette Midler an der Bar-Mitzwa (jüdisches Fest, vergleichbar der Konfirmation; Anm. des Übers.) ihres Sohnes teil, zu der ihr Ex-Mann seine viel jüngere Freundin mitbringt; Bette Midler fragt: «Wer ist sie – ein Geschenk?»

Trotz gelegentlicher Ausnahmen ziehen Frauen das Gegenteil vor. In allen der 37 erforschten Kulturen brachten Frauen ein Bedürfnis nach Männern zum Ausdruck, die älter waren als sie selbst; das ging von zwei Jahre älter bei Französischkanadierinnen über fünf Jahre älter bei iranischen Frauen bis mehrere Jahrzehnte älter beim Stamm der Tibi, einer Gerontokratie, in der die Älteren die Kontrolle über jeglichen Wohlstand und jegliches Ansehen haben. Im Schnitt betrug der Unterschied drei Jahre.

Hier ein weiterer Witz: Zwei 75jährige unterhalten sich. Der eine beklagt sich darüber, daß er keine Frau abbekommt. Der andere sagt, er habe eine neue Freundin, eine 25jährige. «Wie hast du das gemacht?» fragt der erste. «Das ist leicht», sagt der zweite. «Ich habe ihr gesagt, ich sei fünfundneunzig.»

In diesem Witz findet die Theorie ihren Niederschlag, daß das, was Frauen wirklich von einem Mann wollen, die Ressourcen sind, und zwar die Art von Ressourcen, die man mit dem Alter anhäuft. Die einfachste Ressource ist Geld. In unserer Kultur ist es nicht ungewöhnlich, daß eine Familie zufrieden ist, wenn die Tochter einen Mann aus einer «guten» Familie heiratet, was soviel heißt wie eine Familie mit Geld. Bemüht sich jedoch ein Mann um eine Frau mit Geld, ist er ein Gigolo. Selbst wenn eine Frau nicht bewußt den Wunsch hegt, Kinder zu haben, «sagen» ihr die Gene, sich für einen Mann mit den Ressourcen zu entscheiden, die es erlauben, Kinder großzuziehen. Als man amerikanische Frauen und Männer 1939 fragte, worauf sie bei einem Ehepartner achten würden, schätzten die Frauen die finanziellen Perspektiven doppelt so wichtig ein wie die Männer. Praktisch dasselbe Ergebnis fand man 1956 und 1967, und wieder in der Mitte der achtziger

Jahre nach der angeblichen sexuellen Revolution. Das heißt: Das Beste, was ein Mann aus seiner Hose holen kann, ist eine große, dicke Brieftasche. Sind Frauen auf der Suche nach reichen Männern, weil sie genau das in *Cosmopolitan* lesen? Allem Anschein nach ist das unwahrscheinlich, denn dieselbe Vorliebe für Männer mit Geld kam in 37 unterschiedlichen Kulturen auf sechs Kontinenten und auf fünf Inseln zum Ausdruck, sowohl in polygamen als auch in monogamen Gesellschaften, sowohl in der Dritten Welt als auch in den reichsten Ländern.

Das Nächstbeste nach Geld ist Macht, die in unserer Kultur nach dem sozialen und beruflichen Status beurteilt wird. «Macht ist das kräftigste Aphrodisiakum», sagte Henry Kissinger, der es eigentlich wissen müßte. Er hatte Macht und Geld und keinen Mangel an Frauen, trotz eines Aussehens, das ihn nicht gerade zum Frauenhelden prädestinierte. Untersuchungen bestätigen Kissingers Deutung. In Befragungen stufen Frauen immer wieder Status, Ansehen, Schichtzugehörigkeit, Macht und berufliche Stellung höher ein, als Männer dies tun, und zwar überall auf der Welt.

Auch Männer sind auf der Suche nach Ressourcen, aber nach einer anderen Art von Ressourcen. Was Männer eigentlich wollen, ist Fruchtbarkeit. Weil sie Fruchtbarkeit nicht vom Hinsehen beurteilen können, machen sie sich ein Ersatzmerkmal zunutze: Schönheit. Wenn ein Mann einen prallen Busen und harte Brustwarzen, die durch eine dünne Bluse zu sehen sind, anstarrt, dann denkt er nicht: «Mein künftiger Sohn wird groß und stark werden, wenn er daran saugt.» Aber seine Gene schreien das zum Himmel. Männer lieben runde große Pos, nicht, weil sie es durch das Fernsehen gelernt haben, sondern wahrscheinlich, weil die Form in vollkommener Weise dafür geeignet ist, Kinder zu gebären. Ein symmetrisches Gesicht – in Experimenten hat sich dies als interkulturell anerkanntes Zeichen von Schönheit erwiesen – ist eine Reklametafel, die darauf hinweist, daß die Person frei von störenden

Krankheiten ist. Was die Schönheit eines Gesichts angeht, sind die Kriterien von Männern über rassische und ethnische Gruppen hinweg bemerkenswert ähnlich: Die anziehendsten Merkmale sind eine kleine Nase und weit auseinanderliegende Augen; das trifft auf Afrikaner ebenso zu wie auf Japaner und Schweden.

Es gibt keinen Zweifel daran, daß die Amerikaner in Sachen Schönheit besessen sind, und das ist nichts Neues. Eine Untersuchung an 5000 Collegestudenten aus dem Jahre 1950 beschäftigte sich mit der Frage, worauf die Studenten bei einem Partner aus waren. Der Faktor, der bei weitem am häufigsten angekreuzt wurde, war körperliche Attraktivität; und dies hat sich während der letzten 40 Jahre nicht geändert. Das eine körperliche Merkmal, das Frauen schätzen, ist die Größe, wahrscheinlich, weil es für körperliche Tüchtigkeit und die Fähigkeit steht, Nahrung heranzuschaffen und Feinde abzuwehren. Eben darum wird in so vielen Kontaktanzeigen von Frauen ein Mann gesucht, der größer als 1,80 m ist; und eben darum sind Anzeigen, die von großen Männern aufgegeben werden, erfolgreicher als jene von kleineren Männern. Die interessante Frage ist, was mit einer Art geschieht, die eigentlich für die körperlichen Aufgaben in der Steinzeit geschaffen ist, wenn sie auf einmal ihre Umwelt in eine von Informationen dominierte Welt verwandelt, in der körperliche Tüchtigkeit weniger wichtig ist. Werden jetzt Männer mit Brillen attraktiver – was ein Hinweis darauf wäre, daß man viel gelesen oder als Kind am Computer gearbeitet hat und daher intelligent sein könnte?

Die Vorliebe von Männern für Schönheit im Vergleich zur Vorliebe von Frauen für Status wird in einem Experiment beschrieben, das von John Townsend an der Syracuse University durchgeführt wurde. Man zeigte mehr als 200 Collegestudentinnen und -studenten Fotografien von Menschen und fragte sie, mit wem sie sich gerne verabreden würden. Einige der Fotomodelle trugen die Uniform einer Fast-food-Kette, andere feine, standesgemäße Kleidung und Rolex-Uhren. Die Bereitschaft der Männer, sich mit bestimmten Frauen zu verabreden und nicht mit anderen, basierte allein auf körperlicher Attraktivität. Wenn sie hübsch war, verabredete man sich mit ihr, auch wenn sie bei McDonald's arbeitete. Bei Frauen jedoch machte der Anzug den Mann aus. Frauen ließen sich von den Symbolen für sozialen Status in ihrer Entscheidung beeinflussen und legten dabei weniger Wert auf das Äußere.

Genau wie die Weibchen vieler Arten sich von einem gepflegten Männchen angezogen fühlen, lassen sie sich auch davon beeindrucken, wenn andere Weibchen Interesse an ihm zeigen. Wenn man sich ein Beispiel aus der Welt der Tiere anschaut, so ist ein Guppy-Männchen aus Trinidad in Begleitung eines Weibchens sehr attraktiv für andere Weibchen, obwohl er nicht frei ist. Für Guppys ist Farbe etwas Magisches, und die Farbe der Wahl ist Orange. Das Männchen, bei dem das Orange am stärksten ausgeprägt ist, findet am ehesten ein Weibchen. Dr. Lee Dugatkin von der University of Louisville stellte ein Aquarium mit weiblichen Guppys in der Nähe eines Aquariums mit männlichen Guppys auf. Als man in das Aquarium mit den Männchen Weibchen einsetzte, um den Eindruck zu erzeugen, daß die Männchen Begleiterinnen hatten, bevorzugten die Weibchen im anderen Aquarium Männchen mit Freundinnen. Weiterhin konnten von ihren Pigmenten her reizlose Guppy-Männchen ihre genetische Benachteiligung dadurch wettmachen, daß sie ein Rendezvous hatten. Selbst ein bläßliches Männchen – um 24 Prozent weniger orange als der Durchschnitt – verbesserte seine Chancen dadurch, daß er zusammen mit einem weiblichen Guppy gesehen wurde. Die Weibchen ließen sich jedoch nicht völlig blenden; wenn ein Männchen um 40 Prozent weniger orange war, hatte er kein Glück mehr bei ihnen, gleichgültig, wie viele Weibchen hinter ihm herschwammen.

Dieselbe Strategie geht auch bei Menschen auf, zumindest

bis zu einem gewissen Grad. Jeder Kerl weiß, daß es die beste Methode ist, die Aufmerksamkeit auf sich zu ziehen, wenn er mit einer großartigen Frau auf eine Party kommt, solange er nicht mit ihr verheiratet ist. Das liegt daran, daß Bindungsbereitschaft eine der wichtigsten Eigenschaften ist, die sich Frauen sowohl bei zeitweiligen als auch bei langfristigen Sexualpartnern wünschen. Vom Standpunkt der Gene her ist Sex für Frauen einfach nur Sex, gleichgültig, ob sie ihn mit einem leidenschaftlichen gutaussehenden Fremden hat oder ob er sich aus dem Gefühl einer ehelichen Verpflichtung gegenüber ihrem Gatten ergibt, an dem sie hängt wie an einem alten Schuh. Kommt am Ende dabei ein Baby heraus, ist das Ausmaß, in dem sich der Partner gebunden fühlt, von großer Bedeutung. Im Gegensatz dazu schätzen Männer Bindung und sexuelle Treue bei langfristigen Partnerinnen, empfinden diese Werte jedoch bei unverbindlicherem Sex als reizlos.

Kann ein Phänomen, das so sehr vom kulturellen Kontext abhängt wie «Bindung», wirklich etwas Biologisches sein? Obwohl es bezogen auf den Menschen keinen Beleg dafür gibt, ist ein Tier, die sogenannte Wühlmaus, ein faszinierendes Beispiel dafür, auf welche Weise die genetische Ausstattung und die Gehirnchemie das Verhalten steuern können. Wühlmäuse sind kleine Nagetiere, die den Feldmäusen ähneln. Es gibt zwei eng miteinander verwandte Arten, die Wiesenwühlmäuse und die Gebirgswühlmäuse, die jedoch, was ihr Verhalten in bezug auf Bindung angeht, kaum unterschiedlicher sein könnten. Die Männchen der Wiesenwühlmäuse sind über das gesamte Leben hinweg ein treuer Partner, der andere eindringende Männchen mit Klauen und Zähnen bekämpft. Im Gegensatz dazu paaren sich die Gebirgswühlmäuse mit jedem Weibchen. Wie können die beiden Wühlmausarten, die in den meisten Aspekten einander so ähneln, so unterschiedlich sein, wenn es um die Bindung geht?

Die Forscher Thomas Insel und C. Sue Carter vom neurophysiologischen Laboratorium des National Institute of Mental Health fanden heraus, daß die beiden Arten bezogen auf die Rezeptormuster für ein Peptidhormon mit der Bezeichnung Vasopressin bemerkenswerte Unterschiede aufwiesen. Als man im Gehirn des normalen treuen Wiesenwühlmausmännchens die Produktion von Vasopressin verhinderte, paarten sie sich innerhalb der gesamten Kolonie und versäumten es, ihre Weibchen gegen andere Männchen zu verteidigen. Es war so, als hätten sich die treuesten Ehemänner plötzlich in die Promiskuität gestürzt. Die chemische Reaktion funktionierte andersherum genausogut. Lebte ein Wiesenwühlmausmännchen mit einem Weibchen zusammen, produzierte sein Gehirn mehr Vasopressin, als wenn es allein lebte. Es war keine Veränderung bei den Gebirgswühlmausmännchen zu beobachten, und auch nicht bei den Weibchen beider Arten. Einfach dadurch, daß man die Menge und die Verteilung eines Hormons im Gehirn veränderte, ergab sich aus einem geringfügigen genetischen Unterschied zwischen den beiden Arten ein großer Unterschied beim Paarungsverhalten.

Doch zurück zur Feldforschung in der Bar für Singles, wo sich die Kerle nach knackigen jungen Mädchen sehnen und die Frauen nach großen reichen Herren Ausschau halten. Das Lokal soll jetzt geschlossen werden, die Leute warten in der Schlange an der Garderobe, und Sie sind immer noch alleine. Mit wem würden Sie sich zufriedengeben? Bei Männern ist die Antwort einfach: so ziemlich mit allem, was Beine hat. In einer Umfrage sagten 75 Prozent der männlichen Studenten, daß sie Spaß daran hätten, mit einer attraktiven Frau zu schlafen, auch wenn sie *nichts* über sie wüßten. Als Frauen jedoch gefragt wurden, ob sie mit einem gutaussehenden Fremden ins Bett gehen würden, sagten 0 Prozent, daß sie dem zustimmen würden. Auf die Frage, was an einem Sexualpartner wichtig wäre, waren die Männer bei fast jedem Kriterium weniger anspruchsvoll; und dazu gehörten Ausbildung, Intelligenz, Charme, Sinn für Humor und Persönlichkeit. Außerdem stießen sich die Männer nicht an geistiger Beschränktheit, niedrigem sozialem Status, Alkoholproblemen, Egoismus oder gar seelischer Instabilität. Während die Frauen zumindest etwas über die Männer wissen wollten, bevor sie bereit waren, mit ihnen ins Bett zu gehen, ging es den Männern anscheinend nur um eine funktionierende Vagina.

All diese Unterschiede im Hinblick darauf, was Männer und Frauen wollen – Schönheit kontra Geld, Jugend kontra Alter, Verfügbarkeit kontra Bindung –, könnten genetisch bedingt sein. Da man sie über die Grenzen unterschiedlichster Gesellschaftsformen hinweg beobachten kann, könnten sie jedoch ebensogut rein kulturspezifisch sein. Oft kann man sie bei anderen Arten sehen, weshalb sie wahrscheinlich durch die Evolution aufrechterhalten werden. Und sie unterscheiden sich von einer Person zur nächsten – nicht alle Männer sind Schweine, nicht alle Frauen Engel –, was auf individuelle genetische Unterschiede verweist. Doch der oberflächliche Anschein ist kein Beweis. Wir haben keine Vorstellung davon, was das für Gene sind, wie viele es davon gibt, was sie bewirken und wie sie bei Männern und Frauen zum Ausdruck kommen – und all dies ist erforderlich, um zu beweisen, daß es eine genetische Grundlage gibt. Immerhin sind da zwei Bereiche im Sexualverhalten, für die spezifische Gene entdeckt wurden. Es überrascht nicht, daß sie nichts mit den Geschlechtsorganen, dafür aber viel mit dem Gehirn zu tun haben.

An Sex Spass haben

Den amerikanischen Präsidenten Calvin Coolidge verbindet man gewöhnlich nicht damit, daß er einen großen Beitrag zur Sexualforschung geleistet hat. Trotzdem wird sein Name mit einem wichtigen Phänomen in Verbindung gebracht. Die Geschichte geht so: Coolidge und seine Frau besichtigten eine Regierungsfarm. Während der Präsident woanders war, beobachtete Mrs. Coolidge einen Hahn dabei, wie er sich im Hühnerstall paarte. «Wie oft macht er das?» fragte sie. «Dutzende von Malen am Tag», sagte der Leiter der Farm. «Bitte erwähnen Sie diese Tatsache gegenüber dem Präsidenten», sagte Mrs. Coolidge. Später, als der Präsident am Hühnerstall vorbeikam, erzählte man ihm von den Leistungen des Hahns. «Immer mit derselben Henne?» fragte der Präsident. «Oh nein, jedesmal eine andere», sagte der Leiter. Daraufhin sagte der Präsident: «Bitte sagen Sie *das* Mrs. Coolidge.»

Der Coolidge-Effekt besagt, daß sich Männer für eine Vielzahl von Sexualpartnerinnen interessieren, und dies ist für den Menschen gut dokumentiert. Nach *Sex in America: A Definitive Survey*, einer umfassenden und sorgfältig durchgeführten Untersuchung der University of Chicago, hat der typische Amerikaner über das Leben hinweg sechs, aber eine Frau nur zwei Sexualpartner. Diese Zahlen sind vom mathematischen Standpunkt her nicht möglich, es sei denn, es gibt eine verborgene Minderheit von Frauen, die mit vielen Männern schlafen, aber sie bringen gewiß etwas zum Ausdruck, was Männer gern so hätten.

Unsere Kultur bestärkt Männer in der Auffassung, daß sie sich von vielen Frauen angezogen fühlen. Eben darum setzt man Bikinis ein, um «männliche» Produkte wie Reifen zu verkaufen, nicht aber für Mixgeräte. Sie sollten jedoch nicht meinen, dieses Verhaltensmuster sei lediglich eine künstliche Erfindung der Werbeabteilungen von der Madison Avenue; es handelt sich hier eher um die Anerkennung von Tatsachen, die durch die Lebensweise von Männern in unterschiedlichsten Kulturen und auch durch das Verhalten anderer männlicher Säugetiere belegt sind. David Buss erwähnt in seinem Buch *The Evolution of Desire* die Mehinaku-Männer am Amazonas, bei denen Sex mit der Ehefrau als *mana* oder geschmacksfrei bezeichnet wird, aber Sex mit einer Geliebten als *wirintyapa* oder köstlich. Er zitiert auch einen Indianer, der sagt: «Sie möchten ja auch nicht jeden Tag dasselbe Gemüse essen.»

Auch ist der Coolidge-Effekt nicht auf unsere Art beschränkt. Ein Widder beispielsweise wird sich so lange paaren, wie er neue Weibchen findet. Hat er jedoch ein bestimmtes Schaf schon einmal gehabt, nimmt sein Interesse an ihm ab. Das geschieht nicht, weil er weiß, daß das Schaf befruchtet ist; solange es für ihn neuartig ist, ist es ihm gleichgültig, wie viele andere Widder es gehabt hat. Er läßt sich nicht beirren, auch wenn ein Schaf mit einem Stück Stoff abgedeckt und «verkleidet» wird oder wenn es für eine gewisse Zeit von der Wiese genommen und später zurückgebracht wird – der Widder durchschaut, daß es nicht neu ist, und das, was der Widder will, ist die Neuartigkeit.

Das männliche Interesse an einer Vielzahl von Sexualpartnern weist auf drei wichtige Kennzeichen genetisch bedingter Merkmale hin: Man findet sie in allen Kulturen und zu allen Zeiten, man findet sie bei anderen Arten, und es zeigt sich eine individuelle Streubreite. Doch was ist das für ein Gen?

Der Hinweis dazu kam aus der Persönlichkeitsforschung; speziell geht es um den Persönlichkeitszug, der als Suche nach Neuartigem bezeichnet wird und mit dem gemeint ist, daß man Spaß an neuen, vielfältigen und intensiven Erfahrungen hat.

Verschiedene Untersuchungen konnten zeigen, daß Personen, bei denen die Suche nach Neuartigem stark ausgeprägt ist, ihr Bedürfnis nach Wechsel und Vielfalt dadurch befriedigen, daß sie eine große Zahl von Sexualpartnern haben. So fanden Anthony Bogaert und William Fisher von der University of Western Ontario, daß sich die Suche nach Neuartigem durch die Anzahl der Sexualpartner besser als durch irgendeinen anderen Parameter wie etwa körperliche Attraktivität, Männlichkeit, Alter oder allgemeines Interesse an Sexualität voraussagen ließ. Je stärker eine Person den Nervenkitzel anstrebte, desto mehr Partner hatte sie.

In einer weiteren Studie untersuchten Marvin Zuckerman und seine Kollegen während der sogenannten sexuellen Revolution in den frühen siebziger Jahren Collegestudenten. Personen mit hohen Werten bei der Suche nach Neuartigem sagten, daß es in Ordnung sei, Geschlechtsverkehr mit jemandem zu haben, den man gerade kennengelernt habe, auch wenn man sich nicht sicher sei, ob man einander wirklich mag. Personen mit niedrigen Werten in bezug auf die Suche nach Neuartigem neigten eher dazu, nur dann mit Personen sexuell zu verkehren, wenn sie sich sehr verliebt hatten und vorzugsweise wenn sie geheiratet hatten. Diejenigen, die auf der Suche nach dem Nervenkitzel waren, betrachteten Sexualität als ein «Spiel», eine lustvolle Form der Erholung, während Menschen mit niedrigen Werten die Sexualität als Ausdruck emotionaler Bindung sahen.

Die Suche nach Neuartigem beeinflußt auch die Art der Sexualität. Zuckermans Umfrage unter Collegestudenten zeigte, daß Männer mit hohen Werten für die Suche nach dem Nervenkitzel eine größere Anzahl und Vielfalt an sexuellen Aktivitäten vorzuweisen hatten als Personen mit niedrigen Werten. Diejenigen mit hohen Werten für die Suche nach Neuartigem ließen sich viel eher auf oralen Sex und andere Positionen als die Missionarsstellung ein. Der Zusammenhang zwischen der Suche nach dem Nervenkitzel und sexueller Unersättlichkeit wird jedoch nicht über den Sexualtrieb vermittelt. Die Studie von Zuckerman zeigte, daß Personen mit hohen Werten nicht häufiger masturbierten als die mit niedrigen Werten, aber sie hatten mehr Partner. Die Suche nach dem Nervenkitzel sagt etwas darüber, wie und mit wem wir Geschlechtsverkehr haben, nicht wie oft.

Da all diese Untersuchungen auf eine Beziehung zwischen der Suche nach Neuartigem und dem Sexualverhalten hindeuten und wir zuvor gezeigt haben, daß die Suche nach Neuartigem zum Teil über den D4-Dopaminrezeptor vermittelt wird, sind wir auf eine interessante Frage vorbereitet: Hat das

D4-Gen einen Einfluß darauf, wie viele Sexualpartner man hat? Da uns die Daten bereits vorliegen, brauchten wir bloß ein bißchen zu rechnen, um zu einer Antwort zu gelangen.

Ganz gewiß gab es da eine Korrelation zwischen dem D4DR-Gen und der Anzahl der Sexualpartner – doch eine unerwartete. Betrachten wir zunächst die heterosexuellen Männer. Wir fanden heraus, daß die mit der langen Form des D4DR-Gens, diejenigen mit den hohen Werten für die Suche nach Neuartigem, etwas mehr Sexualpartner hatten als jene mit der kurzen Form, die mit den niedrigen Werten für die Suche nach Neuartigem. Der Unterschied war jedoch geringfügig und statistisch nicht signifikant. Aber die Untersuchung wurde interessanter, als wir fragten, mit wie vielen anderen Männern sie geschlafen hatten. Obwohl es sich hier um heterosexuelle Männer handelte, hatten manche von ihnen mit einem anderen Mann geschlafen, gewöhnlich nur einmal, und zwar als sie jung waren. Doch es gab hier einen recht ausgeprägten Zusammenhang mit dem D4DR-Gen. Heterosexuelle Männer mit einem langen Gen, die auf der Suche nach Neuartigem waren, hatten sechsmal so häufig mit einem anderen Mann geschlafen wie jene mit einem kurzen Gen. Ungefähr die Hälfte der Versuchspersonen mit dem langen Gen hatte irgendwann einmal einen männlichen Partner gehabt, im Vergleich zu nur 8 Prozent bei den Männern mit dem kurzen Gen.

Genau das Gegenteil traf auf homosexuelle Männer zu. Wie erwartet hatten homosexuelle Männer mehr männliche Partner, als heterosexuelle Männer weibliche Partner hatten, wahrscheinlich weil in der Welt der Homosexuellen der Coolidge-Effekt universell gültig ist und das D4DR-Gen die erwartete Auswirkung hatte. Das Gen wirkte sich bei den homosexuellen Männern viel stärker auf die Anzahl der weiblichen Partner aus. Diejenigen mit der langen Form und hohen Werten für die Suche nach Neuartigem hatten mit fünfmal so vielen Frauen Geschlechtsverkehr wie jene mit der kurzen Form des Gens und niedrigen Werten für die Suche nach Neuartigem. Obwohl homosexuelle Männer vielleicht teilweise wegen des sozialen Drucks mit Frauen geschlafen haben, war es anscheinend doch so, daß hier auch ein Bedürfnis nach neuen Erfahrungen eine Rolle spielte.

Diese Resultate zeigen, daß der D4-Dopaminrezeptor das männliche Sexualverhalten wirklich beeinflußt, doch indirekt. Für einen heterosexuellen Mann ist mit einem anderen Mann zu schlafen so neuartig, wie es nur sein kann. Für einen homosexuellen Mann ist es gleichermaßen einzigartig, mit einer Frau zu schlafen. Bedeutet dies, daß das D4DR ein «Promiskuitäts-Gen» ist und daß ein Mann nach einem Seitensprung seiner Frau erzählen kann: «Ich konnte nichts dagegen machen, es ist genetisch bedingt.»? Natürlich nicht. Ein Gen bringt einen Mann nicht dazu, Ehebruch zu begehen. Es legt nur die Art und Weise fest, wie bestimmte Gehirnzellen auf Dopamin reagieren, was seinerseits wieder die Reaktion einer Person auf neuartige Reize beeinflußt. Wie eine Person auf diesen Reiz reagiert, ist eher eine Sache des Charakters als des Temperaments.

Wieviel Sexualität ist ausreichend?

Im Film *Annie Hall* erzählt Woody Allen seinem Psychiater, er und Annie schliefen «praktisch kaum miteinander, vielleicht dreimal pro Woche». Annie erzählt ihrem Psychiater, sie schliefen «ständig miteinander, ich würde sagen, dreimal pro Woche». Nach *Sex in America* denken 54 Prozent der Männer mindestens einmal am Tag an Sex, aber 67 Prozent der Frauen sagen, sie dächten nur wenige Male pro Woche oder pro Monat an Sex. Sogar noch größere Unterschiede finden sich jedoch zwischen einzelnen Männern und Frauen, so daß es zwischen den Geschlechtern mehr Überlappungen als Unterschiede gibt. So haben manche Menschen – Männer und Frauen – in ihrem gesamten Leben keinen Geschlechtsverkehr, während für andere einmal am Tag kaum ausreichend ist.

Wie oft ein Mensch sexuell verkehrt, hängt von vielen Variablen ab, und es wechselt häufig. Die Menschen tun dies in stärkerem Maße, wenn sie jung sind, und die Häufigkeit hängt sehr von der Verfügbarkeit eines Partners ab. Trotz der verbreiteten Auffassung, daß Singles lebenslustig sind, schlafen Verheiratete am häufigsten miteinander. Etwa 40 Prozent der Verheirateten schlafen zweimal die Woche miteinander, verglichen mit 25 Prozent der Singles. Bei verheirateten Paaren, und wahrscheinlich gehörten Mr. und Mrs. Coolidge dazu, tendiert die Häufigkeit dazu, mit der Zeit abzunehmen. Andererseits gibt es Salven sexueller Aktivität, die in jedem Stadium einer Beziehung, etwa während des Urlaubs, auftreten können. Auch wenn man alle äußeren Einflüsse auf die Häufigkeit sexueller Kontakte mit einbezieht, ist doch klar, daß manche Menschen es einfach häufiger brauchen. Und trotz der Veränderungen, die auftreten, wenn eine Person älter wird, heiratet, sich scheiden läßt oder Zeiten der Belastung durchläuft, ist das Niveau des «Sexualtriebs» ein verhältnismäßig stabiler Bestandteil ihrer Veranlagung.

Welche genetisch bedingten Hirnmechanismen könnten eine Erklärung für derart stabile Unterschiede bezogen auf die Libido sein? Diesmal kam der Hinweis aus der Pharmakologie, insbesondere aus Untersuchungen über das gegen Depressionen wirkende Mittel Fluctin. Eine der wenigen negativen Nebenwirkungen von Fluctin ist das Nachlassen des Sexualtriebs. Auf eine bestimmte Weise sollte dies nicht überraschen, da Sexualität oft dazu genutzt wird, Angst zu lindern oder Dampf abzulassen. Bei Männern wirkt sich Fluctin nicht nur psychologisch aus, sie können Schwierigkeiten bekommen mit der Erektion oder der Ejakulation.

Wir wußten bereits, daß Fluctin auf den Gehirntransporter Serotonin wirkt; wir hatten entdeckt, daß manche Menschen eine Variante des Serotonintransporter-Gens haben, die wie ein natürliches Fluctin auf eine Verringerung von Angst und Depression hinwirkt. Die auf der Hand liegende Frage war: Verringert das genetische Fluctin auch den Sexualtrieb? War dies Bestandteil der sexuellen Steuerung des Körpers, die darüber bestimmt, wie oft die Menschen miteinander ins Bett hüpfen?

Wiederum war es recht einfach, die Daten unserer männlichen Versuchspersonen dazu zu nutzen, die Häufigkeit sexueller Kontakte mit der Art des Gens in Beziehung zu setzen. Es gab eine signifikante Korrelation: Männer, bei denen die mit hoher Angst verbundene Form des Serotonintransporter-Gens vorhanden war, hatten häufiger Sex als jene, die die mit wenig Angst verbundene Form besaßen. Bei den sexuell aktivsten Männern, denjenigen, die mindestens einmal die Woche sexuellen Kontakt hatten, war es 1,9mal so wahrscheinlich, daß sie den mit hoher Angst verbundenen Gentyp hatten, im Vergleich zu denjenigen, die der Gruppe mit wenigen sexuellen Kontakten angehörten. Dies traf unabhängig vom Alter, dem Ausbildungsniveau, der ethnischen Gruppe oder der sexuellen Orientierung zu. Es gab viele Ausnahmen, weil das Gen nur einen kleinen Teil der Streubreite bei der Häufigkeit sexueller Kontakte erklärt, wie dies auch für Angst und Depression der Fall ist. Hier handelt es sich nicht um den Hauptschalter am sexuellen Thermostaten, doch es scheint sich um einen Teil des Mechanismus zu handeln. Dies erklärt auch, warum ein Gen, das Angst, Pessimismus und Melancholie hervorruft, in so hohem Maße in der menschlichen Bevölkerung vorhanden ist. Wenn die sehr verbreitete Form des Gens, die mit starker Angst verbunden ist, Menschen dazu «veranlaßt», mehr sexuellen Kontakt zu haben, wird sie unabhängig davon, was wir davon halten, an künftige Generationen weitergegeben werden.

Sexuelle Orientierung

Die wahrscheinlich bekannteste und sicherlich am kontroversesten diskutierte Arbeit zur Genetik der Sexualität ist die Entdeckung des sogenannten Homosexuellen-Gens, zu der es 1993 in meinem Labor kam. Im Gegensatz zu dem, was in den Zeitungsberichten im Vordergrund stand, ist die Entdeckung nicht deshalb so wichtig, weil sie speziell Aussagen zur Homosexualität ermöglicht, sondern eher weil sie allgemeine Aussagen zur sexuellen Orientierung und zu Geschlechtsunterschieden erlaubt. Die sexuelle Orientierung ist schließlich der grundlegendste Unterschied zwischen den Geschlechtern. In allen Kulturen und zu allen Zeiten der Geschichte fühlten sich fast alle Männer von Frauen angezogen und fast alle Frauen von Männern. Weil die Genetik sich definitionsgemäß mit der Untersuchung der erbbedingten Unterschiede beschäftigt, besteht die beste Methode, um die genetische Grundlage der sexuellen Orientierung zu verstehen, in folgendem: Man vergleicht Menschen, die sich darin unterscheiden, durch was sie sexuell angezogen werden; und das heißt, daß man sich mit Homosexuellen beschäftigt.

Der knifflige Punkt dabei ist, sexuelle Orientierung zu definieren und zu messen. Manche Wissenschaftler möchten nur wirkliches Verhalten messen: Hat die Person sexuellen Kontakt mit Männern oder mit Frauen oder mit beiden Geschlechtern? Andere Wissenschaftler, die der Auffassung sind, die Gesellschaft hindere uns daran, unsere «wirklichen» Bedürfnisse auszuagieren, würden Phantasie in den Gesamtkomplex mit aufnehmen: Fühlt sich die Person zu Frauen oder zu Männern hingezogen? Eine weitere Methode, wie man die sexuelle Orientierung messen könnte, bestünde darin, einfach zu fragen: Sind Sie homosexuell, heterosexuell, oder liegen Sie im Zwischenbereich?

Die herkömmliche Methode, die Orientierung zu erheben, ist die Kinsey-Skala, die nach dem bahnbrechenden Sexualforscher Alfred Kinsey benannt ist. Die Kinsey-Skala ist ein Maßband von 0 für ausschließlich heterosexuell bis 6 für ausschließlich homosexuell. Die dazwischenliegenden Zahlen repräsentieren unterschiedliche Ausprägungen bisexueller Verhaltensweisen und Phantasien. Das wahrscheinlich beste Verfahren, die sexuelle Orientierung zu erheben – und das ist das Verfahren, das wir in unseren Untersuchungen am National Institute of Health verwendet haben –, besteht darin, mindestens vier unterschiedliche Dinge zu messen: Anziehung, Phantasie, Verhalten und Kennzeichnung der eigenen Person. Der Gesamtwert einer Person ist der Durchschnittswert über die vier Bereiche hinweg. Somit läge der Wert eines Mannes, der nur mit Frauen geschlafen hat, aber zugesteht, gelegentlich die Phantasie zu haben, es auch mit Männern zu tun, insgesamt zwischen 0 und 1.

Die meisten Menschen, Männer und Frauen, haben einen Wert nahe 0, weil fast alle Menschen heterosexuell sind. Manche Menschen – die Schätzungen gehen auseinander, es sind aber nicht mehr als ein paar Prozent – haben höhere Werte, weil sie bisexuell und homosexuell sind. Das Interessante ist jedoch der feine, aber wichtige Unterschied in der Verteilung der Werte für Männer und Frauen. Dieser Unterschied ist der Schlüssel zum Verständnis der zugrundeliegenden Ursache für die Unterschiede zwischen Menschen, was die Sexualität angeht.

Der Unterschied besteht darin, daß die meisten Männer entweder am einen oder am anderen Ende der Kinsey-Skala liegen – sie sind entweder heterosexuell oder homosexuell –, während Frauen viel stärker über die gesamte Skala streuen. Viele von ihnen zeigen ein gewisses Maß an Bisexualität entweder im Verhalten oder, was häufiger ist, in ihren Gedanken. Als Beispiel kann eine Untersuchung an 4903 Zwillingen in Australien angeführt werden, nach der sich die Mehrheit sowohl der Männer als auch der Frauen als vorwiegend oder ausschließlich heterosexuell (0 oder 1 auf der

Kinsey-Skala) ausgab. Bei den Männern gab es jedoch bei der Verteilung ein «Tal» im bisexuellen Bereich der Werte zwischen 2 und 4, dann einen «Gipfel» im vorwiegend oder ausschließlich homosexuellen Bereich von 5 bis 6. Dagegen gab es bei den Frauen ein allmähliches Auslaufen im höheren Wertebereich der Kinsey-Skala. Im vorwiegend oder ausschließlich lesbischen Bereich war überhaupt kein Gipfel vorhanden; die meisten der nichtheterosexuellen Frauen befanden sich im bisexuellen Zwischenbereich.

Die Ergebnisse zeigten, daß es sich mit der sexuellen Orientierung bei Männern so ähnlich verhielt wie bei Rechts- und Linkshändern: Es gab nicht viel Spielraum dazwischen. Die meisten Männer waren heterosexuell, während eine Minderheit homosexuell war. Bei Frauen dagegen war es mit der sexuellen Orientierung eher so wie mit der Körpergröße; es gab eine große Streubreite von Möglichkeiten. Damit soll nicht gesagt werden, daß es keine bisexuellen Männer oder keine strikten Lesbierinnen gibt; es sind nur mehr bisexuelle Frauen als Männer vorhanden und *verhältnismäßig* mehr ausschließlich homosexuelle Männer als Frauen.

Ein weiterer Unterschied ist die Konsistenz der Orientierung, was soviel heißt wie, daß die einzelne Person denselben Wert für Anzichung hat wie für das Verhalten und die anderen Kriterien. Bei den Hunderten von Interviews, die wir für die Untersuchung zum Homosexuellen-Gen durchführten, kam das deutlich heraus.

Christine war eine intelligente, wortgewandte Frau, eine Akademikerin, die eine hohe Position in einem großen Unternehmen innehatte. Sie hatte keine Probleme damit, über die sexuellen Bereiche ihrer Lebensgeschichte, über Vorlieben und Abneigungen zu sprechen, bis eine Frage sie nervös und aufgeregt werden ließ: «Wenn Sie sich beispielsweise beim Masturbieren vorstellen, mit jemandem zu schlafen, auf wen richten sich da Ihre Phantasien?»

Christine wurde rot, schaute auf ihre Füße und antwortete dann leise: «Das ist hier doch alles vertraulich, oder?» Man versicherte ihr, daß nie jemand von ihrer Identität erfahren würde. «Nun ja», fuhr sie fort. «Es geht gewöhnlich um Männer. Das ist die einzige Möglichkeit, wie ich einen Orgasmus bekomme.»

Das Überraschende an Christines Antwort war, daß sie sich selbst als Lesbierin seit dem 17. Lebensjahr beschrieb. Sie war seit acht Jahren mit derselben Partnerin zusammen. All ihre sexuellen Erfahrungen, außer ein paar Verabredungen in der Schulzeit, hatte sie mit anderen Frauen gemacht. Als man sie danach fragte, von wem sie sich sexuell angezogen fühlte – mit wem sie möglicherweise tatsächlich, also nicht einfach nur in der Vorstellung, ins Bett gehen wollte –, sagte sie, nur von Frauen. Auf jeder der einzelnen Kinsey-Skalen mit Ausnahme von Phantasien lag sie eindeutig auf «6».

Christine ist kein Einzelfall. Viele Frauen weisen eine ähnliche Fluidität zwischen Phantasie, Anziehung, Verhalten und Selbstkennzeichnung auf. Auch war ihre Antwort kein Beweis für die alte Geschichte, daß das, was Frauen eigentlich wollten, ein Mann sei; denn heterosexuelle Frauen zeigten bei ihren Antworten dieselbe Fluidität. Beispielsweise berichtete eine glücklich verheiratete heterosexuelle Frau, die nie irgendwelche sexuellen Erfahrungen mit Frauen gehabt hatte, daß es ihre Lieblingsphantasie sei, «unter einem Haufen von Frauen zu liegen, die mit ihren Brüsten gegen mein Gesicht schlagen».

Männer sind bei ihrer Sexualität im Schnitt beständiger, ja sogar rigider. Männer, die sich selbst als heterosexuell bezeichnen, fühlen sich praktisch immer nur von Frauen angezogen und entwickeln Phantasien über sie, während diejenigen, die sich selbst als homosexuell bezeichnen, fast ausschließlich an Männer denken und von ihnen träumen. Wenn es um das tatsächliche Verhalten geht, gibt es selbstverständlich Ausnahmen. Viele homosexuelle Männer beispielsweise haben sexuelle Erfahrungen mit Frauen gemacht, doch in der

Regel geschah dies, weil sie meinten, ihre Familie und die Gesellschaft erwarteten das von ihnen. Viele heterosexuelle Männer haben zumindest eine gewisse sexuelle Erfahrung mit anderen Männern, doch meist handelt es sich um eine kurze Experimentierphase in der Jugend, oder es liegt daran, daß sie sich in einer Situation befanden, in der es keine Frauen gab, wie etwa im Gefängnis.

Beim dritten Unterschied zwischen Männern und Frauen geht es darum, was über die Zeit hinweg geschieht. Männer bleiben im Schnitt während ihres gesamten Lebens ziemlich dieselben, ob sie nun homo- oder heterosexuell sind. Obwohl Männer anderen oder sich selbst gegenüber ihre homosexuelle Orientierung häufig bis ins späte Jugendalter oder sogar bis ins frühe Erwachsenenalter nicht eingestehen, so ist es doch unwahrscheinlich, daß sie sich ändern, wenn dies erst einmal geschehen ist. Zudem können sowohl homosexuelle als auch heterosexuelle Männer das, wovon sie sich angezogen fühlen, bis in die frühe Kindheit zurückverfolgen, selbst auf ein so junges Lebensalter wie 4 oder 5 Jahre. Frühe Verliebtheiten oder jugendliche Schwärmereien richten sich oft auf andere Jungen oder Männer.

Frauen sind da anders. Margaret, Ende 60, sagte, sie sei zweimal verheiratet gewesen und habe immer Spaß am Sex mit ihren Ehemännern gehabt. Sie habe nie ein Interesse daran gehabt, mit einer Frau zu schlafen, oder an irgendeiner anderen Art von Erfahrung. Sie war gänzlich «Kinsey 0», ein ganz klarer Fall. Aber als Margaret sich daran machte, die Praxis zu verlassen, sagte sie: «Es gibt da noch etwas, was Sie nicht gefragt haben, Doktor.»

«Was ist das?»

«Sie haben mich nicht nach der Zukunft gefragt. Sie wissen, daß ich achtundsechzig bin, aber ich bin immer noch an Sex interessiert. Und vielleicht wissen Sie das ja nicht, aber die Männer meiner Altersgruppe sind *miserabel*. Daher nehme ich an, daß mein nächster Sexualpartner eine Frau sein wird.»

Und dann stand sie auf und ging; sie ließ einen ziemlich überraschten Wissenschaftler zurück, der sich die Frage stellte, wie man diese kurze, aber aufschlußreiche Unterhaltung in den netten kleinen Spalten der Kinsey-Tabelle unterbringen könnte.

Als die Forschungen weiter fortschritten, stellte sich heraus, daß Margaret kein ungewöhnlicher Fall war. Zusammen mit der Forscherin Angela Pattatucci interviewten wir weitere Frauen, die sich selbst als Lesbierinnen beschrieben, aber dann Männer geheiratet hatten, oder Frauen, die später im Leben Lesbierinnen «geworden waren». Wieder andere waren zwei, drei oder mehrere Male im Leben hin und her gewechselt. Bei einigen Frauen war die sexuelle Orientierung anscheinend etwas so wenig Endgültiges wie ihr Gewicht – sie machten eine Abmagerungskur und nahmen dann wieder zu.

Die Forschung zeigte, daß die sexuelle Orientierung bei Männern viele der Merkmale eines genetisch beeinflußten Persönlichkeitszuges hat: Sie stand mit anderen im Einklang, sie war stabil und dichotom, was soviel hieß wie, daß sie entweder homosexuell oder heterosexuell waren. Im Gegensatz dazu war die sexuelle Orientierung bei Frauen verschwommen und unscharf, weniger festgelegt: Sie war variabel, veränderbar und kontinuierlich, was soviel hieß wie, daß sich viele Frauen in irgendeinem Grenzbereich zwischen lesbisch und heterosexuell befanden. Nur weil ein Persönlichkeitszug so aussieht, als sei er genetisch bedingt, bedeutet das noch nicht, daß er es auch ist. Wir müssen uns mit Zwillingen, mit Familien und mit der DNS beschäftigen.

Während der vergangenen 40 Jahre wurden mehr als ein Dutzend Zwillingsstudien zur sexuellen Orientierung von Männern durchgeführt, und das Muster ist immer dasselbe. Der genetisch eineiige Zwilling eines homosexuellen Mannes hat eine deutlich höhere Wahrscheinlichkeit – wenn auch keine hundertprozentige –, ebenfalls homosexuell zu sein; das ist mehr als bei zweieiigen Zwillingen, die selbst eine höhere Wahrscheinlichkeit haben als Menschen, die nicht miteinander verwandt sind. Das ist genau das Muster, das man bei einem Persönlichkeitszug erwartet, der durch die Gene – wenn schon nicht streng festgelegt – so doch beeinflußt wird. Berechnet man für alle bisherigen Untersuchungen einen Mittelwert, so beträgt die Heritabilität der sexuellen Orientierung bei Männern etwa 50 Prozent. Das heißt, daß Homosexualität etwa zu 50 Prozent genetisch und zu 50 Prozent durch andere Faktoren beeinflußt wird; das ist ein Verhältnis, wie es sich auch bei vielen anderen Persönlichkeitszügen findet.

Was ist also mit den fehlenden 50 Prozent? Weshalb kann ein Mann homosexuell sein, wenn sein eineiiger Zwilling es nicht ist? Es gibt noch keine eindeutige Antwort, aber sie könnte mit der Biologie zusammenhängen, etwa weil man im Mutterleib unterschiedlichen Hormonen ausgesetzt war oder einzigartige Lebenserfahrungen machte. Eins ist *nicht* so schrecklich wichtig, und das ist, wie die Jungen aufgezogen werden, vor allem die gemeinsame häusliche Umwelt, die die Eltern ihnen bieten. In der Untersuchung, die bis zum heutigen Tage als die am sorgfältigsten durchgeführte gelten kann, war die beste mathematische Schätzung für den Varianzanteil der gemeinsamen Umwelt 0 Prozent. Anders ausgedrückt: Wachsen zwei Jungen im selben Elternhaus auf und der eine stellt sich als homosexuell, der andere als heterosexuell heraus, dann wird der Unterschied nicht durch den allgemeinen Erziehungsstil verursacht.

Bei Frauen ist das Ausmaß des genetischen Einflusses eher ein Rätsel, teils weil es weniger Untersuchungen dazu gibt, aber auch weil bei Frauen die sexuelle Orientierung stärker im Fluß ist. Die beste neuere Untersuchung legt die Vermutung nahe, daß die sexuelle Festlegung bei Frauen stärker eine Sache der Umwelt als der Vererbung ist. Diese Studie wurde in Australien durchgeführt von Nicholas Martin, einem hochangesehenen Verhaltensgenetiker, und von Michael Bailey, der an der Northwestern University beschäftigt ist und die meisten seiner neueren populationsgenetischen Arbeiten zur sexuellen Orientierung in den USA gemacht hat. Statt ihre Versuchspersonen durch Zeitungsanzeigen zu rekrutieren, was systematischen Fehlern Tor und Tür öffnet, verwendeten sie eine Stichprobe aus einem landesweiten Verzeichnis von 1912 weiblichen Zwillingen, die zwischen 17 und 50 Jahre alt waren. Der Anteil der Lesbierinnen war höher als im Landesdurchschnitt, aber es gab keinen Unterschied zwischen eineiigen und zweieiigen Zwillingen; das hieß, Gene waren hier kein Einflußfaktor. Die Ergebnisse verwiesen darauf, daß die sexuelle Orientierung von Frauen hauptsächlich durch die gemeinsame Umwelt bestimmt wurde – also von der Erziehung im selben Haushalt durch dieselben Eltern –, während die Gene kaum, wenn überhaupt, ins Gewicht zu fallen schienen.

Homosexuelle in der Familie

Genetisch bedingte Persönlichkeitszüge wie zum Beispiel die Augenfarbe werden innerhalb der Familie vererbt, aber auch umweltbedingte Persönlichkeitszüge wie etwa sprachliche Fähigkeiten. Das Geheimnis der genetischen Forschung besteht darin, wie die Persönlichkeitszüge einschließlich der sexuellen Orientierung über die Generationen hinweg weitergereicht werden, ob sie im Blut sind oder aus der Luft kommen.

Bei früheren Untersuchungen, vor allem bei den Arbeiten von Professor Richard Pillard, einem Psychiater aus Boston, war herausgekommen, daß der Bruder eines homosexuellen Mannes eine vierfach erhöhte Wahrscheinlichkeit hat, auch homosexuell zu sein. Doch aufgrund von Pillards Studie wußte man nicht, warum die Brüder homosexuell waren. Da sie zusammen aufwuchsen, konnten es entweder die Gene oder der familiäre Hintergrund sein. Ein Hinweis wären andere Verwandte gewesen, wie etwa Onkel und Vettern, denen Gene gemeinsam sind, die aber nicht unter einem Dach leben. Genau das wollten wir 1992 als Teil einer Studie untersuchen, deren ursprüngliches Ziel es war, sich genauer mit der Rolle der Gene beim Kaposi-Sarkom zu beschäftigen, einer bösartigen Krebsart, von der homosexuelle Männer mit Aids betroffen waren.

Wir begannen damit, homosexuelle Männer zur sexuellen Orientierung in ihrer Familie zu befragen. Dann interviewten wir, wann immer es möglich war, auch die Familienangehörigen. Als wir die erste Serie von Ergebnissen auswerteten, ergab sich ein überraschendes Bild. Homosexuelle Männer hatten nicht nur häufiger homosexuelle Brüder – dasselbe Ergebnis wie bei Pillard –, sondern sie hatten auch mehr homosexuelle Vettern und Onkel. Da diese Verwandten in anderen Elternhäusern aufwuchsen, tatsächlich meistens in ganz anderen Landesteilen, deutete alles immer stärker auf die Gene hin.

Noch verblüffender war es, daß die homosexuellen Onkel und Vettern in der mütterlichen Linie der Familie häufiger waren. Bei einem homosexuellen Mann hatte der Bruder der Mutter eine höhere Wahrscheinlichkeit, homosexuell zu sein, aber beim Bruder des Vaters war dies nicht der Fall. Bei Vettern hatte nur der Sohn der Schwester der Mutter eine besonders hohe Chance, homosexuell zu sein; der Sohn des Bruders der Mutter beziehungsweise irgendwelche Vettern von der väterlichen Seite hatten nur die übliche Wahrscheinlichkeit. Dies war ein so überraschender Befund, daß wir uns entschieden, es noch einmal anhand einer anderen Versuchspersonengruppe zu untersuchen, diesmal in den Familien der homosexuellen Männer, die speziell ausgewählt worden waren, weil sie mehrere homosexuelle Verwandte hatten, in der Regel Brüder. Noch einmal ergab sich dasselbe Bild: Die meisten der Homosexuellen kamen aus der mütterlichen Verwandtschaftslinie.

Wir waren aufgeregt, weil wir etwas auf der Spur waren; aber wir wußten auch, daß es Persönlichkeitszüge gibt, die über die Mütter weitergegeben werden, die aber nichts mit Genen zu tun haben. So wird die Eigenschaft, Jude zu sein, über die mütterliche Seite der Familie weitergegeben, weil es sich hier um ein jüdisches Gesetz handelt. Und so ist es mit Schokoladenplätzchen, aber aus rein kulturspezifischen Gründen. Doch für einen Genetiker konnten all diese homosexuellen Männer im mütterlichen Zweig des Familienstammbaumes nur eins bedeuten: ein Gen auf dem X-Chromosom. Da Männer ihr X-Chromosom immer von der Mutter bekommen, werden alle Gene auf dem X-Chromosom durch die Mutter weitergegeben. Und tatsächlich ähnelte das Bild der männlichen Homosexualität dem Bild für Farbenblindheit oder Hämophilie (Bluterkrankheit), zwei klassische X-gekoppelte Merkmale. Die Vererbung war für ein rein genetisches Merkmal weniger stark ausgeprägt, doch das überraschte nicht, weil Sexualität etwas so Vielschichtiges ist, daß wahrscheinlich mehrere Gene und starke Umweltfaktoren daran beteiligt waren. Die sexuelle Orientierung ähnelte im Vergleich zu etwas rein Genetischem wie Farbenblindheit der Reproduktion eines Ölbildes mit Hilfe von Wasserfarben: Das Bild war dasselbe, wenn auch die Farben etwas abgeschwächt wirkten.

In der Zwischenzeit konstruierte Angela Pattatucci Familienstammbäume für die weiblichen Versuchspersonen, und wie bei homosexuellen Männern traten die Lesbierinnen gehäuft in bestimmten Gruppen auf. Die Schwester einer Lesbierin zum Beispiel hatte eine sechsprozentige Wahrscheinlichkeit, lesbisch zu sein, was etwa sechsmal häufiger war als in der übrigen Bevölkerung. Aber das Überraschende bestand darin, daß es bei lesbischen Müttern und Töchtern zur höchsten Korrelation kam. Der Anteil lag bei satten 33 Prozent, was soviel bedeutete wie, daß die Tochter einer Lesbierin eine Chance von 1 zu 3 hatte, selbst auch lesbisch zu sein.

Vom Genetischen her war dieses Resultat nicht möglich. Es handelte sich hier um das eine Familienmuster, das *nicht* auf die Gene zurückgehen konnte. Es gab kein genetisches Modell, mit dem man erklären konnte, wie ein Elternteil und ein Kind einander genetisch stärker ähneln konnten als zwei Schwestern. Das gegenteilige Muster – zwei Schwestern ähneln einander mehr als Mutter und Tochter – war durch rezessive Gene leicht erklärbar. Doch das Bild, das wir da beobachteten, konnte nur eins bedeuten: Eine Lesbierin oder eine nichtheterosexuelle Frau zu sein war «kulturell vermittelt», nicht vererbt.

Was genau da übermittelt wurde, konnten wir nicht herausfinden. Die auf der Hand liegende Vorstellung war, daß Mütter ihren Töchtern auf irgendeine Weise «beibrachten», Lesbierinnen zu sein. Möglicherweise würde ein kleines Mädchen, wenn es eine lesbische Mutter hatte, sie im Laufe ihrer Entwicklung immer stärker nachahmen. Aber in vielen dieser Familien bekannten sich die Töchter, *bevor* ihre Mütter das machten, öffentlich dazu. So beschrieb beispielsweise eine Mutter, wie ihre Tochter sich ihr offenbarte, indem sie eine Freundin vom College im Weihnachtsurlaub mit nach Hause brachte. Zwei Jahre später hatte die Mutter sich von ihrem Mann scheiden lassen und ersetzte ihn durch eine Freundin. Dieses Weihnachtsfest begingen dann alle vier Frauen zusammen in einer Bar für Schwule und Lesben.

Vielleicht war das, was hier vermittelt wurde, nicht, daß man sich zu Frauen hingezogen fühlte, sondern eher eine bestimmte Art und Weise, mit dem Leben umzugehen. Vielleicht war es eine Bereitschaft, eher der Stimme des Herzens zu lauschen als auf das, was einem von der Gesellschaft aufgezwungen wurde, oder eine Offenheit gegenüber neuen Gefühlen und Erfahrungen. Es könnte sogar sein, daß sie sich zu bestimmten Leuten hingezogen fühlen und die Grundlage dafür nicht die Form ihrer Genitalien ist, sondern wer sie als Individuen waren.

Wenn sich diese Ergebnisse bei weiteren Untersuchungen aufrechterhalten lassen, dann hätte es den Anschein, daß, was immer Lesbierinnen vermittelt wird, es sich grundsätzlich von dem unterscheidet, was homosexuelle Männer mitbekommen. Es ist stärker die Umwelt als die Gene, eher die Erziehung als die Anlage. Aber warum sollte es einen so großen Unterschied geben?

Manche werden argumentieren, daß jeder Unterschied zwischen Männern und Frauen im Hinblick auf die sexuelle Orientierung eher kulturell als biologisch bedingt ist. Frauen neigen eher als Männer dazu, bisexuell zu sein, sich in ihrer sexuellen Orientierung zu ändern und sich durch ihre Mütter beeinflussen zu lassen, und zwar nicht wegen der Gene, sondern wegen der Gesellschaft. Frauen werden dazu ermutigt, mit ihren Gefühlen eins zu sein, von Männern erwartet man, daß sie alle homosexuellen Gedanken unterdrücken. Über Jungen macht man sich lächerlich, wenn sie unmännlich sind, jungenhafte Mädchen dagegen sind draufgängerisch. Das trifft auf unsere Kultur zu, aber warum? Vielleicht ist das so, weil das die Art und Weise ist, wie Männer und Frauen wirklich beschaffen sind; wir entwickeln bloß Sitten und Gebräuche, um die Wirklichkeit zu stützen. So würde die Kultur der Biologie nachhelfen, und die Erziehung wird durch die Anlage aufrechterhalten.

Auf der Suche nach homosexuellen Genen

Nachdem klar war, daß die sexuelle Orientierung bei Männern eine genetische Komponente hatte, bestand der nächste Schritt, der immer noch im Gang ist, darin, herauszufinden, um welche Gene es sich handelte, ihre Anordnung auf den Chromosomen zu beschreiben und sie schließlich zu isolieren und nachzusehen, wofür der Code stand beziehungsweise was er im Körper bewirkte. Da wir ein Muster der Vererbung über die Mutter gefunden hatten, waren wir der Auffassung, das X-Chromosom sei ein guter Ausgangspunkt für die Suche.

Bei Tausenden möglicher Gene konzentrierten wir uns zunächst weniger auf einzelne Gene, sondern auf große Bereiche der DNS. Wenn man in der Dunkelheit Dart-Pfeile wirft, ist es auch leichter, die Wand zu treffen als die Dart-Scheibe. Wir wußten, daß es eine schwierige Suchaktion werden würde, weil die sexuelle Orientierung selbst bei Männern nur teilweise genetisch bedingt ist und weil die genetischen Komponenten etwas mit vielen unterschiedlichen Genen zu tun hatten, nicht nur mit einem einzelnen Schalter, durch den entschieden wurde, ob jemand hetero- oder homosexuell wird. Wonach wir suchten, war einer von vielen unterschiedlichen Faktoren, die die sexuelle Orientierung beeinflussen, nicht ein einzelnes, allmächtiges «Homosexuellen-Gen». Trotz der Aufregung in den Medien gibt es so etwas nicht.

Bei einer Koppelungsanalyse vergleichen wir die DNS miteinander, um Familienähnlichkeiten herauszufinden. Sind in einer Familie zum Beispiel zwei Personen farbenblind, dann werden sie wahrscheinlich beide jenes Stück DNS haben, das die Farbwahrnehmung steuert. Wir suchten nicht nach speziellen Genen, sondern nach Markern oder Zeichen, die signalisierten, ob zwei homosexuelle Brüder dieselben oder unterschiedliche Abschnitte des X-Chromosoms von ihrer Mutter mitbekommen hatten. Gab es wirklich einen homologen Ort, der etwas mit der sexuellen Orientierung zu tun hatte, dann würden homosexuelle Brüder dazu neigen, dieselben Marker in der Umgebung dieses Gens vererbt zu bekommen. Anders ausgedrückt: Hatten sie dieselbe Dart-Scheibe, dann hatten sie die Wand um die Scheibe herum. Nach den Gesetzen des Zufalls hätten 50 Prozent von ihnen sowieso dieselben Marker, aber wenn mehr als 50 Prozent von ihnen dieselben Marker hätten, war das statistisch bedeutsam.

Um die Empfindlichkeit unserer Suchinstrumente zu verbessern, bedienten wir uns bei der Untersuchung zweier

Tricks. Der erste bestand darin, daß wir uns zumindest zunächst nur auf Brüder konzentrierten, die eindeutig homosexuell waren. Der Grund dafür war, daß, wenn jemand mitteilte, er sei homosexuell, er fast mit Sicherheit die Wahrheit sagte. Man hat keinen Vorteil davon, wenn man sich zum Homosexuellen erklärt, wenn man nicht homosexuell ist. Im Gegenteil, wenn jemand zum Ausdruck brachte, er sei heterosexuell, dann sagte er wahrscheinlich die Wahrheit, aber nicht immer. Möglicherweise wollte er nicht jeden wissen lassen, daß er homosexuell war, oder er wollte nicht, daß die Information in staatliche Akten kam, oder er hatte dies vor sich selbst nicht akzeptiert.

Der zweite Trick bestand darin, daß wir uns auf Familien mit der angemessenen Art von Vererbung konzentrierten. Wir wollten etwas auf dem X-Chromosom finden; daher mußte es definitionsgemäß von der Mutter an den Sohn weitergegeben werden. War entweder der Sohn oder der Vater einer der homosexuellen Brüder auch homosexuell, wurden sie aus der Untersuchung herausgenommen. Es gab keine Möglichkeit, daß ein Vater sein X-Chromosom an seinen Sohn weitergeben konnte; wenn also beide homosexuell waren, dann mußte es aus einem anderen Grund sein. Auch Familien mit mehreren Lesbierinnen wurden aus der Untersuchung ausgeschlossen, weil sich das Vererbungsmuster nur auf Männer anwenden ließ, und ebenfalls Familien mit mehr als zwei homosexuellen Brüdern, weil dies so ungewöhnlich war. Kurz: Wir engten unsere Suche ein, um die beste Chance zu haben, etwas zu finden.

Diejenigen, die uns kritisierten, fielen über dieses Forschungsdesign her und meinten, es sei mit systematischen Fehlern behaftet. Sie hatten vollkommen recht. Unser Ziel war es, nachzusehen, ob auf dem X-Chromosom *irgend etwas* vorhanden war, was mit der Homosexualität zusammenhing, es war nicht, die Auswirkung dieses Gens in der gesamten Bevölkerung zu messen. Gab es kein solches Gen, dann machte es auch keinen Unterschied, wie wir die Familien aussuchten – wir hätten auch nur homosexuelle Brüder mit dem zweiten Vornamen «Snitzleberg» betrachten können –, weil das keinen Einfluß darauf hatte, ob sie beide dasselbe Gen auf dem X-Chromosom hatten. Genauso sollte ein Biologe, der auf der Suche nach einem seltenen tropischen Schmetterling ist, seine Zeit nicht damit verschwenden, in Manhattan danach zu suchen; aber selbst wenn er mit der besten Ausrüstung genau zur richtigen Zeit in genau den richtigen Regenwald geht, kann er dort auf keinen Fall etwas finden, was nicht da ist.

Wie sich herausstellte, hatten wir Glück. Als wir uns 40 Paare von homosexuellen Brüdern mit 22 unterschiedlichen Markern anschauten, fanden wir eine Koppelung in einem Abschnitt, der als Xq28 bezeichnet wird und der sich auf dem X-Chromosom ganz am Ende des langen Arms befindet. In diesem Abschnitt waren bei einer Reihe von fünf eng nebeneinanderliegenden Markern 33 von 40 Geschwisterpaaren konkordant oder gleich. Das hieß, in 83 Prozent der Fälle gab es gemeinsame Erbanlagen, und das war signifikant mehr als das 50-Prozent-Niveau, das man erwartet hätte, wenn die sexuelle Orientierung nicht damit zusammengehangen hätte. Die statistische Auswertung zeigte, daß es unwahrscheinlich war, daß die Ergebnisse einfach auf einen glücklichen Zufall zurückgingen; deshalb entschieden wir uns dafür, einen Artikel zu dem Befund zu veröffentlichen. Ein weiterer Grund bestand darin, zu weiteren Untersuchungen zu ermutigen und auf irgendeine Weise eine klare These zu formulieren.

Der Artikel mit dem eingängigen Titel «A Linkage Between DNA Markers on the X Chromosome and Male Sexual Orientation» (Eine Verbindung zwischen DNS-Markern auf dem X-Chromosom und sexueller Orientierung bei Männern) wurde im Juli 1993 von der Zeitschrift *Science* veröffentlicht. Selten zuvor haben so viele Menschen so laut auf etwas so Geringfügiges reagiert. Das Telefon klingelte ununterbrochen, und es waren Anrufe von Reportern; die Kameraleute vom Fernsehen standen vor dem Labor Schlange; der Briefkasten und die E-Mail quollen über vor Nachrichten und Briefen; T-Shirts mit der Aufschrift «Danke, Mami. Ich mag die Gene» tauchten auf. Einige Konservative bezeichneten die Studie als eine Verschwörung der Regierung zur Förderung der Homosexualität, andere hatten große Freude an der irrigen Vorstellung, wir hätten einen Gentest entwickelt, um Homosexuelle durch bloßes Schnüffeln herauszufinden. Eine Boulevardzeitung titelte als Überschrift, wir hätten jetzt ein «Verfahren zur Behandlung» von Homosexualität mit Hilfe eines Nasensprays. Es gab Aktivisten aus der Schwulenbewegung, die frohlockten, Homosexualität sei «etwas Natürliches», andere, die uns beschuldigten, wir seien Faschisten und hätten einen Holocaust an den Schwulen vor. Es gab Wissenschaftler, die uns für die Strenge unserer Forschungsmethode und für die Zurückhaltung bei unseren Behauptungen lobten, und andere, die versuchten, uns in Verruf zu bringen. Das war eine ziemlich heftige Reaktion auf bescheidene wissenschaftliche Ergebnisse: ein Befund, daß 33 von 40 Paaren mittelalteriger, weißer, homosexueller Brüder dieselben kleinen Stückchen von Ausschuß-DNS auf einem Teil ihres X-Chromosoms hatten.

Bei all dieser Opposition, die sich zum größten Teil eher auf phantasierte Schlußfolgerungen als auf die Ergebnisse selbst bezog, sollten zwei verdienstvolle Kritikpunkte nicht übersehen werden. Einer bestand darin, daß die Ergebnisse in nur einem Experiment an einer bestimmten Population homosexueller Männer gefunden worden seien. Bei der Dürftigkeit der Leistungen einiger früherer Untersuchungen zur Verhaltensgenetik wollten wir das Experiment wiederholen, um sicherzugehen, daß wir recht hatten. Chavis Patterson, ein Psychologiestudent, stellte eine neue Gruppe von Familien mit zwei homosexuellen Brüdern zusammen, die mit unseren Auswahlkriterien übereinstimmten. Dann überprüften wir ihre DNS, um zu sehen, ob sie irgendeinen zusätzlichen Marker im Abschnitt Xq28 gemeinsam hatten. Und das war tatsächlich der Fall. Diesmal hatten 22 von 32 oder 67 Prozent der Geschwisterpaare Marker gemeinsam. Wir gaben die Daten an zwei Statistikexperten weiter, David Fulker und Stacey Cherney vom Institute of Behavior Genetics an der University of Colorado in Boulder. Dieselben Daten übermittelten wir an Leonid Kruglyak vom Whitehead Genome Center am MIT in Boston, der eine andere Auswertungstechnik entwickelt hatte. Am Ende kamen sie zu derselben Schlußfolgerung: Es gab eine signifikante Koppelung an Xq28, und die Resultate der beiden Experimente waren statistisch nicht voneinander zu unterscheiden.

Der zweite Kritikpunkt lautete, daß wir uns nur mit homosexuellen und nicht mit heterosexuellen Brüdern beschäftigt hätten. Mit anderen Worten hätten wir nicht nachgesehen und überprüft, ob das «Homosexuellen-Gen» bei den heterosexuellen Brüdern nicht vorhanden war. Es gab gute Gründe aus der Statistik und der Epidemiologie dafür, das ursprüngliche Experiment ausschließlich mit homosexuellen Brüdern durchzuführen; und wenn ich es noch einmal machen müßte, würde ich dieselbe Strategie verfolgen, insbesondere da keiner unserer Kritiker mit einer besseren Methode aufwarten konnte. Trotzdem waren wir neugierig und nahmen in die zweite Untersuchung die heterosexuellen Brüder von homosexuellen Männern mit auf. Wir trugen Ergebnisse von sieben neuen Familien und zusätzlich von vier Familien aus der früheren Studie zusammen. Wie vermutet hatten die meisten der heterosexuellen Männer andere Marker als ihre homosexuellen Brüder. Unsere Statistikexperten schätzten, daß das Ausmaß des gemeinsamen DNS-Anteils von heterosexuellen und homosexuellen Brüdern bei 22 Prozent lag, signifikant niedriger als die 50 Prozent, die man durch Zufall erwarten würde. Hier handelte es sich um eine weitere unabhängige Bestätigung dafür, daß Xq28 etwas mit der sexuellen Orientierung – sei sie nun hetero- oder homosexuell – zu tun hatte.

Die Befunde ergeben zwingend, daß es *irgendein* Gen oder Gene auf Xq28 gibt, die mit der sexuellen Orientierung in Zusammenhang stehen. Was noch erforderlich ist, ist eine Bestätigung aus anderen Labors. Das ist bis jetzt noch nicht geschehen, und der Fortschritt ist so langsam wie eine Schnecke. Vier Jahre nachdem unsere Resultate veröffentlicht worden sind, hat keine weitere Forschergruppe ein einziges wissenschaftliches Manuskript zu diesem Thema publiziert. Hätten wir ein Gen für etwas weniger Strittiges entdeckt, sagen wir für Diabetes oder Schizophrenie, würden sich Wissenschaftler darum reißen, es zu replizieren oder es für null und nichtig zu erklären.

In einer Untersuchung wurde behauptet, es sei nicht gelungen, zu den gleichen Ergebnissen wie wir zu kommen, aber der Forschungsansatz unterschied sich derart von unserem, daß es schwer ist, zu sagen, ob er Belege für oder gegen unsere Befunde liefert beziehungsweise ob er überhaupt irgendwelche Belege liefert. George Eberes und George Rice aus London im kanadischen Ontario stellten 1995 ihre vorläufigen Befunde an der Academy of Sex Research in Provincetown (Massachusetts) vor. Sie hatten 182 Familien mit zwei oder noch mehr homosexuellen Brüdern befragt und fanden auf der Seite der mütterlichen Linie signifikant mehr homosexuelle Onkel als in der väterlichen Linie, was unsere Befunde stützen würde. Als sie sich jedoch die DNS ansahen – das war der entscheidende Punkt im Experiment –, wurden nur 41 dieser Familien (weniger als ein Viertel der Stichprobe) tatsächlich analysiert, und die waren zufällig meist solche mit homosexuellen Onkeln in der väterlichen Linie. Definitionsgemäß konnten diese Familien wegen der Verbindung mit dem Vater keine Koppelung über das X-Chromosom aufweisen, und das war bei ihnen auch nicht der Fall. Dies ist keine Widerlegung unserer Ergebnisse; es handelte sich praktisch um eine indirekte Bestätigung, jedoch keine statistisch bedeutsame.

Der endgültige Beweis wird die Entdeckung des Gens sein.

Unsere Experimente engten die Suche auf mehrere hundert Gene ein; das entspricht der Eingrenzung der Suche nach einer Stecknadel in einem Heuhaufen in Kansas. Wir erwarten nicht, ein Gen zu finden, das bei jedem homosexuellen Mann das gleiche ist – wir wissen ja bereits, daß die sexuelle Orientierung vielschichtiger ist –, sondern nur ein Gen, das mit der sexuellen Orientierung zusammenhängt. Welche Auswirkungen könnte ein solches Gen haben? Vielleicht bringt es ein Enzym hervor, das den Stoffwechsel der Sexualhormone im sich entwickelnden Gehirn regelt. Vielleicht ist es auch für einen Wachstumsfaktor verantwortlich, der zum Aufbau spezieller Stromkreise im Gehirn beiträgt. Es könnte eine Rolle spielen, an die wir nicht im Traum denken, da wir noch so wenig wissen.

Manche argumentieren, die ganze Vorstellung vom «Homosexuellen-Gen» müsse falsch sein, da Homosexualität «unnatürlich» sei. Sie meinen, homosexuelles Verhalten widerspreche der Evolution, weil es im Gegensatz zum wirklichen Zweck der Sexualität, nämlich der Fortpflanzung, stehe. Oder nach den Worten unseres christlich-fundamentalistischen Kritikers, der nicht an die Evolution glaubt, muß unsere Forschung falsch sein, weil sie gegen die grundlegenden Prinzipien der «Tierzucht» verstoße.

Die Kritiker werfen eine gute Frage auf: Wie kann ein Gen, das zu einem nicht der Fortpflanzung dienenden sexuellen Verhalten führt, die Wirren der Evolution überleben? Warum ist es bei der menschlichen Rasse nicht durch Zuchtwahl weggefallen? Ein Grund dafür besteht darin, daß Homosexualität die Fortpflanzung nicht unmöglich macht und Homosexuelle Kinder haben. Ein zweiter Grund ist der, daß manche homosexuellen Männer das angebliche «Homosexuellen-Gen» haben, das über ihre Kinder weitergegeben werden kann. Selbst wenn das Gen andererseits eine leichte Abnahme der Fortpflanzungsfähigkeit zur Folge hätte, würde es aussterben, wenn es nichts gäbe, was seine Existenz in der Population aufrechterhielte.

Dieses Paradox führte zu zahlreichen Theorien darüber, wie ein «Homosexuellen-Gen» tatsächlich der Anpassung dienen kann. Eine Theorie, wenn auch keine gute, besagt, daß es für die Art von Nutzen sein kann, weil es Überbevölkerung verhindert. Das ist eine schlechte Theorie, weil sich die Gene auf der Ebene einzelner Menschen und nicht auf der von Gruppen auswirken. Andere haben darauf verwiesen, daß das Gen indirekt weitergegeben wird, weil Homosexuelle ihren heterosexuellen Verwandten beim Großziehen von Kindern helfen.

Die einfachste Erklärung geht unmittelbar auf eins der interessantesten Ergebnisse der Forschung selbst zurück: Das Gen wirkt sich nur bei Männern aus, nicht bei Frauen. Wir beschäftigten uns mit der Frage, ob das Gen eventuell bei Frauen eine andere Rolle spielen könnte; deshalb verglichen wir die Mütter und Schwestern unserer Versuchspersonen, die im Hinblick auf Xq28 entweder gekoppelt oder ungekoppelt waren. Es gab keine Unterschiede bezogen darauf, wie viele Kinder sie hatten oder wie häufig sie sexuell miteinander verkehrten. Doch es gab einen faszinierenden Unterschied bei den Frauen mit einer homosexuellen Variante von Xq28: Sie kamen im Schnitt sechs Monate früher in die Pubertät als die anderen Mütter. Obwohl das Ergebnis nur sehr vorläufig ist, wird es interessant sein, zu sehen, ob das Gen bei einer Frau auf irgendeine Weise die befruchtungsfähige Zeit verlängert, wodurch sie Zeit gewinnen würde, um mehr Kinder zu haben.

Gene der Liebe

Jeder Mensch, sei er oder sie nun hetero- oder homosexuell, spürt den Kampf der Gene, die etwas mit Sexualität und Liebe zu tun haben, und die heftigen Schutzgefühle von Eltern für ein Kind. Gene für Geschlechtszugehörigkeit und Sexualität haben Einfluß darauf, wer wir sind und wen wir lieben.

Bei Paul und Madeleine, den jungen Liebenden, mit denen wir das Kapitel begonnen haben, hätte man nur aufgrund der DNS die intensive Liebesbeziehung und die ebenso intensive Trennung nicht vorhersagen können. Wir sprechen davon, daß Menschen «wie gemacht sind füreinander», und vielleicht gibt es irgendeine Fähigkeit beim Menschen, die uns dabei hilft, einen guten Partner zu finden. Aber die Chance, daß sich Paul und Madeleine über den Weg liefen, war eben nur eine zufällige. Es waren so viele kleine Mosaiksteinchen, die zusammenkommen mußten, damit sie zur selben Zeit in derselben Bar waren und aufeinandertrafen. Ein einzelner platter Reifen, eine Uhr, die nachging, ein Sturm – eine unendlich große Zahl von Einflußgrößen – hätte jenen Tag verändern können, so daß die beiden einander nie begegnet wären.

Zum anderen ließen die Gene aus Paul einen Mann und aus Madeleine eine Frau werden und machten es möglich, daß sie sich gegenseitig als sexuell anziehend empfanden. Sie trafen sich im Alter der größtmöglichen Fortpflanzungsfähigkeit, einer Zeit, in der die Biologie junge Leute mit einer Kraft aufeinander zutreibt, die ausreichen würde, die Erde aus den Angeln zu heben. Beide hatten Gene, die dafür sorgten, daß sie sich vom anderen Geschlecht angezogen fühlten; eine einfache Variation hätte zur Folge haben können, daß sich Paul von Madeleines Bruder angezogen gefühlt hätte. Die Gene hatten möglicherweise auch einen Einfluß darauf, wie sich die Beziehung entwickelte. War Madeleine jemand, die von ihren Genen her auf einen Nervenkitzel aus war? Setzte sie dem Schiffskapitän nach, weil sie sich nach einem neuen Höhepunkt sehnte? Oder war es Schadensvermeidung, die Paul dazu brachte, beim ersten Anzeichen von Problemen zu fliehen, anstatt sich an Madeleine zu klammern, als sie verwirrt war? Wir sind ein Produkt unserer Gene; deshalb ist es nur natürlich, daß auch unsere Beziehungen dem Einfluß der DNS unterliegen.

Kapitel 6

Denken

Die Vererbung von Intelligenz

Der fünfjährige Nicky lebte zusammen mit seinen beiden älteren Brüdern, seinem arbeitslosen Vater und seiner Mutter, die ein feuriges Temperament hatte, in einem New Yorker Mietshaus. Der Vater hatte nie gelernt, Englisch zu sprechen, und als es ihm nicht gelang, mit einem Obststand ausreichend Geld zu verdienen, war er gezwungen, sich so oft wie möglich als Tagelöhner zu verdingen. Abends trank er manchmal zuviel und stritt sich mit Nickys Mutter. Ihre wütenden Schreiereien drangen aus dem offenen Fenster nach draußen auf die stark befahrene Straße. Als die Lage finanziell einmal besonders eng war, fälschte Nickys Mutter, um Lebensmittel kaufen zu können, einen Scheck und wurde verhaftet. Danach kamen Sozialarbeiter in ihre Wohnung, beschuldigten die Eltern der Vernachlässigung ihrer Kinder und nahmen sie ihnen weg.

Die Jungen verbrachten die nächsten sechs Jahre in einem Heim. Als man ihnen erlaubte, nach Hause zurückzukehren, fanden sie ihre Mutter zusammen mit drei weiteren Söhnen aus einer früheren Ehe vor, die sie ihnen gegenüber nie erwähnt hatte. Bei sechs Jungen in der Wohnung kam Nickys Vater nur noch gelegentlich vorbei und ging in der Regel wieder, nachdem er sich mit Nickys Mutter gestritten hatte. Das Hauptproblem von Margaret, der Mutter, bestand darin, genügend Geld für Miete und Nahrungsmittel aufzutreiben. Daher verließen die Jungen vorzeitig die Schule und gingen arbeiten, um der Mutter beim Abzahlen der Schulden zu helfen. Das machten alle außer Nicky, der weiterhin in der Schule bleiben durfte.

Nick, der jetzt ein erwachsener Mann ist, räumt ein, daß die schwere Kindheit und die unsichere Situation zu Hause traumatisch für ihn waren. «Man kommt nie ganz über die Betreuung im Heim hinweg», sagt er. Allein schon das nackte Überleben in einem Ghetto, das von Arbeitslosigkeit, Gewalt und Verbrechen beherrscht wurde, war für einen Jungen eine Herausforderung. Und in dieser abweisenden Umwelt ließen zwei miteinander streitende Eltern die von ihnen produzierten Babys fallen. Die Mutter und der Vater wußten wahrscheinlich nicht viel von Theorien zur Entwicklung eines Kindes, sie hatten nicht all die Elternbücher gelesen und sorgten nicht dafür, daß ihre Kinder in die besten Schulen kamen. Nick und seine Brüder waren mit Lebensbedingungen konfrontiert, die kaum hätten härter sein können.

Irgendwie überlebte Nick. Er überlebte nicht nur, er setzte seine Ausbildung fort und zeigte hervorragende Leistungen. Er studierte Jura, wurde ein angesehener Anwalt und verdiente 400 000 Dollar im Jahr. Er wurde zu einem Mann, von dem man wußte, daß er intelligent, wortgewandt und im politischen Bereich gerissen war. Doch in einem bestimmten Sinne löste er sich nie von seiner Kindheit. Jetzt in seinen Sechzigern hat er angefangen, das zu vollenden, was seine Frau seine «unerledigte Aufgabe» nennt. Nick selbst witzelt über die späte Berufung: «Als ich fünf Jahre alt war, war ich in einem Pflegeheim – da stehe ich nun fast fünfzig Jahre später und bin immer noch in Pflege.»

Im Jahre 1996 wurde Nicholas Scoppetta Beauftragter der Stadt New York für Kinderfürsorge, eine Einrichtung mit einem Budget von 1,2 Milliarden Dollar im Jahr.[1] Diese Institution hat die schwere Aufgabe, sich um die unschuldigen Opfer von Vernachlässigung, Mißhandlung und fehlender Liebe zu kümmern. Sie versucht Kinder zu beschützen und ihr häusliches Umfeld zu verbessern: Wenn Eltern Kinder verwahrlosen lassen, erwartet man, daß Sozialarbeiter einschreiten und eine neue, gesündere Umwelt zur Erziehung der Kinder bereitstellen. Nicholas Scoppetta weiß, wie es ist, unter schweren Bedingungen aufzuwachsen, und er weiß auch, wie man sich fühlt, wenn man von seinen Eltern fort muß. Er kann über seine winzigen Schützlinge nicht sprechen, ohne daß seine Stimme dabei zittrig wird.

Scoppetta gab sein Leben als wohlhabender Anwalt und das entsprechende Umfeld einer Kanzlei an einer Ecke der Madison Avenue auf, um eine Aufgabe zu übernehmen, bei der es keine hundertprozentigen Erfolge geben kann und bei der ein einziger Mißerfolg den Tod eines unschuldigen Kindes zur Folge haben kann. Ein Psychoanalytiker würde vielleicht sagen, daß Scoppetta die Probleme seiner frühen Kindheit aufarbeitet, daß er das Defizit an Zuwendung auszugleichen versucht, indem er der Welt etwas zurückgibt. Das mag stimmen, aber die interessantere Frage lautet, wie der kleine Nicky allen Widrigkeiten zum Trotz Erfolg hatte. Wie stieg ein Kind ohne irgendeine Begünstigung im Leben an die Spitze eines wettbewerbsorientierten Berufsstandes auf und war dann emotional ausreichend stabil, um alles für die Verfolgung eines vornehmen Ziels aufzugeben? Woher hatte er die Schlauheit, die Selbstdisziplin und den Ehrgeiz, erfolgreich zu sein? Wie kommt jemand überhaupt über eine derart schwierige häusliche Umgebung hinweg? Bei den Problemen, denen so viele Kinder ausgesetzt sind, sollten wir vielleicht verwundert sein, daß sich so viele von ihnen so gut entwickeln.

Ein Freund von Scoppetta aus Kindertagen namens Ralph Pelligra, der jetzt Arzt in Kalifornien ist, sagte auf die Frage, wie er sich dessen Erfolg erklärt: «Ich neige dazu, mir das als eine natürliche Intelligenz und natürliche Begabungen vorzustellen, mit den Widrigkeiten der Umwelt fertig zu werden.» Natürliche Intelligenz und natürliche Begabungen, angeboren – von Geburt an vorhanden, eine geistige Veranlagung und keine durch Erfahrung erworbene Fähigkeit – Gene?

Geschichten wie die von Scoppetta hören wir gerne, weil in ihnen der freie menschliche Wille über ein mißliches Schicksal triumphiert und die Natur des Guten den Sieg davonträgt. Doch von einem anderen Blickwinkel aus betrachtet werfen diese Geschichten die Frage auf, ob Erziehung und eine intakte Umwelt vielleicht gar nicht von so großer Bedeutung sind für Intelligenz, für soziale Fähigkeiten und ein erfolgreiches Leben. Was wäre, wenn die natürliche Intelligenz und die natürlichen geistigen Fähigkeiten von Geburt an bestehen bleiben, gleichgültig, wo und unter welchen Bedingungen sich die Geburt ereignet? Vielleicht ist es an der Zeit, zu untersuchen, worauf Intelligenz sich gründet, anstatt einfach vorauszusetzen, daß es sich dabei um das Produkt von Eltern handelt, die sich ihren Kindern liebevoll fördernd zuwenden, oder um das Produkt von guten Schulen und eines Sommers mit viel Computerfreizeit.

Die Ursprünge geistiger Fähigkeiten, des Denkens und des Bewußtseins, sind so kompliziert wie der Denkprozeß selbst. Das Gehirn ist ein Organ des Körpers, aber es ist nicht wie andere Organe. Ein guternährtes Baby in einer sauberen Umwelt, doch ohne Kontakt zu Menschen, wird mit einem Körper aufwachsen, dessen Teile mit Ausnahme eines Körperteils funktionsfähig sind: Ohne Kontakt zu Menschen wird sich das menschliche Gehirn nicht entwickeln. Auch ist das Gehirn kein leeres Gefäß, in das man Wissen abladen kann, oder ein inhaltsloser Computer, den man mit beliebigen Daten füttern kann. Es ist eher ein Garten, ein lebendiges Ökosystem, in dem alle Teile miteinander zusammenhängen. Das denkende bewußte Gehirn ist der Ort, wo Anlage und Umwelt untrennbar miteinander verwoben sind; das eine kann ohne das andere nicht existieren. Das Gehirn wird durch Biologie aufgebaut, entwickelt sich durch Kontakt zu Menschen und erhält seine wirkliche Bestimmung durch soziale Interaktion. Sein wichtigstes, raffiniertestes Produkt ist das Denken.

Das Gehirn hat seinen Ausgangspunkt in den Genen. Die Gene beider Eltern kommen zusammen, um die unförmige Masse grauen Fleisches im Kopf und dazu den Rest des Körpers, der das Gehirn schafft und vom Gehirn geschaffen wird, anzulegen und hervorzubringen. Die geringste Unterbrechung in der physischen Entwicklung des Gehirns kann eine verheerende Auswirkung auf die künftige Intelligenz haben. Ein einzelner Defekt in der DNS kann die geistige Entwicklung einschränken und eine schwere Retardierung bewirken. Zum andern können «gute» Gene dazu führen, daß man ein Genie wird. Es gibt keinen einzigen Faktor, der wichtiger für den IQ eines Erwachsenen wäre als die Gene. Eltern geben jedoch auch die Umwelt weiter, in der die Gene zum Ausdruck kommen. Worüber wir nachdenken, die Sprache, in der wir denken, und wie wir unsere Intelligenz verwenden, das alles sind Produkte unserer Umwelt – wie gut wir jedoch denken können, das hängt in recht starkem Maße von den ursprünglichen Bauplänen in unseren Genen ab. Das ist ebenso wie bei einer Person, die in ihr Auto springt und darüber entscheidet, wohin sie fährt und wie sie dorthin kommt; der Wagen setzt ihr Grenzen, wie schnell und wie effektiv sie dahin gelangt.

Wir verbringen mehr Zeit mit dem Denken als mit irgendeiner anderen Aktivität. Es können komplizierte Gedanken über den Sinn des Lebens sein oder auch über so etwas Banales wie, ob wir eine Tasse Kaffee trinken oder ins Bad gehen sollen. Manchmal ist es schwierig, das Denken zu steuern und auf ein spezielles Thema zu konzentrieren oder das Nachdenken über ein bestimmtes Problem zu vermeiden; doch es ist noch schwerer, auch nur für einen Augenblick ganz mit dem Denken aufzuhören. Menschen bringen Jahre damit zu, das Meditieren zu üben, damit sie einen veränderten Bewußtseinszustand erreichen, in dem sie frei von Gedanken sind. Gelegentlich verlieren wir beim Denken den Faden oder sagen, der Kopf sei leer, aber rasch knüpfen wir mit unseren Gedanken wieder an das vorher Gedachte an, und wieder geht es in eine andere Richtung. Zu viele Gedanken können beunruhigend sein, und Menschen mit bestimmten seelischen Störungen beklagen sich oft über «Geräusche» im Gehirn. Nachts im Bett zu liegen, aber keinen Schlaf finden zu können, weil die Ereignisse des Tages einen nicht loslassen, sondern zwanghaft und in endloser Wiederholung an einem vorüberziehen, ist eine Erfahrung, die jeder von uns schon häufiger gemacht hat.

Das Denken ist die komplizierteste unserer Aktivitäten. Wir ordnen Dinge nach Kategorien. Wir bilden Begriffe. Wir machen Pläne. Wir argumentieren. Wir fällen Entscheidungen. Wir hoffen, wir fürchten und erinnern uns, und wir kommunizieren. Psychologen haben Tests entwickelt, bei denen diese unterschiedlichen Aspekte der Kognition voneinander getrennt werden; wenn es jedoch darum geht, wie wir tatsächlich über Probleme aus dem realen Leben denken, setzen wir viele oder alle der unterschiedlichen Prozesse gleichzeitig ein. Der individuelle Denkstil jedes einzelnen Menschen – der einzigartige geistige Stil – ist eine ausgeklügelte Kombination geistiger Aspekte, die in der Großhirnrinde, dem umfangreichsten und modernsten Teil des Gehirns, zusammengeführt werden. Größtenteils ist das Gehirn des Menschen dem Gehirn anderer Lebewesen ähnlich, mit Ausnahme der Großhirnrinde, die uns zu etwas Einzigartigem macht. Dieser Teil des menschlichen Gehirns ist größer und komplizierter als bei jeder anderen Art, selbst als bei unseren engsten Verwandten unter den Primaten.

Gedächtnis

In vielerlei Hinsicht leben wir in der Vergangenheit. Unsere Gedanken werden von Erinnerungen daran beherrscht, was wir gesehen, gehört und erlebt haben. Ohne das Erinnerungsvermögen wüßten wir nicht, wo wir leben oder was wir machen. Noch könnten wir diesen Satz hier verstehen. Nach Eric Kandel, einem Neurobiologen vom College of Physicians and Surgeons der Columbia University, bestimmt das Gedächtnis darüber, «wer wir sind». Kandel machte bahnbrechende Untersuchungen zum Verständnis der molekularbiologischen Vorgänge beim Erinnern. Seine Arbeit führt zu der überraschenden Schlußfolgerung, daß das Gedächtnis bei den einfachsten Tieren genau so funktioniert wie bei den komplexesten Säugetieren, etwa bei uns selbst. Es war noch erstaunlicher, daß das Gedächtnis bei der Tiefseeschnecke und bei hochentwickelten Säugetieren auf genau dieselben Gene zurückgeht.

Es gibt zwei grundlegende Arten des Gedächtnisses: das Kurzzeit- und das Langzeitgedächtnis. Das Kurzzeitgedächtnis, auch Arbeitsgedächtnis genannt, ist für Sekunden wirksam, wohingegen das Langzeitgedächtnis von Minuten bis zum ganzen Leben anhält. Hört man eine zufällige Telefonnummer, 4 41 96 20, kann man sie bis zum Ende des Satzes, jedoch nicht bis zum Ende des Absatzes erinnern. Die eigene Telefonnummer ist jedoch sicher abgespeichert und wird leicht erinnert. Der Grund dafür, daß die zufällige Telefonnummer nur bis ins Kurzzeitgedächtnis gelangte, besteht darin, daß es keinen Grund gab, sie aufzubewahren, während die eigene Nummer im persönlichen Langzeittresor sicher verwahrt wird.

Das Kurzzeitgedächtnis ist etwas Ähnliches wie der RAM im Computer (*random access memory:* Speicher mit zufälligem Zugriff, Arbeitsspeicher); über ihn werden die Informationen gesteuert, die er in jedem gegebenen Augenblick benötigt. Das Langzeitgedächtnis ist so etwas wie die Festplatte, eine Fundgrube für alle Informationen, die man zum Funktionieren braucht. Ebenso wie der Computer sowohl RAM als auch eine Festplatte benötigt, sind auch für die Intelligenz Kurzzeitgedächtnis und Langzeitgedächtnis unabdingbar. Zur Addition der Zahlen 349 und 217 braucht man ein Langzeitgedächtnis, um die Additionsregeln zu erinnern, und ein Kurzzeitgedächtnis, um das spezielle Problem zu bearbeiten. Das Gedächtnis selbst ist so zentral für den Denkprozeß, daß sich aufgrund des Gedächtnisses am besten die menschliche Intelligenz, wie sie im IQ gemessen wird, vorhersagen läßt. Wie kommt eine Information aus dem Kurzzeitgedächtnis ins Langzeitgedächtnis? Es muß sich um einen Auswahlprozeß handeln. Sonst würde das Langzeitgedächtnis schon bald mit nutzlosen Informationen überschwemmt, wie etwa mit Menüs aus Restaurants, Straßenschildern und alten Fernsehprogrammen. Es wäre so wie bei der Festplatte eines Computers, der jede neue Version jedes Dokuments abspeicherte, oder so wie bei einem Radiorekorder, der jedes Lied aufnähme. Die Maschinerie wäre schon bald voller nutzloser, unstrukturierter Informationen. Irgendwo muß das Gehirn einen Filter haben, um das, was erinnert werden soll, von dem zu trennen, was in Vergessenheit geraten kann.

Der Filter ist eine Struktur im Körper, die von den Genen aufgebaut wird. Man hat ihn entdeckt, als man ein einfaches wirbelloses Tier untersuchte, die Meeresschnecke Aplysia. Meeresschnecken haben kaum so etwas, was man ein Gehirn nennen könnte, und wahrscheinlich kämen sie auch nicht durch das zweite juristische Staatsexamen; aber sie haben ein Nervensystem und sind in der Lage, einfache Reize zu «erinnern» und entsprechend zu reagieren. Eine der bestuntersuchten Reaktionen ist der Reflex des Fühlereinziehens. Berührt man den Fühler einer Meeresschnecke, zieht sich der Körper ins Gehäuse zurück; vermutlich ist die Berührung ein Warnsignal dafür, daß sich ein räuberisches Lebewesen in der Nähe befindet. Berührt man den Fühler jedoch zum wiederholten Mal, läßt die Reaktion des Einziehens nach oder hört sogar ganz auf, als ob die Meeresschnecke wüßte, daß sie nichts zu befürchten hat. Wenn man Intelligenz als Fähigkeit auffaßt, das Verhalten an die Umgebung anzupassen, dann zeigt die Meeresschnecke eine primitive Form von Intelligenz.

Eric Kandel wollte wissen, wie die Meeresschnecke ihre Reaktion anpaßt. Der erste Schritt bestand darin, den Reflex ohne die Meeresschnecke wiederherzustellen; er verwendete dazu herauspräparierte Nervenzellen, die er in einer Petrischale wachsen ließ. Dadurch, daß Kandel die elektrischen Signale zwischen den Nervenzellen registrierte, fand er heraus, daß es nach einem einzelnen Reiz an der Synapse zwischen den Nervenzellen zu einem starken Signal kommt; wird der Reiz jedoch wiederholt, nimmt die Stärke der synaptischen Verbindung ab. Die Nervenzellen «erinnern» ihre Vergangenheit. Kandel zeigte, daß die Nervenzelle «erinnert», indem sie in Schüben Eiweiße bildet, und daß der hauptsächliche Auslöser für diese Explosion, bei der die Gene zum Ausdruck kommen, ein Eiweiß ist, das man CREB nennt. Kandel wies nach, daß man die Zellen irrigerweise einfach dadurch, daß man die Menge des aktiven CREB-Eiweißes anglich, dazu verleiten konnte, zu meinen, sie seien stimuliert worden.

Die Entdeckung war eine großartige Neuigkeit unter den auf wirbellose Tiere spezialisierten Neurobiologen, aber sie wurde bei den auf Menschen spezialisierten Psychologen kaum zur Kenntnis genommen. Wie konnte die Reaktion einer Tiefseeschnecke – eigentlich nur die einer Schale voller Nervenzellen – irgend etwas mit etwas so Vielschichtigem wie dem menschlichen Gedächtnis zu tun haben?

Tim Tully war sich gewiß recht sicher, daß der Befund wichtig war. Als junger Wissenschaftler am Cold Spring Harbor Laboratory in Long Island untersuchte Tully das Verhalten des Lieblingstiers der Genetiker, der Fruchtfliege Drosophila melanogaster. Tully wollte verstehen, wie es dem Erinnerungsvermögen der Fruchtfliege möglich ist, auf unterschiedliche Gerüche mit einem jeweils anderen Verhalten zu reagieren. In einem Experiment ließ er die Fliegen eine Substanz riechen und gab ihnen einen schmerzhaften elektrischen Schock. Dann setzte er ihnen eine andere Substanz zum Riechen vor, diesmal ohne Schock. Recht bald, normalerweise nach ungefähr zehn Trainingsdurchgängen, mieden die Fliegen die erste Substanz, nicht jedoch die zweite. Die Fliegen waren «intelligent», sie lernten aus Erfahrung.

Tully wies drei Dinge nach: Fliegen, nicht anders als Menschen, haben zwei Formen des Gedächtnisses, nämlich ein Kurzzeit- und ein Langzeitgedächtnis. Ferner muß das Kurzzeitgedächtnis der Fliegen lernen, zwischen Gerüchen zu unterscheiden, während das Langzeitgedächtnis die Unterscheidung erinnern muß, um sich entsprechend verhalten zu können. Um die Informationen aus dem Kurzzeitgedächtnis in solche für das Langzeitgedächtnis umzuwandeln, bedarf es einer neuen Form, mit der die Gene zum Ausdruck gebracht werden können. Aber was schaltete die Gene an? Tully bediente sich eines Hinweises aus Kandels Arbeiten über Meeresschnecken und entschied, sich den CREB-Mechanismus genauer anzusehen.

Zunächst züchtete er gentechnisch veränderte Fliegen, die einen niedrigen Spiegel an CREB aufwiesen. Er bewerkstelligte das, indem er ihnen Extrakopien des Gens für den CREB-Repressor gab, der die CREB-Produktion begrenzt. Tully setzte diese Fliegen dem ersten Geruch aus und schockte sie. Beim zweiten Geruch gab es keinen Schock. Er wiederholte die Abfolge immer wieder, aber die Fliegen merkten es sich nicht. Gleichgültig, wie oft er es mit ihnen geübt hatte, sie konnten sich nicht daran erinnern, den Geruch zu meiden, der mit einem schmerzhaften Schock gekoppelt war. Weitere Tests zeigten, daß sie in der Lage waren, den Unterschied zwischen den «guten» und den «schlechten» Gerüchen zu *lernen*; sie konnten sich nur nicht an den Unterschied *erinnern*, so daß sie weiterhin geschockt wurden. Diese Fliegen hatten die genetisch gesteuerte Fähigkeit verloren, ein Langzeitgedächtnis zu bilden.

Als nächstes erzeugte Tully einen Fliegenstamm mit zusätzlichem CREB. Dies gelang ihm, indem er Fliegen mit einer Extrakopie des Gens für den CREB-Aktivator züchtete, einem Molekül, das die Produktion von CREB zunehmen ließ. Tully setzte sie dann den unterschiedlichen Gerüchen und Stromschlägen aus. Diese Fliegen bemerkten, was da vor sich ging, und zwar unglaublich schnell. Die Fliegen mit viel CREB konnten nicht nur die Gerüche erinnern, sondern sie brauchten auch die typischen zehn Trainingsdurchgänge nicht. Sie lernten es nach nur einem Versuch. Tully fragte sich verwundert, ob die Insekten ein «fotografisches Gedächtnis» entwikkelt hätten.

Zumindest für Wissenschaftler war es erstaunlich, daß derselbe genetische Mechanismus, der bei einem einfachen Reflex von Meeresschnecken zur Anwendung kommt, beim viel komplexeren Verhalten von Fruchtfliegen bestehen bleibt. Aber ließ sich diese Erkenntnis auch auf Säugetiere übertragen? Es wäre ein wichtiger Schritt nach oben in der Nahrungskette, wenn man verstehen könnte, wie dieser Prozeß bei Säugetieren abläuft, denn die Forschung würde sich so dem Bereich des Menschen annähern. Ancino Silva, der ebenfalls vom Cold Spring Harbor Laboratory war, beschloß, das Experiment an Mäusen auszuprobieren. Silva wußte, daß normale Mäuse herausfinden, welche Art von Nahrung sich problemlos fressen läßt, indem sie am Atem anderer Mäuse riechen. Hat eine normale Maus ein Getreidekorn im Atem, wissen die anderen Mäuse, daß sie das Korn ohne Probleme fressen können. Als Silva einen Mäusestamm, der ein niedriges CREB-Niveau hatte, auf genetischem Wege züchtete, scheiterten sie am Riechtest. Sie waren praktisch nicht imstande, langfristig Erinnerungen zu bilden.

In den Experimenten wurde nachgewiesen, daß es bei Meeresschnecken, Fliegen und Mäusen einen Zusammenhang zwischen CREB und Gedächtnis gibt. Obwohl es bisher noch keinen Beweis dafür gibt, daß dies beim Menschen in gleicher Weise der Fall ist, läßt unsere enge genetische Verwandtschaft und unsere biologische Ähnlichkeit mit Mäusen das sehr wahrscheinlich werden. Dies heißt nicht, daß CREB selbst für die Bildung von Erinnerungen verantwortlich ist. CREB wirkt als Filter und ist zugleich auch nur ein Element in einer langen Kette von Reaktionen.

Es ist jedoch möglich, daß Tierexperimente bereits zur Aufklärung über die Art und Weise beitragen, wie wir lernen. Zellen bei Tier und Mensch haben nur eine begrenzte Menge des CREB-Aktivator-Eiweißes. Dadurch ist die Menge neuer Informationen, die Nervenzellen in das Langzeitgedächtnis auslagern können, begrenzt. Dies kann eine Erklärung dafür sein, daß mehrere kurze Lernphasen wirksamer sind als eine lange Phase. Die Nervenzellen brauchen Zeit, um den CREB-Aktivator neu zu bilden. Ancino Silva zeigte, daß dies insbesondere auf seine vergeßlichen Mäuse zutraf. Die einzige Methode, wie sie sich an etwas erinnerten, bestand darin, daß sie mehrere kurze Trainingsläufe absolvierten und zwischendurch Pausen hatten. Wendet man dieselben Schlußfolgerungen auf das Lernen beim Menschen an, könnte dies eine Erklärung dafür sein, daß es sinnvoller ist, vor einem Examen jeden Tag ein bißchen zu lernen als am Tag davor bis tief in die Nacht hinein zu büffeln. Das ist etwas, was die meisten Studenten wissen, auch wenn sie es oft nicht beherzigen.

Mentale Karten

Sie kommen spätnachts in ein merkwürdiges Hotel, packen Ihren Koffer aus, ziehen die Gardinen fest zu, fallen erschöpft aufs Bett, und schon bald sind Sie fest eingeschlafen. Plötzlich weckt Sie eine Sirene ... Feuer! Das Zimmer ist pechschwarz, und trotzdem finden Sie, ohne groß nachzudenken, den Weg zur Tür und steuern automatisch auf den nächsten Notausgang zu.

Wie haben Sie das gemacht? Als Sie zum ersten Mal ins Zimmer kamen, fertigte Ihr Gehirn ohne irgendeine bewußte Anstrengung von Ihrer neuen Umgebung eine Karte an und speicherte sie ab. Auch als Sie Ihre Sachen auspackten und anderes im Kopf hatten, nahm Ihr Gehirn den Grundriß des Zimmers, die Positionen der einzelnen Möbelstücke, die Lage der Tür und die Richtung zum nächsten Notausgang in sich auf. Der dafür verantwortliche Teil des Gehirns ist der Hippokampus, der innerhalb von Minuten eine mentale Karte anlegt und sie wochenlang speichert. Später wird diese Information, wenn es sich um eine wichtige Karte handelt, zur langfristigen Speicherung in die Großhirnrinde übertragen. Bei einer Schädigung des Hippokampus, wie dies bei einer Verletzung oder einem Hirnschlag auftreten kann, wäre man nicht in der Lage, in der ungewohnten Umgebung des Zimmers seinen Weg zu finden, obwohl man sich an den Grundriß einer Wohnung erinnern könnte, in der man vor langer Zeit gelebt hat.

Der Hippokampus nimmt räumliche Informationen in großen komplexen Nervenzellen auf, die als Ortszellen bezeichnet werden. Jede Ortszelle enthält Informationen über ein einzelnes Bruchstück eines neuen Gebiets. Dies konnte nachgewiesen werden, als man eine Maus in einem neuen Gebiet aussetzte und die elektrische Aktivität in den Ortszellen beim letzten Blick auf die Umgebung registrierte. Jedesmal, wenn die Maus ihren Kopf bewegte, um einen anderen Teil des Gebiets zu sehen, wurde eine andere Gruppe von Ortszellen aktiviert. Seltsamerweise gibt es keine Entsprechung zwischen der Lage der Ortszellen und der Information, die sie abspeichern; sie breiten sich wie Teile eines noch nicht zusammengesetzten Puzzles aus. Das liegt wahrscheinlich daran, daß dieselben Ortszellen Informationen über unterschiedliche Bereiche enthalten können.

Wie ist die Information von den Augen zum Hippokampus gekommen? Die Schlüsselrolle kommt anscheinend einer Rezeptorform zu, die Glutamat erkennt, ein kleines Molekül, das von den Gehirnzellen zur Kommunikation benutzt wird. Es war jedoch nicht möglich, die Theorie zu überprüfen, da Mäuse ohne den Glutamatrezeptor nicht überlebensfähig sind. Der Glutamatrezeptor ist, wie viele Gehirnzellen, für eine Reihe von Dingen einschließlich der mentalen Karten verantwortlich, und Mäuse ohne den Rezeptor konnten nicht überleben. Schließlich fand der Nobelpreisträger Susumu Tonegawa vom Massachusetts Institute of Technology heraus, was zu tun war. Er entwickelte eine gewitzte Strategie, um speziell nur den Glutamatrezeptor für den Hippokampus und nicht für den übrigen Körper außer Kraft zu setzen.[2]

Dann mußten die Mäuse einen Test absolvieren, in dem sich bei ihnen eine Karte herausbildete. Man warf sie in ein Becken mit Wasser, in der sich eine kaum mit Wasser bedeckte Rampe befand. Die Mäuse schwammen im Becken herum, bis sie die Rampe gefunden hatten, auf der sie stehen konnten. Normale Mäuse lernten schnell, wo die Rampe war. Nach ein paar Übungsdurchgängen bildeten sie eine mentale Karte aus Orientierungspunkten und schwammen direkt auf die Rampe zu. Die mutierten Mäuse jedoch, die keinen Glutamatrezeptor im Hippokampus besaßen, konnten sich nicht daran erinnern, wo die Rampe war. Auch nach mehreren Übungsdurchgängen schwammen sie weiter wie blind umher, als wären sie nie zuvor im Becken gewesen. Ansonsten waren die Mäuse ganz normal, und andere Gedächtnisaufgaben, die das Erinnern von Orten nicht erforderlich machten, bewältigten sie recht gut. Damit war klar, daß dem Glutamatrezeptor-Gen eine entscheidende und spezifische Aufgabe zufällt, wenn es um Denkvorgänge geht, die mit der Herstellung mentaler Karten in Verbindung stehen.

Obwohl der Verlust eines einzelnen Gens eine Maus davon abhalten kann, ihren Weg zu finden, beruht der Denkprozeß auf viel mehr als nur auf Genen. Ein einfaches Experiment zeigt, daß auch Erfahrung wichtig ist. Einige Mäuse wurden in einem kleinen Käfig ohne viel Ausstattung groß, nur mit einer Wasserflasche und einer Futterkrippe, während die anderen an einem speziell für sie eingerichteten «Spielplatz» aufwuchsen, in dem es Plastikflaschen, einen Tunnel mit mehreren Öffnungen und ein Tretrad gab. Nach drei Monaten hatten die Mäuse, die in der stimulierenderen Umgebung groß wurden, 15 Prozent mehr Hippokampuszellen. Je stärker die Mäuse ihr Gehirn einsetzten, um die vielschichtige topographische Beschaffenheit des Spielplatzes zu erinnern, desto besser wurde ihr Gehirn. Auch bei dieser einfachen Art von Intelligenz sorgt die Umwelt für einen Unterschied.

Die Messung der Intelligenz

Die Bedeutung spezieller Gene, die für das Langzeitgedächtnis und die Bildung mentaler Karten wichtig sind, konnte entdeckt werden, weil Wissenschaftler in der Lage waren, Tests zu entwickeln, die jene besonderen Denkweisen gesondert erfaßten. Der zentrale Punkt bei den Experimenten bestand darin, imstande zu sein, spezielle und eng umschriebene Aspekte der Kognition zu messen, die bei Versuchstieren erkennbar waren. Jahrelang erfaßte man jedoch die komplizierteste Funktion des Gehirns – die allgemeine Intelligenz – mit Hilfe des am häufigsten verwendeten Meßinstruments für das Denken beim Menschen, und das Maß dafür war das am wenigsten spezifische – der Intelligenztest mit seinem IQ.

Lange vor der Entstehung der Neurobiologie oder der Naturwissenschaften kannten die Menschen individuelle Unterschiede im Hinblick auf die Intelligenz. Wir haben immer gegenseitig unsere Intelligenz eingeschätzt, und informell haben wir unsere eigenen Kriterien dafür entwickelt. Eine Person kann die Gerissenheit eines Gassenjungen und das Wissen eines Stubengelehrten haben, sie kann gesunden Menschenverstand besitzen, sie kann klug oder dumm wie Bohnenstroh sein. In der hohen Schule von Kritik und Gegenkritik gibt es abwesende Professoren und aufgeweckte Doktoranden. Manche Menschen können gut mit Worten umgehen, sind aber schlecht in Mathematik; die einen finden sich leicht in einer fremden Stadt zurecht, andere verirren sich im Supermarkt. Menschen sind schnell oder langsam, sie haben ein gutes Gedächtnis oder sind vergeßlich. Eine Person kann weise wie eine Eule oder listig wie ein Fuchs sein.

Ein zuverlässiges, zahlenmäßig faßbares Maß der Intelligenz zu entwickeln war viel schwieriger. Eigentlich gibt es keine große Übereinstimmung unter Wissenschaftlern, wie man Intelligenz definieren soll. Lewis Terman, der Pionier der Intelligenzforschung während der zwanziger Jahre, nannte die Intelligenz «die Fähigkeit zum abstrakten Denken». David Weshler, der 1944 seinen eigenen weitverbreiteten Intelligenztest entwickelte, definierte sie als die allgemeine «Fähigkeit des Individuums, zweckvoll zu handeln, vernünftig zu denken und sich mit der Umgebung wirkungsvoll auseinanderzusetzen». 1982 bezeichneten Robert Sternberg und William Salter Intelligenz als «die allgemeine Fähigkeit einer Person zum zielgerichteten adaptiven Verhalten».

Alle diese Definitionen sind weder umfassend genug, um alle unterschiedlichen Aspekte der Intelligenz zu erfassen, noch sind sie ausreichend spezifisch, um anzugeben, was dazugehört und was nicht. So ist beispielsweise die Fähigkeit, bei einem Auto auf die Bremse zu treten, eindeutig ein zielgerichtetes adaptives Verhalten, wobei das Ziel darin besteht, am Leben zu bleiben, aber es handelt sich nicht um das, was wir normalerweise unter Intelligenz verstehen. Daher sind Psychologen wieder zu einer rein operationalen Definition von Intelligenz zurückgekehrt: Intelligenz ist das, was Intelligenztests messen.

Intelligenztests wurden entwickelt, weil zu viele Schüler ins französische Schulsystem strömten. Man schrieb das Jahr 1905, und die französische Regierung hatte gerade für alle Kinder die Schulpflicht eingeführt. Das Ergebnis waren überquellende Klassenzimmer. Lehrer hatten es in vielen Fällen erstmals mit Kindern zu tun, die nicht imstande waren, mit dem normalen Lehrplan Schritt zu halten. Die Regierung wollte Sonderklassen einrichten, um ihnen zu helfen, doch niemand wußte genau, wie man diese Kinder in objektiver Weise herausfinden sollte.

Die Antwort auf diese Frage gab Alfred Binet, der führende französische Psychologe seiner Zeit. Binet und sein Mitarbeiter Théophile Simon entwickelten einen Test, um Kinder durchschnittlicher Intelligenz von denen mit unterdurchschnittlicher Intelligenz zu unterscheiden. Ihr Verfahren wurde zum Vorläufer der modernen Intelligenztests. Er bestand aus 30 Fragen, die nach zunehmender Schwierigkeit geordnet waren. So bestand etwa eine leichte Frage darin, mit den Fingern auf Nase, Augen und Mund zu zeigen; eine mittelschwere Frage war, vier Farben zu benennen; und eine schwierige Frage lautete, einen Sinn in einem durcheinandergeratenen Satz zu erkennen. Binet argumentierte, daß alle Kinder einem ähnlichen Pfad der geistigen Entwicklung folgen, manche jedoch langsamer als andere; das heißt, sie sind «retardiert». Daher konnten Lehrer, wenn sie den Testwert eines Kindes mit seinem tatsächlichen Lebensalter verglichen, entscheiden, ob es seinen Fähigkeiten nach eher vom normalen Lehrplan oder von Sonderschulen profitieren würde. Es wurde nachgewiesen, daß man mit Hilfe des einfachen Tests den Erfolg eines Kindes im französischen Schulsystem zuverlässig vorhersagen konnte.

Wenige Jahre später formalisierte der deutsche Psychologe L. Wilhelm Stern Binets Konzept des Intelligenzalters zum Intelligenzquotienten oder IQ, der einfach das Verhältnis von Intelligenzalter zum Lebensalter multipliziert mit 100 war.

Die Formel war so angelegt, daß sie für die Normalbevölkerung einen durchschnittlichen IQ-Wert von 100 ergab. Ein Fünfjähriger beispielsweise, der so gute Leistungen wie ein durchschnittlicher Siebenjähriger zeigt, hat einen IQ von 140, während ein Zehnjähriger, der nur dieselbe Anzahl von Fragen beantworten kann wie die meisten Achtjährigen, einen IQ von 80 hat. Da die geistige Entwicklung nicht unendlich fortschreitet, gehen in Intelligenztests für Erwachsene eher breite Altersgruppen ein als das genaue chronologische Alter. Seitdem sind viele unterschiedliche Intelligenztests entwickelt worden, um weniger die tatsächliche Leistung oder das Lernen, sondern eher die Begabung zu erfassen. Bei den Tests liegt die Betonung auf abstraktem Denken, wie etwa beim Vergleich der Flächen zweier geometrischer Figuren, und weniger auf Spezialwissen, wie etwa der Kenntnis einer bestimmten Gleichung.

Es ist klar, daß unterschiedliche Menschen unterschiedliche Arten geistiger Fähigkeiten haben. Bill mag einen großartigen Wortschatz haben, aber er kann nur schlecht rechnen, wohingegen Mary ein kleines mathematisches Genie ist, aber ein schlechtes Gedächtnis hat. Aber es ist auch klar, daß Menschen, die besonders klug sind, dazu neigen, bei vielen unterschiedlichen Arten geistiger Aktivitäten gute Leistungen zu zeigen, während weniger kluge Menschen nur selten in irgendeinem Bereich hervorragend sind. Intelligenztests spiegeln diese Unterschiedlichkeit der Fähigkeiten dadurch wider, daß in ihnen unterschiedliche Arten von Fragen gestellt werden. Wertet man die Daten Tausender von Intelligenztests aus, dann kristallisieren sich zwei Ergebnisse heraus. Erstens, es gibt einen Faktor der allgemeinen kognitiven Fähigkeit, den sogenannten g-Faktor oder einfach g, der über alle unterschiedlichen, in IQ-Tests gemessenen Intelligenzarten hinweg auftritt. Menschen, die einen hohen Wert für g haben, neigen dazu, im Hinblick auf alle Aspekte des Tests gute Leistungen zu zeigen, während diejenigen, die einen niedrigen Wert für g haben, insgesamt nicht so gut abschneiden. Zweitens gibt es spezielle Bereiche geistigen Könnens, die teilweise, aber nicht vollständig voneinander getrennt sind, wie etwa Redegewandtheit, numerisches Rechnen, räumliche Vorstellung, Gedächtnis und so weiter. Deshalb hängt die Gesamtintelligenz von einer Kombination aus allgemeiner Fähigkeit (g) und speziellem Können ab.

Obwohl über den Stellenwert und die Nützlichkeit von Intelligenztests leidenschaftlich diskutiert wird, sollte man eines nicht vergessen: Intelligenztests leisten etwas, wozu sie ursprünglich gedacht waren, sie sagen die Schulleistungsfähigkeit einer Person voraus. In einer Untersuchung nach der anderen hat sich der IQ als der beste Prädiktor für Schulleistung erwiesen. Obwohl viele andere Faktoren, wie etwa sozioökonomischer Status und der Beruf der Eltern, eine gewisse Rolle spielen, gibt es keinen besseren Prädiktor für die Noten eines Kindes oder dafür, wie es in der Ausbildung zurechtkommen wird. Und das ist auch gar nicht erstaunlich, da viele der Lernfortschritte genau von der Art von Fähigkeiten abhängen, wie sie in Intelligenztests erfaßt werden. In bestimmter Weise messen Intelligenztests schlicht die Fähigkeit, Tests zu absolvieren.

Offenkundig können Intelligenztests nicht die ganze Breite der menschlichen Intelligenz erfassen – ja, es ist kaum vorstellbar, einen Test zu entwickeln, der dazu imstande wäre. Sie enthalten auch kulturspezifische systematische Fehler, denn selbst der gescheiteste Mensch mit Deutsch als Muttersprache wird bei einem Intelligenztest versagen, der in Chinesisch abgefaßt ist. Kulturspezifische systematische Fehler sind jedoch nicht so schlimm, wie manche Kritiker uns einreden wollen, weil ein Maßstab der Intelligenz die Fähigkeit ist, die Umwelt zu verstehen und sich an sie anzupassen, und dazu gehört eben auch die Kultur. Es hat auch die Kritik gegeben, daß Intelligenztests vorurteilsbehaftet seien und daß es nicht fair sei, einem Stadtbewohner Fragen zur Landwirtschaft zu stellen oder einen Amerikaner zur chinesischen Sprache zu befragen. Die gut gemachten Tests messen jedoch kein angehäuftes Faktenwissen, sondern die Denkfähigkeit; und die Tests selbst werden ständig überprüft sowie in verschiedenen Kulturen und in unterschiedlichen Sprachen verwendet. Auch sind Intelligenztests kein Maß für den Wert einer Person, und so waren sie auch nie gedacht. Trotz der Gegenargumente und einem begrenzten Aussagewert messen die Tests etwas, was mit unterschiedlichen Arten geistiger Fähigkeit zusammenhängt, was Folgen im wirklichen Leben hat und bei dem sich eine Person von der anderen konsequent unterscheidet.

Die Genetik des IQs

Warum erzielen unterschiedliche Menschen, auch wenn sie in derselben Umwelt auf dieselbe Weise aufwachsen, in Intelligenztests unterschiedliche Werte? Obwohl es keine einfache Antwort auf diese Frage gibt, waren die Ergebnisse jahrzehntelanger Untersuchungen an Zehntausenden von Versuchspersonen bemerkenswert einhellig: Sie zeigten, daß der wichtigste Faktor die Gene sind. Zur «Umwelt» gehören viele Faktoren, die die Intelligenz beeinflussen, wie etwa Vorsorgeuntersuchungen in der Schwangerschaft, Ernährung, Kinderbetreuung, Ausbildung und so weiter. Zusammengenommen stellen sie eine mächtige Einflußgröße dar, aber nicht ein einziger jener Umweltfaktoren hat für sich allein einen größeren Einfluß als die Gene.

Drei unterschiedliche Methoden kamen zur Anwendung, um die Rolle der Gene beim IQ genau abzuschätzen. Weil das Thema kontrovers diskutiert wird, ist es von Bedeutung, sich die Zahlen anzuschauen. Die beste Methode besteht darin, sich mit eineiigen Zwillingen zu beschäftigen, die getrennt aufwachsen, weil sie alle Gene gemeinsam haben, nicht aber die Umwelt. Eine Auswertung von 158 solcher Zwillingspaare ergab eine Korrelation von 0,75, was ein Zeichen dafür ist, daß der IQ eine Heritabilität von 75 Prozent hat. Das heißt, daß drei Viertel der Unterschiede zwischen IQ-Werten auf Unterschiede bei den Genen zurückgehen.

Eine zweite Methode besteht darin, eineiige mit zweieiigen Zwillingen zu vergleichen, die zusammen aufwuchsen. Ist die Korrelation für die eineiigen Zwillinge größer als für die zweieiigen – sind also im Hinblick auf die Intelligenz die eineiigen Zwillinge ähnlicher als die zweieiigen –, dann läßt dies auf eine gewisse Rolle der Gene zurückschließen. Betrachtet man viele verschiedene Untersuchungen, die über sieben Jahrzehnte hinweg an mehr als 10 000 Zwillingen durchgeführt wurden, haben die Korrelationen einen Durchschnitt von 0,86 für eineiige Zwillinge und von 0,60 für zweieiige Zwillinge. Weil diese Zwillinge in derselben Umwelt aufwuchsen, ist es die beste Methode zur Schätzung der Heritabilität, den Unterschied zwischen eineiigen und zweieiigen Zwillingen zu verdoppeln, was einen Wert von 52 Prozent ergibt.

Der dritte Ansatz besteht darin, sich genauer mit adoptierten Kindern und ihren Eltern und Geschwistern zu beschäftigen. Die Korrelation zwischen 720 Paaren biologischer Eltern und ihrer leiblichen Kinder war 0,24, obwohl die Kinder von jemand ganz anderem großgezogen wurden. Die Korrelation zwischen 203 Paaren genetischer Geschwister, die bei unterschiedlichen Adoptiveltern aufwuchsen, betrug ebenfalls 0,24. Weil es sich hier um Verwandte ersten Grades handelt, die von den Genen her zu 50 Prozent zusammenhängen, müssen die Korrelationen verdoppelt werden, was eine geschätzte Heritabilität von 48 Prozent ergibt.

Daher führen alle drei unterschiedlichen experimentellen Designs zu derselben Schlußfolgerung: IQs sind in wesentlichen Elementen vererbbar. Das trifft unabhängig davon zu, wie der IQ gemessen wird, wer erfaßt wird und wann die

Messung erfolgt. Man kann Haarspaltereien anstellen, ob die «wahre» Zahl für Heritabilität 48 oder 75 Prozent ist, nimmt man aber alle Veröffentlichungen auf der Welt aus Zwillings-, Familien- und Adoptionsuntersuchungen zusammen, so bekommt man eine Schätzung von etwa 50 Prozent. Man kann also nicht behaupten – zumindest auf Grundlage der Zahlen nicht –, daß die Heritabilität gleich Null ist. In welchem Land auch immer, in welcher geschichtlichen Zeit, in welcher Altersgruppe und mit welcher Art von Tests auch immer, das Ergebnis ist stets dasselbe: Kein anderer Faktor ist in seinem Einfluß auf die kognitive Fähigkeit wichtiger als die Gene. Wirklich bemerkenswert wäre heutzutage eine wissenschaftliche Untersuchung, bei der herauskäme, daß Vererbung beim IQ *nicht* wichtig ist.

IQ und Umwelt

Nur weil Gene für den IQ von solcher Bedeutung sind, so heißt das doch nicht, daß dies für die Umwelt nicht der Fall ist. Dieselben Daten, die belegen, daß der IQ erblich ist, zeigen in Wirklichkeit auch, daß gemeinsame Umweltfaktoren eine wichtige Rolle spielen. Die schlagkräftigste Methode zur Untersuchung der Umwelteinflüsse ist es, sich die genetisch nicht verwandten Geschwister, die zusammen adoptiert wurden, genauer anzusehen. Das einzige, was sie gemeinsam haben, ist die Umwelt; daher müssen alle Ähnlichkeiten darauf zurückgehen, wie sie erzogen wurden. Die Korrelation für diese Art von Geschwisterpaaren ist 0,32; das heißt, daß Faktoren wie Erziehung durch dieselben Eltern, Besuch derselben Schule und Aufwachsen in derselben Nachbarschaft genetisch nicht verwandte Kinder, die zusammen groß werden, um 32 Prozent ähnlicher werden lassen, als dies der Fall wäre, wenn sie getrennt aufgewachsen wären. Vergleicht man entsprechend Adoptiveltern mit ihren nichtleiblichen Adoptivkindern, so ist die Korrelation 0,19. Wiederum muß die Ähnlichkeit, in diesem Fall 19 Prozent, eher auf gemeinsame Umweltfaktoren als auf die Gene zurückgehen. Man sollte sich schließlich noch einmal in Erinnerung rufen, daß die IQ-Werte von eineiigen Zwillingen, die zusammen aufwuchsen, zu 0,86 miteinander korrelierten, verglichen mit 0,75 bei Zwillingen, die nach der Geburt voneinander getrennt wurden. Der Unterschied deutet darauf hin, daß beim IQ etwa 11 Prozent der Varianz auf Umweltfaktoren zurückgeht, in deren Genuß beide Zwillinge gemeinsam im selben Elternhaus kommen.

Diese drei unterschiedlichen Vergleiche zeigen, daß die Umwelt, vor allem die Art von Dingen, die man beim Aufwachsen gemeinsam hat, wichtig dafür ist, wie gut die Werte im Intelligenztest sind. Wiederum könnten die Zahlen irgendwo zwischen 11 und 32 Prozent liegen; der wichtige Punkt ist jedoch, daß die Zahl größer als Null ist.

Ironischerweise sind es diese von Verhaltensgenetikern geplanten und durchgeführten Experimente, die die besten Belege für die Rolle der Umwelt beim IQ liefern. Wenn Psychologen, die soziale Faktoren im Kopf hatten, versuchten, die Auswirkungen der Umwelt ohne genetische Kontrollfaktoren zu messen, etwa indem sie die Testwerte mit der Anzahl der Bücher in einem Haushalt verglichen, waren sie nicht in der Lage, schlüssig nachzuweisen, daß die Umwelt überhaupt eine Rolle spielt.

Die Experimente zeigen jedoch nicht, was an der Umwelt wichtig ist. Viele Belege dafür kommen traurigerweise aus Waisenhäusern, in denen Kinder wenig Kontakt mit Menschen hatten beziehungsweise wenig Anregung bekamen. Das klassische Experiment dieser Art wurde in den dreißiger Jahren von H. M. Skeels begonnen. In einem Waisenhaus in Iowa untersuchte er Kinder, die als geistig retardiert eingestuft worden waren und denen praktisch keine Aufmerksamkeit von Menschen entgegengebracht wurde. 13 dieser Kinder wurden in eine andere Einrichtung verlegt und Pflegemüttern übergeben, die viel Zeit auf die Erziehung der Kinder verwandten. Innerhalb von nur vier Jahren hatten diese Kinder durchschnittlich 30 IQ-Punkte hinzugewonnen, ein bemerkenswerter Zuwachs, während der IQ bei 12 weiteren Kindern, die im Waisenhaus geblieben waren, um 20 Punkte zurückgegangen war. 20 Jahre später waren die Unterschiede bestehengeblieben. Die meisten der Kinder, die eine Einzelbetreuung bekamen, machten einen High-School-Abschluß und waren in der Lage, selbst für sich zu sorgen, wohingegen die meisten derjenigen, die im Waisenhaus aufwuchsen, immer noch in einer Einrichtung lebten oder sich nicht selbst versorgten. Es ist ausgesprochen erstaunlich, daß die Kinder, die verlegt wurden, in eine Einrichtung für geistig retardierte Erwachsene gebracht wurden, also von Pflegemüttern erzogen wurden, die selbst geistig retardiert waren. Daher ist es nicht erforderlich, ein Genie zu sein, um die geistige Entwicklung eines Kindes zu fördern; wirklich wichtig ist Liebe und menschlicher Kontakt.

Ähnliche Ergebnisse wurden aus einem Waisenhaus im Iran berichtet, wo Kinder, von denen man annahm, sie seien geistig retardiert, eine Einzelbetreuung bekamen und sich in ihren sprachlichen Fähigkeiten merklich verbesserten. In einer französischen Untersuchung stiegen die IQ-Werte von Kindern, die von Eltern mit einem hohen sozioökonomischen Niveau adoptiert wurden, im Schnitt um 12 Punkte an. In den Vereinigten Staaten wird das Experiment im Projekt Head Start täglich durchgeführt: Hier bietet man Kindern aus einem benachteiligten Elternhaus vom fünften Lebensjahr an für ein oder zwei Jahre Hilfestellung im Bereich der geistigen und sozialen Fähigkeiten an. Im Lernprogramm wird ein signifikanter kurzfristiger Zuwachs beim Intelligenztestwert nachgewiesen sowie einige langfristige Verbesserungen der Schulleistung, sozialer Fähigkeiten und der Selbstachtung.

Wenn die Kinder älter werden, geht der Zuwachs jedoch zurück, und einige Experten weisen jetzt darauf hin, daß es zu spät ist, wenn man erst im Alter von vier Jahren damit beginnt. Craig Ramey, ein Wissenschaftler von der University of Alabama, hat ein Lernprogramm für Kinder retardierter Mütter entwickelt, das sechs Wochen nach der Geburt einsetzt und ein Jahr lang an fünf Tagen in der Woche fortgeführt wird. Die Babys bekommen einen intensiven Einzelkontakt mit einem ausgebildeten Lehrer, der viel mit ihnen spricht und sie auf vielfältige Weise anregt. Außerdem erhält das Kind körperliche Zuwendung in Form von Umarmungen und Küssen. Craig Ramey hat herausgefunden, daß das Programm die geistige Retardierung in dieser genetisch anfälligen Gruppe um ganze 50 Prozent verringert hat. Er warnt Eltern jedoch vor übertriebenem Ehrgeiz, denn ein Zuviel an Anregung kann Kleinkinder erschöpfen und überfordern – nicht anders als Erwachsene brauchen auch Babys ruhige Zeiten.

Obwohl der wichtigste Aspekt der Förderung des IQs wahrscheinlich die richtige Mischung aus menschlichem Kontakt und Anregung ist, gibt es viele weitere Faktoren, die von Bedeutung sind. Einer der offensichtlichsten, der jedoch am häufigsten übersehen wird, ist die richtige Zufuhr von Nährstoffen bei der schwangeren Mutter und bei ihrem Kind. Wie der Rest des Körpers braucht auch das Gehirn Nährstoffe, um sich richtig zu entwickeln, nicht nur eine ausgewogene Ernährung, sondern auch eine, die frei ist von Giftstoffen. Wie verheerend sich nur ein einziger Schadstoff, der sich in einem Fisch aus den Großen Seen des Mittleren Westens der USA findet, auf den IQ auswirkt, wurde von Joseph und Sandra Jacobson von der Wayne State University in Detroit dokumentiert. Die Jacobsons untersuchten 212 Kinder, die als Neugeborene ausgewählt wurden. Zur Zeit der Geburt wurde im Blut der Mutter und in der Muttermilch ein früher verbreiteter, als PCB bekannter Schadstoff gemessen. Als die Kinder im Alter von elf Jahren getestet wurden, hatten diejenigen, die am stärksten mit PCB konfrontiert waren, mehr als sechs IQ-Punkte weniger als diejenigen, die geringeren Dosen PCB ausgesetzt waren. Die größten Auswirkungen hatte dies auf das Gedächtnis, die Aufmerksamkeit und die Planungsfähigkeiten. Die belasteten Kinder hinkten auch in ihrer Lesefähigkeit hinterher.

Eines sollte man sich immer in Erinnerung rufen: Gleichgültig, wie stark der Einfluß des genetischen Potentials ist, eine geringfügig gestörte Umwelt kann sich verheerend auswirken. Seien es nun die falsche Ernährung, zu viele Schadstoffe oder nicht genügend Anregung, jeder einzelne dieser Faktoren kann die IQ-Werte geringer werden lassen. Da man wenig Einfluß darauf hat, welche Gene man an sein Kind weitergibt, wenn man einmal von der Auswahl des Partners absieht, besteht die einzige Alternative darin, sich auf die Umwelt zu konzentrieren. Es gibt zahllose Ratgeberbücher, wie man sich gescheite Babys heranzieht, und es gibt unterschiedliche Meinungen darüber, wie man das erreicht. Das Geheimnis scheint zu sein, so bald wie möglich eine starke Bindung zum Kind zu entwickeln. Eine rege, unterstützende und bedingungslose Liebe ist wahrscheinlich das größte Geschenk, das man einem Kind geben kann.

Ethnische Zugehörigkeit und IQ

Um den Zusammenhang zwischen Genen, Umwelt und IQ entwickelte sich eine der erbittertsten wissenschaftlichen Auseinandersetzungen aller Zeiten: Dabei ging es um die Rolle, die die ethnische Zugehörigkeit für die Intelligenz spielt. In den Vereinigten Staaten haben die Asiaten als Gruppe 3 IQ-Punkte mehr als die Weißen, die wiederum im Schnitt etwa 15 Punkte höher liegen als die Schwarzen. In der Kontroverse geht es nicht darum, daß solche Gruppenunterschiede existieren, sondern darum, was sie bedeuten.

Zuallererst ist es wichtig, zu betonen, daß es sich hier nur um durchschnittliche Unterschiede handelt. Die Gruppen überlappen sich in starkem Maße, und alle ethnischen Gruppen weisen die gleiche breite Vielfalt an IQ-Werten auf. Es gibt beispielsweise viele Asiaten, die niedrigere Werte haben als der durchschnittliche Weiße oder Schwarze, und viele Afroamerikaner, die höhere Werte haben als die meisten Weißen oder Asiaten. Das heißt, daß es kein guter Prädiktor für den IQ einer Person ist, wenn man ihre ethnische Zugehörigkeit kennt. Es gibt auch regionale Unterschiede bei den IQ-Werten, ebenso wie es regional unterschiedliche Fähigkeiten gibt, Basketball zu spielen – aber das bedeutet nicht, daß man beurteilen kann, wie gescheit eine Person ist oder wie gut sie im Freiwurf ist, wenn man fragt, aus welchem Bundesstaat sie kommt.

Dennoch gibt es immer noch die verwirrende Frage des beträchtlichen Punktunterschieds bei den durchschnittlichen IQ-Werten. Eine Theorie besagt, daß der Unterschied genetisch bedingt ist. Diese Theorie hat kürzlich durch das 1994 veröffentlichte Buch *The Bell Curve* von Charles Murray und Richard Hernstein im ganzen Land Aufmerksamkeit erregt, und es kam zu intensiven emotionalen Reaktionen. Die Autoren erwähnen anfangs zwei Tatsachen: Individuelle Unterschiede im Hinblick auf IQ-Werte sind erblich, und die ethnische Zugehörigkeit ist erblich. Daraus leiteten sie ab, daß auch ethnische Unterschiede bei den IQ-Werten genetisch bedingt sein müssen.

Ihre Argumentation ist vom Grundsätzlichen her fragwürdig, weil individuelle Unterschiede – genau das erfaßt man mit Hilfe von Zwillingsstudien und anderen genetischen Methoden – und Gruppenunterschiede, die mit diesen Methoden nicht angegangen werden können, miteinander vermengt werden. Denken Sie zum Beispiel an Pflanzen. Nehmen wir einmal an, eine Lage Sonnenblumen wird an einem sonnigen Fleck ausgesät, man kümmert sich sorgfältig darum und wässert sie. Unter ansonsten gleichen Bedingungen hinge in dieser idealen Umgebung die Höhe, bis zu der jede einzelne Sonnenblume heranwächst, vorwiegend von ihrer individuellen genetischen Ausstattung ab. Die Qualität des Samens ist die einzige Variable von Bedeutung. Doch nehmen wir einmal an, wir würden eine Hälfte der Samen auf ein schmales und teils schattiges Beet werfen und vergäßen, sie zu wässern. Abhängig davon, wohin sie fallen, würden sich einige der «guten» Samen nicht so gut entwickeln wie die «schlechten». Vergliche man die durchschnittliche Größe der Blumen aus den zwei Beeten, gingen die Unterschiede gänzlich auf die Umwelt zurück. Die einzige Schlußfolgerung, die man aus den Daten ableiten könnte, bestünde darin, daß der Gärtner herausgeworfen werden sollte.

Die wirkliche Welt ist wie dieser Garten; die Unterschiede in der Güte der Umwelt sind so ausgeprägt, daß es schwer ist, irgend etwas über die Samen zu sagen. Wir wissen einfach nicht, ob die Gruppenunterschiede beziehungsweise die ethnischen Unterschiede bei den IQ-Werten irgendeine genetische Grundlage haben oder ob es sich da so verhält wie bei der Größe der Sonnenblumen, die unter unterschiedlichen Bedingungen wuchsen. Zum anderen wissen wir, daß der IQ zumindest zum Teil durch die Umwelt beeinflußt wird und daß es sich bei einigen der Umweltfaktoren, von denen wir wissen, daß sie wichtig sind, genau um jene handelt, die in unserer Gesellschaft zusammen mit der ethnischen Zugehörigkeit variieren. Es ist beispielsweise bekannt, daß der IQ durch die Ausbildung beeinflußt werden kann und daß die Asiaten in den USA im Schnitt mehr Wert auf Ausbildung, auf Fleiß und auf Leistung in der Schule legen. Der IQ korreliert mit dem sozioökonomischen Status, der in den Vereinigten Staaten für Personen afrikanischer Abstammung niedriger bleibt als für die europäischer Abstammung.

Direkte Belege für die Bedeutung der Umwelt bei ethnischen Unterschieden im IQ gehen auf ein Adoptionsexperiment zurück, das Sandra Scarr und Richard Weinberg in den siebziger Jahren durchgeführt haben. Sie untersuchten 99 afroamerikanische Kinder, die aus armen schwarzen Elternhäusern kamen und von weißen Mittelschichtseltern in Minneapolis adoptiert wurden. Der durchschnittliche IQ dieser adoptierten Kinder betrug 106, was nicht nur höher als der durchschnittliche IQ bei Schwarzen, sondern auch höher als der bei Weißen war. Die Forscher kamen zu der Schätzung, daß in einer relativ privilegierten Umwelt aufzuwachsen mit etwa 16 Punkten zu den IQ-Werten beitrug – das war ungefähr der Betrag des Unterschieds zwischen den Durchschnittswerten im IQ bei Weißen und bei Schwarzen in den Vereinigten Staaten.

Rassenmythen sind ein so starker Einflußfaktor, daß sie ihrerseits die IQ-Werte senken können. Claude Steele und Joshua Aronson legten schwarzen und weißen Studenten der Stanford University einen schwierigen Sprachtest vor. Einigen der Versuchspersonen sagten sie, sie führten einen Test zur Ermittlung geistiger Fähigkeiten durch. Damit setzten sie die schwarzen Studenten dem Druck aus, nach Möglichkeit besser zu sein, um keinen Beweis für die Richtigkeit der stereotypen Auffassungen über ihre ethnische Gruppe und Intelligenz zu liefern. Den anderen Studenten sagte man, daß es sich bei dem Test schlicht um eine Problemlöseaufgabe aus dem Labor handele, die nichts mit Intelligenz zu tun habe, wodurch das ethnische Stereotyp unwichtig wurde. Für die weißen Studenten machte es keinen Unterschied, was sie dachten, welchen Test sie absolvierten. Für die schwarzen Studenten jedoch verringerte lediglich die Vorstellung, sie nähmen an einem Intelligenztest teil, die Werte um mehr als 25 Prozent – eine Spanne, die bezogen auf die IQ-Werte sogar noch größer war als der Unterschied zwischen Schwarzen und Weißen. Steele und Aronson gaben dazu folgenden Kommentar: «Verglichen damit, daß man das Problem der unterdurchschnittlichen Leistung von Schwarzen als etwas begreift, was seine Wurzeln im Umfeld der Gruppe oder der Verhältnisse hat, unter denen sie in der Gesellschaft leben, enthüllt unsere Analyse eine sozialpsychologische Zwangslage, die häufig unter Bedingungen standardisierten Testens auftritt und die Veränderungen unterliegt [...]»

Wie es zu klügeren Babys kommt

Ein Grund dafür, warum das Buch *The Bell Curve* so kontrovers diskutiert wurde, ist, daß man sich fragen muß, warum die Gesellschaft sich über Head Start und andere Lernprogramme Gedanken machen soll, um schwarze Kinder zu fördern, wenn der IQ von Geburt an genetisch festgelegt ist. Wenn sie sowieso nicht gescheiter werden, warum sollte man dann gutes Geld für schlechte Gene ausgeben?

Hier handelt es sich um ein weiteres Beispiel, bei dem nicht verstanden wurde, wie Gene wirken. Die Gene eines Menschen sind bei der Empfängnis vollständig vorhanden, aber nicht alle sind angeschaltet. Menschen wurden so geschaffen, daß sie sich langsam entwickeln, und sie können dies nicht ohne die Hilfe anderer Menschen erreichen. Die Entwicklung des Fötus folgt einem geordneten, vorhersagbaren Weg, und so ist es auch mit der Kindheit. Meilensteine auf diesem Weg wie etwa die Pubertät müssen ziemlich pünktlich auftreten, sonst entwickelt sich das Kind nicht richtig. Ständig werden andere Gene dunkler und heller, sie schalten sich ein und aus, sie reagieren auf eine sich verändernde Umwelt. Die Gene, die die Entwicklung des Gehirns und damit den IQ steuern, sind da keine Ausnahme. Genau darin ist die Fähigkeit der Gene begründet, Veränderungen des IQs über die Zeit hinweg mit zu formen.

Ronald Wilson und seine Kollegen begleiteten mehrere hundert Zwillingspaare in Louisville (Kentucky) über 20 Jahre hinweg. Sie überprüften ihre geistige Entwicklung sowie den IQ von einem Alter von drei Monaten an und dann weiter in regelmäßigen Abständen bis zum Alter von 15 Jahren. In der Kleinkindzeit waren die Korrelationen für die Zwillinge recht hoch, und es zeigte sich kein Unterschied zwischen eineiigen und zweieiigen Zwillingen. Auf dieser sehr frühen Stufe war die Umwelt, wie sie von den Eltern geboten wurde, ausschlaggebend, und die Gene waren weniger wichtig. Dann trat eine interessante Veränderung ein. Als die Kinder älter wurden, nahmen die Korrelationen für eineiige Zwillinge zu, während jene für zweieiige Zwillinge abnahmen. Die genetische Ähnlichkeit der eineiigen Zwillinge machte sie im Hinblick auf die Intelligenz noch ähnlicher, während die genetischen Unterschiede der zweieiigen Zwillinge jene noch unähnlicher machte. Im Alter von 15 Jahren war die Heritabilität des IQs von nahezu Null auf 50 oder 60 Prozent angewachsen. Dieses Ergebnis ähnelt dem, was man bei Erwachsenen beobachtet.

Der genetische Einfluß auf den IQ nimmt mit dem Älterwerden über das Erwachsenenalter hinweg zu. Matthew McGue und seine Kollegen haben sich die Daten aus einer großen Anzahl von Zwillingsuntersuchungen, bei denen die beteiligten Personen zwischen 11 und 88 Jahre alt waren, noch einmal genauer angesehen. In dem Maße, wie die Zwillinge vom mittleren ins hohe Alter kamen, nahm die Heritabilität des IQs von 50 Prozent bis zu so hohen Werten wie 80 Prozent zu. In derselben Zeit nahm der Einfluß der gemeinsamen Umwelt ab, von sehr wichtig bis auf nahe Null, was man erwarten konnte, weil die Zwillinge von zu Hause, von den Eltern und von der gemeinsamen Schule fortzogen.

Somit entwickelt sich der IQ dynamisch, er ist nichts Statisches. Die Umwelt ist in frühen Stadien am wichtigsten, wohingegen die Gene am wichtigsten werden, wenn wir heranreifen. Dieser Befund wird durch die Beobachtung bestätigt, daß das Ausmaß, in dem man den künftigen IQ eines Kindes aus seinem momentanen Wert vorhersagen kann, in derselben Zeit zunimmt. Eine naheliegende Interpretation ist die, daß die Umwelt von Säuglingen und Kleinkindern fast vollständig durch die Familie bereitgestellt wird, während die

Menschen in dem Maße, wie sie heranreifen, stärker dafür verantwortlich werden, sich ihre eigene Umwelt zu schaffen. Wieviel beispielsweise einem Kind vorgelesen wird, wird durch seine Eltern festgelegt, aber wieviel ein Erwachsener liest, hängt nur von ihm selbst ab. Es gibt eine frühe Zeit, in der man viel tun kann, um den IQ optimal zu steigern, aber diese Zeit ist bald vorüber. Wenn sich ein Kind von anderen im IQ unterscheiden soll, muß man früh anfangen.

Die Suche nach IQ-Genen

Es gibt bedeutsame Hinweise darauf, daß der IQ stark von den Genen bestimmt ist, aber es ist immer noch ein weiter Weg, bis man spezielle Gene dafür ausgemacht hat. Typischerweise können die besten Hinweise darauf, welche Auswirkungen die Gene möglicherweise haben, von Extremfällen abgeleitet werden – in diesem Fall aus dem unteren Intelligenzbereich. Es gibt einzelne Gene, von denen man weiß, daß sie zu geistiger Retardierung führen; es reicht ein einziges Stottern in der Sprache der DNS, und ein Mensch hat nicht die Chance, ein normales Intelligenzniveau zu erreichen. Es ist noch nicht klar, ob dieselben Gene, die zur Retardierung führen, auch den Normalbereich der Intelligenz beeinflussen, aber sie gestatten einen Einblick, wie kompliziert die Suche danach sein wird.

In einer Hinsicht ist die Intelligenz der Körpergröße ähnlich: Es gibt keinen bestimmten Wert, durch den festgelegt wird, was «groß» oder «genial» beziehungsweise «klein» oder «retardiert» ist. Die oft verwendete Definition von retardiert ist, daß es sich um einen Erwachsenen mit einem IQ-Wert von weniger als 70 handelt, der nicht imstande ist, alleine zu leben. Solche geistigen Retardierungen sind weit verbreitet; nach dieser Definition sind zwei bis drei von 100 Amerikanern geistig retardiert. Bei etwa 40 Prozent der Fälle kennt man den Ursprung nicht, und bei etwa 20 Prozent liegt es an bekannten Umweltfaktoren wie Sauerstoffmangel bei der Geburt oder einer Virusinfektion im Gehirn. Die verbleibenden 40 Prozent sind genetisch bedingt. Das heißt, daß einer von 100 Amerikanern kein selbständiges Leben führen kann, weil ein genetischer Defekt seine geistigen Fähigkeiten hemmt.

Es sind mehr als 100 unterschiedliche Mutationen entdeckt worden, die zu geistiger Retardierung führen können. Viele davon sind nicht unbedingt auf hirnspezifischen Genen zu finden, sondern liegen auf ganz normalen Genen, die dem eintönigen Tagesgeschäft in der Zellchemie nachgehen. Eines der am besten untersuchten Beispiele ist die Phenylketonurie oder PKU, die durch eine Mutation im Gen für die Phenylalanin-Hydroxylase verursacht wird; das ist ein Leberenzym, das die Aminosäure Phenylalanin in Tyrosin umwandelt. Ist das Enzym-Gen zerbrochen, entstehen giftige Nebenprodukte. Da schon eine Kopie des normalen Gens ausreicht, um genügend von dem Enzym zu produzieren, um den Aufbau giftiger Produkte zu verhindern, müssen, damit es zur Krankheit kommt, beide Kopien mutiert sein. Säuglinge, die mit zwei Kopien der PKU-Mutation auf die Welt kommen, sehen bei der Geburt normal aus. Nehmen jedoch die giftigen Nebenprodukte stark zu und kommt es zu einem «mäuseartigen» Geruch im Urin, verursachen sie im Gehirn und im Nervensystem eine nicht reversible Schädigung. Das Resultat ist eine weitgehende Retardierung und Mikrozephalie (Verkleinerung des Schädels). Unbehandelte Kinder kommen in ihrer geistigen Entwicklung nie über das Säuglingsstadium hinaus.

Glücklicherweise gibt es eine Behandlung gegen PKU, und sie hat nichts mit Gentherapie zu tun. Die Behandlung besteht einfach darin, Nahrung zu sich zu nehmen, die einen geringen Gehalt an Phenylalanin hat. Solange man die Ernährung beginnend mit der Zeit kurz nach der Geburt kontrolliert, kann ein permanenter Hirnschaden verhindert werden. Wenn das Kind ins Jugendalter kommt, ist das Gehirn ausreichend entwickelt, um der Vergiftung durch Phenylalanin zu widerstehen, und man kann die Diät abbrechen. Einen Überschuß an Phenylalanin kann man durch einen winzigen Blutstropfen, den man durch einen kleinen Stich in die Ferse gewinnt, feststellen, und heutzutage werden die Kinder, die in den entwickelten Ländern geboren werden, meist auf PKU hin untersucht. Bevor in den sechziger Jahren die Screening-Untersuchungen begannen, gingen 1 Prozent der schweren geistigen Retardierungen auf PKU zurück. Jetzt ist die Krankheit praktisch ausgelöscht.

Eine weitere Ursache geistiger Retardierung durch ein einzelnes Gen läßt sich leicht behandeln. Das Fragiles-X-Syndrom ist die verbreitetste Form einer vererbten geistigen Retardierung und betrifft eine von 1250 Lebendgeburten. Es ruft eine leichte bis schwere geistige Retardierung und einige körperliche Abnormitäten wie große Ohren und Hoden hervor. Man erkannte, daß diese Form der geistigen Retardierung an das X-Chromosom gekoppelt war, weil sich zeigte, daß sein normales Muster häufiger bei männlichen als bei weiblichen Nachkommen auftrat. Das Seltsame daran war, daß es, wenn es von einer Generation an die nächste weitergegeben wurde, schlimmer zu werden schien. Es gab da zum Beispiel Fälle mit einem Vater, der Träger des mutierten X-Chromosoms und ganz normal war und dessen Kind doch schwer retardiert war.

Der erste Hinweis darauf, was dort vor sich ging, fand sich in den Blutzellen. Bei Patienten mit dem Syndrom sah das X-Chromosom merkwürdig aus; es war so zerbrechlich, daß die äußerste Spitze oft fehlte, als wäre sie abgebrochen. Der Missetäter war eine Wiederholungssequenz aus Trinukleotiden, ein Streifen aus drei DNS-Bausteinen, die sich ständig wiederholten. Normale Menschen haben weniger als 50 Kopien der Wiederholungssequenz, Menschen mit der Krankheit haben jedoch Hunderte oder Tausende von Kopien, die zu einer Inaktivierung des Gens und zur Zerbrechlichkeit des Chromosoms führen. Überschreitet die Wiederholungssequenz erst einmal den Schwellenwert von etwa 200 Kopien, kann sie nur noch größer werden, nicht kleiner; das ist eine Erklärung dafür, warum die Krankheit von einer Generation zur nächsten schlimmer wird.

Überraschenderweise geht es beim Fragiles-X-Gen nicht wirklich um das Gehirn. Es ruft etwas hervor, was man überall im Körper findet, und die Anzahl der Wiederholungssequenzen hat keine Auswirkung auf die normale Intelligenz. Nur wenn die Anzahl der Wiederholungssequenzen den gefährlichen Punkt überschreitet, wird die Intelligenz geschädigt, und dann ist der Schaden einschneidend. Genau wie beim PKU-Gen wirkt sich das Fragiles-X-Gen auf ein ganzes System aus, von dem das Gehirn nur ein Bestandteil ist. Diese Gene haben keinen Einfluß auf die Intelligenz für sich genommen, aber eine normale Intelligenz ist nicht möglich, wenn die Gene nicht richtig funktionieren. Bei den vielen Dingen, die während der Entwicklung schiefgehen können, ist es eigentlich erstaunlich, wie intelligent wir sind.

Sprachgene

«Da ist fliegende Finken.»
«Sie erinnerte sich daran, wie sie sich damals verletzt.»
«Der Junge essen vier Kekse.»
«Carol ist schreien in der Kirche.»

Diese verworrenen Sätze wurden von amerikanischen Erwachsenen gesprochen, deren Muttersprache Englisch ist. Den Sprechern, allesamt Angehörige derselben Familie, ist etwas gemeinsam, was als Spezifische Sprachbeeinträchtigung (SLI: *specific language impairment*) bezeichnet wird. In diesen Fällen ging es um Schwierigkeiten mit Verbformen. Die Familie, die von der Sprachwissenschaftlerin Myna Gopnik entdeckt und in Steven Pinkers Buch *The Language Instinct* beschrieben wurde, übernahm diese Art zu reden weder in der Schule, noch lernte sie sie zu Hause. Es ist höchstwahrscheinlich ein genetischer Defekt, der ihre Sprache entstellt.

Es gibt zunehmend Belege dafür, daß die Gene für die Sprache eine wichtige Rolle spielen. Ein Beweisstrang geht darauf zurück, daß Sprache für uns so artspezifisch ist. Genauso wie Menschen unter allen Arten die ausgeprägteste Denkfähigkeit besitzen, so haben sie auch die größte Fähigkeit, Gedanken mitzuteilen. Obwohl Lassie und Flipper imstande sein mögen, manche hochkomplizierte Angelegenheit mitzuteilen, findet sich bei Tieren keine Parallele zu unserer komplexen Sprache, einer Sprache, die zwischen Vergangenheit, Gegenwart und Zukunft unterscheiden und abstrakte Begriffe ausdrücken kann. Es muß etwas im genetischen Bauplan des Menschen geben, das uns in besonderem Maße zur Sprache befähigt.

Ein weiterer Beweisstrang verweist auf die komplizierten Regeln, die man in allen Sprachen findet. Jede Sprache hat ihre eigene klare Grammatik, Syntax, Rechtschreibung und Aussprache. Für einen Erwachsenen, der versucht, eine Fremdsprache zu meistern, können diese Regeln zu einem Alptraum werden, kleine Kinder dagegen sind hervorragend in der Lage, wie, nun ja, wie Einheimische ihre Muttersprache zu sprechen. Ebendies veranlaßte ursprünglich den Sprachwissenschaftler Noam Chomsky dazu, die Theorie aufzustellen, daß das Gehirn eines Neugeborenen bereits mit der Fähigkeit ausgestattet ist, Töne zu erkennen und die grundlegenden grammatischen und syntaktischen Regeln zu lernen. Er nahm an, daß das menschliche Gehirn mit einem «angeborenen Spracherwerbsmechanismus» ausgerüstet auf die Welt kommt. Nach dieser Theorie hängt die spezielle Sprache, die ein Kind lernt, vollständig von der Umwelt ab, doch ist die zugrundeliegende Fähigkeit, Regeln zu erlernen und sie auf Milliarden unterschiedlicher Wortkombinationen anzuwenden, vorprogrammiert.

Eine Möglichkeit, die speziellen Gene zu isolieren, könnte darin bestehen, zu untersuchen, was geschieht, wenn der Spracherwerbsmechanismus in die Irre geleitet wird, wie etwa bei der oben beschriebenen Familie. In solchen Fällen fangen die Kinder spät an zu sprechen und haben dann Schwierigkeiten dabei, die Wörter artikuliert herauszubekommen. Sie machen grammatische Fehler, und das kann bis ins Erwachsenenalter hinein so bleiben. Sie können eine durchaus normale Intelligenz haben und in vielen Bereichen gute Fähigkeiten besitzen, außer im Bereich der Sprache. Spezifische Sprachbeeinträchtigungen treten in bestimmten Familien gehäuft auf, was darauf hindeutet, daß es möglicherweise eine genetische Grundlage gibt. Bei der Familie, die von Gopnik und Pinker beschrieben wurde, hatte die Großmutter die Beeinträchtigung wie auch vier ihrer fünf Kinder; sie wiederum haben 23 Kinder, von denen 11 gegen das Sprachproblem ankämpfen. Eine der Töchter der Großmutter spricht jedoch normal, und so verhält es sich auch mit all ihren Kindern – es ist so, als wäre diese Seite der Familie dem Gen entkommen. Hier handelt es sich nur um ein typisches Muster, wie man es bei einem Zustand erwarten würde, der durch ein einzelnes dominantes Gen hervorgerufen wird, obwohl das Gen selbst noch nicht ausgemacht wurde.

Mehr Erfolg hatte man bei der Suche nach den genetischen Wurzeln einer weiteren Störung im Zusammenhang mit Sprache, der Dyslexie. Früher als «Wortblindheit» bezeichnet, läßt sich die Dyslexie als Schwierigkeit beim Lesenlernen kennzeichnen, obwohl eine angemessene Intelligenz und Bildung vorhanden ist. Anscheinend wird sie im Gehirn durch eine fehlende Verbindung zwischen Wörtern und ihren Bedeutungen verursacht. Die Fehlfunktion tritt speziell beim Lesen auf. Dyslektiker können sehr intelligent sein, ja sogar hervorragend in anderen Bereichen; sie können «einfach» nicht lesen. Mehr als acht Prozent der Kinder sind nach den Kriterien des Schulsystems leseschwach. Kinder mit Dyslexie sind die größte Gruppe von Schülern, für die in der Schule spezielle Programme angeboten werden.

Dyslexie wurde erstmals 1896 als gesonderte Störung anerkannt, und innerhalb eines Jahrzehnts wußte man, daß sie in Familien gehäuft auftritt. Seit dieser Zeit haben viele Untersuchungen in Familien und an Zwillingen gezeigt, daß Gene einen beträchtlichen Anteil daran haben. Bei den meisten Dyslektikern gibt es mindestens eine weitere Person in der Familie, die Probleme beim Lesen hat, und die Häufigkeit bei eineiigen Zwillingen beträgt sogar 40 Prozent.

Obwohl eine Leseschwäche gewiß eine komplexe Störung mit vielen unterschiedlichen sowohl angeborenen als auch über die Umwelt erworbenen Ursachen ist, scheint es doch zumindest einige Familien zu geben, bei denen ein Haupt-Gen beteiligt ist. Dies brachte Wissenschaftler von der University of Colorado in Boulder und dem Boys Town National Research Hospital dazu, bei Familien mit mindestens zwei Dyslektikern fieberhaft danach zu suchen. Sie stießen auf Belege dafür, daß die Testwerte für das Lesen mit Chromosom 6 zusammenhängen, und fanden ähnliche Ergebnisse bei eineiigen Zwillingen. In neuerer Zeit fand eine andere Wissenschaftlergruppe von der Yale University bei noch einer anderen Zusammenstellung dyslektischer Familien eine Verbindung zum selben Chromosom. Es sieht so aus, als handelte es sich hier um stabile Ergebnisse, obwohl nicht bekannt ist, welches Gen daran beteiligt ist und wie es sich auswirkt. Ein Anhaltspunkt besteht in folgendem: In der Yale-Studie fand man heraus, daß der verdächtige Teil von Chromosom 6 nicht alle Facetten der Dyslexie gleichermaßen beeinflußt. Das Gen hat einen wesentlichen Einfluß auf die Fähigkeit, lange Wörter in Silben zu zerlegen, nicht jedoch auf das Verständnis kurzer Wörter. Dies deutet auf ein spezifisches Problem hin – ein Zusammenbrechen von Schaltkreisen im Gehirn, die eingesetzt werden, um Wörter in Segmente aufzuteilen – und nicht so sehr auf ein allgemeineres Problem. Wenn man das eigentliche Gen findet, wird es uns somit etwas Grundlegendes über diesen besonderen Intelligenzbereich sagen können, bei dem es um Sprechen und Lesen geht.

Genetische Intelligenz

Es wird leichter sein, Gene für Retardierung, Sprachstörungen und Probleme beim Lesen zu finden, als solche für die Gesamtintelligenz bei ganz normalen Menschen. Robert Plomin, einer der führenden Forscher im Bereich der Verhaltensgenetik, hat ein ehrgeiziges Forschungsprojekt begonnen, bei dem DNS-Proben einer Vielzahl von Kindern gesammelt werden. Sie stammen von «kleinen Genies» bis hin zu unterdurchschnittlich intelligenten Kindern. Er hat vor, die Proben auf eine Reihe von Genen hin zu untersuchen, die wahrscheinlich mit den Funktionen des Nervensystems zusammenhängen. Obwohl Plomins Experiment gut durchdacht ist, wird sein Erfolg von etwas abhängen, was man noch nicht kennt: die genetische Architektur des IQs. Obwohl wir wissen, daß der IQ im wesentlichen erblich ist, wissen wir nicht, wie viele Gene daran beteiligt sind. Ist der IQ beispielsweise zu 50 Prozent vererbt und gibt es 10 Hauptgene, dann hätte jedes einzelne Gen eine fünfprozentige Auswirkung; das ist nicht viel, aber feststellbar, wenn man einige hundert Versuchspersonen einsetzt. Handelte es sich jedoch um 100 oder 1000 Gene, dann würde jedes einzelne nur 0,5 oder 0,05 Prozent der Unterschiede zwischen einer Person und anderen erklären; das wäre ein Effekt, der so klein ist, daß er nur schwer festzustellen und zu verstehen wäre, selbst wenn man Tausende von Versuchspersonen einsetzen würde.

Höchstwahrscheinlich ist die genetische Architektur der Intelligenz viel komplexer als die anderer Bestandteile der Persönlichkeit. Ein Anhaltspunkt dafür ist die große Anzahl der Gene, auf die, wie man herausgefunden hat, geistige

Retardierung zurückgeführt werden kann. Anscheinend kann sich nahezu jede Veränderung im Zellstoffwechsel auf die Funktionsweise der Kognition auswirken. Es wäre überraschend, wenn es nicht mindestens eine gleiche Anzahl von Genen gäbe, die etwas mit den geistigen Funktionen im Normalbereich zu tun haben. Ein weiterer Hinweis stammt aus evolutionstheoretischen Ansätzen innerhalb der Neurobiologie. Die Großhirnrinde, der komplexe Denkapparat, ist neueren Ursprungs im Vergleich zum limbischen System, dem Sitz der Emotionen und des Temperaments. Das limbische System ist so etwas wie ein altertümlicher Pflug: einfach, robust und stabil. Die Großhirnrinde ist eher so etwas wie ein moderner Mähdrescher: kompliziert, schwer zu warten, leicht kaputtzumachen. Man kann die Genetik des Temperaments und des limbischen Systems durch einen grob überschlagsmäßigen Zugang entschlüsseln, ein Verständnis für die Genetik der Intelligenz wird jedoch einen viel ausgeklügelteren Untersuchungsplan voraussetzen.

Kapitel 7

Hunger

Körpergewicht und Eßgewohnheiten

Sandra war ein hübsches Baby, pausbäckig und kichernd, mit roten Wangen und rotblondem Haar. Sie schrie selten, lernte bald, nachts durchzuschlafen, und trank gut von dem Tag an, als sie aus der Klinik nach Hause kam. Sie nahm die Brust sofort an, sie sog intensiv und zufrieden, bis sie in den Armen ihrer Mutter einschlief. Bei der ersten Vorsorgeuntersuchung waren ihre Eltern stolz, als sie erfuhren, daß sie vollkommen gesund und, was Größe und Gewicht anging, höher lag als 80 Prozent der Säuglinge. «Sie ist bereits die Beste ihrer Klasse», witzelte Sandras Vater.

Sandras Mutter kämpfte sich nach der Geburt damit ab, ihre ursprüngliche Figur wiederzubekommen. Sie hatte ihr gesamtes Leben dem Versuch gewidmet, schlank zu bleiben oder zumindest nicht wie ein Pfannkuchen aufzugehen; genau das passierte nämlich, wenn sie nicht aufpaßte. Als sie noch ein Mädchen war, verwöhnte ihre eigene Mutter sie mit Essen. Hatte sie ihren Teller ganz aufgegessen, bekam sie nach ihrem «ersten Nachtisch» aus Früchten einen «zweiten Nachtisch», einen Keks oder ein Stück Kuchen. Sandras Mutter neigte immer noch zu Süßigkeiten, und sie litt darunter. Jetzt, wo sie eine eigene Tochter hatte, gelobte sie, den Fehler nicht zu wiederholen. Tatsächlich war Sandras Mutter so streng, daß sie es Sandra bis zum Alter von vier Jahren nicht erlaubte, irgendwelche Süßigkeiten zu essen. Bei besonderen Gelegenheiten und bei Wohlverhalten gab die Mutter ihr natürlich manchmal zur Belohnung Eis ohne hohen Fettgehalt.

Wie andere Kinder schaffte es auch Sandra, selbst an Süßigkeiten und andere gute Sachen heranzukommen, ob es ihre Eltern nun mochten oder nicht. Als Sandra fünf Jahre alt war, verkündete sie ihrem Vater: «Papi, ich mag Süßigkeiten.»

«Nun ja, ich mag auch Süßigkeiten», sagte der Vater.

«Nein, du verstehst mich nicht», sagte das kleine Mädchen beharrlich. «Ich brauche Süßigkeiten.»

Als Mädchen war Sandra pausbäckig, aber nicht wirklich dick. Sie war von ihrer Persönlichkeit her so süß, daß die Leute ihren Leibesumfang nicht zu bemerken schienen. Ihre Mutter sprach von Babyspeck und dachte, daß Sandra den mit der Zeit schon auswachsen würde. In Wahrheit wurde sie immer dicker. Mit 13 war sie 30 bis 35 Pfund schwerer als ihre Freundinnen. Sie mußte sich Sachen in ungewöhnlichen Größen kaufen, entweder große Kinder- oder kleine Erwachsenengrößen. Als Sandra dann zur Jugendlichen heranreifte, hatte ihr Körpergewicht einen negativen Einfluß auf ihre Kontakte mit anderen. Als ihre Freundinnen in der Schule begannen, sich mit Freunden zu treffen, hatte Sandra keinen wirklichen Freund. Alle Jungen waren der Meinung, sie sei großartig, man könne viel mit ihr lachen und sie sei nett, aber sie konnten sich nicht vorstellen, ihr Freund zu werden. Als im Winter eine große Gruppe von ihnen Schlittschuh lief, hielten sich die Jungen abseits von ihr und riefen: «Geht nicht in die Nähe von Sandra, sie bringt vielleicht das Eis zum Krachen!»

Mit 16, einen Tag nach einem Rendezvous mit einem Jungen, das für sie besonders enttäuschend verlaufen war, fing Sandra ihre erste Abmagerungskur an. Die Kur war nicht gerade extrem, nur etwas, was sie bei ihrer Mutter, den Mädchen in der Schule und in Zeitschriften aufgeschnappt hatte.

Sie aß ihre Hamburger ohne die Brötchen, viel Hüttenkäse und Fruchtplatten; mit Ausnahme eines gelegentlichen Vanille-Milkshakes als besonderes Vergnügen ließ sie den Nachtisch weg. Die Schlankheitskur funktionierte: Sie nahm 12 Pfund ab, fühlte sich phantastisch und freute sich darüber, wie ihre alten Kleider sackartig an ihr herunterhingen. Um ihren Erfolg zu feiern, gingen sie und ihre Mutter in die Stadt und kauften neue Kleidung. Steven, ein Junge, der Chorleiter und ziemlich beliebt war, lud sie zum Schulball ein, und sie verbrachte einen wunderschönen Abend dort. Sie ließ sich ein Bild rahmen, das sie an diesem Abend zeigte, wie sie ein Chiffonkleid und ein Ansteckbukett von Steven trug. Sie sah strahlend und schlank aus.

Sandra und Steven heirateten drei Jahre später. Zu ihrer Hochzeit wollte Sandra unbedingt ein Kleid derselben Größe wie beim Schulball tragen, aber sie mußte gewaltig abnehmen, um es zu schaffen. Bei den Hochzeitsvorbereitungen gab es eine Menge Aufregung, doch sie hielt ihre Schlankheitskur durch und schaffte es, sich an diesem großen Tag in das Kleid zu zwängen. Erst lange nach der Hochzeit war sie wieder in der Lage, Grapefruit zu essen. Steven war verrückt nach ihr, und er konnte nicht von seiner frischgebackenen Ehefrau lassen. An allen wichtigen Stellen war sie weich, und jede Nacht liebten sie sich, bevor er sich an sie schmiegte und einschlief.

Nur ein Jahr nach der Hochzeit wurde das erste Kind geboren, Steven Junior oder Stevie. Sandra nahm die meisten Pfunde, die sie während der Schwangerschaft zugenommen hatte, wieder ab, aber sie wollte nicht zu dünn werden, weil sie das Baby stillte. Als etwas später das zweite Kind, Christie, geboren wurde, war es schwieriger, die Pfunde wieder abzunehmen. Sie schaffte es einfach nicht mehr, eine Grapefruitdiät einzuhalten, wo Christie doch gestillt wurde; aber Sandra versuchte etwas weniger zu essen. Doch das Gewicht wurde nicht weniger, auch als sie ihres Wissens nur halb so viele

Kalorien zu sich nahm wie vorher. Sie versuchte es mit einem Aerobic-Kurs für junge Mütter, aber es war zu schwierig, einen Babysitter zu bekommen. Wie auch immer, sie meinte, hinter zwei Kindern herzulaufen sei genug körperlicher Ausgleich. «Warum sollte ich für einen Kurs bezahlen, wenn mich Stevie und Christie in Form halten?» dachte sie. Außerdem war ihr Mann mit seiner neuen Familie so glücklich, daß er sagte, ihm käme es auf die paar zusätzlichen Pfunde nicht an.

Als Sandra 35 war, verdüsterte sich ihr bis dahin glückliches Eheleben. Es war nicht eine einzelne schlechte Episode, sondern eine Serie krisenhafter Ereignisse, die sie eines nach dem anderen ereilte. Zuerst teilte man Sandras Vater, den sie immer bewundert hatte, mit, daß er Prostatakrebs hatte; ihre Mutter wurde krank, und Stevie durchlief eine rebellische Phase, in der er sich mit seinem Vater stritt. Sie hatten zudem weder genügend Zeit noch ausreichend Geld.

Die Belastung ging nicht spurlos an Sandra vorüber, und sie bekam eine schlimme Grippe. Sie war jahrelang nicht beim Arzt gewesen, und man hatte Schwierigkeiten in der Klinik, ihre alte Patientenakte zu finden. Zunächst dachte der Arzt, ihm sei da vielleicht ein Fehler unterlaufen, weil die Frau in den Akten 54 Kilo wog. Die Frau, die nun schwer atmend und schweißüberströmt vor ihm stand, wog fast 79 Kilo. Sie war nicht pummelig, und sie war nicht rundlich. Sandra war dick. Der Arzt machte sich daran, den Blutdruck zu messen, und kämpfte sich damit ab, die Manschette um ihren kräftigen Oberarm zu bekommen. Nach der Untersuchung sagte er ihr, daß ihr Blutdruck hoch sei und sie ein paar Pfunde abnehmen müsse. «Oh, ich war in letzter Zeit so unter Streß», sagte sie. «Ich muß einfach zurück in meinen Alltagstrott.»

Durch die Grippe hatte Sandra keinen Appetit mehr; deshalb faßte sie den Entschluß, das Beste daraus zu machen und gleich mit einer Abmagerungskur zu beginnen. Zwei Wochen lang trank sie 12 Liter Wasser am Tag, was bei ihrer Grippe gut war, und aß nur Kohlsuppe. Sie nahm 7 Pfund ab und dachte sich: «Hmm, das ist aber einfach.» Doch als sie wieder anfing, normal zu essen, nahm sie erneut zu.

Weil es jedoch zu Hause immer stärker bergab ging, hatte Sandra keine Zeit, sich Gedanken über ihr Gewicht zu machen. Ihr Vater mußte wegen Krebs operiert werden, doch die Krankheit war zu spät entdeckt worden. Er starb, nachdem er drei Monate im Krankenhaus verbracht hatte. Das war gerade lang genug, um all seine Ersparnisse aufzubrauchen. Ihre Mutter mußte in Pflegebetreuung, aber es war kein Geld mehr dafür vorhanden, deshalb nahm Sandra sie bei sich zu Hause auf. Die alte Frau konnte nicht mehr für sich selbst sorgen, aber hörte nicht auf, an allen anderen, vor allem an Sandra, Kritik zu üben.

Um die Rechnungen bezahlen zu können, nahm Steve einen zweiten Job bei einer Automatenfirma an; er sorgte dafür, daß die Verkaufsautomaten in der Universität immer gefüllt waren. Der Wagen war stets voller Süßigkeiten, Kekse und Tüten voller Chips, so daß Sandra nicht widerstehen konnte. Besonders gern mochte sie die Snickers-Schokoriegel, wenn sie in der kalten Garage leicht angefroren waren. Steve war viel seltener zu Hause, und wenn, dann sank er erschöpft vor dem Fernsehapparat in sich zusammen. Er hatte nur sehr wenig Geduld mit dem kleinen Stevie, der im Laufe seiner Entwicklung so zappelig und nervös geworden war wie sein Vater und die meiste Zeit unter der Motorhaube des Wagens verbrachte. Christie war in der Schule ganz gut, aber sie schien nur im Kopf zu haben, wie sie bei Jungen ankam und wie sie sich beliebt machen konnte. Sie übte, um einmal Cheerleaderin zu werden, und machte sich zwanghaft Gedanken um ihre Figur. Auch sie hatte die Süßigkeiten im Wagen für sich entdeckt und schlich sich wegen einer Kleinigkeit nachts heraus.

Mit 43 war Sandra erschöpft. Wie früh auch immer sie ins Bett ging, sie wachte morgens müde auf. Ihr Körper tat ihr weh, ihre Hände und Füße waren immer kalt. Auf starkes

Drängen von Christie hin verabredete sie schließlich einen Termin beim Arzt. Der hörte sich ihre Klagen an, bemerkte, daß ihr Gewicht auf 82 Kilo angewachsen war, und ordnete eine Reihe von Untersuchungen an. Als die Ergebnisse zurück waren, sagte der Arzt, sie habe Erwachsenendiabetes. «Nun, das ist eine Erklärung für mein Gewicht», dachte sie gewissermaßen erleichtert, weil es nun einen medizinischen Grund dafür gab, daß sie so dick war. Sie gab sich Insulinspritzen, aber sie sah keine Möglichkeit, einer strengen Diät zu folgen und ihre Familie satt zu bekommen.

Zu Weihnachten wurde sie im selben Jahr Mitglied eines Gesundheitsclubs; Christie hatte für sich selbst und sie zum halben Preis eine Mitgliedskarte gekauft. Ihre Mutter und sie würden an einem Kurs teilnehmen und auf ihr Gewicht achten. Das erste Mal ging Sandra gut aufgelegt hin, aber als sie in den Spiegel guckte, sah sie einen Wal im Gymnastikanzug und war ziemlich entmutigt. Als der Trainer ihnen sagte, sie sollten mit den Fingern die Zehen anfassen, schaffte sie es nicht; sie konnte ihre Zehen noch nicht einmal sehen. Das war das erste und letzte Mal, daß sie zum Gesundheitsclub gegangen war. Von diesem Zeitpunkt an ging es mit Sandras Gesundheit rasch abwärts. Sie verbrachte ganze Tage im Bett und war zu müde, um aufzustehen. Einige Monate später erlitt sie ein Nierenversagen. An einem grauen Morgen starb sie, abgestützt auf einen Stapel Kissen. Sie war 52.

Im Todesschein hieß es «Nierenversagen nach Diabetes». Das amtlich aussehende Dokument nannte nicht den wahren Grund für den Tod: Fettleibigkeit.

Bei der Beerdigung standen eine von Sandras besten Freundinnen und ihr Mann vor dem mit Ornamentschnitzereien verzierten Holzsarg. «Was für ein wunderschöner Sarg», sagte die Frau. Ihr Mann flüsterte ihr ins Ohr: «... ja, der muß eine Stange Geld gekostet haben, wenn jemand so dick ist.» Christie überhörte die Bemerkung und zuckte zusammen. «Was für ein widerliches Paar», dachte sie. Nach dem Gottesdienst zog sich Christie in die Küche zurück; sie war voller Töpfe, Kuchen und Pasteten, die Verwandte und Freunde mitgebracht hatten. Sie setzte sich vor eine sehr große Schwarzwälder Kirschtorte, begann zu essen und spülte jeden einzelnen Bissen mit einem Schluck Diet Coke herunter.

Sandras Schicksal ist nichts Besonderes, und Fettleibigkeit ist eines der verbreitetsten Gesundheitsprobleme in den Vereinigten Staaten. Das National Center for Health and Statistics schätzt, daß einer von drei erwachsenen Amerikanern über 25 fettleibig ist; das heißt, daß er mehr als 20 Prozent über dem Idealgewicht liegt. Wenn man davon ausgeht, daß Schlanksein im Moment stark betont wird, zukker- und fettfreie Waren entwickelt werden und körperliches Training beliebt ist, dann überrascht es, daß die Zahl der Fettleibigen zunimmt. Der augenblickliche Anteil von 33 Prozent ist deutlich über dem Anteil von 25 Prozent im Jahre 1980. Es ist unwahrscheinlich, daß diese Zunahme in naher Zukunft aufhören wird, da bereits 21 Prozent der Jugendlichen fettleibig sind. Das einzige, was schneller anwächst als die Taille der Nation, sind die Gewinne des Geschäftszweigs, der an Schlankheitskuren verdient. Amerikaner geben zwischen 30 und 50 Milliarden Dollar im Jahr für Diätnahrungsmittel, für Bücher über das Abnehmen, Trainingsvideos, Seminare zum Schlankwerden und für Selbsthilfegruppen aus. 70 Prozent der jungen Frauen und der Mädchen zwischen 14 und 21 Jahren machen eine Schlankheitskur.

Unnötiges Körperfett ist sowohl mit medizinischen als auch mit emotionalen Kosten verbunden. Fettleibigkeit ist eine Hauptursache für hohen Blutdruck, für Erkrankungen der Herzkranzgefäße und für manchen Krebs. Es gibt einen Zusammenhang mit Erwachsenendiabetes, die bei 8 bis 10 Prozent der weißen Amerikaner auftritt. Bei Frauen sind die damit einhergehenden Probleme besonders schwerwiegend. In der Nurse Health Study fand man heraus, daß Frauen, die 20 Prozent Übergewicht oder mehr haben, im Vergleich zu anderen Frauen die doppelte Wahrscheinlichkeit hatten, vorzeitig zu sterben. Im Gegensatz dazu gab es bei Frauen, die 15 Prozent weniger als der landesweite Durchschnitt wogen, eine signifikant niedrigere Zahl früher Todesfälle. Jedes Jahr führen in den Vereinigten Staaten Fettleibigkeit und damit zusammenhängende Krankheitszustände zu 300 000 Todesfällen; Fettleibigkeit gilt nach dem Rauchen als zweitwichtigste verhinderbare Todesursache. Wäre Fettleibigkeit eine Infektionskrankheit wie Tuberkulose oder Aids, würde ihretwegen ein landesweiter Notstand ausgerufen, und sie würde zur Zielscheibe eines medizinischen «Kriegseinsatzes» werden. Statt dessen behandeln Ärzte die unterschiedlichen Krankheiten, die durch Fettleibigkeit verursacht werden, aber nicht die zugrundeliegende Ursache. Die etablierte Medizin teilt die irrige Auffassung der breiten Öffentlichkeit, daß die Ursache von Übergewicht eine Kombination aus Trägheit und mangelnder Willenskraft ist – daß dicke Menschen so sind, weil sie faul sind und ihre Nase nicht aus der Keksdose heraushalten können.

Nichts könnte weiter von der Wahrheit entfernt sein. Essen ist eine der ältesten Verhaltensweisen, die durch die Evolution am besten aufrechterhalten wurde. Äßen wir nicht, würden wir sterben. Genauer gesagt: Äßen wir nicht genügend, um die Kalorien, die wir verbrennen, wieder aufzunehmen, könnten wir nicht überleben. Daher haben wir auf natürlichem Wege Gene vererbt bekommen, die dafür sorgen, daß unser Hirn sagt: «Iß!» In der Evolution haben wir weitere Gene entwickelt, die dafür sorgen, daß unser Körper Kalorien verwahrt, anstatt sie zu verbrennen. Obwohl sich unsere Gene in den letzten 100 000 Jahren nicht verändert haben, hat sich leider unsere Kultur einschneidend gewandelt. Vor nicht allzu langer Zeit, zumindest vom Standpunkt der Evolution aus, war die Nahrung knapp und schwer zu beschaffen; die meisten Menschen wendeten wahrscheinlich einen Großteil ihrer Zeit für die Nahrungsbeschaffung auf. Gene, die Menschen darin bestärkten, zu essen, und ihnen gestatteten, Fett anzusetzen, waren hilfreich. Doch heutzutage, wo in der entwikkelten Welt Nahrung reichlich vorhanden ist und immer mehr Menschen ihre Zeit am Schreibtisch anstatt auf der Jagd verbringen, sind jene Gene nicht mehr so lebenswichtig. In der Tat können sich heute dieselben Gene, die vor ein paar 1000 Jahren Leben gerettet haben, tödlich auswirken.

Auch während des vergangenen Jahrhunderts gab es wichtige Veränderungen in unserer Umwelt. So hat der Durchschnittsamerikaner heute im Supermarkt die Auswahl zwischen 50 000 unterschiedlichen Nahrungsmitteln im Vergleich zu etwa 500 Produkten um die Jahrhundertwende. Gleichzeitig aber verbraucht der durchschnittliche Amerikaner im Vergleich zu seinen Vorfahren, die zu Beginn des Jahrhunderts lebten, nur ungefähr ein Viertel der Kalorien. Die gegenwärtige Zunahme der Fettleibigkeit hat nichts mit den Genen zu tun, sondern hängt stark damit zusammen, wie wir leben. Die Welt, die wir uns geschaffen haben, ist von Grund auf anders als die Welt, für die wir geschaffen wurden.

Während unsere Ahnen vom Essen besessen waren – das heißt davon, etwas zu finden –, ist unsere Besessenheit etwas ausgeklügelter. Amerikaner nehmen mindestens dreimal am Tag Essen zu sich, auch wenn sie nicht hungrig sind, und vom zweiten Frühstück bis zum mitternächtlichen Imbiß gibt es ständig etwas zu schmatzen, knabbern und zu naschen. Ja, wir essen zu Mittag und haben ein liebevolles Verhältnis zum Abendessen. Was wäre ein Sonntag ohne Brunch? Oder ein Baseballspiel ohne Bier und Hot dogs? Wir suchen gerne Lokale auf, die nur bestimmte Arten von Essen verkaufen, wie etwa Hamburger oder Tacos. Wir fördern die Entstehung von Etablissements, die nichts anderes servieren als heißes Wasser mit dem Geschmack gerösteter Bohnen. In den Städten Amerikas haben wir nicht nur Kaffeehäuser, sondern *konkurrierende* Kaffeehäuser, die ein hochspezialisiertes Sortiment heißen Wassers verkaufen, das mit Geschmack angereichert ist. Wir haben Restaurants für jeden Gaumen und für jeden Geldbeutel, wir kaufen gentechnisch veränderte Lebensmittel in klimatisierten Warenhäusern, und wir geben Milliarden für die Werbung zugunsten konkurrierender Marken von Müll aus, der für die Ernährung ohne Wert ist.

Wir sollten dankbar sein für die Fülle des Überflusses, aber wir müssen auch vorsichtig sein. Wir haben in einer Zeit, in der der Nachschub unbegrenzt ist, das Bedürfnis nach Essen vom Hunger abgetrennt. Wir befriedigen andere Formen des «Hungers», emotionale Sehnsüchte und Wünsche, mit Essen, das eigentlich dazu da war, physischen Hunger zu befriedigen. Eine Waffel voller Eis wird als etwas angeboten, was uns aufheitern soll, Coke bringt Leben in den Tag, und es gibt niemanden, der nur einen einzigen Kartoffelchip essen kann. Man hat ausgeklügelte Techniken entwickelt, wie der Kaloriengehalt von Nahrungsmitteln erhöht wird; man präpariert sie mit Zucker und Fett, und auch mit Salz. Ironischerweise wird eine unserer kalorienreichsten Erfindungen, Schokolade, oft in herzförmigen Verpackungen angeboten, als Geschenk für Menschen, die wir gerne haben.

Wir haben ganz sicher eine Umwelt geschaffen, die großartige Möglichkeiten bietet, uns aber auch großen Risiken aussetzt. Menschen in den entwickelten Ländern waren Nutznießer der Verbesserungen der Nahrungsmittelproduktion und des Reichtums, wir haben uns aber auch selbst Fallen gestellt, in die einige von uns hineintapsen. Manche Menschen sind in dieser Welt des Überflusses größeren Gesundheitsrisiken ausgesetzt, als wenn sie in einer Subsistenzwirtschaft lebten. Es ist noch gar nicht so lange her, daß Personen mit dem größten Risiko jene waren, die Kalorien schnell verbrannten und kein Fett ansetzen konnten. Diejenigen, die in einer widrigen Umwelt überlebten, in der Lebensmittel knapp waren, waren imstande, das, was sie konsumierten, zu bewahren. Heute haben diejenigen den erstrebenswertesten Körper, die am schnellsten Kalorien verbrennen, jene Menschen, die «von allem und jedem naschen» können, ohne ein einziges Pfund anzusetzen. Diejenigen mit dem größten Risiko und die, die am wenigsten mit ihrer äußeren Erscheinung zufrieden sind, sind jene, die Fett gut anlagern.

Fettgene

Menschen wie Sandra, ihre Mutter und ihre Tochter kamen in dieser Kultur des Überflusses mit einem Risiko auf die Welt. Alle drei nahmen leicht zu, verbrannten nur schwer Kalorien, konnten ihre Eßgewohnheiten nicht in den Griff bekommen und litten unter den emotionalen und körperlichen Folgen. Früher machten die Menschen die «Drüsen» für diese Art der Fettleibigkeit verantwortlich. Damals war es gängig, zu glauben, Körpergewicht sei durch «Willenskraft» kontrollierbar. Jetzt erkennen die meisten Menschen, daß das Körpergewicht auf Biologie und auf Gesellschaft reagiert, auf Gene und auf Emotionen. Die neuesten Experimente zeigen, daß Gene den wichtigsten Beitrag zum Körpergewicht leisten, mehr als irgendein anderer Faktor oder irgendeine Kombination von Dingen. Die beste Schätzung besagt, daß das Körpergewicht ungefähr zu 70 Prozent vererbt ist. Das heißt, «Willenskraft» spielt noch immer eine Rolle, aber man muß sich ziemlich anstrengen, den ursprünglichen Bauplan des Körpers zu verändern.

Die Belege für die Rolle der Gene stammen aus einer Untersuchung an eineiigen Zwillingen, bei denen man den Index für die Körpermasse erfaßte; das ist das Gewicht, korrigiert mit einem Faktor für Körpergröße. In einer Untersuchung an 93 Paaren eineiiger Zwillinge, die in unterschiedlichen Elternhäusern aufwuchsen, fand man heraus, daß der Index für die

Körpermasse zu 70 Prozent miteinander korrelierte. Anders ausgedrückt, war ein Zwilling dick, hatte der andere eine gute Chance, ebenfalls dick zu sein. Interessanterweise schrieb man den Teil, der nicht erblich war, «einzigartigen» Umweltfaktoren zu; das heißt, daß gemeinsame Kindheitserfahrungen sich im wesentlichen nicht auf das Körpergewicht eines Erwachsenen auswirken.

Dem Anschein nach sind also all unsere Anstrengungen, eine bestimmte Ernährung einzuhalten und unseren Kindern gute Eßgewohnheiten beizubringen, verschwendete Zeit. Um die überraschende Schlußfolgerung zu überprüfen, beschäftigten sich die Wissenschaftler genauer mit adoptierten Kindern, die zwar mit der neuen Familie die Umwelt, in der sie aufwuchsen, gemeinsam hatten, nicht jedoch deren Gene. Die Ergebnisse zeigten, daß die adoptierten Kinder einen ähnlichen Index für die Körpermasse wie ihre ursprüngliche leibliche Familie hatten: Die dicken Kinder hatten mit großer Wahrscheinlichkeit dicke leibliche Eltern, selbst wenn sie sie nicht mehr gesehen hatten. Im Gegensatz dazu gab es keinen Zusammenhang zwischen dem Gewicht der adoptierten Kinder und der Personen, die sie adoptiert hatten. Es machte keinen Unterschied, ob die Kinder von vegetarischen Gesundheitsaposteln oder Doughnut-Süchtigen adoptiert worden waren; sie entwickelten den Leibesumfang, den ihre leiblichen Eltern hatten. Bei einer Untersuchung wurde sogar herausgefunden, daß sich Kinder, die von dicken Familien adoptiert wurden, etwas dünner entwickelten als normal.

Was ist jedoch, wenn Ihr Vater einen Bierbauch hat und Ihre Mutter ganz schön rundlich ist? Oder was ist, wenn Sie wie Ihre Großmutter aussehen, die dicke Hüften und einen mageren Brustkorb hatte? Sind Sie dazu verdammt, deren Gewichtsprobleme und Ihr Fett an denselben Stellen zu haben? Untersuchungen, die an Familien über viele Generationen hinweg durchgeführt wurden, zeigen, daß nicht nur Fettleibigkeit vererbt wird, sondern auch die Art des Fetts und die

Stellen, an denen man dick wird. In einer Untersuchung wurde gezeigt, daß die Fettmenge am Unterleib zu 56 Prozent vererbt wird; das hört sich nach einem Gen für einen Schmerbauch an.

Robert Hegele und seine Kollegen vom St. Michael's Hospital in Toronto verglichen das zahlenmäßige Verhältnis zwischen Hüft- und Taillenumfang, um zu sehen, wer apfelförmig (dick in der Mitte) und wer birnenförmig (fett im unteren Bereich) war. Sie untersuchten die Hutterer, eine kleine, genetisch isolierte Bevölkerungsgruppe im westlichen Kanada; sie sind allesamt Abkömmlinge einer utopischen Gemeinschaft, die vor mehr als 100 Jahren von einem Mann namens Joseph Hutter gegründet wurde. Die Forscher fanden einen genetischen Marker, der bei Männern, nicht jedoch bei Frauen mit dem Verhältnis von Hüft- zu Taillenumfang zusammenhing. Bei der männlichen Taille scheint ein Gen für einige zusätzliche Zentimeter zu sorgen, obwohl nicht ganz klar ist, wie der Mechanismus funktioniert. Möglicherweise sitzt der Marker auf einem Gen, das etwas damit zu tun hat, wie sich die Blutgefäße zusammenziehen.

Die gute Nachricht ist, daß sich das Körpergewicht verändern läßt, und die Menschen widersetzen sich mit Erfolg ihren Genen. Und trotz der Dominanz der Gene ist die Umwelt stets von Bedeutung. Gleichgültig, welche Gene man hat, niemand wird dick werden, wenn er nicht mehr Kalorien, als er verbrennt, zu sich nimmt.

In einer Gegend wie dem chinesischen Festland, vor allem in den ärmeren Regionen im Westen, ist der Umwelteinfluß deutlich zu erkennen. Die Han-Chinesen, die hauptsächlich Reis essen, sind klein und mager. Wenn ebenjene Menschen jedoch ein paar tausend Kilometer weiter in eine reichere Gesellschaft wie etwa nach Hongkong oder Taiwan kommen, gehen sie ganz schön in die Breite. Das geschieht in einem Maße, daß sie, wenn sie in ihr Heimatland zurückkehren, im Zug kaum noch in die Sitze passen, die für die dünnen Einheimischen konstruiert wurden. In unserer eigenen Hemisphäre gibt es einen ungeheuren Unterschied zwischen den Pima-Indianern, die in Arizona leben, und ihren genetischen Verwandten im nördlichen Mexiko. Die beiden Gruppen wurden vor etwa 1000 Jahren voneinander getrennt, und die Pimas in Nordamerika genossen alle Vorteile, was Ernährung, gesundheitliche Betreuung und Unbeschwertheit des Lebens angeht. Der Unterschied beim Körpergewicht ist haarsträubend: Die Pima in Arizona haben den höchsten Anteil von Fettleibigen auf der Welt, während die Pima in Mexiko nur ungefähr dem Durchschnitt entsprechen. Bei den dickeren Pima von Arizona tritt auch wesentlich häufiger Diabetes, ein hoher Cholesterinspiegel und hoher Blutdruck auf.

Dies bedeutet, daß die Gene für sich genommen nicht den Ausschlag geben. Wäre dies der Fall, wären alle Han-Chinesen gleich gebaut, und die Pima in Mexiko wären unabhängig von der Ernährung ebenso dick wie die Pima in Arizona. Auch ist die Umwelt allein nicht dafür verantwortlich, weil ansonsten jeder Mensch in Arizona dick wäre und jeder Mensch im Nordwesten Mexikos dünn. Beides zusammen hat eine Auswirkung. Offensichtlich kommen die Fettgene, die die Pima oder die Chinesen haben, nur unter Bedingungen relativen Reichtums und Müßiggangs zum Ausdruck. Unter dem Strich sind Gene wichtig, aber sie hängen immer noch von der Umwelt ab. Ein Mensch, der in einem bestimmten Umfeld zur Fettleibigkeit neigt oder wie ein Hefekuchen aufgeht, könnte in einer anderen Situation verhältnismäßig dünn bleiben. Um zu begreifen, wie Gene und Verhalten bei der Regulierung des Körpergewichts zusammenwirken, ist es erforderlich, zu verstehen, was die Gene bewirken.

Suche nach einem Gleichgewicht

Das Körpergewicht ist abhängig von einem einfachen unveränderlichen Gleichgewicht zwischen Kalorienaufnahme und Energieabgabe – also von dem Verhältnis zwischen dem, was wir essen, und dem, was wir verbrennen. Ißt man mehr, als man zum Leben braucht, nimmt man zu; ißt man weniger Kalorien, als man verbrennt, nimmt man ab. Gene spielen in jedem Abschnitt dieses Vorgangs eine Rolle. Sie beeinflussen das, was uns veranlaßt zu essen, wann wir damit aufhören und wie Kalorien verbrannt werden.

Der Körper und das Gehirn arbeiten zusammen, um die Nahrungsaufnahme zu regulieren. Die Schlüsselstellung kommt dabei dem Hypothalamus zu, also derselben Region, die so wichtig ist für Emotion, Persönlichkeit und Sexualität. Es ist also kein Wunder, daß Essen vom Emotionalen her eine so komplizierte Angelegenheit ist. Eindeutig gibt es viele Hungergefühle, die befriedigt werden, wenn wir etwas in den Mund stecken. Das Hauptzentrum zum «Beginn des Eßvorgangs» befindet sich im seitlichen Teil des Hypothalamus. Entfernt oder zerstört man diesen Teil des Gehirns bei einer Ratte, weigert sie sich fortan zu fressen und hungert sich schließlich zu Tode. Wird er durch einen elektrischen Stromstoß stimuliert, fressen die Ratten, auch wenn sie satt sind. Diese Region ist mit dem Dopaminkreislauf gekoppelt, der so wichtig zur Belohnung von Verhalten ist.

Das Gehirnzentrum zur «Beendigung des Eßvorgangs» befindet sich in einem anderen Teil des Hypothalamus, der ventromedialen Region, und im paraventrikulären Nucleus. Wird dieser Teil im Gehirn eines Tieres stimuliert, wird das Freßverhalten gehemmt. Wird er zerstört, fressen die Tiere exzessiv, bis sie stark fettleibig sind. Dasselbe geschieht beim Menschen. Alfred Fröhlich, ein Arzt aus Wien, beobachtete als erster, daß Krebspatienten, die einen Tumor in der Nähe des Hypothalamus hatten, fettleibig wurden. Durch den Einsatz unterschiedlicher chemischer Stoffe im Gehirn steuert diese Region nicht nur, wieviel man ißt, sondern auch, was man ißt. So hemmt etwa Serotonin, das ebenfalls etwas mit Angst und Ärger zu tun hat, die Aufnahme von Kohlenhydraten; es ist das Sättigungssignal für Spaghetti, aber nicht für Fleischbällchen (Eiweiß) oder Sauce Alfredo (Fett). Norepinephrin regt die Aufnahme von Kohlenhydraten an. Galanin schließlich, ein Eiweißhormon, läßt die Fettaufnahme zunehmen. Auch das Gehirn steuert den Stoffwechsel des Körpers, indem es Signale an das Nervensystem aussendet. Der ventromediale Hypothalamus oder das Zentrum zur Beendigung des Eßvorgangs steuert den Vagusnerv, der die Ausschüttung von Insulin, dem hauptsächlichen Hormon für den Zucker- und Fettstoffwechsel, stimuliert.

Von Geburt an ist Hunger ein stark wirkendes Motiv für Verhalten. Babys schreien nach Nahrung, Erwachsene gehen in ein Restaurant, machen sich über den Kühlschrank her oder holen sich etwas aus einem Automaten. Wir erleben Hunger für gewöhnlich als einen brennenden und knurrenden «leeren Magen» und Sattsein als «vollen Magen». Dies deutet darauf hin, daß die körperliche Empfindung eines nicht gefüllten Magens eine Nachricht zum Gehirn aussendet, daß man mit dem Essen beginnen soll, während der Druck von Nahrung gegen die Magenwand eine Nachricht aussendet, daß man mit dem Essen aufhören soll. Um diese Theorie zu überprüfen, brachte sich ein zu allem bereiter Wissenschaftler namens A. L. Washburn selbst bei, einen Ballon zu schlucken, der mit Hilfe eines daran angebrachten Schlauches aufgeblasen beziehungsweise bei dem die Luft wieder abgelassen werden konnte. Er berichtete, daß er sich, wenn der Ballon aufgeblasen war, satt fühlte, während er Hunger empfand, wenn die Luft aus dem Ballon heraus war. Dies war eine Bestätigung für die Völletheorie. Washburns heroische Bemühungen waren jedoch umsonst, denn andere bemerkten, daß Menschen, denen der Magen wegen Krebs oder eines schweren Geschwürs vollständig entfernt worden war, immer noch der Hunger überkam. Daher mußte es irgendein zusätzliches Signal geben – nicht so sehr nur physischen Druck, sondern eher einen chemischen Botenstoff. Dieses sogenannte Sättigungssignal ist zum Gral der Korpulenzforschung geworden.

Eine Theorie besagte, daß sich das Gehirn Informationen über den Nährstoffspiegel im Körper beschafft, höchstwahrscheinlich über den Blutzuckerspiegel, der beim Essen schnell ansteigt und beim Fasten wieder sinkt. Eine weitere Möglichkeit bestand darin, daß das Gehirn auf irgendeine Weise wußte, wieviel Fett im Körper ist. Das «Fettsignal» war Gegenstand gespannter Aufmerksamkeit, weil es eine perfekte Methode liefern würde, das Gewicht in den Griff zu bekommen, und den Entdecker außergewöhnlich reich machen würde. Bisher stammt die beste Erklärung für das Sättigungssignal aus Untersuchungen über fette Mäuse.

Fettleibige Mäuse

Sobald man die Insel betritt, auf der sich die Jackson Laboratories in Bar Harbor (Maine) befinden, steigt einem ein unverwechselbarer Geruch in die Nase: Mäuse. Das Labor beherbergt die größte Mäusekolonie der Welt. Es gibt hier keine großen Unterschiede im Lebensstil – alle Mäuse kamen gleich auf die Welt und führen ziemlich genau dasselbe Leben: In Käfige eingeschlossen fressen sie Pellets aus zusammengepreßtem Getreide und saufen Wasser. Weil sie die gleiche Umwelt haben, sind die Mäuse gute Indikatoren für genetische Unterschiede. Ist eine Mäuserasse einzigartig, so muß das an ihren Genen liegen. Im Jahre 1950 entdeckte George Snell eine Mäuserasse, die anscheinend unwiderstehlich zur Fettleibigkeit hingezogen wurde. Sie fraß nicht nur zuviel, sie bewegte sich auch zuwenig und verbrannte nicht ausreichend Kalorien. Die fettleibigen Mäuse litten auch unter einem der verbreitetsten Probleme, das im Zusammenhang mit Fettleibigkeit bei Menschen auftritt, nämlich unter Diabetes. Sie verbrachten ihre Tage damit, herumzusitzen und sich zu putzen; sie waren bei weitem weniger aktiv als normale Mäuse. Sie bewegten sich weniger, verbrannten weniger Sauerstoff und hatten eine niedrigere Körpertemperatur. Kurz: Es handelte sich um Käfigfaulpelze.

Trotz der gemeinsamen Umwelt für alle Mäuse auf der Insel waren diese speziellen Mäuse so anders, daß offensichtlich etwas mit ihren Genen nicht stimmte. Man nannte die Mutation «Korpulenzmutation». Es handelt sich um eine rezessive Mutation; beide Kopien des Gens müssen schlecht sein, damit ein Effekt auftritt. Um herauszufinden, wie die Gene wirkten, nähte ein weiterer Wissenschaftler im Labor, D. L. Coleman, eine Korpulenzmaus mit einer normalen Maus zusammen, so daß sie dasselbe Blut hatten. Im Endergebnis pegelte sich das Gewicht der Korpulenzmaus auf dem Normalgewicht ein. Das hieß, daß es im Blut der normalen Maus irgend etwas gab, was bei der Korpulenzmaus fehlte; dieses Etwas sagte: «Hör auf, so fett zu werden.» Zur Senkung des Gewichts bei Menschen war es keine besonders praktikable Methode, einen fetten Menschen mit einem mageren zusammenzunähen. Deshalb machten sich die Wissenschaftler daran, das Gen selbst zu isolieren.

Jeffrey Friedman, ein Wissenschaftler von der Rockefeller University, verbrachte acht Jahre damit, die Korpulenzmutation zu kartieren, einen kleinen Abschnitt der DNS zu isolieren und das spezielle Gen zu bestimmen. Er mußte ein Gen finden, das in den Fettzellen zum Ausdruck kam, denn dort würde logischerweise ein Korpulenz-Gen sein. Er untersuchte die vermeintlichen Anwärter und fand einen, der in der Mitte ein «Stopp»-Signal enthielt, was hieß, daß das Gen ein verkürztes Eiweiß, das nicht richtig funktionierte, ausschaltete. Er fand eine weitere Mutation, die ebenfalls dasselbe Gen davon abhielt, seine festgelegte Aufgabe zu erfüllen. Er wußte, daß er das richtige Gen vor sich hatte, denn unabhängig davon, wie verhindert wurde, daß es zum Ausdruck kam, es brachte eine korpulente Maus hervor. Auf irgendeine Weise machte eine Störung bei diesem Gen die Maus fett. Weitere Experimente zeigten, daß das Korpulenz-Gen Codes für ein Hormon enthielt, das auch prompt nach dem griechischen Wort für dünn als Leptin bezeichnet wurde. Leptin ist ein Aminosäure-Eiweiß, das eine kurze Sequenz an einem Ende enthält; sie gibt das Signal dafür, daß es von den Fettzellen ausgeschieden wird und in den Blutstrom eintritt. Das Gen kommt vor allem in Fettzellen zum Ausdruck; je fetter die Zelle, desto mehr Leptin bringt sie hervor.

Um nachzuweisen, daß Leptin wirklich das Körpergewicht reguliert, wurde einer Korpulenzmaus reines Leptin injiziert. Aber sicher, sie begann innerhalb von vier Tagen an Gewicht zu verlieren, und innerhalb eines Monats war sie 40 Prozent leichter. Weitere Experimente zeigten, daß Leptin mehrere unterschiedliche Auswirkungen hatte: Erstens hörten die Mäuse auf, soviel zu fressen; die Nahrungsaufnahme wurde auf die Hälfte verringert. Zweitens fingen die Mäuse an, die Nahrung effektiver zu verbrennen; der Energiestoffwechsel stieg an, der Insulinspiegel im Blut und der Glukosespiegel sanken. Und drittens nahm das Niveau körperlicher Aktivität zu. Somit war dieses eine Hormon in der Lage, alles, was bei der Korpulenzmaus nicht stimmte, wieder in Ordnung zu bringen: ihre Freßgewohnheiten, ihren Stoffwechsel und ihren Bewegungsmangel. Leptin wirkt sich folgendermaßen aus: Nimmt die Fettablagerung zu, produzieren die Fettzellen Leptin, wodurch dem Gehirn mitgeteilt wird, daß es jetzt an der Zeit ist, mit dem Fressen aufzuhören und mehr Aktivität zu zeigen. Werden die Fettablagerungen geringer, nimmt auch die Leptinproduktion ab; das ist ein Signal für das Gehirn, dem Gewichtsverlust durch mehr Nahrungsaufnahme und weniger Aktivität entgegenzuwirken.

Das Korpulenz-Gen beim Menschen

Könnte man den Leptinmechanismus beim Menschen künstlich beeinflussen, wäre dies ein Durchbruch bei der Gewichtskontrolle; das ist auch der Grund dafür, warum eine Firma, wie berichtet wird, 20 Millionen Dollar für die kommerziellen Rechte am Gen der Korpulenzmaus bezahlte. Als man das Leptin-Gen beim Menschen isolierte, schien es fast identisch mit der Variante für Mäuse zu sein. Das Leptin vom Menschen wurde künstlich produziert und einer Korpulenzmaus injiziert; es sorgte dafür, daß sie dünner wurde.

Der Härtetest bestand darin, zu untersuchen, ob Leptin nicht nur bei der genetisch veränderten Korpulenzmaus, sondern auch bei einer normalen Maus wirken würde. Als man einer normalen Maus Leptin injizierte, nahm sie wirklich ab und fraß weniger, aber nicht so einschneidend weniger wie bei den Korpulenzmäusen. Sie brauchte auch hohe Dosen des Hormons, was darauf hindeutete, daß man normalen Menschen große Mengen von Leptin injizieren müßte, damit überhaupt irgendein Effekt auftritt. Dies bedeutete, daß Leptin kein sehr gutes künstliches Stimulantium für Gewichtsverlust war, doch es gab da noch eine weitere Hoffnung: Was wäre, wenn Menschen korpulent waren, weil ihr Leptin-Gen einen Fehler hatte? Vielleicht könnte es dazu beitragen, daß sie abnehmen, wenn man das Gen reparierte.

Um diese These zu überprüfen, wurden Fettzellen und DNS von über 200 fettleibigen Menschen genauer untersucht. Die ursprünglichen Ergebnisse waren enttäuschend: Die korpulenten Versuchspersonen produzierten tatsächlich mehr Leptin als die normalen und hatten allem Anschein nach keine Mutationen an diesem Gen. Sadaf Farooqi, ein Forscher an der Cambridge University, beschloß, sich auf einen engeren Bereich zu konzentrieren und sich die DNS der beiden korpulentesten Versuchspersonen anzuschauen, die er jemals gesehen hat: eines zwei Jahre alten Jungen, der 29 Kilo wog, und seiner Kusine, eines 86 Kilo schweren achtjährigen Mädchens. Ganz sicher hatten Kusine und Vetter genau die gleiche Mutation auf beiden Kopien ihrer Leptin-Gene. Es handelte sich um eine Mutation, die das Leptin-Gen unwirksam machte und eine inaktive Variante des Eiweißes hervorbrachte. Das war ein eindeutiger Beweis dafür, daß Leptin im Fall des Menschen ebenso wie im Fall der Maus eine Schlüsselrolle bei der Gewichtskontrolle zukommt.

Das Erstaunlichste an der Leptin-Genmutation bei Kusine und Vetter war, wie selten sie vorkam. Zweifellos kam Fettleibigkeit bei den meisten Menschen nicht durch eine Mutation des Leptin-Gens zustande, auch nicht bei solchen Menschen wie Sandra. Aber es gab noch eine weitere Möglichkeit: Vielleicht ließ das Übergewicht bei Sandra den Leptinspiegel ansteigen. Diese Theorie wurde in Finnland an 23 Zwillingspaaren überprüft, von denen einer jeweils dick und der andere dünn war. Die korpulenten Zwillinge hatten einen Leptinspiegel, der dreimal höher war als der ihrer dünneren Zwillingsbrüder und -schwestern. In einem weiteren Experiment wurde der Leptinspiegel bei Personen, die durch eine Diät an Gewicht verloren hatten, vorher und nachher gemessen. Als das Gewicht herunterging, sank auch der Leptinspiegel, in manchen Fällen auf weniger als einen Fünftel. Offensichtlich hatte sich das Leptin-Gen nicht dadurch verändert, daß es keinen Schokoladenkuchen bekommen hatte; daher mußte die Abnahme physiologische und nicht genetische Gründe haben.

Die Wissenschaftler waren noch nicht bereit, von der Vorstellung Abschied zu nehmen, daß den Genen bei der Korpulenz eine Schlüsselrolle zukam, teilweise weil sie von anderen Mutationen wußten, daß durch sie ähnliche Gewichtsprobleme bei Nagetieren verursacht wurden. Beispielsweise rief eine als «diabetisch» bezeichnete Mäusemutation Korpulenz, häufig aber auch Diabetes, Stoffwechselstörungen und Mangel an Aktivität hervor. Ein entscheidender Unterschied zwischen der Diabetesmaus und der Korpulenzmaus ist der, daß die Diabetesmaus nicht auf von außen zugeführtes Leptin reagiert. Näht man eine Diabetesmaus mit einer normalen Maus zusammen, verweigert die normale Maus die Nahrungsaufnahme und hungert sich schließlich zu Tode. Die Interpretation ist, daß das Diabetes-Gen den Leptinrezeptor hervorbringt: ein Eiweiß im Gehirn, das das Vorhandensein des Fetthormons meldet. Entdeckt der Rezeptor Leptin, teilt er dem Körper mit, daß er mit dem Fressen aufhören und anfangen soll, Fett zu verbrennen.

Als das Leptinrezeptor-Gen isoliert wurde, zunächst bei der Maus und dann beim Menschen, fand man heraus, daß es vorwiegend im Hypothalamus vorhanden war, dem Eßzentrum des Gehirns. Wenn die Fettzellen prall und wohlgenährt sind, produzieren sie Leptin, das ins Gehirn gelangt und sich an den Rezeptor anlagert, der wiederum die Nahrungsaufnahme verringert und den Stoffwechsel in Gang bringt. Daher muß der Leptinrezeptor Signale aussenden, sowohl im Gehirn, um das Hungergefühl abzumildern, als auch im Körper, um den Stoffwechsel in Gang zu bringen.

Stoffwechsel

Über einen Schaltkreis, der vom Hypothalamus zum Rükkenmark und von dort zu den Nerven führt, die das Fettgewebe stimulieren, sendet der Leptinrezeptor an den Körper das Signal aus, den Stoffwechsel in Schwung zu bringen. Die Nervenenden um die Fettzellen schütten Norepinephrin aus, was zu einer Wechselwirkung mit dem sogenannten 3-adrenergen Rezeptor führt.

Anfängliche Hinweise darauf, daß der 3-adrenerge Rezeptor etwas mit Korpulenz und Diabetes zu tun haben könnte, gingen auf zwei Beobachtungen zurück. Zum einen werden die Fettzellen dazu gebracht, Fett zu verbrennen, wenn der Rezeptor mit Norepinephrin-ähnlichen Mitteln aktiviert wird. Zum andern haben die Fettzellen der Korpulenzmaus 300mal weniger 3-adrenerge Rezeptoren als die Fettzellen einer normalen Maus, und die wenigen übrigbleibenden Rezeptoren funktionieren normalerweise nicht. Um die Theorie am Menschen zu überprüfen, beschäftigte sich ein international zusammengesetztes Team mit den stark übergewichtigen Pima-Indianern in Arizona. Könnte es sein, daß bei den Pima dieser Rezeptor einen Fehler aufwies und sie dazu brachte, so übergewichtig zu werden? Die Wissenschaftler suchten zehn Pima aus, die sowohl unter Korpulenz als auch unter Diabetes litten, und sahen sich die DNS auf das 3-adrenerge Rezeptor-Gen hin an. Die Wissenschaftler waren verblüfft, als sie herausfanden, daß fünf von zehn dieser Personen die gleiche Mutation hatten.

Als man eine größere Gruppe von 642 Pima untersuchte, zeigte sich, daß durch die Mutation nicht genau festgelegt wurde, ob eine einzelne Person Diabetes bekam, sondern nur wann dies geschah. Menschen mit zwei Kopien der Mutation (jeweils eine von beiden Elternteilen) bekamen im Alter von 36 Jahren Diabetes, was vier Jahre früher war als bei Menschen mit einer Kopie der Mutation und fünf Jahre früher als bei Menschen ohne die Mutation. Zudem neigten Menschen mit der Mutation dazu, eine niedrigere Stoffwechselrate im Ruhezustand zu haben als Personen ohne die Mutation; sie verbrannten weniger Energie, und ihre Fettzellen reagierten nicht auf die Signale, die vom Gehirn ausgesandt wurden. Dieselbe Mutation fand man andernorts, und sie hatte dieselben Auswirkungen. Bei einer Untersuchung in Finnland etwa setzte die Diabetes bei Menschen mit der Mutation in einem früheren Lebensalter ein als bei jenen ohne die Mutation.

Die finnische Untersuchung beschäftigte sich mit der Auswirkung des Rezeptor-Gens auf die Körperform. Als man Brüder und Schwestern genauer ansah, war bei denen mit der Mutation das zahlenmäßige Verhältnis zwischen Hüft- und Taillenumfang größer als bei den Geschwistern ohne die Mutation, obwohl sie im selben Elternhaus und am selben

Tisch groß geworden waren. Eine naheliegende Erklärung lautet, daß dieser besondere Rezeptor am aktivsten in den braunen Fettzellen ist, die den Darm umgeben.

Der Einfluß des Rezeptors auf den Taillenumfang ist vielleicht teilweise für den Bauch im mittleren Lebensalter verantwortlich. Bei den meisten Leuten steigt das Gewicht mit dem Alter etwas an, aber eine Untersuchung an mittelalterigen Menschen in Paris deutete auch auf die Rolle des Rezeptors hin. Bei der Studie wurden 185 krankhaft korpulente Personen mit 94 Personen von normalem Gewicht verglichen. Über einen Zeitraum von 25 Jahren, zwischen dem 20. und dem 45. Lebensjahr, wurden die Menschen mit der Mutation 30 Pfund schwerer, während jene mit der häufiger auftretenden Form des Gens 23 Pfund zunahmen.

Sandra wäre eine gute Anwärterin für die Mutation am 3-adrenergen Rezeptor-Gen gewesen. Ihr Profil ist typisch für Menschen mit der Mutation, und es könnte eine Erklärung dafür sein, warum es bei ihr so schnell zu Fettleibigkeit und Diabetes gekommen ist. Was wäre, wenn sie von der Mutation gewußt hätte? Was wäre gewesen, wenn der Arzt ihre DNS genauer untersucht hätte und ihr vom Problem berichtet hätte? Nach Sandras Verhalten zu urteilen, wäre wahrscheinlich nichts anderes geschehen. Sie war bereits mit einem starken genetischen Warnsignal – ihrer Mutter – konfrontiert, aber sie aß nicht weniger oder betätigte sich nicht stärker körperlich. Vielleicht hätte die spezielle Information über ein Gen sie aufhorchen und Notiz davon nehmen lassen, wie ja auch der erste Herzanfall viele Menschen dazu bringt, eine strikte Diät einzuhalten. Wissen ohne eine Veränderung des Verhaltens ist wertlos, weil es momentan keine genetische Reparatur der Mutation und keine Methode gibt, wie man eingreifen und den Rezeptor verändern könnte. Die einzige Lösung besteht darin, die Information zu nutzen und das Verhalten zu verändern. Das Wissen um die Anlage muß dazu genutzt werden, die Erziehung zu ändern.

Hungergefühl

Wie beim Stoffwechsel wirkt Leptin indirekt über einen zweiten Botenstoff auf Hunger. Beim Hunger ist der Botenstoff ein Molekül, das in Reaktion auf Leptin gebildet und als Neuropeptid Y bezeichnet wird, das als Appetitanreger fungiert. Flößt man diese als NPY bezeichnete Substanz in den seitlichen Hypothalamus ein, also in die Region im Gehirn, die den Eßvorgang auslöst, kommt es zu gierigem Eßverhalten. Ratten, denen man NPY injiziert, werden Futter auch dann fressen, wenn es mit Chinin versetzt ist, damit es schrecklich schmeckt. Unter dem Einfluß von NPY werden Ratten Milch aufschlecken, obwohl sie wissen, daß dies mit einem elektrischen Stromstoß gegen die Zunge verbunden ist.

Richard Palmiter und seine Kollegen züchteten eine Mäuserasse ohne das NPY-Gen. Diese Mäuse hätten dünn sein müssen, weil ihnen der chemische Stoff fehlte, der ihnen sagte, sie sollten mit dem Fressen anfangen, aber sie sahen ganz normal aus. Kreuzte man diese Mäuse jedoch mit den Korpulenzmäusen (die kein Leptin haben), hatte das Fehlen von NPY eine starke Wirkung. Die Mäuse waren immer noch prall, aber nur halb so fett wie die regulären Korpulenzmäuse. Das Experiment zeigte, daß NPY ein Grund dafür ist, warum Leptin-freie Mäuse soviel fressen, aber daß Leptin nicht die Erklärung für alles ist.

Nach all diesen Experimenten lautet die schlechte Nachricht, daß die Studien eine unveränderliche Verbindung zwischen zwei Dingen bestätigen: Wieviel wir essen und wie gut wir Kalorien verbrennen, Stoffwechsel und Hunger sind Verzweigungen desselben Pfads, der seinen Anfang beim Leptin hat. Genau darum verbrennen die Menschen, die von Geburt an zuviel essen, Kalorien langsamer – die beiden Persönlichkeitszüge treten gemeinsam auf, weil sie auf denselben Ursprung zurückgehen. Aus dem Blickwinkel der Evolutionstheorie ergibt dies einen Sinn, weil diese Menschen in einer

Hungersnot einen Vorteil haben, doch in einer Überflußgesellschaft wie den USA sind sie diejenigen, die am härtesten dagegen ankämpfen müssen, dick zu werden.

Wieder andere Gene steuern, welche Art von Nahrung wir gerne mögen, und manche Menschen fühlen sich unwiderstehlich zu Nahrungsmitteln hingezogen, die nicht immer gut für sie sind. Dies entdeckte man durch einen Zufall im Jahre 1931. Dr. Arthur Fox, ein Chemiker bei der Firma Dupont, hatte gerade ein neues Präparat mit der Bezeichnung Phenylthiocarbamid oder PTC synthetisch hergestellt. Im Labor ereignete sich eine Explosion, durch die sich die chemischen Stoffe überall ausbreiteten, und ein Wissenschaftler bekam zufällig etwas PTC in den Mund. Das Präparat war harmlos, aber der Wissenschaftler beklagte sich über den bitteren Geschmack. Als Fox es selbst probierte, schmeckte er überhaupt nichts. Aufgeregt, wie es nur ein Wissenschaftler sein kann, beschloß Fox, ein Experiment durchzuführen. Er verteilte bei einer Sitzung Proben von PTC und bat jeden, davon zu kosten. 25 Prozent sagten, sie schmeckten überhaupt nichts, die Hälfte fand es etwas bitter, und die übrigen 25 Prozent empfanden es als widerwärtig bitter. Fox schloß daraus, daß er zu der kleinen Zahl von Nichtschmeckern gehörte und Leute mit normalen Geschmacksknospen die Substanz als bitter empfanden. Die kleine Gruppe, die den Geschmack nicht ausstehen konnte, bezeichnete man als Superschmecker.

Als man ganze Familien untersuchte, wurde die Fähigkeit, PTC zu schmecken, auf ein einzelnes Gen zurückverfolgt. Spätere Forschungen ergaben, daß das Gen die Anzahl der Geschmacksknospen steuert, die Nervensignale an die Gehirnzentren für Geschmack, Schmerz, Temperatur und Berührung aussenden. Die Unterschiede waren drastisch: ungefähr 1100 Geschmacksknospen pro Quadratzentimeter bei Superschmeckern im Vergleich zu 11 pro Quadratzentimeter bei Nichtschmeckern. Dieser einfache genetische Unterschied im Hinblick auf die Geschmacksknospen hat eine tiefgreifende Auswirkung darauf, was gut und was schlecht schmeckt. Superschmecker finden sehr süße Nahrungsmittel wie Zukkerguß zu süß, fetthaltige Nahrungsmittel wie Sahne zu schmierig und viele gesunde Gemüse wie Broccoli und Sarepta-Senf zu bitter. Superschmecker mögen lieber lauwarmes Essen als dampfendheißes oder eiskaltes. Nichtschmecker können alles und jedes essen, süß oder schmierig, extrascharfe Pfefferschoten und beißende Gewürze wie Ingwer. Nach Untersuchungen von Dr. Linda Bartoshuk und Dr. Laurie Lucchina von der Yale University neigen die Superschmeckerinnen unter jenen älteren Damen, die sich von zuckrigen und fetten Nahrungsmitteln abgestoßen fühlen, dazu, dünner zu sein und einen niedrigeren Cholesterinspiegel zu haben. Diese schlankeren Frauen haben keine besonderen Tugenden und auch keinen besonders starken Willen; sie haben einfach keinen Spaß daran, etwas zu essen, was nicht gut für sie ist.

Nicht immer ist Fett schlecht

Die meisten Menschen mögen Süßigkeiten und klebrige Vergnügungen wirklich gerne; eben darum haben wir Doughnutbuden und Eissalons anstelle von Broccoliständen oder Grapefruit-Bars. Üppige und zuckrige Nahrungsmittel zu essen wäre nicht solch ein Problem, würde der Körper sie nicht in Fett umwandeln. In einigen Teilen der Welt ist Fett immer noch das, was die Menschen den Winter oder harte Zeiten überstehen läßt; für die heutigen Amerikaner ist Fett jedoch eine Bedrohung. Warum braucht der Körper jetzt, wo wir im Überfluß leben, überhaupt Fett? Warum können wir es nicht im Kühlschrank in der Form von Nahrung lagern, statt Fettablagerungen in dicken Röllchen um die Taille auszubilden? Da wir Nahrung haben, wenn wir sie brauchen, müssen wir sie theoretisch nicht unter der Haut tragen.

Chuck Vinson und seine Kollegen am National Cancer

Institute entwickelten eine Mäuserasse, die fast völlig frei von Fettzellen war. Der Vorhersage entsprechend waren die Mäuse mager, so mager, daß sie ständig wegstarben, fast so, als zitterten sie sich zu Tode. Dieses Problem ließ sich dadurch lösen, daß man die Käfige mit Heizkissen umgab. Die mageren Mäuse hatten einen weiteren Nachteil: ihre Persönlichkeit. Sie waren entsetzlich schreckhaft und gemein. Sie liefen nicht viel von selbst herum, doch wenn jemand versuchte, sie hochzunehmen, dann hüpften sie und wanden sich. Es war leicht festzustellen, welche Mäuse von der fettfreien Sorte waren, denn die waren am schwersten einzufangen. Sie griffen auch, ohne daß sie provoziert wurden, an, und der Käfig war oft voller Blutspritzer und Fellreste. Chuck Vinson rieb sich das, was er seinen eigenen Buddhabauch nannte, und sagte: «Buddhabauch. Fett heißt glücklich, dünn gemein.»

Fett und glücklich ist gewiß ein Klischee: Je dicker, um so besser stimmt nur, wenn es um den Nikolaus oder um Tanzbären geht. Aber es gibt zu viele unglückliche dicke Menschen und zu viele fröhliche dünne, um eindeutig Persönlichkeitstypen mit dem Leibesumfang in Verbindung zu bringen. Es gibt jedoch bestimmte Persönlichkeitszüge, die eine Person dazu prädisponieren, vor allem in gewissen Situationen zuviel zu essen. Da sich unsere genetisch beeinflußte Persönlichkeit so stark auf unser Verhalten auswirkt, wäre es eigentlich überraschend, wenn es keinen Zusammenhang zwischen Persönlichkeit und Körpergewicht gäbe. Einige Gene beeinflussen das Gewicht direkt, indem sie den Stoffwechsel oder den Hunger steuern, andere aber wirken indirekt, indem sie Persönlichkeitszüge formen, die wiederum einen Einfluß darauf haben, wie, was und wie oft wir essen.

Sich wegen Emotionen überfressen

Im Fall von Sandra kann man unmöglich sagen, ob hier ein biologisches Problem vorlag, das sie dick werden ließ. Eins jedoch ist sicher: Sie hat im Essen emotionale Hilfe gesucht, und in dem Maße, wie die Belastungen in ihrem Leben zunahmen, nahm auch die Nahrungsmenge zu, die sie konsumierte. Nicht vom Körper her brauchte sie mehr Kalorien, sondern sie stillte einen nicht zu sättigenden emotionalen Hunger.

Denken Sie an George, den erfolgreichen Collegeprofessor, stolzen Ehemann und Vater von fünf Kindern sowie gläubigen Mormonen. George hatte sein Leben lang hart gearbeitet, und alles, was er besaß, hatte er sich selbst verdient. Seine Karriere war beispielhaft gewesen, und er wurde mit 40 Jahren in Anerkennung seiner Leistungen Dekan des Fachbereichs. In gleicher Weise war er entschlossen, ein guter Ehemann und Vater zu sein, was hieß, daß er, als seine Familie größer wurde, anscheinend früher aufstand und später ins Bett ging. Schon bald stand er um 5 Uhr morgens auf, um die lange Fahrt zur Universität hinter sich zu bringen und um 6.30 Uhr am Schreibtisch zu sitzen, wo er bis um 4 Uhr nachmittags hart arbeitete. Um zum gemeinsamen Abendessen mit der Familie nach Hause zu fahren, verließ er sein Büro immer umgehend, auch wenn er mitten im Satz beim Schreiben aufhören mußte. Nach dem Essen standen aus dem Büro mitgebrachte Arbeiten, Hausarbeiten sowie Familienaktivitäten an; seine Frau brachte die Kinder ins Bett, und George öffnete seine prallgefüllte Aktentasche, um seine Arbeit in der Stille des Abends fortzusetzen. Seine Frau kam noch einmal herunter, servierte ihm ein kleines Stück Kuchen und gab ihm den Gutenachtkuß.

George hatte eine Schwäche: kleine Häppchen. Zu früher Stunde nahm George jeden Morgen sein Frühstück ein, was auch ein frühes Mittagessen nach sich zog. Als er dann dabei war, wieder nach Hause zu fahren, war er ausgehungert; dann brachte er einen kleinen Imbiß für die Fahrt mit. Er drehte das Radio lauter und riß eine Schachtel mit Keksen auf oder eine Tüte Doughnuts oder ein paar Schokoriegel. Er meinte, die kleinen Köstlichkeiten halfen ihm dabei, sich zu entspannen. Wenn er dann zum Haus einbog, hatte er die Arbeit aus dem Kopf bekommen und konnte sich auf seine Familie konzentrieren. Das Leben zu Hause war wunderschön, und er mochte das lebhafte Durcheinander, wenn seine Kinder ihn mit lautem Geschrei begrüßten, bevor er sich aus seinem Mantel herauskämpfen konnte. Wenn er sich an den Abendbrottisch setzte, auf dem Berge voller gesunder und kräftiger Nahrung lagen, hatte er in der Regel ein Kind auf den Schultern und eins im Arm. George sprach dann das Gebet, und die Familie begann, zu essen und über die Abenteuer des Tages zu sprechen. Das Leben war wirklich gut.

Als George Dekan wurde, hatte er 5 Kilo Übergewicht; er war nicht dick, aber nicht so schlank wie in der Studienzeit. Er joggte morgens gewöhnlich, aber es gab keine Möglichkeit, das zu machen und weiterhin früh zur Arbeit zu kommen. Dann versuchte er es mit Muskeltraining in der Mittagszeit, doch ständig durchkreuzte ein Student oder ein Kollege seine Pläne. Beinahe ohne es zu merken, entwickelte er eine sitzende Lebensweise. Zwei Jahre später mußte er sich neue, größere Kleidung kaufen. Er ging dazu über, Hosenträger statt einem Gürtel zu tragen, und seine immer kleiner werdenden Tweed-Jacketts mußten im Schrank bleiben. Nach einigen wenigen Jahren wurde George fettleibig. Er war nicht unglücklich und bemerkte sein Gewicht gar nicht so sehr. Sein Selbstbild war, daß er dick, nicht fett war, und er war der Auffassung, Menschen sollten nicht nach ihrer äußeren Erscheinungsform beurteilt werden. George wußte, daß er aus Streß aß, aber er dachte sich, daß dies viel besser sei, als zu rauchen oder zu trinken.

Menschen wie George üben auf Judith Wurtman, die Leiterin der Nutrition and Behavior Studies Group am Clinical Research Center des MIT, eine gewisse Faszination aus. Sie bezeichnet sie als «emotionale Überesser». Judith Wurtman ist der Meinung, daß es zwei Arten von Hunger gibt: körperlichen Hunger, der eine Reaktion auf das Nahrungsbedürfnis des Körpers ist, und psychologischen Hunger, der «seine Triebkraft in unserem Bedürfnis nach Unterstützung und Trost» hat. Die Schlüsselrolle beim psychologischen Hunger kommt nach Frau Wurtman dem Serotonin zu – demselben Neurotransmitter, der etwas mit den Persönlichkeitszügen Neurotizismus, Schadensvermeidung, Aggression und Feindseligkeit zu tun hat. Serotonin ist der zentrale chemische Stoff, der daran beteiligt ist, wenn wir uns deprimiert, ängstlich, angespannt, reizbar, niedergeschlagen, ärgerlich, gestreßt und seelisch erschöpft fühlen. Körperlicher Hunger läßt sich durch eine breite Palette nahrhaften Essens stillen; psychologischer Hunger läßt sich nur mit Nahrungsmitteln befriedigen, die Nachschub an Serotonin liefern.

Für Menschen mit solchen Arten von Verlangen wäre es anscheinend nur folgerichtig, wenn sie etwas zu sich nähmen, was einen hohen Serotoninanteil hätte, oder noch besser eine Serotoninpille ohne irgendeine Kalorie. Das Problem besteht darin, daß Serotonin nicht direkt vom Blutstrom ins Gehirn gelangen kann. Statt dessen braucht der Körper Süßigkeiten und stärkehaltige Kohlenhydrate, um die Versorgung des Gehirns mit Tryptophan, dem Aminosäurebaustein des Serotonins, hochschnellen zu lassen. Das System ist sogar noch etwas komplizierter, denn Kohlenhydrate enthalten eigentlich gar kein Tryptophan. Wenn man Kohlenhydrate verdaut, wird Insulin produziert, und Insulin wiederum läßt Glukose und all die Aminosäuren außer Tryptophan in die Zellen strömen, die man für Energieverbrauch benötigt. Ist alles andere weggeschwemmt, ist die relative Konzentration des im Blut verbleibenden Tryptophans höher; und es wird in Serotonin umgewandelt, wenn das Blut ins Gehirn gelangt.

Paradoxerweise haben Eiweiße genau den gegenteiligen Effekt auf Serotonin. Im Unterschied zu Kohlenhydraten enthalten Eiweiße Tryptophan, aber es ist die Aminosäure, die am spärlichsten vorhanden ist. Das heißt, daß sich das Blut beim Essen eines Lendensteaks mit so vielen anderen Aminosäuren füllt, daß das Tryptophan daran gehindert wird, ins Gehirn zu gelangen. Es ist so, als versuche man, in einen Zug zu steigen, der bereits voll ist; es ist einfach kein Platz mehr in der Bahn. Im Zug der Kohlenhydrate ist immer Platz; deshalb schießen uns, wenn wir uns niedergeschlagen oder deprimiert fühlen, als erstes Nahrungsmittel wie Kekse, ein Stück Kuchen oder Kartoffelchips durch den Kopf. Wenn man eine Schlankheitskur macht, bekommt man eher Lust auf eine Schale Nudeln oder ein Brötchen als auf ein Schweinekotelett oder einen gedörrten Rindfleischstreifen. Das Gehirn will Serotonin, und die beste Methode, es zu bekommen, besteht darin, sich mit Kohlenhydraten vollzupumpen. Eine andere Methode sind Medikamente, und das ist auch eine Erklärung dafür, warum Dexfenfluramin, der aktive Bestandteil der in den USA beliebten Schlankheitsmittel fen-phen und Redux, auf Serotonin als Ziel ausgerichtet ist.

Im Clinical Research Center am MIT aß eine typische Versuchspersonengruppe zu den Mahlzeiten normal und maßvoll, konsumierte jedoch bis zu 1000 Kalorien durch Snacks, meistens zwei bis drei Stunden nach dem Mittag- oder Abendessen; und sie entschied sich dabei immer für Kohlenhydrate wie Cracker, Schokoriegel, Chips und Kekse, nicht für Eiweiße wie in Joghurt, Käse, kalten Fleischstückchen oder sogar in Hot dogs. Die Versuchspersonen sagten, sie würden gewöhnlich eine Kleinigkeit zu sich nehmen, wenn sie sich belastet, niedergeschlagen, müde oder ängstlich fühlten. Ihre Verhaltensmuster beim Essen würden sich durch die Serotonintheorie gut erklären lassen, aber es könnte auch sein, daß sie einfach den Geschmack von Keksen dem von kalten Fleischstückchen vorziehen oder mit bestimmten Nahrungsmitteln angenehme Erinnerungen verbinden, die für sie einen psychischen Trost darstellen.

In einem Experiment bot man ihnen ein Getränk an, das reich an Kohlenhydraten war, legte ihnen eine Reihe von Fragebögen vor und machte Interviews mit ihnen, um die Stimmung zu erfassen. Später gab man ihnen ein Getränk, das genauso schmeckte, aber reich an Eiweißen war, und führte mit ihnen dieselben Stimmungstests durch. Das Eiweißgetränk bewirkte bei ihnen emotional nichts, das Kohlenhydratgetränk jedoch machte sie weniger traurig und schwungvoller. Eine weitere Bestätigung des Zusammenhangs mit Serotonin ergab sich, als man einigen Dexfenfluramin und anderen Plazebos gab. Diejenigen, die das Serotonin-haltige Mittel nahmen, nahmen nur noch halb so viele kleine Imbisse zu sich.

Unsere eigenen Untersuchungen am National Institute of Health zeigten, daß es einen Zusammenhang mit Persönlichkeitszügen gibt, die mit Serotonin und Übergewicht in Verbindung gebracht werden. Wir sammelten Informationen über Körpergröße und Gewicht und erstellten Persönlichkeitsprofile für mehr als 500 Menschen. Die Versuchspersonen wurden aus anderen Gründen als ihrem Gewicht untersucht, das von mager bis fettleibig reichte. Als wir das relative Körpergewicht mit dem Persönlichkeitstyp verglichen, gab es die höchste Korrelation mit Impulsivität, die Bestandteil von Neurotizismus oder Emotionalität ist. Personen, die hier hohe Werte haben, nehmen Wünsche so wahr, daß sie ihnen nur schwer widerstehen können, auch wenn sie ihre Verhaltensweisen hinterher bedauern. Dagegen finden es Personen mit niedrigen Werten leichter, einer Versuchung zu widerstehen. Der Index der Körpermasse korrelierte ebenfalls, wenn auch schwächer, mit Depression und ärgerlicher Feindseligkeit. Das Ergebnis deutet darauf hin, daß emotionale Sensibilität beim Essen eine Rolle spielt. Oder vielleicht trifft auch das Umgekehrte zu, daß Essen eine Rolle dabei spielt, wie wir auf unsere Emotionen reagieren.

Diese Experimente zeigen, daß es eine Verbindung zwischen den Eßgewohnheiten und bestimmten Persönlichkeitszügen wie etwa Neurotizismus, Schadensvermeidung, Streß, Ärger und Depression gibt. Bei den Persönlichkeitszügen neigt Serotonin dazu, eine Mittlerrolle einzunehmen, was heißt, daß Eßverhalten teilweise auch über Serotonin vermittelt wird. Die Gene, die dies steuern, sind noch nicht gefunden worden, aber die Suche geht weiter.

Essstörungen

In den Jackson Laboratories, die für seine Mäuse berühmt sind, nahm vor 30 Jahren eine Collegestudentin, die wir Beth nennen, im Sommer an einem Forschungsprojekt teil. Sie war so dünn, daß ihre Rippen unter der Haut durchkamen, ihre Arme und Beine waren fahle Stöckchen. Sie trug T-Shirts und kurze Hosen, die um ihre zerbrechlichen Gliedmaßen schlakkerten. Sie arbeitete hart und war eine wirklich gute Studentin; sie unterschied sich nicht sehr von uns anderen, bis auf eins: Beth aß nie viel zu den Mahlzeiten; nichts schien ihr zu schmecken. Es ging das Gerücht um, daß sie irgendeine Krankheit hätte – wir jungen Wissenschaftler nahmen alle an, es hätte etwas mit dem Stoffwechsel zu tun –, wodurch das Essen bei ihr zum Problem wurde. Wirklich seltsam war, daß sie immer Nahrungsmittel aus dem Eßsaal mitnahm. Sie aß nichts zum Mittagessen, sie machte sich ein mit Schinken dick belegtes Brot, packte es sich ein und legte es in ihre Collegemappe, um es ins Labor mitzunehmen. Oder beim Abendessen packte sie sich ein Stück Hühnchen sorgfältig ein und nahm es mit. Ihre Kühlschränke im Labor und im Studentenheim waren voller Essenspakete; sie waren alle schön verpackt und versteckt.

Im nachhinein scheint es auf der Hand zu liegen, daß es sich bei der Krankheit, die Beth hatte, um Anorexia nervosa oder

Magersucht handelte. Dieser Krankheitszustand ist durch eine intensive Angst vor dem Essen gekennzeichnet, die soweit geht, daß sie zu gefährlichem Untergewicht und manchmal sogar zum Tode führt. Man kann sagen, daß sich die Betroffenen bei dem Versuch, superschlank zu werden, zu Tode hungern. Diese Krankheit kann man fast ausschließlich bei Frauen beobachten, vor allem bei Mädchen in der Pubertät. Nicht weniger als eine von 100 Jugendlichen hat möglicherweise Anorexie. Über die Jahre hinweg hat man Anorexia nervosa auf viele unterschiedliche Ursachen zurückgeführt: Kultur, Mißbrauch in der Kindheit, sexuelle Unterdrückung und so weiter. In Wirklichkeit ist die Anorexie mit ziemlicher Sicherheit eine biologisch bedingte Krankheit, bei der es sich um eine Entartung einer biologischen Reaktion handelt – der Reaktion auf Hunger.

Der wichtige Hinweis darauf ist das Hamsterverhalten. Stellen Sie sich vor, daß es eine Hungersnot gab und sich niemand in der Lage sah, Essen zu beschaffen. Die natürliche Reaktion, die zweifellos durch die Evolution selektiert wurde, wäre es, wie ein Eichhörnchen alle Nahrungsmittel, die man finden kann, zu verstecken. Bei der Anorexie ist der Auslöser keine Hungersnot, sondern eine bewußte, willentliche Anstrengung abzunehmen; die Anorexie beginnt fast immer mit einer Schlankheitskur, bei der das Mädchen die Nahrungsaufnahme verringert, um ein paar Pfunde zu verlieren. Wenn es jedoch abnimmt und findet, sein Leben habe sich nicht verändert, macht es einfach damit weiter; es versucht, immer mehr an Gewicht zu verlieren, während es gleichzeitig seinem natürlichen Instinkt folgend Nahrung hamstert und damit auf dieselbe Weise reagiert, wie es seine Vorfahren bei einer Hungersnot gemacht haben. Das Abartige daran ist, daß es die zur Verfügung stehende Nahrung nicht ißt.

Nach diesem Modell übertreiben daher Personen mit Anorexie eine körperliche Reaktion auf Nahrungsmangel einfach bis zum Extrem. Als Bestätigung dessen wies J. Hebebrand von der Universität Marburg in einer Untersuchung nach, daß Frauen mit Anorexie einen verringerten Leptinspiegel haben, wie man es bei jemandem erwarten würde, der sich tatsächlich zu Tode hungert. Die Frage ist nicht, warum das Verhalten einsetzt, sondern warum es nicht aufhört. Hier spielt die Persönlichkeit wahrscheinlich eine Schlüsselrolle. Zwillingsstudien zeigen, daß Anorexie eine beträchtliche genetische Komponente hat und daß sie darüber hinaus Bestandteil einer ganzen Bandbreite von Störungen ist, zu denen auch Neurotizismus, Depression, niedriges Selbstwertgefühl und allgemeine affektive Instabilität gehören. Sucht man also nach Genen für diese rätselhafte und leider nur allzu verbreitete Krankheit, dann wären die beiden Gene, die etwas mit dem Essen zu tun haben, wie jene, die mit Leptin zusammenhängen, und jene, die eine Verbindung zur Emotionalität haben, wie etwa Serotonin, offenkundig die Ausgangspunkte für die Suche.

Die andere wichtige Eßstörung ist Bulimia nervosa oder Freßsucht, die durch einen Kontrollverlust beim Essen gekennzeichnet ist. Der Name leitet sich vom griechischen Wort für Ochse und Hunger ab. Das typische Verhalten besteht im gierigen Herunterschlingen von unmäßigen Mengen an Nahrungsmitteln, vorzugsweise aber Snacks und Nachtisch, sowie der anschließenden Reinigung durch Erbrechen und durch Abführmittel. Interessanterweise kommt es am häufigsten spätnachmittags oder abends – genau zur selben Zeit, in der es manche fettleibige Menschen nach Kohlenhydraten verlangt – zum gierigen Herunterschlingen von Eßbarem. Dies deutet darauf hin, daß Bulimie eine extreme Form der Art des emotionalen Überessens ist, wie sie von Judith Wurtman am MIT untersucht wurde und die einen Zusammenhang zu Angst und zum Serotoninsystem aufwies. Tatsächlich zeigte sich, daß serotoninhaltige Mittel einen gewissen Erfolg beim Kampf gegen die Störung haben.

Dünn sein in einer fetten Gesellschaft

Paradoxerweise leben wir in einer Gesellschaft, die der Schlankheit huldigt, die aber ständig fetter wird. Unsere Lieblingsbilder zeigen «schöne» Männer, die ihre waschbrettartige Bauchmuskulatur stolz herzeigen, und schmächtige Models, die den Anschein erwecken, zerbrechlich oder gar unterernährt zu sein. Setzt man sich jedoch tatsächlich in einen Flughafen oder eine Einkaufspassage und beobachtet, welche echten Amerikaner vorübergehen, sind wir überrascht, wie dick sie sind. Das landesweite Durchschnittsgewicht steigt an, und dies auf vielleicht gefährliche Weise. Wir tragen an unseren dicker werdenden Körpern das Fett des Landes herum. Ein Großteil des Problems geht auf unseren Erfolg als Art zurück. Wir haben uns die Natur unterworfen und unsere Arbeit so aufgeteilt, daß manche noch nicht einmal einen Finger krumm machen müssen, um zu überleben. Noch vor ein paar tausend Jahren wendeten die meisten Menschen sehr viel Energie dazu auf, nur um Nahrung, Kleidung und ein Dach über dem Kopf zu bekommen. Heutzutage haben wir Nahrung und Hunger, Aktivität und Überleben voneinander abgetrennt. Wir essen jetzt aus vielen Gründen, nicht nur, um zu überleben, und wir haben uns spezielle Einrichtungen geschaffen, die uns maximale Bequemlichkeit bieten sollen und an denen wir uns einem körperlichen Training unterziehen. In einer Gesellschaft, in der ein Gutteil der Arbeit im Sitzen abgeleistet wird, heißt «Freizeit» sich verausgaben.

Unsere Besessenheit, schlank zu sein, trägt mit dazu bei, daß manche Menschen dicker werden. Der Grund dafür ist, daß eine drastische oder schnelle Schlankheitskur den Körper dazu bringt, sich vor dem Verhungern zu fürchten. Bei den Fettzellen besteht die natürliche physiologische Reaktion auf einen plötzlich auftretenden Nahrungsmangel darin, die Produktion von Leptin zu verringern. Dies sendet ein wirkungsvolles Körpersignal aus, mehr zu naschen und Kalorien zu bewahren; genau das ist der Grund, warum es bei einer Jojo-Schlankheitskur nicht gelingt, das Gewicht zu halten; eine Gewichtszunahme kann die Folge sein.

Wir haben es hier mit einem Fall zu tun, bei dem der Erfolg der Gesellschaft beim Individuum zu neuen und unerwarteten Herausforderungen führt. Es ist großartig, daß wir um die Ecke gehen können, um einen Hamburger zu kaufen, statt ein Wildschwein erlegen zu müssen. Es ist schön fernzusehen, statt Holz hacken und Wasser holen zu müssen. Aber die Risiken für die Menschen, die von den Genen her für die Steinzeit geschaffen sind, sind gewaltig. Selbst Menschen mit «normalen» Genen müssen gegen die verwirrende Mischung aus Signalen ankämpfen, die uns mit neuen Geschmacksgenüssen bombardieren, während gleichzeitig schlanke Körper zum Idol erhoben werden.

Vielleicht wäre ein bißchen Mäßigung angebracht. Die Menschen sollten mehr darauf achten, was sie essen und daß sie nicht völlig einrosten. Wir müssen tatsächlich Fettleibigkeit verhindern, aber bei einer normalen Streubreite von Körpergewicht und äußerer Erscheinung brauchen wir uns nicht zu martern. Es wäre schön, wenn wir den sozialen Druck, schlank zu sein, etwas lockern würden, vor allem bei Jugendlichen, die emotional am anfälligsten sind. Viel zuviel unseres Selbstwertes hängt von der Größe und Form unserer Körper ab. Wäre es nicht wunderbar, spätnachts im Fernsehen Spots zu sehen, die nicht für Maschinen werben, die unseren Po straffen, sondern für solche, die das trainieren, was zwischen unseren Ohren sitzt?

Kapitel 8

Altern

Die biologische Uhr

Martin und Beatrice heirateten in den ersten Jahren des Zweiten Weltkriegs. Wie viele junge Paare ihrer Generation sahen sie sich bald gezwungen, einander ade zu sagen. Martin zog stolz und diensteifrig eine amerikanische Uniform an und wurde nach Europa in den Kampf geschickt. Beatrice hätte es auch gar nicht anders gewollt.

Von früh an war Martin ein korrekter und ordentlicher Mensch. Obwohl er aus eher bescheidenen Verhältnissen kam, war er immer einwandfrei angezogen und von gepflegtem Äußeren. Er trug seine Uniform gerne, hatte eine wie mit dem Lineal gezogene Bügelfalte, und die Disziplin in der Armee machte ihm Spaß. Im Militär fand er das ideale Betätigungsfeld für seinen scharfen Verstand, sein perfektes Gedächtnis und für sein Bedürfnis, daß alles wohlgeordnet war. Er bekam als Offizier die Aufgabe zugewiesen, das Gelände im Operationsgebiet zu erkunden und darzustellen. Er war einer der Männer, die vor einer Operation die möglichen Angriffsrichtungen und Brückenköpfe erkundeten und vorschlugen. Das Leben Tausender von Menschen hing davon ab, daß Martin präzise und sorgfältig arbeitete. Er erfüllte diese Aufgabe gut, und nachdem er auf dem europäischen

Kriegsschauplatz gedient hatte, wurde er in den Pazifik geschickt, um dort das Ende des Krieges mitzuerleben.

Nach dem Krieg setzte Martin seine Kartierungsarbeit fort, aber diesmal als Zivilangestellter in einer hohen Position im Pentagon, und er führte 35 Jahre lang seinen Dienst hervorragend aus. Beatrice und er hatten das Geld zusammengehalten und gespart, um sich ein fast neues Haus in einer ruhigen Straße im Nordwesten von Washington D. C. leisten zu können. Unter Martins strenger Erziehung und den liebevollen Umarmungen von Beatrice wuchsen dort zwei intelligente und gesunde Söhne auf. Der Garten wurde mehr als sorgsam gepflegt, und an Feiertagen hing eine amerikanische Flagge vor der Veranda. Beatrice führte den Haushalt, und als die Jungen alt genug waren, nahm sie eine Stelle bei einer Versicherungsgesellschaft an, wo man sie fast 28 Jahre lang als Mitarbeiterin schätzte und mochte. Für die Ferien legten sie jeden Tag etwas Geld auf die Seite, und so konnten sie sich schöne Urlaube und weitere Reisen leisten.

Martin war erst 55, als er in Rente ging. Durch freiwillig übernommene Arbeiten, bei den Pfadfindern und in der Kirche, blieb er aktiv. Noch immer war er ein kräftig gebauter Mann mit hervorragender körperlicher Kondition, wenn man einmal vom Einsetzen einer Altersdiabetes absieht, die er durch eine entsprechende Ernährung und Insulinspritzen in den Griff bekam. Martin hatte überhaupt keine Probleme damit, sich an eine strenge Diät zu halten. Er machte sich durch Bücher über Diabetes kundig und aß nur, was er essen durfte. Es gab keine Ausnahmen und keine heimlichen Naschereien. Martin hielt seine Diät mit derselben Disziplin und Aufmerksamkeit ein, die von jeher für sein Verhalten typisch gewesen war. Er führte seinen guten Gesundheitszustand auf die Tatsache zurück, daß er sich kaum anders fühlte als in der Zeit, in der er nach Europa verschifft wurde. Er war natürlich reifer und abgeklärter geworden, und er wurde nicht so schnell wütend wie früher, aber die Zeit hatte ihn nicht dazu verleitet, nicht mehr auf die Bügelfalten an seinen Hosen zu achten.

«Die Anzeichen hätten unverkennbar sein müssen», sagte Beatrice im Blick zurück auf die letzten Jahre, die sie zusammen verbracht hatten. Die Söhne bemerkten, daß mit Martin etwas nicht stimmte, doch er weigerte sich, dies anzuerkennen. Gewiß, es waren geringfügige Sachen. Einmal um 2 Uhr morgens hörte sie ihn, wie er mit den Schlüsseln herumfuchtelte und über den Wagen fluchte. Als er schließlich wieder hereinkam und Beatrice ihn fragte, was er da mache, explodierte er: «Ich hatte das Gefühl, ich müßte den Wagen bewegen; das ist alles», sagte er. Dann war da die Geschichte mit dem Geld. Er mußte immer 50-Dollar-Banknoten bei sich haben, und jede Woche hob er bei der Bank mehrere hundert Dollar ab. Immer schon war er allzu großzügig gewesen, aber jetzt verteilte er Geld an Freunde und Verwandte sowie an jeden, der vorbeikam. Beatrice hatte keine Ahnung mehr, wieviel er da verteilte und an wen. Ein Freund der Familie, der bei der Bank arbeitete, fragte Martin, was er mit all dem Geld mache, und der flüsterte konspirativ: «Meine Frau bestiehlt mich.»

Nachdem es mit Martins Leben zuvor ganz allmählich bergab gegangen war, ging es nun steil abwärts. Der Niedergang kam plötzlich und war selbst für Beatrice offenkundig; sie hatte sich geweigert, zu akzeptieren, daß ihr mächtiger, starker, 1,80 m großer Mann, der aus eigenen Kräften aufgestiegen war und sich alles, was er besaß, selbst verdient hatte, ins Schlittern kam. Infolge seiner Vergeßlichkeit wurde er nachlässig bei der Behandlung seiner Diabetes, und seine Gesundheit begann darunter zu leiden. Einmal saß er im Sessel und löffelte eine riesige Portion Eis in sich hinein, obwohl er so etwas seit Jahrzehnten nicht gegessen hatte. Nach der Völlerei stand er auf und verstaute die Verpackung, aber schon 20 Minuten später machte er sich von neuem darüber her. Als er sich schließlich zum dritten oder vierten

Mal erhob, um noch mehr Eis zu essen, fragte Beatrice ihn, was er da mache. Er schrie sie an: «Weißt du, was du da machst, daß du mir nicht einmal ein bißchen Eis gönnst?», und er schleuderte die Packung durchs Zimmer.

Beatrice wußte, daß ihr Leben nun in ein neues Stadium kam. Ihre «goldenen Jahre» sollten sich nicht genau so abspielen, wie sie es sich vorgestellt hatte. Sie hatten geplant, zu reisen, sich viel um ihre Enkel zu kümmern, und sich vorgenommen, in der Kirche und in der Gemeinde aktiv zu bleiben. Jetzt begann sie, emotional und finanziell eine Bestandsaufnahme zu machen und sich seelisch auf die Zukunft vorzubereiten. Sie hatte nicht die geringste Vorstellung davon, wie schlimm alles werden sollte.

Wir verbringen unser Leben damit, uns Vorstellungen über das Alter zu machen, doch wie wir diesen Vorgang sehen, hängt davon ab, wo auf der Zeitachse wir uns befinden. Kinder zählen die Wochen bis zu ihrem Geburtstag, und Jugendliche können es nicht erwarten, alt genug zu sein, um endlich Auto fahren, Alkohol trinken oder nachts ausgehen zu dürfen. In den Jahren zwischen dem zwanzigsten und dreißigsten Geburtstag nehmen wir kaum wahr, wie die Zeit vergeht. Es sind dann vor allem die Frauen, die als erste aufhorchen und das laute Ticken der biologischen Uhr spüren, wenn sich die Jahre, in denen sie sich fortpflanzen können, ihrem Ende nähern. Das mittlere Alter schleicht sich heran, während wir den Gedanken an das Alter noch zu verdrängen suchen. Wir vergleichen unsere Leistungsfähigkeit mit der von anderen Menschen, und zwar bis zu dem Tag, an dem wir erkennen, daß es viele Menschen gibt, die jünger und erfolgreicher sind. Die Prioritäten ändern sich, unser Körper fordert seinen Tribut, und zu einem bestimmten Zeitpunkt haben wir mehr Erinnerungen an die Vergangenheit als Pläne für die Zukunft. Plötzlich sind wir alt. Und dann sterben wir.

Die Menschen stellen sich den menschlichen Körper wie eine Maschine vor, wie ein Auto, das nur eine bestimmte Anzahl von Kilometern fährt und nur in so und so viele Schlaglöcher geraten kann, bis es dann ausgemustert wird. Die Reifen haben kein Profil mehr, die Ventile verstopfen, die Batteriespannung bleibt nicht mehr erhalten, und die Stoßdämpfer sind nicht mehr so elastisch. Die meisten Teile lassen sich ersetzen, wenn sie abgenutzt oder kaputt sind, doch im Leben eines Wagens oder eines Menschen kommt unausweichlich eine Zeit, in der Reparaturen an einzelnen Teilen nicht mehr ausreichen und das Ganze einfach nicht mehr funktioniert.

Als man kürzlich verschiedene Gene entdeckte, denen eine Schlüsselfunktion im Altersprozeß zukommt, wurde deutlich, daß der Vergleich mit dem Auto gut ist, aber nicht aus den auf der Hand liegenden Gründen. Der Körper nutzt sich nicht so sehr durch den Gebrauch ab, sondern weil er dazu geschaffen worden ist, nur für eine kurze Zeit zu halten. Der Grund dafür, daß Autofirmen im Geschäft bleiben, besteht darin, daß Autos alle paar Jahre ersetzt werden müssen: Die künstliche Alterung ist geplant und Bestandteil der Konstruktion. Der menschliche Körper ist in vergleichbarer Weise aufgebaut, das heißt, unsere Teile nutzen sich nicht einfach durch den Gebrauch ab, sondern aus Gründen der Konstruktion. Wir sterben an eingebauter Alterung. Unser genetischer Bauplan enthält Kleingedrucktes mit folgendem Wortlaut: «Die Garantie kann nur für begrenzte Zeit übernommen werden.»

Die Vorstellung, daß das Sterben bei uns vorprogrammiert ist, kommt uns seltsam vor. Wenn die Evolution so effektiv ist, warum werden menschliche Gene dann nicht nach dem Kriterium der Langlebigkeit selektiert? Anders ausgedrückt: Menschen, die gesünder sind und länger leben, sollten ihre Gene weitergeben und dadurch kontinuierlich die Lebensspanne der Art erweitern. Tatsächlich haben wir unsere Lebensspanne verlängert, aber nicht wegen der Gene. Die zusätzlichen Jahre sind eine recht neue Entwicklung, und diese geht gänzlich auf absichtliche Verbesserungen in unserer Umwelt zurück, wie etwa eine bessere Ernährung und gesundheitliche Betreuung. Es gibt keinen mit der Evolution zusammenhängenden Grund dafür, daß die Gene uns in Richtung auf ein längeres Leben verändert haben könnten. In jeder Population wird es immer einen bestimmten Anteil geben, der allein aufgrund von Umwelteinflüssen stirbt, wie etwa wegen Unfällen, Raubtieren oder einer Krankheit; daher sind die wirklich wichtigen Gene jene, die uns im frühen Lebensalter beim Überleben helfen. Hat der Organismus erst einmal bis in ein Alter jenseits der Fortpflanzungsfähigkeit überlebt, ist er, was die Evolution angeht, nutzlos. Einen Tag nachdem Sie Ihren Samen oder Ihre Eizelle bei der Bank für künftige Generationen hinterlegt haben, ist es den Genen gleichgültig, ob Sie leben.

Wir sind nicht wirklich zum Sterben programmiert, sondern wir sind einfach nur darauf programmiert, lange genug zu leben, um uns fortpflanzen zu können. Der Tod mag einige Vorteile für die Art bieten, aber die Gründe gehören ins Reich der Spekulation. Vielleicht besteht der Vorteil des Todes darin, daß er Ressourcen für die Jungen und Fruchtbaren freisetzt und den Genpool wieder einmal neu durchmischt. Oder vielleicht ist es das Schreckgespenst des Todes, das uns dazu bringt, uns fortzupflanzen und durch unsere Kinder weiterzuleben. Aber ob der Tod nun einen Zweck hat oder nicht, ist für die Fortsetzung der Art meist irrelevant. Gene, die uns während unserer fortpflanzungsfähigen Jahre stark und gesund machen, sind für unsere Art immer von größerem Vorteil als diejenigen, die uns länger leben lassen.

Als Individuen, daran gibt es keinen Zweifel, wollen wir länger leben oder zumindest jünger aussehen. Wir haben einen starken Überlebenstrieb, der uns in Verbindung mit dem Wissen um die eigene Sterblichkeit dazu gebracht hat, alle Umstände zu verbessern, die sich lebensverlängernd auswirken. Dabei wurde der hochwirksame Faktor der menschlichen Eitelkeit noch gar nicht erwähnt. Wir haben immer noch Phantasien darüber, daß wir einen «Jungbrunnen» finden, doch die Suche nach Langlebigkeit hat sich nun bei der Erforschung des genetischen Codes auf unser Inneres gerichtet. Wenn wir die Gene entdecken, die den Alterungsprozeß steuern, werden wir vielleicht imstande sein, den Vorgang zu verhindern oder ihn zumindest zu verlangsamen. Eher noch werden wir in der Lage sein, manche von den Krankheiten, den Behinderungen und den Zuständen des Unwohlseins, die mit dem Altern einhergehen, zu verhindern. Das vielleicht wichtigste Ergebnis bei der Entdeckung der Alterungsgenetik wird es sein, daß wir erkennen, was sich nicht ändern läßt. Es gibt einige Aspekte des seelischen und körperlichen Niedergangs, denen wir uns stellen müssen, aber das Vergnügen an unseren letzten Jahren wird vielleicht durch die Fortschritte der Medizin, durch gesundes Leben und durch positives Denken größer.

Genetik der Langlebigkeit

Nach einer allgemein verbreiteten Auffassung neigen Menschen dazu, länger zu leben, wenn auch ihre Eltern länger gelebt haben. Die beliebte Theorie, daß Langlebigkeit teilweise genetisch bedingt ist, wurde durch viele wissenschaftliche Experimente bewiesen. In einer bahnbrechenden Untersuchung an der Johns Hopkins School of Medicine aus dem Jahre 1934 entdeckten R. Pearl und R. W. Pearl eine Gruppe von Menschen, die 90 Jahre und länger lebten und einen hohen Anteil von Vorfahren aufwiesen, die ebenfalls lange gelebt hatten. 40 Jahre danach begleitete eine andere Generation von Wissenschaftlern an der Johns Hopkins University die Kinder dieser Neunzigjährigen und zeigte, daß auch sie im Schnitt eine längere Lebensspanne hatten.

Die beste Schätzung, wie stark im Zusammenhang mit der Langlebigkeit der genetische Einfluß ist, geht auf eine Zwillingsstudie zurück. Bei einer Gruppe von 2872 dänischen Zwillingspaaren, die zwischen 1870 und 1900 auf die Welt kam, lag das Alter im Jahr des Todes bei eineiigen Zwillingen näher beieinander als bei zweieiigen Zwillingen, was auf einen genetischen Effekt hindeutet. Doch es handelte sich nicht um einen ausgesprochen starken Effekt: Die Heritabilität der Langlebigkeit wurde bei Männern auf 26 Prozent und bei Frauen auf 23 Prozent geschätzt. Die größte Teil der Varianz dessen, wie lang Menschen leben, wurde durch scheinbar zufällige Faktoren erklärt, die einzigartig für das Individuum waren und innerhalb der Familien nicht zusammen auftraten. Selbst diese niedrige Heritabilität der Langlebigkeit ist wahrscheinlich über viele, viele unterschiedliche Gene verteilt. Nach einer Schätzung haben 70 Prozent der etwa 100 000 menschlichen Gene einen Einfluß auf das Lebensalter. Das wären 70 000 «Alterungsgene», viel zu viele, um sie eben einmal schnell untersuchen zu können, vor allem deshalb, weil es so wenige Grunddaten gibt – nur einige wenige Generationen von Menschen –, die seit den Anfängen der Genetik zusammengetragen wurden.

Nicht jeder wurde von der Schwierigkeit, Alterungsgene zu finden, abgeschreckt. Im Jahr 1976, als Michael R. Rose an der University of Sussex in England Doktorand im Fach Genetik war, gründete er seine «Familie» in einigen Milchflaschen. Auf den Glasboden goß er eine Nährlösung und siedelte auf ihr 200 befruchtete Fruchtfliegen an. Nach fünf Wochen gingen die befruchtungsfähigen «Jahre» für die Fliegen zu Ende. Michael Rose sammelte die Eier jener wenigen ein, die noch immer gesund und fruchtbar waren, und züchtete eine neue Generation. Er wartete fünf weitere Wochen und entnahm dann wieder die Eier der ältesten sich vermehrenden Fliegen. Er wiederholte den Vorgang immer wieder und selektierte jedesmal die Nachkommenschaft der langlebigsten Fliegen. Genau wie er gehofft hatte, lebten die ausgewählten Fliegen in jeder neuen Generation ein klein bißchen länger als ihre Vorfahren.

Heute ist Michael Rose stolzer Vater von einer Million Fliegen, sie pflanzen sich immer weiter fort und werden jedesmal nach Langlebigkeit selektiert. Rose hat jetzt 50 Forschungsassistenten, die ihm bei dem Projekt an der kalifornischen University of California in Irvine helfen. Das Erstaunliche daran ist, daß die momentanen Fliegengenerationen zweimal so lange leben wie die ursprünglichen Fliegen; sie leben jedesmal länger. Handelte es sich hier um Menschen, würden sie 140 Jahre alt werden. Rose bezeichnet seine 120-Tage-Wunder als «Methusalemfliegen».

Die Experimente von Michael Rose zeigen zwei wichtige Dinge. Erstens, daß die Gene eine entscheidende Rolle beim Altern spielen. Seine langlebigen Fliegen verdoppeln ihre Lebensspanne nicht wegen besserer Medikamente, gesundheitlicher Betreuung oder Sitzgurten. Nur ihre Gene haben sich verändert, und das auf natürlichem Wege, weil Rose dies durch Züchtung und nicht durch einen Eingriff zustande brachte. Zweitens, es muß eine sehr große Anzahl von Alterungsgenen geben. Existierten bloß einige wenige Gene, wäre Roses Experiment schon vor einiger Zeit nicht so weitergegangen, weil die besten Gene nach wenigen Generationen selektiert worden wären. Die Tatsache, daß Rose immer wieder ältere Fliegen züchtet, bedeutet, daß es ein riesiges, noch nicht voll ausgeschöpftes Reservoir von Genen für das Altern geben muß. Um dieses Reservoir anzuzapfen, müssen Wissenschaftler herausfinden, wie die Alterungsgene wirken.

Rost im Körper

Dr. Dough Wallace vom Fachbereich Medizin der Emory University zeigt einige ernüchternde Dias zu dem Thema, wie wir auf der Ebene der Zellen altern. Im Alter von 24 Jahren sieht man auf den Dias einen straffen, wohlgeformten Farbstreifen. Mit 33 sind die Streifen immer noch voneinander verschieden, aber die Begrenzungen weisen verschwommene Übergänge auf. Mit zunehmendem Alter verschwimmt das Bild, der Streifen scheint durchzuhängen und zu degenerieren. Beim letzten Dia eines 94jährigen ist der ursprüngliche Streifen ganz verschwunden, und es ist nichts übrig außer einem nebelhaften, unscharfen Durcheinander. Die Dias zeigen, wie die Jahre an der DNS zehren, die in den Mitochondrien, dem Kraftwerk der menschlichen Zellen, enthalten ist. Zu Beginn des Lebens besteht das mitochondrale Genom aus genau 16 569 Basen. Doch wenn wir altern und sich unsere Zellen teilen, kommt es zu Fehlern, Auslassungen und Streichungen. Da die DNS nur verlorengegangen und nicht ersetzt worden sein kann, ist kaum noch ein einziges Genom intakt, wenn eine Person erst einmal älter als 80 Jahre ist.

Der Verlust an DNS ist Anzeichen eines allgemeineren degenerativen Prozesses, der Oxydation. Jede Zelle im menschlichen Körper braucht etwa eine Billion Sauerstoffmoleküle am Tag; doch nicht jede Art von Sauerstoff ist gut. Formen des Sauerstoffs, die ein als freies Radikales bekanntes, ungepaartes Elektron enthalten, sind die reaktionsfreudigsten und zerstörerischsten Gifte, die vom Körper produziert werden. Wegen ihrer zusätzlichen negativen Aufladung heften sich freie Radikale promiskuös an viele unterschiedliche Arten von Molekülen. Sie attackieren die DNS, Eiweiße und Lipide, rufen Altersflecken auf der Haut hervor und schädigen die Zellreparatur und -reproduktion.

Vereinigt sich Sauerstoff mit Metall, nennt man das Rost. Greifen die durch Sauerstoff erzeugten freien Radikale unsere

Zellen an, nennt man das Altern. Ebenjene Atmung, die wir zum Leben brauchen, tötet uns zum andern dadurch, daß sie unseren Körper rosten läßt. Wenn wir jung und gesund sind, sind unsere Zellen in der Lage, den Schaden, der durch freie Radikale angerichtet wird, zu reparieren und zu ersetzen; aber in dem Maße, in dem der Sauerstoff die Reparatur- und Ersatzmechanismen angreift, werden wir zunehmend anfälliger für die Schädigung des Zellstoffwechsels und der DNS. Dadurch kommt es zu Mutationen, zu denen auch jene gehören, die Krebs verursachen.

Die Oxydationstheorie des Alterns führt zu einer naheliegenden Hypothese, die besagt, daß die Gene, die die Produktion freier Radikaler und die Zerstörungskraft zunehmen lassen, das Altern beschleunigen, während die Gene, die freie Radikale inaktiv machen oder die die Fähigkeit von Zellen verbessern, sich selbst gegen sie zu schützen, Leben verlängern sollten. Bisher wurde diese Theorie lediglich an einem uns unähnlichen Organismus überprüft – einem winzigen Wurm.

Dieser Bakterien fressende Spulwurm, der nur einen Millimeter lang ist, lebt nur neun Tage und ist ein Zwitter; das heißt, daß er sich selbst befruchtet. Der Wurm hat mindestens 40 Prozent seiner Gene mit dem Menschen gemeinsam, und sein kurzes Leben ist ein stark verdichtetes Spiegelbild der menschlichen Lebensspanne. Wenn der Wurm älter wird, verliert er zunächst seine Fortpflanzungsfähigkeit. Dann werden seine Bewegungen allmählich langsamer, und seine Fähigkeit, sich vor Sauerstoffschädigungen zu schützen und sie zu reparieren, nimmt ab. Fehler und Veränderungen in der DNS, vor allem der mitochondralen DNS, häufen sich, und es folgt der Tod. Durch sorgfältige Züchtungen brachte man eine Superwurmrasse hervor, die fünfmal so lange wie normalerweise lebte; das entspräche einem Menschen, der über 350 Jahre lebt. Das Kunststück wurde dadurch vollbracht, daß man verschiedene unterschiedliche Gene, die mit dem Altern zu tun haben, miteinander kombinierte.

Die erste lebensverlängernde Mutation fand man in einem Gen, dem man den Namen «Age-1» gab. Mutanten mit diesem Gen leben zweimal so lange wie normale Würmer, und sie sind genauso gesund, mobil und fruchtbar wie jeder andere Wurm, wenn sie jung sind. Werden sie älter, nimmt bei den mutierten Würmern die Geschwindigkeit stark ab, mit der die Bewegungsfähigkeit verlorengeht und mit der sich auch die Mutationen in der mitochondralen DNS häufen.

Um die These zu überprüfen, daß die Würmer älter wurden, weil das Age-1-Gen sie vor freien Radikalen schützte, wurden die Würmer einer höheren Konzentration von Sauerstoff und einem chemischen Stoff ausgesetzt, der freie Radikale hervorbringt. Die Mutanten erwiesen sich im Vergleich zu den normalen Würmern in mehrerer Hinsicht als widerstandsfähiger. Sie waren viel resistenter gegenüber freien Radikalen, Hitze und ultraviolettem Licht, das zur Bildung freier Radikaler führen kann. Die Zellen der Mutanten führten zu einem erhöhten Spiegel zweier Enzyme, der Katalase und der Superoxyddismutase, die giftige freie Radikale in gutartigere Moleküle umwandeln kann. Daher waren Würmer, die so gezüchtet worden waren, daß sie das Age-1-Gen besaßen, besser vor Oxydation geschützt.

Eine weitere, getrennt auftretende Mutation verlangsamte die biologische Uhr der Würmer. Würmer mit diesem «Clock» genannten Gen entwickelten sich langsamer als normale Würmer und verbrachten ihr Leben in einem gemächlicheren Tempo. Sie machten alles mit geringerer Geschwindigkeit: Die Embryoentwicklung tritt verspätet ein, die Zellteilung dauert länger, Bewegungen und Schwimmen gehen träger vonstatten, selbst der Stuhlgang erfolgt langsamer. Und ebenso verhält es sich mit dem Tod. Die Lebensspanne wird um die Hälfte oder mehr verlängert. Es ist so, als lebten die Würmer in einer Welt, in der die Zeit selbst langsamer geworden ist. Eine plausible Erklärung für die längere Lebensspanne besteht darin, daß die Gene die Anhäufung freier Radikaler verringern oder die Anhäufung von Enzymen, die die Giftstoffe auflösen, zunehmen lassen.

Selbst ganz normale Würmer haben mehr Kontrolle als die Menschen darüber, wie schnell es in ihrem Leben vorangeht. Sind sie mit Trockenheit oder Nahrungsentzug konfrontiert, können sie in einen Winterschlaf verfallen, indem sie sich selbst in einen Schlafzustand versetzen. Verbessern sich die äußeren Umstände, können sie zum normalen Leben zurückkehren. Bestimmte genetische Mutationen lassen diesen Zustand des Winterschlafs häufiger auftreten und verdoppeln die Lebensspanne. Während dieser Schlafperiode nehmen die Würmer weder etwas zu sich, noch bewegen sie sich (oder leiden unter häufiger auftretenden Schädigungen durch freie Radikale), doch sie bleiben am Leben. Die rekordverdächtigen Würmer, diejenigen, die fünfmal länger lebten als normal, züchtete man so, daß man die Würmer, die lange Winterschlaf hielten, mit solchen kreuzte, die eine langsame biologische Uhr hatten.

Diese lebensverlängernden Gene, die sich bei Würmern finden, sind wichtig, weil sie mit der Belastung durch Oxydation zusammenhängen, also denselben Vorgang, der beim menschlichen Altern mitwirkt. Ob man bei Menschen dieselbe Art von Genen finden wird, werden wir noch sehen; aber man ist auf der Suche danach.

Alterungsgene beim Menschen

Beim Menschen wurden ein paar zentrale Gene entdeckt, die in Zusammenhang mit dem Altern stehen, und in einem Fall wurde ein einzelnes Gen gefunden, das eine verheerende Auswirkung auf das Lebensalter hat. Im Jahre 1904 berichtete ein deutscher Arzt namens Otto Werner über eine Familie, die vorzeitig alterte. Menschen mit dieser merkwürdigen Krankheit schienen eine stark beschleunigte biologische Uhr zu haben; daher durchlebten sie in wenigen Jahren ein ganzes Leben. Geburt, Kindheit, Jugend, Erwachsenenalter und Greisenalter spielten sich in der richtigen Reihenfolge hintereinander ab, aber die Zeitspanne für diese Ereignisse war auf wenige kurze Jahre geschrumpft. Werner spekulierte über eine genetische Ursache, und er hatte recht. Die als Werner-Syndrom bekannte Krankheit wurde durch eine Mutation an einem einzelnen rezessiven Gen verursacht. Zu dieser Krankheit kommt es nur, wenn ein Kind eine mutierte Kopie des Gens von beiden Eltern erbt; einzelne Personen mit nur einer «schlechten» Kopie des Gens zeigen keine Symptome vorzeitigen Alterns. Wenn man jedoch zwei Kopien hat, die nicht funktionsfähig sind, führt das zu vielen Symptomen vorzeitigen Alterns, von grauen Haaren über Falten auf der Haut bis zu Krebs.

Bei der Genkartierung kam man darauf, daß sich das Gen für das Werner-Syndrom auf dem kurzen Arm von Chromosom 8 befindet, doch die Wissenschaftler waren nicht in der Lage, den genauen Ort zu bestimmen. Ein international zusammengesetztes Team, das von Gerard Schellenberg vom Veterans Affairs Health Care System in Puget Sound (Washington) geleitet wurde, war bei der Suche in eine Sackgasse geraten. Die Schwierigkeit bestand darin, daß man nicht wußte, wie das Gen wirkte, und es deshalb auch unklar war, nach welcher Art von Gen man suchen sollte. Die einzige Lösung bestand darin, für jedes einzelne Gen die genaue Sequenz im vermuteten Bereich zu bestimmen; dabei handelte es sich insgesamt um 1,2 Millionen Basen. Als sie einen winzigen Abschnitt auf der DNS fanden, der nur bei Menschen mit dem Syndrom anders war, machte sich die sorgfältige Suche bezahlt.

Aber selbst als man bestimmt hatte, wo sich das Gen befand, wußte man noch nicht, was es bewirkte. Mit Hilfe eines leistungsfähigen Computers verglichen die Wissenschaftler die DNS-Sequenz des geheimnisvollen Gens mit all jenen in der gesamten DNS-Datenbank, von denen man wußte, daß sie

Codes für Eiweiß enthalten – in der Datenbank waren über 1,5 Millionen Sequenzen für jede Art von Organismus enthalten, angefangen mit den einfachsten einzelligen Bakterien bis hinauf zum Menschen. Das ist so, als gliche man bestimmte Fingerabdrücke mit jeder Polizeidatenbank auf der ganzen Welt ab, nur daß sowohl andere Arten als auch Menschen zu dieser Datenbank gehörten. Der DNS-Code war für ein Gen nachweisbar, das man bei Würmern, einer Bakterienart und in Hefe findet.

Das Gen ist eine Helikase, ein Enzym, das das doppelt-spiralförmige DNS-Molekül auswickelt. Stellen Sie sich das so vor, daß Sie aus einer Wendeltreppe eine Leiter machen. Die Helikase öffnet das DNS-Molekül, um es Enzymen auszusetzen, die als Katalysator für unterschiedliche Reaktionen dienen. Die Treppe kann sich bei Menschen mit Werner-Syndrom nicht auswickeln, und der DNS-Stoffwechsel ist ein einziges Chaos: Bei der Zellteilung gehen ganze Chromosomen verloren, es kommt bei den DNS-Sequenzen zu seltsamen Prozessen des Faktorenaustauschs und zu immer mehr Mutationen. Die Enzyme zum Aufräumen schaffen es nicht, einzudringen, um die normale Abnutzung zu beheben, so daß sich die Schädigungen gegenseitig aufschaukeln. Der wahrscheinlichste Grund dafür, daß Patienten mit Werner-Syndrom so häufig von Krebs befallen sind, besteht darin, daß sie unter Mutationen an krebsverursachenden Genen leiden.

Etwas weiteres, was beim Werner-Syndrom geschieht, ist, daß die Chromosomenenden schneller verschleißen. Bei allen Menschen kommen die beiden als Telomere bezeichneten Chromosomenenden zusammen und formen eine Schleife, die das DNS-Molekül schützt. Jedesmal, wenn es zur Zellteilung kommt, vollzieht das Enzym, das den Kopiervorgang ausführt, eine scharfe Kurve, anstatt dem sanften Bogen der Schleife zu folgen, und es geht ein wenig DNS verloren. Glücklicherweise enthalten die Telomere keine Gene, so daß alles, was verlorengeht, ein bißchen «sinnlose» DNS ist, die nichts zu bedeuten hat. Wenn man die Telomere als Stoßstangen betrachtet, von denen nach all der Abnutzung schließlich nichts mehr übrigbleibt, kommt es zu einem Problem, wenn die Telomere nicht noch kürzer werden können: Die Zelle hört auf, sich zu teilen. Sie stirbt nicht im eigentlichen Sinne, sondern sie hört nur auf zu wachsen.

Die schrumpfenden Telomere kann man leicht beobachten, wenn man im Labor eine Kultur mit Hautzellen vom Menschen ansetzt. Zellen, die man einem Säugling entnimmt, haben lange Telomere. Sie durchlaufen etwa 50 Teilungen, was in etwa einem mittleren Alter entspricht, bis die Telomere ihre kritische Länge erreichen und die Kultur aufhört zu wachsen. Entnimmt man die Zellen bei einer älteren Person mit kürzeren Telomeren, dann werden sie sich nur noch ein paarmal teilen. Es ist so, als setzten die Zellen ihre Telomere dazu ein, herauszufinden, wie alt sie sind.

Dieser Vorgang ist der Grund dafür, daß ein junger Körper glatt und geschmeidig, während alte Haut ledrig und faltig ist. Es ist das in großen Mengen von den wachsenden Hautzellen produzierte Kollagen, das die Haut geschmeidig macht. Ist jemand jung, können sich die geschädigten Hautzellen teilen, damit sie sich selbst ersetzen. Im Alter jedoch, wenn die Telomere bis auf Stümpfe verschlissen sind, können sich die Hautzellen nicht mehr teilen und fangen tatsächlich an, ein Enzym abzugeben, das Kollagen zerstört. Die ultraviolette Strahlung im Sonnenlicht beschleunigt den Prozeß, indem sie die Hautzellen schädigt und sie dazu bringt, sich schneller zu teilen. Da sich bei jedem Menschen die Zellen nur 50mal im Leben teilen können, wird die Haut um so früher alt aussehen, je früher dies eintritt. Seien Sie also gut zu Ihren Telomeren; denn die Anzahl der Jahre sind ihnen gleichgültig, aber die Anzahl der Zellteilungen nicht.

Beim Werner-Syndrom wird die Telomerverkürzung beschleunigt. Der Helikasemangel veranlaßt die Chromosomenenden auf irgendeine Weise dazu, schneller verlorenzugehen;

und auch die Zellen und Organe altern vorzeitig. Der Effekt ist sogar noch einschneidender bei einer extrem seltenen Krankheit, die man als Hutchinson-Gilford-Syndrom bezeichnet und unter der nur etwa 30 Personen weltweit leiden. In diesen Fällen wird die Haut so schnell faltig, daß Kinder wie Achtzigjährige aussehen; es kommt zu Herzversagen, und die Knochen werden zerbrechlich. Die Opfer sterben in der Regel vor dem 20. Geburtstag an Altersproblemen.

Wenn die Telomere wirklich ein Maß für die Zeit sind, die uns bleibt, dann könnte das Leben vielleicht verlängert werden, indem man verhindert, daß die Telomere kürzer werden. Eine Möglichkeit bestünde darin, ein als Telomerase bezeichnetes Enzym zu aktivieren, das an die Telomere wieder DNS-Sequenzen anfügt. Dieses Enzym ist ein aktiver Bestandteil von Eiern, der diese Zellen jung erhält, was eine Erklärung dafür ist, daß betagtere Eltern (mit kürzeren Telomeren) Kinder mit jugendlichen langen Telomeren haben. Die Telomerase ist isoliert, und ihre Gene sind geklont worden, so daß es im Prinzip möglich sein müßte, das Leben zu verlängern, indem man das Telomerase-Gen im ganzen Körper aktiviert. Mindestens eine Firma, die sich mit Biotechnologie beschäftigt, verfolgt diese Möglichkeit; doch es gibt einen Haken dabei. Telomerase wird nicht nur von den Keimzellen der Eier und Samen produziert, sondern auch von Krebszellen. Der Grund dafür, daß Krebszellen Tumore und Metastasen bilden, ist ja genau, daß sie nicht wissen, wann sie zu wachsen aufhören sollen. Daher könnte, wenn man versuchte, Leben zu verlängern, indem man die Telomere länger macht, könnte daher genau das gegenteilige Ergebnis zustande kommen: Die Krebszellen könnten sich vermehren und den Tod vorzeitig herbeiführen.

Selbst wenn wir in der Lage wären, die Telomere und damit das Leben in den Körperzellen zu verlängern, dann gäbe es doch ein Organ, das davon nicht profitieren würde: das Gehirn. Die Verdrahtung im Gehirn geht auf die Nervenzellen zurück, und Nervenzellen verlieren keine Telomere, da sie sich selten teilen. Dies schützt jedoch Nervenzellen nicht vor Schädigungen, und sie sind häufig die ersten Zellen, die dem Alterungsprozeß unterworfen sind. In diesen Fällen mag der Körper völlig gesund sein, während das Gehirn korrodiert.

Eines Morgens stand Martin am Waschbecken. Untypischerweise war er nicht unter der Dusche gewesen und hatte sich auch nicht rasiert. Seine Kleidung hatte Falten. Beatrice kam in die Küche, um ihm Frühstück zu machen, wie sie es seit 50 Jahren jeden Morgen getan hatte. Martin schaute sie an und schien verwirrt zu sein. «Wer sind Sie?» sagte er. «Was machen Sie hier?»

Martin war 74, und sein Zustand wurde fast jeden Tag schlechter. Sein Verhalten wurde unberechenbar, er verlor oft das Gleichgewicht und fiel; sein Blutzuckerspiegel ging heftig herauf und herunter. Da er gefährlich nahe daran war, in ein diabetisches Koma zu fallen, wurde er eilig ins Krankenhaus gebracht. Als er sich wieder in einem stabilen Zustand befand, wurde er in ein Alterspflegeheim gebracht, und man bat Beatrice, sich einige quälend lange Wochen von ihm fernzuhalten, bis er sich an die neue Situation gewöhnt hätte. «Ihn in ein Altersheim zu stecken war die härteste Sache, die wir je gemacht haben», sagte Beatrice mit Augen voller Tränen und einer brüchigen Stimme. «Ich wollte nicht, daß er fernab von seinem Haus stirbt.»

Ein Spezialist untersuchte Martin und rief Beatrice vom Heim aus an. «Körperlich gesehen ist er in guter Verfassung», erklärte er. «Er ist kräftig und bei guter Gesundheit. Ich muß Ihnen aber auch sagen, daß es hoffnungslos mit ihm ist. Sie haben keinen Ehemann mehr. Das müssen Sie wissen, damit Ihr Leben weitergehen kann. Der Verstand ist weg, und der Körper wird ihm folgen, weil der Verstand dem Körper sagt, was er zu tun hat. Der Verstand sagt Ihnen, daß Sie essen müssen, ins Badezimmer gehen müssen, wie Sie laufen. Alles wird verlorengehen.»

Der Spezialist hatte vollkommen recht. Im Alter von 77 Jahren war Martin überhaupt nicht mehr in der Lage, seine Funktionen aufrechtzuerhalten, und starb. Das Begräbnis fand nur ein paar Blocks entfernt von dem Haus statt, in dem Martin und Beatrice ihre Ehejahre verbracht und zwei Kinder großgezogen hatten. Auf der anschließenden Trauerfeier waren mehrere Zimmer voller Menschen. Seine kleinen Enkel standen am Eingang, um die eintreffenden Besucher zu begrüßen.

Das alternde Gehirn

Die Geschichte von Martins schnellem Niedergang wird Ihnen bekannt vorkommen. Wenn manche Menschen älter werden, überlebt ihr Verstand ihren Körper, und sie bleiben bis zu ihrem Ende geistig beweglich. Viele jedoch werden im fortgeschrittenen Alter vergeßlich, zerstreut und konzentrationsunfähig. Sie können sich an etwas erinnern, das sich vor 50 Jahren ereignete, nicht jedoch an etwas, das vor 15 Minuten geschah. Erinnerungen geraten durcheinander, Gedanken werden verworren, die passenden Wörter fehlen, und das Leseverständnis nimmt ab. Man dachte früher, dies sei ein normaler Vorgang, ein unvermeidlicher Bestandteil des Alterns, und sprach von Senilität. Heutzutage bekommen viele dieser Menschen, auch Martin, die Diagnose Alzheimer-Krankheit.

Vier Millionen Amerikaner haben Alzheimer, es ist die vierthäufigste Todesursache in den USA. Die Krankheit wurde 1907 entdeckt, als der deutsche Arzt Alois Alzheimer die Gehirne von Personen mit einer Demenz sezierte und herausfand, daß sie sich von denen der Menschen unterschieden, die noch geistig gesund waren, als sie starben. Allein schon dadurch, daß Alzheimer sich das Gehirn von außen ansah, erkannte er offenkundige Unterschiede. Die Gehirnfurchen, die Zwischenräume zwischen den Gehirnwindungen aus grauer Substanz, waren bei den problematischen Gehirnen viel größer, was auf einen Verlust an Hirngewebe hindeutete. Das traf vor allem auf den Hippokampus, den Verwahrungsort der Erinnerungen, und auf den Neokortex, das Kontrollzentrum, zu. Ebenjene Areale, die für Erinnern und Denken genutzt wurden, verschwanden.

Als Alzheimer sein Mikroskop hervorholte, entdeckte er die beiden Merkmale, die weiterhin die einzigen sicheren diagnostischen Hinweise auf die Krankheit sind, Plaques und Knäuel. Die Plaques sind kleine kreisförmige Bereiche, dichte Ablagerungen eines Beta-Amyloid genannten Eiweißes, die angelaufenen Pfennigen im Sand ähneln. Diese Plaques sind von verknäulten Netzen degenerierender Gehirnzellen umgeben. In einem gesunden Gehirn erweitern sich die Axone und Dendriten der Nervenzelle elegant wie die Takelage eines Segelschiffs, um die verzweigte Verdrahtung der Gehirnstromkreise zu bilden; bei der Alzheimer-Krankheit jedoch sind die Leinen verknotet, verschlungen und durcheinander.

Die Beta-Amyloid-Plaques ähneln überraschend den Plaques, die man im Gehirn von Erwachsenen mit Down-Syndrom sehen kann, einer Form geistiger Retardierung, die dadurch verursacht wird, daß jemand drei anstatt zwei normaler Kopien des Chromosoms 21 hat. Hier handelte es sich um einen auf der Hand liegenden Hinweis, der Wissenschaftler dazu brachte, zu untersuchen, ob Alzheimer durch ein Gen auf Chromosom 21 verursacht wird. Peter St. George-Hyslop und seine Kollegen von der University of Toronto konzentrierten sich auf eine ungewöhnliche Familie, in der sehr viele Mitglieder Alzheimer hatten und bei denen die Krankheit relativ früh auftrat, in den Fünfzigern. Die Forscher fanden einen Zusammenhang mit Chromosom 21 und isolierten ein

Gen für das Amyloid-Vorläufereiweiß, das aufgespalten wird, um das Beta-Amyloid der verräterischen Gehirnplaques zu erzeugen. Alle Personen, die darunter litten, hatten eine einzige genetische Mutation gemeinsam, die die Produktion von Beta-Amyloid zunehmen ließ und das Gehirn durch Läsionen schädigte.

Zumindest in dieser einen Familie schien es eine einfache Ursache für Alzheimer zu geben. Als dagegen andere Menschen, die unter der Krankheit litten, untersucht wurden, war das Gen bei der übergroßen Mehrheit unproblematisch. Am Ende hatten nur etwa 2 bis 3 Prozent der Alzheimer-Patienten, bei denen die Krankheit gehäuft in der Familie auftrat, die Plaque-bildende Mutation auf Chromosom 21. Es war irgend etwas anderes, das an den anderen Gehirnen zehrte.

Die Jagd nach dem Gen wurde ausgeweitet und umfaßte dann auch andere Familien, bei denen Alzheimer früh einsetzte; dazu gehörte auch eine genetisch isolierte Gruppe von Wolgadeutschen, die deshalb kostbare Versuchspersonen waren, weil sie ihre Vorfahren auf zwei Dörfer in Rußland zurückverfolgen können. Schon bald wurden auf den Chromosomen 14 und 1 zwei weitere verdächtige Gene namens Präsenilin 1 und Präsenilin 2 gefunden. Als man die Präsenilin-Gene auf Hautzellen einwirken ließ, verursachten sie die gleiche Überproduktion von Beta-Amyloid-Plaques wie bei den vorher untersuchten Opfern. Dies schien zu bestätigen, daß Beta-Amyloid in Wirklichkeit eine Ursache und nicht ein Nebenprodukt der Krankheit ist. Aber die Zahlen ergaben noch keinen Sinn. Es gab zu viele Fälle von Menschen mit der Krankheit, die die Mutationen nicht hatten. Alle drei Gene erklärten weniger als 10 Prozent der Alzheimer-Fälle.

Dann kam die Wissenschaft in den Genuß eines jener glücklichen Zufälle, die zu einem Durchbruch führen. Die beiden richtigen Leute trafen sich am richtigen Ort und mit der richtigen Einstellung. Der Ort war die Duke University; dort war Margaret Pericak-Vance Genetikerin und kartierte

Gene von Alzheimer-Patienten, bei denen die Symptome spät auftraten. Dort war Allen Roses Biochemiker und untersuchte die chemische Zusammensetzung seniler Plaques in Gehirnen von Alzheimer-Patienten.

Margaret Pericak-Vance beschäftigte sich mit einer Art von Alzheimer, die nicht so offensichtlich gehäuft in Familien auftritt, und zunächst konnte sie nichts Ungewöhnliches an deren DNS feststellen. Aber als sie sich auf Zwillingspaare konzentrierte, fand sie eine heimtückische Koppelung auf Chromosom 19. Die meisten anderen Genetiker hatten dem jedoch nicht viel Aufmerksamkeit geschenkt, weil die Forscherin nicht nachwies, daß alle Personen mit dem genetischen Code die Krankheit hatten. Abgesehen davon war auf Chromosom 19 nichts, was auch nur entfernt so aussah, als hätte es etwas mit dem Gehirn zu tun. Tatsächlich war das einzige, was sich in der Nachbarschaft befand, das Apolipoprotein E, ein Fett transportierendes Eiweiß im Blut, bei dem es unwahrscheinlich war, daß es mit der Alzheimer-Krankheit in Verbindung gebracht werden konnte.

Durch einen verblüffenden Zufall stieß auch Roses auf Apolipoprotein E. Er suchte nach Eiweißen, die am Plaques-verursachenden Beta-Amyloid haftenbleiben; und das Eiweiß, das immer wieder auftauchte, war Apolipoprotein E. Zunächst dachte sich Allen Roses nicht groß etwas dabei, weil vieles am Beta-Amyloid klebenbleibt, doch als er Margaret Pericak-Vances Daten sah, ging ihm ein Licht auf. Sie beschlossen, zusammenzuarbeiten, um festzustellen, welche Art von Apolipoprotein E bei Alzheimer-Patienten vorhanden war.

Das Gen kommt in drei verschiedenen Sorten oder Allelen namens E2, E3 und E4 vor, die Codes für drei leicht unterschiedliche Formen des Eiweißes mit der Bezeichnung apoE2, apoE3 und apoE4 enthalten. Die Forscher fanden heraus, daß jeder – gesunde Versuchspersonen und solche mit Alzheimer – jede der drei Arten haben kann, aber bei Menschen mit Alzheimer war es wahrscheinlicher, daß sie apoE4 hatten.

Doch nicht nur das: Zwei Kopien von apoE4 zu haben bedeutete, daß man die Krankheit eher bekam. Eine Kopie des Gens zu haben, wie dies bei 27 Prozent der Amerikaner der Fall ist, bedeutete eine drei- bis fünffache Zunahme des Risikos, Alzheimer zu bekommen. Erbt man zwei Kopien, wie dies bei 2 bis 4 Prozent der Bevölkerung der Fall ist, bedeutete dies eine achtfach erhöhte Wahrscheinlichkeit für die Krankheit und eine 90prozentige Chance auf Alzheimer im Alter von 90 Jahren.

An dem Befund verwirrt, daß er so handfest ist und trotzdem so wenig erklärt. Es ist kein Zweifel angebracht, daß dieses Gen den Ausbruch von Alzheimer beeinflußt; es handelt sich um eines der am besten dokumentierten Ergebnisse in der gesamten Verhaltensgenetik, und es wurde in mehr als 50 Untersuchungen auf der ganzen Welt repliziert. Grob geschätzt 40 Prozent der Alzheimer-Fälle wurden mit diesem Gen in Verbindung gebracht. Doch ein Zusammenhang ist nicht dasselbe wie eine Ursache. Viele Menschen mit der «schlechten» Form des Gens bekommen nie Alzheimer, und manche Menschen, die Alzheimer bekommen, haben das Gen nicht. Das trifft auch auf andere Gene zu, die mit Verhalten in Verbindung gebracht werden. Die Belege sind reichlich vorhanden, aber die Erklärungen dafür sind schwer faßbar.

Es ist noch nicht einmal klar, wie ein Fett transportierendes Eiweiß, das sich hauptsächlich im Blut findet, zu einer Hirnerkrankung führen kann. Roses' Forschergruppe machte die Entdeckung, daß Gehirnzellen auch apoE produzieren und daß dies ein Eiweiß bindet, das sich in den Knäueln rund um die Plaques findet. Die momentanen Vorstellungen gehen dahin, daß apoE auf irgendeine Weise den Zusammenbau des Beta-Amyloids in lange, kettenartige Moleküle erleichtert, die dicht gepackt sind und das Gehirn in Verwirrung versetzen.

Eines Tages wird die Forschung neue Medikamente zur Verhinderung und Behandlung der Krankheit hervorbringen.

Bisher versuchen die meisten der Medikamente zur Behandlung von Alzheimer, Neurotransmitter, die durch die Degenerierung des Gehirns verlorengegangen sind, wiederherzustellen. Sie sind nicht sehr wirksam, weil sie versuchen, den Schaden zu reparieren, nachdem er eingetreten ist. Es wäre effektiver, dem Problem auf den Grund zu gehen, dem Aufbau von Beta-Amyloid im Plaque. Bis dahin bieten entzündungshemmende Mittel wie Ibuprofen einen gewissen Schutz, wahrscheinlich indem sie die entzündlichen Reaktionen auf Beta-Amyloid im Gehirn reduzieren. Etwas, wogegen man sich schützen kann, ist das Risiko eines Hirnschlags, eines wesentlichen Risikofaktors bei Alzheimer-Patienten. Da das Hauptrisiko bei Hirnschlag darin besteht, daß die Arterien verstopfen und es zu hohem Blutdruck kommt, gehören zu den möglichen vorbeugenden Maßnahmen körperliche Betätigung, Diät und Herz-Kreislauf-Medikamente.

Ein uraltes Dilemma

Selbst wenn Sie einschneidenden genetischen Problemen wie der Alzheimer-Krankheit und dem Werner-Syndrom entgehen, werden Ihre Zellen doch unausweichlich und unumkehrbar älter. Wir haben ein Vermögen für den Versuch ausgegeben, die Auswirkungen des Alterns zu stoppen, unser Haar davon abzuhalten, daß es ausfällt oder grau wird, und unsere Haut weiterhin weich und glatt aussehen zu lassen. Jetzt können wir anscheinend nicht dem Versuch widerstehen, den Alterungsprozeß selbst durch fragwürdige Behandlungen wie etwa mit Hilfe von Hormonen wie DHEA oder Melatonin zu stoppen. Obwohl es keine ausreichende Zahl klinischer Untersuchungen gibt, die nachweisen, daß eine der Hormonbehandlungen wirklich funktioniert, ist es klug, sich daran zu erinnern, daß die ursprünglichen Experimente mit Melatonin an Mäusen durchgeführt wurden, die genetisch nicht in der

Lage waren, ihr eigenes Melatonin hervorzubringen. Als man die Experimente an normalen Mäusen wiederholte, bestand die einzige Auswirkung des Medikaments darin, daß es die Lebensspanne *verkürzte*, indem es Krebs verursachte. Das Problem mit Reparaturversuchen durch Hormone ist, daß es dem Versuch ähnelt, mit einem Loch im Dach fertig zu werden, indem man den Teppich zum Trocknen nach draußen legt. Weil das Dach weiterhin leckt, wird sich der Teppich wieder vollsaugen.

Wir haben unser Lebensalter bereits deutlich erhöht, nicht indem wir unsere Anlagen verändert, sondern indem wir unsere Umwelt verbessert haben. Die Fortschritte der Medizin und die Verbesserungen der Lebensbedingungen werden wahrscheinlich weiterhin das Leben verlängern – oder zumindest den Tod aufschieben. Wenn wir das Altersgleichgewicht in der Bevölkerung verändern, schaffen wir uns dadurch jedoch eine ganze Menge neuer Probleme. Den größten Teil unserer Geschichte war unsere Art jung; die Geburtenrate war hoch, und der Tod trat früh ein. Jetzt senken wir die Geburtenrate und verlängern das Leben, was bedeutet, daß die Bevölkerung älter wird und mehr Menschen von den Jungen betreut werden müssen.

Eine ganz andere Frage ist, ob wir eher unserem Leben Jahre oder unseren Jahren Leben hinzufügen wollen. Vielleicht besteht eine Auswirkung einer endlichen Lebensspanne darin, daß sich unsere Aufmerksamkeit auf etwas konzentriert. Wir wissen grob, wie lange wir leben werden, und wir richten unser Leben entsprechend darauf ein. Während der Jugend gibt es Energieschübe, um Wissen zu erwerben, dann einen Drang zur Fortpflanzung, gefolgt von einer Ressourcensammlung für den Ruhestand, und schließlich ein Alter, in dem wir aufhören zu arbeiten. Was wäre, wenn das Leben ewig andauerte? Gäbe es da noch einen Anreiz dafür, etwas Produktives zu tun? Vielleicht ist das der Fall, aber nichts bringt die Menschen mehr in Schwung als ein letzter Termin.

Das Seelen-Gen

Nicht alles am Älterwerden ist jedoch deprimierend, und es gibt einige Belege für den Spruch «Du wirst nicht älter, du wirst besser». Obwohl das grundlegende Temperament mit dem Alter vermutlich Bestand haben wird, wird sich der Charakter weiterhin verändern, und zwar oft zum Besseren.

Das Temperament ist der festeste Bestandteil der Persönlichkeit. Als Robert Cloninger 1019 Personen im Alter zwischen 18 und 99 untersuchte, fand er heraus, daß Schadensvermeidung, ein Maß für Angst und Sorge, überhaupt nicht mit dem Alter zusammenhing. Ob die Menschen nun älter oder jünger waren, hatte anscheinend keinen Einfluß darauf, ob sie mehr oder weniger zu Angst neigten. Dieser Persönlichkeitszug, der einen Einfluß auf die ganze Lebensperspektive hat und teilweise durch Serotonin-Gene vermittelt wird, scheint über das gesamte Leben hinweg stabil zu sein. In ähnlicher Weise ist Belohnungsabhängigkeit, ein Maß für das Bedürfnis nach Zustimmung, über die Altersgruppen hinweg konstant. Die Suche nach Neuartigem nimmt mit dem Alter ab, was der Grund dafür ist, daß Jugendliche etwas mehr für die KFZ-Versicherung bezahlen. Doch die Jugendlichen, die den Nervenkitzel suchen, haben auch als Erwachsene den Drang nach neuartigen Empfindungen. Das Betätigungsfeld mag sich ändern: vom Rennfahrer zum Polizist, aber das Bedürfnis nach Stimulation schwindet nicht.

Die größten Chancen, an seinem Temperament etwas zu ändern, hat man bis zum Alter von etwa 30 Jahren. In einigen der am sorgfältigsten durchgeführten und umfassendsten Studien dieser Art untersuchten Paul Costa und Robert McCrae am National Institute on Aging die Persönlichkeit in vier unterschiedlichen Kulturen. In allen vier Fällen fanden sie mehrere Veränderungen zwischen dem Alter von 18 und 30; dazu gehörten eine Abnahme von Neurotizismus sowie eine Zunahme von Liebenswürdigkeit und Bewußtheit. Während dieser Zeit der «Eingewöhnung» werden die Menschen weniger besorgt, sozialer und strukturierter, mit anderen Worten reifer. Doch nach dem Alter von 30 kommt es zu bemerkenswert wenigen Veränderungen in den grundlegenden genetisch bedingten Persönlichkeitszügen. Wenn man beispielsweise wissen will, ob eine Person mit 80 glücklich sein wird, sollte man für eine Prognose weder die Gesundheit, den Reichtum noch die lieben Verwandten zu Rate ziehen, sondern schlicht danach fragen, wie es um das Glücklichsein 50 Jahre zuvor bestellt war. McCrae sagt: «Sind Sie mit dreißig vergnügt, gut angepaßt und besonnen, werden Sie wahrscheinlich auch mit achtzig vergnügt, gut angepaßt und besonnen sein. Natürlich sind die Aussichten nicht so gut, wenn Sie mit dreißig trübsinnig, ängstlich und schlampig sind.»

Obwohl sich das grundlegende Temperament wahrscheinlich nicht ändern wird, lernen Menschen jedoch aus Erfahrung. Der Charakter, der erworbene Bestandteil der Persönlichkeit, kann sich sogar noch im hohen Alter verbessern. Cloninger fand heraus, daß Menschen, wenn sie vom frühen Erwachsenenalter in die letzten Lebensjahrzehnte eintreten, eher bereit werden, anderen zu helfen und sich selbst zum Besseren zu ändern. Seine Skalen für Hilfsbereitschaft, Mitgefühl und Gewissen zeigen allesamt einen beständigen Zuwachs vom mittleren zum hohen Alter. Die Menschen sind eher gewillt, anderen zu helfen, weniger auf sich selbst zentriert und weniger geltungsbedürftig. Sie vergeben anderen auch leichter und sind seltener darauf aus, Rache zu nehmen. Das ist besonders in Beziehungen von Nutzen, weil die Menschen offener dafür werden, Schwierigkeiten zu überwinden, und es seltener zu Auseinandersetzungen mit dem Partner kommt. Die Menschen werden ehrlicher, aufrichtiger und sind eher bereit, andere fair zu behandeln, statt selbstsüchtig ihre eigenen Ziele zu verfolgen. Nicht daß sie den Ehrgeiz verlieren, aber sie machen sich mehr Gedanken darüber, wie sie etwas erreichen.

Menschen können auch lernen, willentlich ihr Verhalten zu ändern. Was als Selbstdisziplin und Willenskraft beginnt, etwa bei einem Menschen, der übt, bei einem Wutanfall bis zehn zu zählen, kann zu einem neuen, tiefverwurzelten Verhalten werden. Hier handelt es sich um eine ähnliche Methode wie bei einem Alkoholiker, der sich aus Kneipen heraushält, oder bei einem Raucher, der die Zigaretten für immer aufgibt. Jedesmal, wenn wir Willenskraft einsetzen, verdrahten wir das Gehirn neu, um ein angeborenes Temperament zu überwinden. Viele schlechte Gewohnheiten sind das Ergebnis eines vererbten Temperaments wie etwa Ärger, Depression, Impulsivität und Sucht. Sich für gute Gewohnheiten zu entscheiden ist harte Arbeit, doch mit Übung kann der Anreiz der Versuchung geringer werden. Je länger wir gutes Verhalten einüben, desto kürzer dauert es, bis es zur Gewohnheit wird.

Cloninger fand etwas Weiteres, was mit dem Alter zunahm: Religiosität. Das ist nicht das einzige; religiöse Menschen werden im Verhältnis eher dazu bereit sein, Wärme, Altruismus, positive Emotionen und Offenheit gegenüber Gefühlen zum Ausdruck zu bringen. Sie sind vergleichsweise vertraulicher, freundlicher sowie großzügiger, und sie sorgen sich stärker um das Wohl anderer Menschen. Sie neigen auch eher dazu, dem Leben gegenüber optimistisch zu sein, und sind eher bereit, positive Emotionen wie etwa Liebe und Glück zu empfinden. Vor allem sind religiöse Menschen offen für ihre eigenen Gefühle und Emotionen. Sie erleben Glück und Freude – aber auch Schmerz und Leiden – mit einer erhöhten Intensität.

Das Wesentliche an der Religiosität, wozu ein Glaube an Gott oder eine höhere Macht oder eine göttliche Ordnung im Universum gehören kann, ist der Blick nach innen, die Suche nach Sinn und Zweck sowie die Suche nach dem Verständnis für das, was wirklich wichtig ist. Die Menschen wenden sich bei der Suche nach innerem Frieden durch Identifizierung mit Gott oder mit dem Kosmos vom Materialismus ab. Ist Religiosität einfach eine Anpassungsreaktion, eine Selbsttäuschung, um mit Alter, Gebrechlichkeit und Tod fertig zu werden? Oder handelt es sich um Weisheit, eine allmähliche Erkenntnis wirklicher Wahrheit im Universum? Ein Wissenschaftler könnte sich die Frage stellen, ob Religiosität nicht in unserem genetischen Code festgeschrieben wurde. In dem Maße, wie der Körper beginnt, hinfällig zu werden, verdrahtet das Gehirn vielleicht eine Reihe neuer neuronaler Verbindungen in der Großhirnrinde, die es uns erlauben, das Ende mit Bereitwilligkeit, Würde und sogar mit Hoffnung zu akzeptieren. Andererseits ist das vielleicht eine Menge Hokuspokus – eine bei weitem zu klinische Erklärung für das, was uns als Seele bekannt ist.

Schluß

Gentechnische Veränderung des Temperaments

Klonen und der künftige Umgang mit der Persönlichkeit

Andrew dachte viel an seinen Vater, wenn man ihn so nennen darf. Andrews Vater war ein Wissenschaftler, der eine angesehene Position an einer ruhigen Universität aufgegeben hatte, um sich im Jahr 2002 an einem riskanten biotechnischen Unternehmen zu beteiligen. Das Risiko machte sich bezahlt; es waren großartige Zeiten, und Andrews Vater wurde Multimillionär. Noch wichtiger war, daß er an seinem Traumprojekt arbeiten konnte: dem Klonen. Als neugegründete Firma arbeitete Mirror Image Inc. am genetischen Klonen von Lebewesen einschließlich des Menschen. Wall Street mochte die Idee, und als die Aktie das erste Mal an der Börse angeboten wurde, stieg sie auf einen Wert, von dem man noch nie gehört hatte. Investoren setzten in starkem Maße auf die Firma, weil die Technologie relativ einfach und die Gewinnaussichten gewaltig waren. Das einzig mögliche Hemmnis war Washington, und es bestand das Risiko, daß die Regierung versuchen würde, die Forschungen zum Klonen zu verbieten. Nach dem Klonen des ersten Schafs (namens Dolly) kam es im Kongreß zu Anhörungen und zu öffentlicher Empörung, aber die Unruhe hatte sich gelegt.

Wissenschaftler hatten gezeigt, daß das Klonen von Lebewesen dazu beitragen konnte, die Welt mit Nahrungsmitteln zu versorgen, die medizinischen Fortschritte voranzutreiben und andere Wohltaten zu bieten. Klonen war weniger furchteinflößend und akzeptabler geworden.

Das Klonen von Menschen war etwas komplizierter, aber nur im Hinblick auf Ethik und Politik. Das wissenschaftliche Vorgehen war dasselbe. Man diskutierte natürlich immer noch über ethische Fragen, genauso wie es Personen gab, die immer noch darüber debattierten, wie viele Engel auf einen Stecknadelkopf paßten. Die praktischer ausgerichteten Menschen gingen einfach daran und taten es. Mirror Image verfolgte eine Doppelstrategie. Öffentlich sagten die Sprecher der Firma wenig, um Nachforschungen zu vermeiden. Sie machten nichts Illegales, tatsächlich war es Politik der Firma, den strengsten rechtlichen Kriterien zu genügen, um zu verhindern, daß man durch formale Spitzfindigkeiten zu Fall gebracht wurde. Doch hinter den Kulissen finanzierte man mächtige Denkfabriken und umwarb Politiker. Damals in den neunziger Jahren hatten Veränderungen im System der Finanzierung von Wahlkämpfen nicht so funktioniert, wie es sich die Reformer erhofft hatten; Mirror Image und ähnliche Firmen waren in der Lage, im stillen auf Zusammenkünfte von Kongreßausschüssen zur Überwachung der Branche Einfluß zu nehmen.

Die Firma betrieb die Forschung ganz offen, zumindest was Tiere betraf. Insgeheim arbeiteten Wissenschaftler an Experimenten mit Menschen; dabei änderten sie ganz wenig an der Vorgehensweise, die man beim Schaf eingesetzt hatte, um sie an den Menschen anzupassen: Man zog die Nährböden zum Zellwachstum in die Breite, überprüfte unterschiedliche Methoden zur Vorbereitung der Zellkerne und so weiter. Man klonte noch nicht tatsächlich Menschen, aber man machte all die mühsamen, doch erforderlichen vorbereitenden Experimente. Für den Notfall, der am ehesten aus der politischen

Ecke kommen würde, hatte die Firma ein genaues Abbild seines US-Labors an einem geheimen Ort in Übersee gebaut.

Andrews Vater interessierte sich nicht sehr für politische oder ethische Fragen. Er war ein sehr konzentriert arbeitender Mann, der an Technik und an Ergebnissen interessiert war. Er war aber auch nicht naiv, und er wußte, daß er aufpassen mußte. Über seine Experimente führte er detaillierte Akten, sein Labor war tadellos in Ordnung und sein Verhalten in der Öffentlichkeit vorbildlich. Als er einen Tupfer in seinen Mund einführte, ein paar Zellen vom Inneren seiner Wange abschabte und sie in eine Petrischale tupfte, war jeder einzelne Schritt geplant, projektiert und wurde auf Videoband aufgenommen. Er begann mit dem Vorgang des Klonens.

Als seine Zellen in das Idealstadium gekommen waren, behandelte er sie mit einer Chemikalie, die das Wachstum stoppte und sie in einen zeitweiligen Zustand eingefrorenen Lebens versetzte. Dann entfernte er den Kern einer Zelle und führte ihn in eine menschliche Eizelle ein, die von einer Laborassistentin gespendet worden war und die sich im selben schwebenden Zustand befand. Die DNS der Eizelle wurde durch die DNS vom Kratzer an der Wange ersetzt, doch die Eizelle konnte davon nichts wissen. Was die Eizelle anging, so war sie gerade auf normalem Wege befruchtet worden; und so fing sie an, sich zu teilen und die DNS des Wissenschaftlers zu kopieren. Schon bald wurde die Eizelle wieder in den Körper der Laborassistentin verpflanzt; neun Monate später kam ein strahlender und gesunder Junge zur Welt. Er hieß Andrew. Seine DNS war identisch mit der des Wissenschaftlers. Er hatte nicht nur zu 50 Prozent dieselbe DNS, wie dies bei einem normalen Kind der Fall gewesen wäre, sondern Base für Base dieselbe DNS, als ob Andrew und sein Vater eineiige Zwillinge wären.

Die Reaktion auf die Geburtsanzeige bestand in Empörung und Ärger. Obwohl jeder wußte, daß es zumindest technisch möglich war, einen Menschen zu klonen, hatte niemand erwartet, daß dies tatsächlich durchgeführt werden würde. In Vorwegnahme der Reaktion hatte Mirror Image eine wirksame Verteidigungsstrategie entwickelt, und sie machte sich bezahlt. Nach der anfänglichen Entrüstung auf den Titelbildern der Zeitschriften, in denen Andrews Vater mit einem Naziwissenschaftler verglichen wurde, begann die Berichterstattung ihre Aufmerksamkeit auf das Baby zu richten. Das Baby trug keine Schuld an irgendeiner Missetat und war zweifellos süß. Es gurrte und gluckste vor den Fernsehkameras und schien die Aufmerksamkeit gern zu haben. Produzenten der großen Fernsehgesellschaften kämpften um die Rechte, jeden seiner Schritte aufzuzeichnen, und Andrew wurde zu einer Art Liebling der Nation. «Andrew nimmt feste Nahrung zu sich», titelte euphorisch die *New York Times.* Eine Boulevardzeitung berichtete: «Es ist nichts an unserem Andy, was dumm wie ein Schaf wäre!»

Nach ein paar Jahren beruhigte sich der Medientrubel, und die Berichte über Andrew wurden spärlicher, vor allem deshalb, weil er nichts Außergewöhnliches tat. Es gab keine Geschichten, die man nicht über andere normale gesunde Kleinkinder auch hätte schreiben können. Als er fünf Jahre alt war, wurde sein erster Schultag in den wichtigsten Medien nur beiläufig erwähnt. Er war eben nur ein weiterer Erstkläßler. Andrew wuchs in der bescheidenen Vorstadtwohnung der Laborassistentin auf, die ihn nicht mehr hätte lieben können. Sie hörte auf zu arbeiten, als er noch klein war, um bei ihm zu sein, und Mirror Image steuerte mehr als genug Geld dazu bei, um die kleine Zweierfamilie zu unterstützen. Seinen Vater traf Andrew nur, wenn der Junge zur Untersuchung ins Labor kam. Der Vater hatte sich weiteren Experimenten zugewandt, und wie die übrige Nation machte er sich nicht viel Gedanken über Andrew, nachdem der Reiz des Neuen verflogen war.

Die einzige Person, die weiterhin von Andrews Geschichte wie besessen war, war Andrew selbst. Er hatte für alle Zeitungs- und Zeitschriftenartikel zu seiner Geburt und zu den wissenschaftlichen Kurzbeiträgen ein Register angelegt.

Als sein Vater jung war, hatte er interessanterweise ein ähnliches Notizbuch geführt und Tausende von Artikeln zu DNS und Klonen gesammelt, obwohl es in jenen Tagen lediglich um das Klonen von Möhren und Fröschen ging. Andrew erstellte sich ein riesiges Notizbuch in einem Computer mit all den Videofilmen und digitalen Bildern von seinem Leben. Er setzte seine Software «Der kleine Heimkloner» ein, ein recht beliebtes Programm, mit dem man sich seine Entstehung und Entwicklung noch einmal vorspielen konnte. Die Software ermöglichte es dem Benutzer, verschiedene genetische oder Umweltvariablen zur Lebensgeschichte einzugeben. Dann sagte der Computer voraus, wie sich das Leben entwickeln würde, und ein Videobild zeigte, wie die Person von der Geburt bis zum 80. Lebensjahr altern würde. Andrews Lieblingsspiel bestand darin, die DNS seines Vaters wegzulassen und sie durch die DNS seiner «Mutter», der Laborassistentin, zu ersetzen. Wenn Andrew das Programm mit ihren Genen durchspielte, zog er die virtuellen Ergebnisse der Wirklichkeit vor.

Es war jedoch zu spät, die DNS seines Vaters wegzulassen. Andrews gesamtes Potential, alles, was er je werden würde, war in diesem einen Tupfer enthalten, mit dessen Hilfe man einen Abstrich am Inneren einer Wange gemacht hatte. Andrew starrte sich im Spiegel an und versuchte, sich ganz klar zu erkennen. Wer war er? Er wußte, daß er eine andere, davon getrennte Person war, aber es war alles so verwirrend. Als er sich mit den alten Schnappschüssen verglich, die aufgenommen worden sind, als sein Vater ein Junge war, konnte er kaum einen Unterschied erkennen; denn sie waren so ähnlich wie eineiige Zwillinge. Und dennoch *empfand* er nicht wie sein Vater, oder zumindest meinte er das. Die Ähnlichkeit war so unheimlich, daß er sein Haar absichtlich anders trug als sein Vater und er es mit Ringen in den Ohren versuchte, was ihm nicht stand. In seinem Gesicht bemerkte Andrew auch Spuren seines Großvaters und seiner Großmutter. Andrew stellte ein paar Nachforschungen zu der Familie seines Vaters an und verliebte sich in seine Ururgroßmutter, eine der ersten Bioethikerinnen, die, wie sich herausstellte, erfolglos vor den Gefahren der Gentechnologie gewarnt hatte. Andrew machte sie zu seinem Idol und sah in ihr seine wirkliche Stammutter, nicht in dem Mann, der sich in der Backe kratzte. Andrew kam dazu, in diesem Mann nur einen Einwegbehälter für den langen Marsch seiner Gene zu sehen, der ungefähr soviel Persönlichkeit hatte wie ein Reagenzglas.

Andrew konnte jedoch nicht leugnen, daß es Elemente seiner eigenen Persönlichkeit gab, die von seinem Vater stammten. Beiden gemeinsam war das Bedürfnis nach Ordnung und Sauberkeit. Beide machte es wütend, daß der Wagen der Laborassistentin voller alter Zeitungen, Kaugummiverpackungen und leerer Coladosen war, die unter dem Sitz hin und her rollten. Bei beiden brannte leicht die Sicherung durch. Andrews Vater neigte dazu, aus einer Mücke einen Elefanten zu machen, wenn etwas schiefging; einmal warf er einen Klumpen aus nicht richtig angesetztem Gel auf einen Mitarbeiter, der sich gerade noch ducken konnte. Auch Andrew hatte seine Wutanfälle, doch mit etwas Übung bekam er seinen Ärger in den Griff; wenn er merkte, daß sich der Druck aufbaute, ging er in die Sporthalle oder joggte. Andrew nahm diese unveränderbaren, aber kontrollierbaren Bestandteile seiner Persönlichkeit als gegeben hin. Was er aus seinem Leben machte, war eine andere Sache; das war allein seine Entscheidung. Er sollte nicht in die Fußstapfen seines Vaters treten. In der Tat gelobte er, dieselbe konzentrierte Entschiedenheit und denselben Intellekt, die aus seinem Vater einen so guten Wissenschaftler gemacht hatten, für eine Sache einzusetzen: Den Menschen, die glaubten, daß das Klonen von Menschen nichts anderes sei als die Massenproduktion von Schafen, sollte Einhalt geboten werden.

Ist Andrews Geschichte weit hergeholt? Ein bißchen, aber nur, um den entscheidenden Punkt herauszuarbeiten. Sowohl das Wissen der Humangenetik als auch die Fähigkeit, diese Erkenntnisse für Manipulationen gezielt einzusetzen und auszuwerten, weiten sich mit exponentiell zunehmender Geschwindigkeit aus. Im ersten Jahrzehnt des 21. Jahrhunderts werden wir die gesamte Sequenz des menschlichen Genoms kennen, jedes einzelne der drei Milliarden Nukleotide, aus denen die 100 000 Gene bestehen, die unsere Erbanlagen ausmachen. Es wird länger dauern, die Bedeutung und die Funktion jener Gene zu entschlüsseln, aber der Erfolg wird unvermeidlich kommen. Es hat sich bereits ein ganz neues Fach herausgebildet, das «Funktionalgenomik» heißt und sich ganz der Aufgabe widmet, herauszufinden, was die Gene bewirken. Zur gleichen Zeit tauchen neue Technologien auf, die diese Informationen für Medikamente verwerten, indem man die genetischen Informationen selbst künstlich verändert. Bisher sind die Manipulationen nur an Tieren durchgeführt worden; dabei ist das Schaf Dolly das bekannteste Beispiel, aber zum Menschen sind es nur noch einige wenige Schritte.

Es gibt keinen Weg zurück. Die Befürworter des International Human Genome Project argumentieren überzeugend, daß die Kartierung des gesamten Genoms dazu beitragen wird, neue Medikamente hervorzubringen, die Zahl der Mißgeburten zu verringern sowie ein längeres und gesünderes Leben zu ermöglichen. Selbst wenn das Projekt offiziell eingestellt würde, haben die neugegründeten biotechnologischen Firmen und die gigantischen Pharmafirmen, die sie gewöhnlich am Ende aufkaufen, bereits viel von der fortgeschrittensten und anspruchsvollsten Forschung übernommen. Das Leben steht auf dem Spiel. Es geht um Geld. Das ist überall eine mächtige Interessensgemeinschaft, und in Amerika ist sie unbesiegbar.

Bisher hat sich die Aufmerksamkeit auf die Entdeckung der Gene für Krebs und andere körperliche Krankheiten konzentriert. Es bleibt oft unerwähnt, daß zu den Genen, die entdeckt werden, auch solche gehören, die das Verhalten festlegen. Praktisch jeder bei Zwillingen untersuchte Aspekt dessen, wie wir handeln und fühlen, weist einen genetischen Einfluß auf, und viele der einzelnen Gene sind isoliert worden. Die Tatsache, daß so viele Verhaltensgene gefunden wurden, überrascht nicht, weil das Gehirn so komplex ist, daß ein Großteil unserer genetischen Informationen sich mit dessen Aufbau, Entwicklung und Aufrechterhaltung beschäftigt.

Das Zusammenkommen dieser beiden Triebkräfte – der Ansturm auf die Kartierung des Genoms und außerdem der bestimmende Einfluß der Gene auf das Verhalten – bedeutet, daß wir, ob man das nun für eine gute Idee hält oder nicht, bald die Fähigkeit besitzen werden, das menschliche Verhalten mit Hilfe der Genetik zu verändern und zu manipulieren.

So furchteinflößend das auch klingen mag, die genetische Manipulation des Verhaltens ist nichts Neues. Die Menschen haben seit vorgeschichtlicher Zeit durch selektive Zuchtwahl das Verhalten bei Tieren wie etwa bei Hunden und Weidetieren beeinflußt. Und ob wir dies nun zugeben oder nicht, wir sind bereits Produkte der Gentechnologie. Solange wir zurückblicken können, sind Menschen bei der Partnerwahl selektiv vorgegangen. Schönheit, Macht und Ansehen waren immer schon erstrebenswert. Stämme oder Familien versuchten ihren Nachwuchs mit Menschen von hohem Rang und von hoher Statur zu verheiraten. Menschen mit einer bestimmten Religionszugehörigkeit und von einer bestimmten Rasse suchten ihresgleichen. Die obersten sozialen Schichten, die Blaublütigen, versuchten die Reinheit ihrer Abstammungslinie zu erhalten.

Der Unterschied besteht darin, daß die Wissenschaft uns in naher Zukunft die Macht geben wird, dies schneller, genauer und entschiedener zu machen. Wir werden uns Partner nicht allein aufgrund irgendeines oberflächlichen Merkmals wie der Zugehörigkeit zu einer prominenten Familie aussuchen; wir werden in der Lage sein, genauso leicht wie ein Röntgenbild deren DNS zu lesen. Auch werden wir uns bei all den Milliarden möglicher Kombinationen nicht mit der Zufälligkeit der sexuellen Vermischung von Same und Ei zufriedengeben, wo wir doch die gewünschte Kombination aufs genaueste zusammenstellen können.

Es ist zu spät dafür, die Frage zu stellen, ob wir genetisch am menschlichen Verhalten herumbasteln sollen. Wir müssen ganz schnell zu einer Entscheidung darüber kommen, *wie* das geschehen soll. Wie sollen wir zwischen «guten» und «schlechten» Genen unterscheiden? Welche Persönlichkeitszüge sollen wir hoch einschätzen, und welche sollen wir fallenlassen? Für welchen entscheiden wir uns?

DNS auf einem Chip

Das erste Stadium des Prozesses wird darin bestehen, die Gene für die Diagnose zu nutzen und nicht so sehr für die Manipulation. Gegenwärtig beurteilen die meisten Experten im Gesundheitswesen die Persönlichkeit mit Hilfe recht wenig ausgeklügelter Instrumente: mit Auge und Ohr. Sie hören Patienten zu, vergleichen deren Symptome mit jenen anerkannter Syndrome und stellen eine «Diagnose». Nur handelt es sich dabei im Grunde überhaupt nicht um eine Diagnose, weil sie nichts über den zugrundeliegenden Mechanismus oder den Ursprung des Problems aussagt. Es ist lediglich eine Beschreibung: ein Abgleichen dessen, worüber sich der Patient beklagt, mit dem, was andere Menschen beschrieben haben.

In Zukunft könnte ein Mensch, der über Depression oder Angst klagt, eine DNS-Untersuchung machen lassen, um die Serotonin-Gene überprüfen zu lassen. Menschen mit zwanghaftem Verhalten wie Glücksspiel, Trinken, Drogen oder Promiskuität würde man auf Dopamin-Gene überprüfen. Eßstörungen oder Korpulenz? Sehen Sie sich die Gene für Leptin, den Leptinrezeptor und dessen Zielobjekt an. Eine neue Technologie, der sogenannte DNS-Chip, der gerade von einer biotechnologischen Firma namens Afymatrix entwickelt wird, läßt die gesamte DNS-Blaupause so leicht lesbar werden wie den Streifencode im Supermarkt.

Ärzte werden nicht die einzigen sein, die diese Informationen lesen. Versicherungsgesellschaften, die Gewinne damit erzielen, daß sie auf der Grundlage von Risikofaktoren wie etwa Rauchen Prämien festsetzen, wären an genetischen Prädispositionen für Sucht oder seelische Störungen ausgesprochen interessiert. Das Militär, das heutzutage Personen ablehnt, die als Jugendliche Medikamente zur Kontrolle der Aufmerksamkeitsdefizitstörung genommen haben, will vielleicht etwas über Gene für rebellisches Temperament wissen. Arbeitgeber könnten an Genen für Loyalität interessiert sein. Religiöse Orden wären gut beraten, wenn sie Personen mit hohen Werten für die Suche nach Neuartigem von einem Beitritt abrieten, während die Hersteller von Sportwagen ebenjene gerne als Zielgruppe für ihre Werbung gewinnen würden. Partnerschaftsvermittlungen hätten neue aufschlußreiche Methoden, um festzustellen, ob zwei Menschen zusammenpassen. Stellen Sie sich einmal vor, wie begeistert bestimmte Personen in der Schulverwaltung wären, Schüler aufspüren zu können, die klug, problematisch oder aggressiv sind.

Wir alle werden neue Methoden zur Verfügung haben, um Menschen zu verstehen – und sie mit einem Etikett zu versehen, sie zu diskriminieren oder ihnen zu helfen. Die Technologie wird kommen; wie wir sie einsetzen, hängt von uns ab.

Designerdrogen

Das zweite Stadium werden Designerdrogen sein, die auf individuelle genetische Bedürfnisse zugeschnitten sind. Die heutige Pharmakologie ist so ungenau, daß Ärzte zu Diagnosen kommen, indem sie Medikamente verschreiben. Wenn Fluctin wirkt, muß der Patient ein Serotoninproblem haben. Warum sollte man nicht umgekehrt vorgehen und ein Medikament entwickeln, das sich gegen das Problem richtet? Würde man individuelle DNS-Sequenzen kombiniert mit bestehenden Techniken der Computermodellierung einsetzen, könnte man Medikamente entwickeln, die so genau wie ein Schlüssel in ein Schloß passen würden.

Die maßgeschneiderten Medikamente für das Gehirn wären gewiß eine Verbesserung gegenüber der Vorschlaghammermethode, bei der der Körper so lange mit chemischen Kombinationen vollgepumpt wird, bis etwas wirkt. Sie bringen jedoch auch neue Gefahren mit sich, denn wir wissen nichts über die Folgen einer Veränderung der Hirnchemie. Das Gehirn ist so empfindlich, daß es auf unsere Manipulationen möglicherweise in unvorhergesehener Weise reagiert. Schon jetzt nehmen Menschen seit Jahren oder Jahrzehnten Medikamente wie Fluctin, obwohl sich die ursprünglichen Sicherheitsuntersuchungen nur auf einige Monate erstreckten. Was wäre, wenn die langfristige Reaktion des Gehirns auf das Medikament darin bestünde, daß es das Verdrahtungsmuster des Gehirns auf eine Weise ändert, die wahre Freude, Ausgelassenheit und Ekstase unmöglich macht? Denken Sie auch an die Möglichkeiten, illegale Lustdrogen zu verkaufen, die speziell für individuelle Gehirne hergestellt werden.

Eine weitere Gefahr besteht darin, daß wir normales menschliches Verhalten und Variationen davon einer medizinischen Behandlung unterziehen. Manche Menschen argumentieren, daß dies bereits geschieht, daß Fluctin bei normalen Stimmungsschwankungen verschrieben wird und daß Ritalin eingesetzt wird, um bei Jungen die Flegeljahre zu «behandeln». Wenn schon Medikamente, die dazu entwickelt wurden, eine lebensbedrohliche Korpulenz zu bekämpfen, gelegentlich eingenommen werden, um vor einem Schulball einige Pfunde abzunehmen, warum sollte man dann kein

Verhaltensmedikament einnehmen, um die spezifische eigene Stimmung zu verbessern? Warum sollte man überhaupt traurig sein, wenn man nicht traurig sein muß? Warum sollten Lehrer störendes Verhalten tolerieren, wenn sie Kindern ein beruhigendes Aerosol in den Mund sprühen könnten, das ihnen tatsächlich helfen würde zu lernen? Vielleicht könnte man die Kriminalität dadurch verringern, daß man problematischen Jugendlichen die Rauhbeinigkeit nimmt. Wir brauchten kein Selbstbehauptungstraining, wenn Mädchen Pillen zur Heilung von Schüchternheit nehmen könnten. Was ist mit dem vertrackten Homosexuellen-Gen? Sprühen wir es doch einfach mit dem neuen «Hetero-in-einem-Tag» weg.

Gentherapie

Aber warum soll man sich mit Pillen und Sprays herumplagen? Warum sollte man die Symptome bekämpfen, wenn man die Ursache angehen kann? Wenn all diese seelischen Probleme durch Gene verursacht sind, warum sollte man da nicht die Gene selbst verändern? Hier handelt es sich um die allerletzte Stufe der auf uns zukommenden Revolution: Gentherapie, die absichtliche Manipulation der genetischen Ausstattung zur Reparatur des schadhaften oder mutierten Gens, um es durch ein «besseres» Gen zu ersetzen oder gar ein ganz neues Gen einzuführen.

Eine Möglichkeit, das zu bewerkstelligen, bestünde darin, direkt im Gehirn Zellen zu verändern. Neue Gene können bereits in den Zellen abgeliefert werden, indem man sie in Viren packt, die von Natur her dazu da sind, in Zellen einzudringen. Es gibt gegenwärtig bereits Hunderte klinischer Versuche, die Gentherapie dazu einzusetzen, um einfache Störungen, die durch ein einzelnes Gen verursacht werden, wie etwa die zystische Fibrose, zu behandeln. Ein Teil der

Schwierigkeiten war bisher, die neuen Gene in die Zellen einzuschleusen; daher suchen die Wissenschaftler nach neuen genetischen Transportmedien. Inder Verma vom Salk Institute im kalifornischen La Jolla experimentiert mit einem offenkundig wirksamen Virus, dem HIV, der Aids verursacht. Er hatte es geschafft, den Aids-Bestandteil des Virus zu entwaffnen, und versetzte ihn in die Lage, in viele Arten von Zellen einzudringen. Dieser gefürchtete Virus könnte zum endgültigen «Transportbehälter» für Gene werden.

Man kann sich leicht vorstellen, auf welche Weise die Gentherapie bei schweren Hirnkrankheiten wie etwa Parkinson oder Alzheimer eingesetzt werden könnte. Da Parkinson durch einen Verlust von Zellen, die Dopamin produzieren, hervorgerufen wird, ist es vielleicht möglich, ein Gen einzuführen, das im Endergebnis die Produktion von Dopamin auslöst. Bei der Alzheimer-Krankheit, bei der wegen der Bildung von Plaques und Knäueln Nervenzellen verlorengehen, könnte es möglich sein, neues Wachstum von Nervenzellen anzuregen, indem das Gen für das Nervenwachstumshormon, eine Art Wachstumshormon für Hirnzellen, zum Ausdruck kommt. Wahrscheinlich das nächste Zielobjekt für eine Gentherapie des Gehirns wären die schweren psychiatrischen Störungen wie etwa Schizophrenie, obwohl alles davon abhinge, ob man den genetischen Plan für die Störungen findet.

Wenn die Gentherapie bei Schizophrenie wirksam wäre, wäre es nur folgerichtig, über Gentherapie bei weniger schweren Krankheitszuständen nachzudenken, wie etwa bei Depressionen oder bei seelisch bedingter Müdigkeit. Bei jenen, die darunter leiden, die «falsche» Form des Serotonintransporter-Gens zu haben, könnte es theoretisch gegen die optimistischere Variante ausgetauscht werden. Dies wäre jedoch eine übertriebene Behandlung, da man denselben Effekt dadurch erreichen könnte, daß der Patient Fluctin nimmt. Es könnte auch zu weniger wünschenswerten Konsequenzen kommen wie zum Nachlassen des Sexualtriebs. Noch wichtiger ist, daß Gentherapie etwas Bleibendes ist. Im Unterschied zur Einnahme eines Medikaments gäbe es keine Möglichkeit, die Behandlung rückgängig zu machen. Ein größeres Problem besteht darin, daß die Persönlichkeitsgene so kompliziert sind, daß man unmöglich wissen kann, was geschehen würde, wenn man eines davon veränderte. Der Stoff, aus dem das Ganze in einer Mischung aus DNS und Umwelt gewirkt ist, ist so verwickelt, daß man den ganzen Pullover aufrubbeln würde, wenn man an einem einzelnen Faden zieht.

Zu weiteren Problemen bei dieser Art Gentherapie käme es, weil sie in der Regel eher dazu eingesetzt würde, Schädigungen zu beheben, als sie zu vermeiden; und das würde auch nur einer Generation helfen. Die beste Möglichkeit, ein Gen zu reparieren, bevor es an die nächste Generation weitergegeben wird, besteht darin, in die Keimzelle, in Same oder Ei, vorzudringen. Eine Vorgehensweise für die Therapie an der «Keimzellenfront» ist bereits entwickelt worden, zumindest bei Mäusen. In die Zellen, die in einer Kultur gezüchtet werden, wird neue DNS eingeführt; dann vermischt man sie mit natürlichen Zellen eines Embryos in einem frühen Stadium. Manche der dabei herauskommenden Babys werden die gentechnisch veränderten Anlagen in ihren Keimzellen tragen und können sie an die nächste Generation weitergeben.

Das hört sich alles unkompliziert an, aber das menschliche Genom ist so groß, daß man sich, wenn ein neues Stück DNS in eine menschliche Zelle eingeführt wird, kaum vorstellen kann, wo es hinmuß. Der Nobelpreisträger Paul Berg experimentiert gerade damit, wie man die Übertragung an die richtige Stelle sicherstellen kann und auf welchem Wege einzelne Basenveränderungen beim Säugetiergenom durchführbar sind. Berg machte bei der Beobachtung von Hefezellen die Erfahrung, daß es an bestimmten Bruchstellen eines DNS-Moleküls leichter ist, die gentechnisch erzeugte DNS zu rekombinieren. Er hat es geschafft, die DNS der Maus so aufzuteilen, daß sie veranlaßt wird, sich jede Veränderung einzuverleiben, die er will; damit machte er den Weg frei für gentechnische Veränderungen in sehr kleinen Zielgebieten.

Berg spottet jedoch über die Vorstellung vom gentechnisch veränderten Menschen, nicht weil es nicht möglich wäre, sondern weil er seine Zweifel daran hat, ob die Menschen dies wollen. Seine eigenen praktischen Erfahrungen mit Gentechnik an Menschen machte er, als er von einem Fremden, der ein kleines schwarzes Säckchen mit sich herumtrug, angesprochen wurde. Der Mann sagte, er sammle Samen von Nobelpreisträgern und wolle eine Probe von Berg, die er dann verkaufen würde. Hier handelt es sich um einen offenkundigen Fall von Gentechnik, und es gibt keinen Grund dafür, warum sie nicht funktionieren soll, außer weil die Menschen es einfach nicht machen wollen. Berg ließ den Mann seine Sachen zusammenpacken und erzählte ihm lachend, daß sein Plan nicht aufgehen würde. «Ich kenne eine Reihe von Nobelpreisträgern», sagte er dem Samenbankier. «Und ich kenne ihre Kinder.»

Das Prinzip der Ungewissheit

Selbst wenn alle kniffligen technischen Hürden für die Gentechnik aus dem Weg geräumt sind, so bliebe eben wegen der Eigenart genetischer Einflüsse auf das Verhalten doch noch eine tiefgehende, grundlegende Schwierigkeit: das Prinzip der Ungewißheit.

Wie immer wieder in diesem Buch gezeigt, können Gene für eine bestimmte Art des Temperaments oder des Verhaltens prädisponieren, aber es handelt sich nie um sichere Prädiktoren. Eine Person mag Gene haben, die sie für ein Suchtverhalten wie etwa Alkoholismus prädisponieren, aber sie könnte auch genausogut zu einem begeisterten Käfersammler werden, der es gelingt, eine wichtige neue Art zu entdecken. Ein anderer könnte genetische Anlagen haben, die typisch für einen Massenmörder sind, und sich dennoch als der größte Mittelstürmer einer Fußballmannschaft herausstellen.

Das Problem mit der Gentherapie an den Keimzellen besteht darin, daß sie auf genetische Probleme zielt, bevor sie aufgetreten sind. Es kann sehr gut sein, daß sich die Persönlichkeitszüge, die man als problematisch ansieht, vielleicht nie entwickelt hätten, oder es könnte sich herausstellen, daß sie ein Gewinn sind. Wenn es stimmt, daß Genie und Wahnsinn oder Kreativität und Depression nicht weit auseinanderliegen, dann sollten wir vorsichtig sein, was wir da künstlich herstellen, denn wir könnten genau das bekommen. Eine DNS-Karte ist nicht dasselbe wie eine Straßenkarte, die genau angibt, wie man von einem Ort zu einem anderen kommt. Eine DNS-Karte bietet Möglichkeiten und liefert Vorhersagen, aber keine Gewißheit.

Zum Prinzip der Ungewißheit gehören auch unbeabsichtigte Folgen. Selbst wenn wir genau wissen, wofür ein Gen da ist, sagen wir für die Glatzenbildung, dann bedeutet das nicht, daß eine Neutralisierung des Gens die Glatzenbildung verhindert. Selbst wenn das Gen die Glatzenbildung verhinderte, kann es auch etwas mit dem Sehen, dem Riechen oder irgendeiner anderen ungeahnten Funktion zu tun haben. Man stelle sich etwa vor, was geschah, als Wissenschaftler gentechnische Eingriffe dazu verwendeten, die Muskelmasse bei Mäusen zu verbessern. Diese Forschung könnte für Menschen, die unter Muskelstörungen leiden, von unschätzbarem Vorteil sein.

Ein Gen mit der Bezeichnung Myostatin steuert das Muskelwachstum. Wenn der Körper die normale Menge Muskeln hat, hindert das Myostatin die Muskeln daran, weiterzuwachsen. Wissenschaftler konnten das Gen einfach herausschießen und züchteten eine Mäuserasse ohne Myostatin, bei der es deshalb keine Grenzen für die Muskelproduktion gab. Nach sechs Wochen hatten die Mäuse ungewöhnlich breite Schultern und Hüften. Als sie ganz ausgewachsen waren, war ihre Skelettmuskulatur zwei- bis dreimal so groß wie bei normalen

Mäusen. Andere Muskelarten wie die des Herzens und des Darms waren unverändert. Die Wissenschaftler spekulierten, daß diese Art von Gentherapie in der Landwirtschaft dazu verwendet werden könnte, magerere und fleischigere Tiere hervorzubringen. Eines Tages könnte sie bei Menschen eingesetzt werden, um den Muskelschwund zu behandeln, der bei der Muskeldystrophie sowie bei manchen Krebsarten und bei Aids auftritt.

Aber es gab ein weiteres, völlig unerwartetes Ergebnis: Die muskulösen Mäuse waren Schwächlinge, etwas, was die Wissenschaftler höflich mit «weicher» umschrieben. Die dicken Mäuse waren weniger darauf aus, andere Mäuse anzugreifen, und würden mit geringerer Wahrscheinlichkeit darauf reagieren, wenn die Tierpfleger sie pufften oder stießen. Als Alexandra McPherron, eine der Wissenschaftlerinnen von der Johns Hopkins University, die die neue Rasse entwickelten, der Welt auf einer Pressekonferenz die Mäuse präsentierte, fingen die Mäuse zu kämpfen an. Frau McPherron gab den nüchternen Kommentar ab: «Die Normale hier schlägt die Große mit den Muskeln da zusammen.»

Niemand hatte einen Persönlichkeitswandel erwartet. Die einzige Wirkung, die der Eingriff auf die Mäuse haben sollte, zielte auf die Muskelmasse, nicht aber auf das Gehirn. Jeder dachte, er wüßte genau, wie Myostatin auf das Muskelwachstum wirkt, und das war auch der Fall. Die Mäuse wurden erwartungsgemäß größer, aber das Gen mußte zusätzlich noch eine unbekannte Funktion haben. Oder vielleicht veränderte es, wenn man dieses Gen herausnahm, die Art und Weise, wie ein anderes Gen zum Ausdruck kam oder ein Hormon oder irgend etwas anderes im Körper, das die Persönlichkeit modifizierte. Von der Muskelmasse bis hin zu einer passiven Persönlichkeit könnte es 10 000 Zwischenschritte geben – wird jedoch ein einzelner Schritt ausgelassen, ändert der gesamte Entwicklungsprozeß seine Richtung.

Erkenne dich selbst

Trotz der Risiken, die mit dem Versuch einhergehen vorherzusagen, was Gene bewirken werden, gibt es Möglichkeiten, einen Nutzen aus dem Verständnis der eigenen genetischen Ausstattung zu ziehen. Traten in Ihrer Familie beispielsweise gehäuft Herzkrankheiten oder Brustkrebs auf, dann wäre es klug, sich regelmäßig untersuchen zu lassen und ein gesundes Leben zu führen. Ist Korpulenz in Ihrer Familie ein Problem, dann ist es sinnvoll, früh im Leben gute Eßgewohnheiten zu entwickeln. Sind Ihr Vater und Ihre Brüder Alkoholiker, dann könnte es besser für Sie sein, nicht zu trinken. Dies sind Alltagsbeispiele für Vorbeugungsmaßnahmen, die allein auf genetischen Informationen beruhen. Sie sind Ausdruck der allgemein verbreiteten Vorstellung, daß körperliche Gesundheit teilweise ein Produkt der Gene ist. Der einzige Unterschied zu den Genen für Persönlichkeit und Verhalten besteht darin, daß die Wirkungen hier hintergründiger sind und man noch weniger über sie weiß.

Wenn Sie über die Gene für Ihre eigene Persönlichkeit nachdenken, fragen Sie sich: «Wer bin ich?» Die einfache Antwort lautet: «Du bist der, von dem dein Gehirn meint, daß du es bist.» Und was das Gehirn meint, wer Sie sind, ist das Ergebnis einer komplizierten einzigartigen Wechselwirkung zwischen Genen und Lebenserfahrungen.

In den allerersten Lebenstagen, vielleicht vom Moment der Empfängnis an, lernt ein Baby etwas über sich selbst und über die Welt. Wie lernt das Baby seinen eigenen Körper kennen? Woher weiß es, wo seine Zehen sind und wie viele es davon hat? Wie unterscheidet es zwischen einer Liebkosung durch die Mutter und einer Ohrfeige? All die berührungsempfindlichen Zellen im Körper sind durch das Zentralnervensystem miteinander verbunden, sie laufen das Rückenmark hinauf zum Thalamus und zur somatosensorischen Großhirnrinde. Dort gruppieren sich die Gehirnzellen in Form eines Homunculus – eines «Männchens». Dieses Männchen wird gleichsam in unserer Vorstellung geschaffen. Es steht auf dem Kopf, so daß sich Nervenzellen, die auf die Stimulierung des Gesichts reagieren, unten befinden und jene, die eine Verbindung zu den Zehen haben, oben. Und es ist verzerrt: Die Bereiche, die für das Gesicht, für die Hände und für die Geschlechtsorgane stehen – die berührungsempfindlichsten Bereiche –, sind überproportional groß.

Könnte man das Gehirn öffnen und es mit Elektroden spikken, würde man herausfinden, daß die Stimulation der oberen Zellen des Homunculus sich «anfühlt», als machte jemand eine Zehenmassage, beziehungsweise daß die Berührung des unteren Teils des Streifens zum «Gefühl» führte, als wäre da etwas an der Zungenspitze. Das hängt damit zusammen, daß körperliche Gefühle nichts weiter sind als die Aktivierung spezieller Gehirnzellen.

Wir wissen drei wichtige Dinge über den Homunculus. Erstens, seine Entwicklungsfähigkeit ist genetisch fest verdrahtet. Stellen Sie sich die Verwirrung vor, wenn dies nicht so wäre: Wenn Sie da oben mit einem «Hündchen» anstelle des kleinen Männchens auf die Welt gekommen wären, würden Sie zum Abendessen bellen. Zweitens, die angemessene Bildung des Homunculus hängt von der Erfahrung ab; obwohl die genetischen Instruktionen notwendig sind, sind sie doch nicht hinreichend. Wird etwa eine Ratte bis auf ein Barthaar am Maul rasiert und kann sie daher nicht die erwarteten Empfindungen von den anderen Barthaaren empfangen, entwickelt sich in der Großhirnrinde der Ratte eine riesige Menge von Zellen, um die Informationen von diesem einzelnen noch verbleibenden Barthaar entgegenzunehmen. Die Areale, die mit den fehlenden Barthaaren zusammenhängen, verschwinden, weil sie nicht gebraucht werden. Drittens kann sich die somatosensorische Großhirnrinde während eines Erwachsenenlebens verändern. Übt man beispielsweise immer wieder eine bestimmte Passage auf der Violine, dann führt dies zur Ausbreitung der Nervenzellen, die Signale von den dafür zuständigen Fingern erhalten. Durch Üben dieser Passage auf der Violine kann man die Art und Weise verändern, wie das Gehirn gebaut ist und wie es arbeitet. Obwohl die DNS bei der Empfängnis einen allgemeinen Bauplan für den Homunculus enthielt, hat sie nichts gegen einen Wandel, um einem später aufkommenden Bedürfnis zu entsprechen.

Um zu verstehen, wie die Persönlichkeit geformt wird, sollte man sich vorstellen, daß das Gehirn nicht nur einen körperlichen Homunculus hat, der Berührungen registriert, sondern auch einen Temperamentshomunculus, der Emotionen registriert. Jeder Mensch könnte eine individuelle Karte davon haben, was in ihm ein gutes oder ein schlechtes Gefühl aufkommen läßt, was ihn verängstigt oder entspannt, was ihm Erregung oder Befriedigung verschafft. Wir wissen noch nicht viel darüber, wo dieser hypothetische emotionale Homunculus seinen Sitz hat, doch breitet er sich wahrscheinlich auf größere Bereiche aus, als daß er sich nur in der somatosensorischen Großhirnrinde befindet. Auch wissen wir noch nicht, auf welche Weise er sich bei verschiedenen Menschen unterscheidet, aber es gibt wahrscheinlich Unterschiede sowohl in der genetischen Ausstattung als auch in der Erfahrung. Vielleicht ist bei einer Person das «Wut»-Areal übertrieben groß und das «Altruismus»-Areal winzig (kommen Sie dieser Person nicht zu nahe). Vielleicht ist bei einer anderen Person das Erregungsareal groß und das Angstzentrum klein (lassen Sie sich nicht von ihr im Auto mitnehmen). Das Empathieareal könnte groß sein, was bedeutet, daß diese Person sich wohl fühlt, wenn sie anderen helfen kann (heiraten Sie sie).

Nach unserer Theorie entwickelt sich der Temperamentshomunculus aus einer Kombination von festverdrahteten genetischen Instruktionen und Erfahrung. Die meisten Menschen kommen mit der Befähigung für die ganze Vielfalt menschlicher Emotionen auf die Welt: Furcht, Ärger und Traurigkeit; Freude, Liebe und Lust; Überraschung, Ekel und Scham. Aber ebendiese Emotionen können sich nur in Reaktion auf Erfahrung entwickeln. Ohne daß sie jene Gefühlszentren anzapfen, können sie sie nicht entwickeln. Genau wie bei der Ratte mit einem Barthaar könnten sich die ungenutzten Teile des Gehirns zurückentwickeln.

Genau darum ist die Aufmerksamkeit für die Entwicklung in der Kindheit so wichtig. Kritiker der Verhaltensgenetik sagen, sie schränke die Menschen ein, indem sie deren Leben unter dem Aspekt angeborener Persönlichkeitszüge definiere. Das wäre ein ähnlicher Fehler wie, Menschen nur nach ihrer Hautfarbe oder ihrem Geburtsort zu beurteilen. Die wirkliche Tragödie besteht jedoch darin, daß sich ein Großteil des genetischen Potentials nie entwickelt. Wieviel geistige Größe gibt es auf der Welt, die verlorengegangen ist, weil ihr keine Aufmerksamkeit gewidmet oder ihr zuwenig Liebe entgegengebracht wird. Wie viele wunderschöne, vollkommene kleine Samen werden täglich zum Leben erweckt, ohne jemals die Möglichkeit zu haben, ihr starkes und gesundes Potential zu entwickeln. In unserem Land haben wir viele der Barrieren aus dem Weg geräumt, die dem körperlichen Wachstum entgegenstanden, wie etwa Krankheiten, aber die Auflösung stabiler Familienstrukturen macht es soviel schwerer, den Menschen dabei zu helfen, daß sie ihrem emotionalen Potential gerecht werden.

Andererseits zeigt die Geschichte von Nicholas Scopetta, der in einem zerrütteten und problembelasteten Elternhaus aufwuchs und dann Spitzenanwalt und Beauftragter der Stadt New York für die Kinderfürsorge wurde, daß Menschen bemerkenswert unverwüstlich sind. Ebenso wie eine vollkommene Erziehung keine Erfolgsgarantie ist, ist eine «schlechte» Kindheit kein sicherer Prädiktor für Mißerfolg. Tatsächlich entwickeln manche Menschen vielleicht erst dann all ihre natürlichen Begabungen, wenn sie durch eine schwierige Umwelt gefordert werden. Vielleicht ist es die Not, die unsere Gene scharf wie ein Rasiermesser werden läßt. Auf jeden Fall ist klar, daß die Umwelt nicht die einzige Ursache von Persönlichkeitsproblemen ist. Selbst wenn wir es auf irgendeine Weise schaffen würden, mit all den Slums aufzuräumen und jedem Kind ein warmes Frühstück zu geben, hätten wir keine perfekte Population. Wir würden immer noch streiten, betrügen, stehlen, töten, verschlafen, wechselnde Liebschaften haben, zuviel trinken, kleinlich, schlechtgelaunt und abscheulich sein.

Als Menschen sind wir eine mannigfaltige Mischung von Persönlichkeiten, ein Durcheinander von Persönlichkeitseigenschaften, die so vielschichtig sind, daß wir uns im Verlaufe eines Lebens kaum selbst kennenlernen und erst recht nicht verstehen, was in anderen Menschen vor sich geht. Das Aufregende an der neuen Wissenschaft ist, daß sie uns ein weiteres Hilfsmittel zur Verfügung stellt, um uns selbst zu verstehen. Vor nicht allzu langer Zeit «wurden Menschen verrückt». Heutzutage haben sie chemische Ungleichgewichte, die leicht zu beheben sind. Depression mit Selbstmordgefahr war häufig nicht zu behandeln. Heute verdanken viele Menschen ihr Leben einem einfachen chemischen Mittel, das ihrem Gehirn hilft. Die logische Fortsetzung dieser bahnbrechenden Entwicklungen in der Gehirnchemie wäre es, die genetischen Wurzeln der Persönlichkeit zu verstehen. Gene sind nichts Furchteinflößendes; sie sind eine Lebenstatsache. Gentherapie ist auch nichts Furchteinflößendes, obwohl sie mit Risiken verbunden ist. Aber es gibt ähnliche Risiken bei anderen wissenschaftlichen Fortschritten, wie etwa die Möglichkeit, daß unsere Abhängigkeit von lebensrettenden Antibiotika neue Stämme von Superbakterien hervorbringen wird. Würde etwa jemand den Standpunkt vertreten, daß wir Antibiotika nie hätten entwickeln dürfen? Immer schon war das größte Risiko Unwissenheit.

Und was ist mit dem freien Willen? Er lebt und gedeiht und geht wahrscheinlich auf die Gene zurück. Freier Wille heißt, daß wir unser Leben selbst in die Hand nehmen. Das ist nur möglich, wenn man weiß, wer man ist. Als Menschen werden wir mit Trieben zum Überleben, zur Liebe und zur Fortpflanzung geboren. Als Individuen kommen wir als etwas Einzigartiges auf die Welt, jeder von uns ist eine Variation zum Thema Mensch. Gene spielen eine wesentliche Rolle beim Gesamtthema und bei den individuellen Variationen; Gene machen uns zum Menschen, und sie machen uns einzigartig. Menschen lassen sich nicht durch Massenproduktion erzeugen, auch wenn wir dies versuchten. Jedes Individuum hat zu viele Alternativen und zu viele Möglichkeiten, als daß wir je die Zukunft vorhersagen könnten. Man kommt zwar mit Stift und Papier in der Hand auf die Welt, aber man muß immer noch die eigene Geschichte schreiben.

Andrew lehnte ein Stipendium von Mirror Image ab und arbeitete in einem Restaurant, um sich das Studium zu finanzieren. Er studierte Philosophie und Ethik und schrieb seine Doktorarbeit über das Werk seiner Ururgroßmutter. Mit Philosophie konnte man nicht viel Geld verdienen, doch er bekam eine Stelle an einer großen Denkfabrik in Washington. Der Direktor erinnerte sich an die Geschichte von Andrews Geburt und dachte, damit ließen sich gut Spenden für das Zentrum sammeln. Er setzte Andrew an eine Arbeit über ethische Fragen bei der Genetik – das paßte gut zur Denkfabrik und zu Andrew. Einer der größten Geldgeber des Zentrums jedoch sah das nicht so positiv. Mirror Image hatte das Zentrum vor Andrews Geburt gestiftet, und seine Aufgabe war es, der Genforschung von der ethischen Seite her Flankenschutz zu geben, nicht, sie in Frage zu stellen. Schon bald verlor Andrew seine Stelle. Es kam zu Unruhe in der Öffentlichkeit über die Entlassung, und es gab eine Artikelserie mit einer Rückschau auf Andrews Leben. Natürlich fanden die Medien es spannend, daß Andrew sich gegen ebenjene Technologie auflehnte, die ihn selbst geschaffen hatte. Aber etwas weitblickendere Menschen erkannten, daß nichts Ungewöhnliches an einem Jungen war, der sich gegen seinen Vater auflehnte. Andrews Vater machte die einzigartige Erfahrung, daß er sich gegen sich selbst auflehnte. In Interviews machte er Witze darüber, daß er eine gespaltene Persönlichkeit habe, und sagte, er sei «zwiespältig» gegenüber Andrews Fortentwicklung eingestellt. Nicht jeder verstand den Witz.

Andrew wußte aus eigener Erfahrung, daß die Aufmerksamkeit der Öffentlichkeit nicht von Dauer sein würde; deshalb mußte er schnell handeln. Er gründete seine eigene Stiftung, gewann ein paar Geldgeber für sich und begann eine Kampagne, die zum ersten wirkungsvollen Gesetzeswerk über die Kontrolle der gentechnischen Industrie führte. Er wurde zu einer bekannten Figur in Talkshows und war ein klarer Verteidiger der Einzigartigkeit des menschlichen Geistes und der Kraft des freien Willens. Die uralten Fragen, die bei der Aufregung über das Klonen beiseite geschoben worden waren, erfüllte er mit neuem Leben: Wer sind wir? Woher kommen wir? Was sollten wir mit unserem Leben anfangen?

Andrew heiratete eine Frau, die er auf dem College kennengelernt hatte, und das Ehepaar hat zwei prächtige Kinder. Andrew und seine Frau waren durch und durch moderne und pflichtbewußte Eltern, die ihren Kindern vorlasen und ihnen im Kindergarten klassische Musik vorspielen ließen. Vor der Zeugung der Kinder gingen Andrew und seine Frau zu einem Genetiker und Geburtshelfer, um sich routinemäßig beraten zu lassen. Der Arzt hatte angeboten, ihre DNS genau zu untersuchen und alle Modifikationen, die sie möglicherweise überlegen sollten, mit ihnen zu erörtern. Andrew hatte natürlich etwas gegen gentechnische Veränderungen, aber sie machten sich etwas Sorgen, weil der Bruder von Andrews Frau eine paranoide Schizophrenie hatte, eine Krankheit mit starken genetischen Wurzeln. Der Arzt versicherte ihnen, daß bei der Routineuntersuchung solche offensichtlichen DNS-Defekte korrigiert würden. Schwere seelische Krankheiten wie Korpulenz, extreme Hyperaktivität, sozial begrenzte Schüchternheit (SBS) und kriminelle Aggression waren durch die routinemäßige genetische Reihenuntersuchung vor der Empfängnis praktisch ausgerottet worden. Wegen offenkundiger Probleme trieben die Menschen keine Babys mehr ab; solche Babys wurden gar nicht erst gezeugt.

Andrew und seine Frau beschlossen, sicherzugehen und die Untersuchung machen zu lassen. Was auch immer ihre eigenen ethischen Auffassungen sein mochten, es war nicht fair gegenüber dem Kind, keine Notiz von der neuesten medizinischen Technologie zu nehmen. Die Welt war hart genug, so daß es nicht richtig war, ein Kind zu lebenslangem Leiden zu verurteilen, wenn man das verhindern konnte. All ihre Freunde ließen viel ausgeklügeltere Untersuchungen machen; sie waren auf Fußballspieler, Konzertpianisten, Mathematiker oder Meisterköche aus. Ebenso wie bestimmte Namen für Babys regelmäßig in Mode kamen, verhielt es sich auch mit Persönlichkeitszügen. In diesen Tagen war der Lieblingspersönlichkeitszug Unbekümmertheit, ein Zug, auf den eine führende Parfümfirma ein Patent angemeldet hatte. Die Frage war nicht, ob man die DNS des Ungeborenen überprüfen sollte, sondern, wonach man dort suchen sollte. Aus eigener Erfahrung hatte Andrew sehr feste Überzeugungen zu diesem Thema. Bei der DNS-Rasteruntersuchung kreuzten sie «ja» neben dem Kästchen für schwere Retardierung und für extremes Persönlichkeitsprofil (EPP) an, was in den meisten Fällen zur Dauereinweisung in eine entsprechende Klinik führte. Aber in den Abschnitten für musikalische beziehungsweise poetische Begabung kreuzten sie «nein» an.

Andrew und seine Frau wußten mehr über ihre Kinder als alle Elterngenerationen vor ihnen. Erstmals in der Geschichte hatten sie sowohl Anlage als auch Umwelt im Griff. Sie hatten alles über Kindesentwicklung gelesen, und sie hatten auch den unaufbereiteten genetischen Code. Andrew wußte besser als jeder andere, was diese Informationen bedeuteten: sehr wenig. Die wunderbare Wahrheit war, daß er nicht mehr Einfluß auf die künftige Entwicklung seiner Kinder hatte als auf den Flug eines Vogels. Alles, was er tun konnte, war, die Käfigtür zu öffnen und zu sagen: «Flieg!»

ANHANG

ANMERKUNGEN

Einführung: Instinktives Gefühl

1. Die Geschichte von den Jim-Zwillingen und von Amy und Beth wurde entnommen aus dem Artikel «Double Mystery» von Lawrence Wright, erschienen in *The New Yorker* vom 7. August 1995, S. 44-62.

Kapitel 1: Nervenkitzel

1. Aus Gründen der Einfachheit und Einheitlichkeit benutzen wir im ganzen Buch den Ausdruck «Suche nach Neuartigem», obwohl bei mehreren der beschriebenen Experimente eigentlich Zuckermans Sensation-Seeking Scale oder andere Meßinstrumente wie das NEO Five-factor Inventory eingesetzt wurden. Empirische Untersuchungen haben gezeigt, daß es einen engen Zusammenhang zwischen diesen unterschiedlichen Skalen gibt.

2. Die Stärke oder die Effektgröße des Zusammenhangs zwischen einem Gen und einem Persönlichkeitszug wird häufig in Einheiten der Standardabweichung dargestellt; dabei handelt es sich um ein standardisiertes Maß, das auf der Variabilität des Persönlichkeitszugs in der Population basiert. Die Standardabweichung wird mathematisch als die Wurzel aus der durchschnittlichen quadrierten Abweichung vom Mittelwert beschrieben. Bei Persönlichkeitszügen, die einer Normalverteilung oder Glockenkurve folgen, entspricht die Standardabweichung jenem Wertebereich des Persönlichkeitszugs, in den 68 Prozent aller Fälle im Intervall zwischen einer Standardabweichung über dem Mittelwert und einer Standardabweichung unter dem Mittelwert fallen. Wenn somit eine bestimmte Genvariante eine Effektgröße von einer Standardabweichung hat, werden Individuen mit einer Form des Gens im Durchschnitt Werte haben, die für den Persönlichkeitszug um

16 Prozent höher sind als bei Individuen mit der anderen Form des Gens. Ein Zusammenhang von 0,5 Einheiten der Standardabweichung weist auf einen achtprozentigen Unterschied hin und so weiter.

Kapitel 2: Sorgen

1. Die Häufigkeit der langen Variante des Serotonintransporter-Gens beträgt 57 Prozent, und die Häufigkeit der kurzen Variante beträgt 43 Prozent. Daher beträgt die erwartete Häufigkeit für Lang-lang-Homozygoten 0,57 x 0,57 = 32 Prozent, die erwartete Häufigkeit für Lang-kurz-Heterozygoten 2 x 0,57 x 0,43 = 49 Prozent und die erwartete Häufigkeit für Kurz-kurz-Homozygoten 0,43 x 0,43 = 18 Prozent. Im Einklang mit dem erwarteten Wert betrugen die beobachteten Genhäufigkeiten bei 1,010 Chromosomen 32 Prozent für lang/lang, 49 Prozent für kurz/lang und 19 Prozent für kurz/kurz. Die experimentellen Daten deuten darauf hin, daß die kurze Variante des Gens gegenüber der langen Version im Auftreten und bei Persönlichkeitseffekten dominant ist. Daher haben 32 Prozent der Population ein stärkeres Vorkommen des Serotonintransporter-Gens, und bei den verbleibenden 49 Prozent + 19 Prozent = 68 Prozent kommt das Serotonintransporter-Gen seltener vor.

Kapitel 6: Denken

1. Die Geschichte von Nicholas Scoppetta wurde entnommen aus dem Artikel «The Protector» von Dale Russakoff, erschienen in *The New Yorker* vom 21. April 1997, S. 58-71.

2. Die Tonegawa-Experimente konzentrierten sich auf den NMDA-Rezeptor, eine Form des Glutamatrezeptors, der auch auf N-Methyl-D-Aspartat reagiert.

LITERATUR

Buss, David: *Die Evolution des Begehrens. Geheimnisse der Partnerwahl*. Kabel, 1994.

Daly, Martin und Wilson, Margo: *Homicide*. De Gruyter, 1988.

Hamer, Dean und Copeland, Peter: *The Science of Desire. The Search for the Gay Gene and the Biology of Behavior.* Simon & Schuster, 1994.

Kramer, Peter: *Glück auf Rezept. Der unheimliche Erfolg der Glückspille Fluctin. Kösel, 1995.*

Pinker, Steven: *Der Sprachinstinkt. Wie der Geist die Sprache bildet.* Kindler, 1996.

Sacks, Oliver: *Awakenings – Zeit des Erwachens. Rowohlt, 1991.*

DANKSAGUNGEN

Ich hatte das Glück, am National Institute of Health mit vielen begabten Forschern und Studenten zusammenarbeiten zu können; dazu gehörten Craig Fisher, Stella Hu, Nan Hu, Lin Li, Mark Nelson, Angela Pattatucci, Chavis Patterson und Sue Sabol. Großen Gewinn zog ich auch aus der Kooperation mit Jon Benjamin, Ben Greenberg, Frank Lucas und Dennis Murphy am National Institute of Mental Health und aus dem Expertenwissen auf dem Gebiet der Statistik von Stacey Cherny und David Fulker von der University of Colorado und von Leonid Kruglyak vom Whitehead Genome Center. Besonderer Dank für die Informationen, die Ermutigung, den Rat und die Kritik gilt Michael Bailey, Dietmar Bengel, Ray Blanchard, Deborah Blum, Robert Cloninger, Paul Costa, Milton Diamond, Pablo Geiman, Elliot Gershon, Brian Gladue, Irving Gottesman, Jeff Hall, René Hen, John Hunsaker, Pamela Jacobs, Martin Kafka, Claude Klee, Peter Lesch, Simon LeVay, Nick Martin, Robert McCrae, Mike Miller, Jeremy Nathans, Richard Pillard, Robert Plomin, Maxine Singer, Margo Wilson, Ken Zucker und Marvin Zuckerman. Der größte Dank gilt aber den vielen Personen, die als freiwillige Versuchspersonen an unseren wissenschaftlichen Untersuchungen teilnahmen und uns halfen mit ihrer Zeit, ihrer Kooperationsbereitschaft und ihrem Interesse an unserer Arbeit.

D. H.

Ich möchte Dan Thomasson und Marvin West von Scripps Howard für ihre Unterstützung danken. Meine Frau Maru ist die Quelle für großartige Ideen und für großartige Gene, für die unsere Kinder und ich ihr so dankbar sind.

Wir möchten beide David Walbaum dafür danken, daß er uns beim Manuskript geholfen hat, Julie Castiglai dafür, daß sie eine ausgezeichnete literarische Agentin ist, und Batsy Lerner für ihr hervorragendes Lektorat.

P. C.

REGISTER